KB240256

# 蔣介石은 왜 敗하였는가

## 蔣介石은 왜 敗하였는가

초판 제  1쇄 발행 1986. 4. 10.
초판 제 16쇄 발행 2021. 8. 25.

지은이　　로이드  E. 이스트만
옮긴이　　민 두 기
펴낸이　　김 경 희
펴낸곳　　(주)지식산업사
　　　　　본사 ● 10881, 경기도 파주시 광인사길 53(문발동)
　　　　　　　전화 (031)955-4226~7  팩스 (031)955-4228
　　　　　서울사무소 ● 03044, 서울시 종로구 자하문로6길 18-7(통의동)
　　　　　　　전화 (02)734-1978  팩스 (02)720-7900
　　　　　한글문패　지식산업사
　　　　　영문문패　www.jisik.co.kr
　　　　　전자우편　jsp@jisik.co.kr
　　　　　등록번호　1-363
　　　　　등록날짜　1969. 5. 8.

**책값 15,000원**

ⓒ 민두기, 1986
ISBN 89 - 423 - 2904 - 7  93910

이 책을 읽고 저자에게 문의하고자 하는 이는
지식산업사 전자우편으로 연락 바랍니다.

# 역자 머리말

나는 이 책을 정말 보람을 갖고 번역하였다. 역사서를 읽고 현실적인 교훈을 얻을 수 있다고 할 경우 바로 이런 책을 두고 하는 말이 아닐까 하고 여겼기 때문이다. 중국 국민정부(國民政府)가 왜 대륙에서 패퇴해야 했는가 하는 것을 누구나 알고 싶으면서도 피상적이거나 교조적인 설명밖에 구하지 못하고 있는 터에 이 책은 엄격한 학문적 착실성을 근거로 하여 아주 믿음직스러운 결론을 제시해 주고 있다. 공산당이 국민당정권을 멸망시킨 것이 아니고 국민당정권 스스로가 무너진 것이며, 그 붕괴는 진보와 개혁을 요구하는 세력 때문이 아니라 그 세력의 주장을 받아들일 수 있는 정권구조의 민주성이 결여되었기 때문이라는 결론을 수많은, 회귀한 자료의 공정한 분석과 치밀한 논리를 가지고 설득력 있게 논증해 가고 있는 것이다. 그러므로 이 책은 단순한 연구서에 그치지 아니하고 일반인을 위한 훌륭한 교양서——진정한 의미에서 오늘을 사는 우리 모두가 알고 갖추어야 할 지식이란 뜻에서의 교양서라 할 수 있다.

나는 기왕에 몇 권의 번역서를 내놓은 바 있으나 1977년에 《中國現代政治思想史》(지식산업사 발행)를 번역한 뒤로는 다시는 번역에 손을 대려 하지 않았다. 그 지루한 번역과정에 소요되는 시간과 정력을 차라리 내 자신이 설정한 연구주제에 집중적으로 쏟고 싶었기 때문이다. 그런데도 이 책을 다시 번역하게 된 것은 위에 말한 대로 이 책이야말로 오늘에 필요한 필독의 교양서로 보았고 그것을 번역하는 것을 연구자로서뿐만이 아니라 이 땅의 시민으로서의 한 의무로 보았기 때문이다.

이 책을 받아 본 것은 1984년 5월이었다. 오랜 친구인 저자가 출판사에 미리 말해 놓았기 때문에 저자 자신은 중국대륙 여행으로 부재중인데도 책이 나에게 전달되었던 것이다. 책을 받아 보고 나서 서론과 그리고 제8장〈蔣經國과 金元券 통화개혁〉을 우선 읽어 보았다. 그리고 나서 이책은 번역할 만하다고 보고 정독하기 시작하였다.

중국 국민당정부가 1948년 당시의 절망적인 인플레하에서 성공가능성도 희미한 통화개혁을 왜 했는가라는 나의 오랜 의문이 제8장에 전개된 저자의 공평하고 착실 치밀한 논리로 하여 얼음이 녹듯이 풀려 나갔다. 우리 주변에서 흔히 구할 수 있는 근·현대사개설서에 보이는 바와 같이, 장개석정권이 그저 국민의 황금과 돈을 편취하기 위해서 통화개혁을 하였다는 선전문구 같은 교조적 설명으로는 통화개혁 실시의 배경을 도저히 납득할 수 없었던 터였다.

이어 밤을 설쳐 가며 다른 장(章)들도 읽어 보니 그 주제들의 거의 모두가 새롭고 독창적인 문제제기이며 새로운 설명들이었다.

작년 여름, 허리가 불편하여 안정을 위해 그저 앉거나 누워서만 지내야 했던 한여름에 이 번역을 시작하였다가 지난달 말에 드디어 완료하였다. 그 동안 다른 일들과 겸하여 번역을 진행하였기 때문에 힘은 들었으나 보람 있는 일이었다.

이 책에 대한 주문이 전혀 없을 수는 없다. 국민당정권에 대한 민주적 비판세력이었던 지식인·학생들을 다루지 않은 것은 가장 큰 불만이다. 정권기반의 독점 아닌 민주적 확충을 요구하였던 지식인·학생들의 대부분이 끝내는 국민당을 저버리도록 몰아세운 국민당정권의 경직성과 폐쇄성은 국민당정권의 패퇴를 이해하는 데 불가결한 것이기 때문이다. 저자가 이 문제를 다루지 아니한 것은 이 주제에 관해 다른 연구가 이미 나와 있기 때문이었을 것이겠으나 국민당정권의 패퇴의 종합적·입체적 이해를 위해서는 이 문제를 이 책에서 다룬 문제들과 연관시켜 꼭 다루었어야 했을 것이다. 이 주제에 관한 기왕의 연구로는 존 이스라엘의 《중국에서의 학생운동 ; 1927〜1937》(스탠포드대학 출판부, 1966)이나 스잔 페퍼의 《中國의 內戰 ; 1945~1949 년의 정치투쟁》(켈리포니아대학 출판부, 1978), 平野正의 《中國革命의 知識人》(東京, 日中出版, 1977) 및 《中國民主同盟의 硏究》(東京, 硏文出版, 1983), 토마스 샤핑의 《民主同盟과 그 先驅者, 1939~1949 ; 국민당과 공산당 사이에서의 중국 지식인》(합부르크 아시아문제 연구소 1972) 등이 있다※.

저자는 중국 국민당이 1920 년대에 방향을 제대로 잡을 가능성이 한 번 있었는데 그것을 놓쳐 버렸다는 아쉬움을 본문 가운데서나 결론 부분에서 시사하고 있다. 토지문제해결, 민중과의 일체화 등을 표방한 국민당 좌파가 정권을 잡았더라면 하는 아쉬움을 표명하고 있는 것이다. 그러나 이 책에서는 국민당 좌파에 대한 설명이 없기 때문에 독자로서는 저자의 이같은 생각을 따라가기가 부담스럽게 되어 있다. 국민당 좌파의 의의와 정권담당 가능성에 대해 좀더 알고자 하는 독자는 저자가 〈국민당정권의 본질에 관한 새로운 관점〉이라는 글을 이 책이 출판되기 직전에 《民國時代中國》(Republican China) 誌 9 권 2 호 (1984 년 2 월)에 발표하고 있으므로 그것을 참조하기 바란다. 이 잡지에는 이 글에 대한 아주 흥미있는 두 사람의 논평자의 논평도 실려 있다.

국민당정권의 부패 무능은 그 정권이 민주적 기반을 갖지 못한 데서 오는 당연한 귀결이라는 저자의 지극히 적절한 결론을 더 깊이 독자에게 전달하기 위해서는 제 9 장에서 보듯이 스스로를 오류를 범할 수 없는 로마교황 같은 「유일한」 존재로 인식하고 있었던 장개석 자신의 정치운용방식도 집중적으로 다루어질 필요가 있다. 물론 본서 전체를 주의 깊게 읽은 독자는 장개석의 정치운용방식이 어떤 것인가를 저절로 구성해 낼 수 있기는 하겠으나 저자가 이 주제를 분명한 형태로 더 깊이 추구하지 않은 것은, 저자의 연구에 크게 도움을 준 대만의 당국자들을 너무 당혹하게 하지 않겠다는 고려 때문이었는지도 모르겠다.

이 책의 저자 로이드 이스트만(Lloyd Eastman)은 미국 하버드대학에서 중국사로 학위를 받았으며 현재는 일리노이대학에서 중국사 교수로 있다. 그는 이미 1967 년에 《황제와 관인(官人) ; 청불(淸佛) 전쟁 (1880~

1885) 때의 중국의 정책형성 추진과정》이라는 명저(名著)를 하버드대학 출판부에서 내놓은 바 있다. 그러나 그 이후는 연구의 방향을 아래쪽으로 돌려 중화민국 시대사를 연구하기 시작하였다. 그 첫 성과로 1974년에 나온 《사산(死産)된 혁명; 국민당 지배하의 중국(1927~1937)》을 역시 하버드대학의 동아시아 연구총서의 하나로 내놓았다. 이것은 오늘날 미국의 중국연구학계에서 일종의 바람을 일으키고 있는 민국(民國) 시대사 연구의 선구적이면서도 뛰어난 업적의 하나였다. 이 책에서 다룬 주제를 이어 바로 착수한 연구가 일본에 대한 저항전쟁이 시작되는 1937년부터 국민당 정부가 대륙에서 쫓겨나는 1949년까지 시기의 국민당정권의 분석 연구였다. 그 성과가 여기에 번역한 《파멸의 씨앗; 전쟁과 혁명 속의 국민당지배 중국, 1937~1949(Seeds of Destruction; Nationalist China in War and Revolution 1937~1949)》으로서, 1984년에 미국 스탠포드대학 출판부에서 출판되었다. 파멸의 씨앗이란 《맹자(孟子)》〈이루(離婁)〉편 상(上)에 『한 나라는 남이 멸망시키기 전에 이미 스스로 멸망할 만한 일을 한다(國必自伐而後人伐之)』고 한 뜻을 풀이하여 붙인 것이다. 국민당정부는 공산군에게 패망한 것이 아니라 스스로 무너진 것이라는 뜻을 맹자의 비유를 빌어 표현하고 있는 것이다.

저자가 이 책 제2장의 초고를 1981년 대만 대북에서 열린 신해혁명(辛亥革命) 70주년기념 중화민국건국사국제연토회(中華民國建國史國際硏討會)에서 발표하는 것을 나는 직접 들은 바 있다. 그 자리에서의 중국인 논평자들의(그 연토회는 중국국민당이 주관한 것이고 논평자들은 국민당 치하의 학자들이다) 감정적인(정치적인) 비평을 기억하고 있는 나로서는, 그가 바로 그때의 경험을 제2장의 주62에서 언급한 것을 읽으면서 그때와 저자의 의연한 태도를 새삼 떠올렸다. 그것은 역사학적 연관성의 입장에서 수자를 상황과 관련하여 해석하는 저자에 대해, 수자를 경제학적으로만 해석하여 공박하는 논평자에 대한 역사학자로서의 의연함이었다.

서술 가운데서, 현재의 대만 국민당정부에 대해 꽤 신경을 쓰고 있는 듯이 보이는 곳이 없지 않아 거슬리지 않는 바는 아니나, 이는 앞에서 언급한 장개석에 관한 주제의 경우와 마찬가지로 대만의 사료보관기관들이 그에게 희귀한 자료에 접할 수 있게 특별한 배려를 한 것에 대한 「예의」가 표현된 때문으로 보인다. 그러나 그러한 신경쓰임이 저자의 논증에는 추호의 영향도 주고 있지 않음을 독자는 쉽게 발견할 것이다.

원서에 Nationalist로 나오는 말은 그때 그때 전후관계로 보아 국민당정권, 국민정부, 국민정부군 등으로 서로 다르게 번역하였다. 그렇게 하는 것이 그 대목을 이해하는 데 더 낫다고 생각하였기 때문이다. 본문이나 주(註)에 나오는 인명을 한자로 복원하지 못한 것이 꽤 있는 데 대해 양해를 구하고자 한다. 저자가 다루고 있는 자료의 상당 부분은 대조, 확인을 해보았으나 워낙 희귀한 자료를 많이 이용하고 있어 그 전부를 원전과 대조하지는 못하였기 때문이다. 원전과 대조하지 못하여 사람이름은 한자로 복원하지 못한 경우에도 논저의 제목은 한자로 복원할 수 있었던 것은 저자가 원음만을 제시하지 않고 영문(英文)으로 뜻을 새겨 놓았기 때문이다. 원서에는 사진이 없으나 한국판 독자의 이해를 돕기 위해 여기저기에서 관련된 사진들을 찾아 넣었다.

이 책을 번역함에 있어 스탠포드대학 출판부로부터 번역권을 얻게 된 것은 저자 스스로의 알선에 의한 것이다. 이 자리를 빌어 고마움을 표한다. 아울러 교정을 도와준 한림대학의 백영서 교수에게 감사를 표한다.

※ 존 이스라엘과 수잔 페퍼의 연구결과 일부는 閔斗基編, 《中國現代史의 構造》(청람문화사, 《청람논단》제 7, 1983)에 번역 포함되어 있다.

1985. 11. 1.

민 두 기

<h1 style="text-align:center">저자 머리말</h1>

『중국 사람은 어떤 행동을 할 때 반응이나 보답이 있을 것을 기대하는 것이 보통이다. 남에게 후한 일을 하면 「사회적 투자」라고나 할, 그러한 것으로 여기는 경우가 많다. 그에 대해서는 썩 좋은 보답이 있기를 기대하게 된다.』이것은 양련승(楊聯陞) 교수가 〈中國에 있어서의 사회관계의 기초로서의 報의 개념〉이라는 논문에서 한 말이다. 나는 중국의 전통적인 「報」(보답, 보은) 같은 일은 감당할 수가 없다고 보아주기 바란다. 왜냐하면 이 책을 쓰는 동안 나에게 베풀어진 후의는 엄청난 것이나 그에 보답할 나의 능력은 한정되어 있기 때문이다. 그러나 나를 도와준 이들의 도움을 여기에 기록하여 사의를 표함으로써 그들의 「사회적 투자」에 약간은 보답할 수가 있다.

이 책을 쓰기 위한 연구의 대부분은 대만에서 행해졌다. 그곳의 당국자나 학자들은 국민당이나 국민정부의 역사에 대하여 내가 그들보다는 부정적으로 본다는 것을 알고 있었다. 그런데도 그들은 너그럽게, 인색함이 없이 도와주었다. 국민당당사위원회의 주임인 진소의(秦少儀) 씨와 나의 친구들인 이운한(李雲漢) 교수, 여방상(呂芳上) 씨 등을 포함한 그의 직원들은 서고(書庫)를 나에게 개방해주고 광범위하게 대화를 하고 다른 전문가와의 회견·회합을 주선해 줌으로써 나의 연구를 엄청나게 도와주었다. 법무부(사법부) 조사국의 평룽하이 씨는 그곳에 소장된 풍부한 자료를 조사하는 상당히 오랜 시간 동안 아주 많은 도움을 주었다. 중앙연구원의 근대사연구소는 이제 사실상 나의 제 2 의 고향이 되었다. 이 책을 쓰는 조사연구 동안 나는 그곳에서 광범위하게 공부하였고, 그곳의 여러 친구들은 내가 즐겁게 그리고 소득이 많은 연구생활을 보내게 해주었다.

반·슬라이크(Lyman P. Van Slyke) 교수와 그리다(Jerome B. Grieder) 교수는 다같이 이 책의 원고를 전부 읽어주었으며 그들의 깊이 있는 논평은 출판을 위한 최종원고 작성에 큰 도움이 되었다. 그밖에 여러 가지로 나의 이 책을 쓰기 위한 연구를 도와준 사람으로는 「다이앤 브랫포드」, 「리차드 이펑장」, 「존 페어뱅크」, 「존 이스라엘」, 「토마스 크루가」, 「스티븐 레바인」, 「존 맥케이」, 「래본 매이어즈」, 「피타 슈란」, 「제임스 세리단」, 「로날드 모비」, 「센 윙」 등이 있다. 나는 또한 스탠포드대학 출판부의 편집자인 벨새가 명석한 논평을 해주어 서론과 본론을 다듬게 해준 것을 크게 감사한다. 또한 칸씨가 원고 편집을 세밀하면서도 내용을 더 잘 나타내도록 하여 출판까지 끌고가 준 것을 감사한다. 북경대학(北京大學)의 강사 웨이치 웬씨는 일년 동안 소중한 연구조수였으며 친구였었는데 그의 요절로 우리의 연구가 일시 중단되었던 것은 몹시 유감스러운 일이었다.

이 원고 한장 한장을 써 나가면서 나는 항상 토론토대학의 토마스 로스키(Thomas G. Rawski) 교수가 어깨 너머로 들여다 보는 것처럼 생각되었다. 그는 기막히게 탁월한 비평가였다. 여러 해 동안 그는 나의 여러 원고나 발표된 논문들에 대해 폭넓게 논평을 해주면서 어떤 주장을 논증하고자 증거를 조립하는 데 있어서 그 어느것도 당연시되어서는 안된다는 것을 가르쳐 주었으니 말하자면(그가 즐겨 쓰는 표현을 따른다면) 「일화적(逸話的)인 증거」는 논거가 될 수 없으며 나의 생각을 주장하기 위해서는 나의 고정관념이나 전제조건에 동의하지 않은 독자들의 비판적인 검증에 대비해야 한다고 하였던 것이다. 그는 또한 나에게 수사적 표현을 쓰는 데 있어서 조심해야 한다고 주의해 주었으니 예컨대 「착취적인」 소작료나 「부당한」 이자율의 정확한 경제적 의의는 무엇인가를 따져야 한다고 말해 주었다. 내가 그의 수준 높은 학문적 수준에 항상 따라갈 수 없었던 것은 분명하지만 그의 영향이 아니었다면 이 책은 훨썬 느슨한 것이 되었었을 것이다.

이 책의 제1장이 된 논문을 재수록하는 것을 「테레사 시」여사는 고맙게도 허락해 주었다. 그것은 원래 그녀의 남편인 고「폰 시」씨가 편한 《中日戰爭 동안의 國民政府》에 발표되었던 것이다. 「브리이언 훅」교수가 〈누가 中國을 상실하였는가? —— 蔣介石의 증언〉의 수정판을 재수록하도록 허가해 준 데 대해서도 감사한다. 그것은 원래《차이나 쿼타리(中國問題 季刊)》88호에 발표되었던 것이다. 또한 나에게 연구비를 제공해준 전국인문과학연구기금(1974년에서 1975년까지), 풀브라이트 헤어즈 해외연구원제(1977년에서 1978년까지), 일리노이대학의 고등연구기구(1981년에서 1982년까지) 등의 기관들에 대해서도 사의를 표하고자 한다.

끝으로 나는 이 책을 아내 마가레트에게 깊은 애정과 함께 바치고자 한다. 그녀는 국민당통치시기의 역사라는, 정치적으로 매우 민감한 분야를 연구하기보다는 전에 하던 청대(淸代)의 연구로 돌아가기를 무척이나 바랐었던 터이기는 하나.

저 자

## 畵報의 出典

p.65의 上 : 터크만 저 《스틸웰 장군과 美國의 中國經驗 : 1911〜1945》, 1970, 뉴욕, 맥밀란社.

p.65의 中右 : 東亞問題調査硏究會 편, 《最新支那要人傳》, 1940, 東京, 朝日新聞社.

p.65의 中左 : 慶祝中華民國建國七十年中央規劃小組展覽分組 편, 《中華民國建國七十年展覽》(p.42), 1981, 臺北.

p.65의 下 : 로이스 스노우 저 《애드가 스노우의 中國》(p.219), 1981, 뉴욕, 랜덤 하우스社.

p.66의 上 : 터크만 저 《스틸웰 장군과 美國의 中國經驗 ; 1911〜1945》, 1970, 뉴욕, 맥밀란社.

p.66의 下 : 로이스 스노우 저 《애드가 스노우의 中國》(p. 260), 1981, 뉴욕, 랜덤 하우스社.

p.67의 上 : 터크만 저 《스틸웰 장군과 美國의 中國經驗 ; 1911〜1945》, 1970, 뉴욕, 맥밀란社.

p.67의 下 : 로이스 스노우 저 《애드가 스노우의 中國》(p.211), 1981, 뉴욕, 랜덤 하우스社.

p.68의 上 : 《英文版 畵報 中華民國史》下卷(p.265), 1981, 臺北, 近代中國出版社.

p.68의 下 : 로이스 스노우 저 《애드가 스노우의 中國》, 1981, 뉴욕, 랜덤 하우스社.

p.177의 上 : 위 책(p.259).

p.177의 下 : 위 책(p.264).

p.178의 上 : 터크만 저 《스틸웰 장군과 美國의 中國經驗 ; 1911〜1945》, 1970, 뉴욕, 맥밀란社.

p.178의 下 : 慶祝中華民國建國七十年中央規劃小組展覽分組 편, 《中華民國建國七十年展覽》(p.40), 1981, 臺北.

p.179의 上 및 下左 : 로이스 스노우 저 《애드가 스노우의 中國》(p.240, 241), 1981, 뉴욕, 랜덤 하우스社.

p.179의 下右 : 위 책(p.261).

p.180의 上 : 위 책(p.255).

p.180의 下 : 위 책(p.266).

# 차      례


역자 머리말 ……………………………………………………… iii

저자 머리말 ……………………………………………………… IX


서  론 …………………………………………………………… 17

1. 地方政治와 中央政府 : 雲南과 重慶 ……………………… 27

2. 抗日戰時期의 農民과 徵稅 및 國民黨 지배 ……………… 63

농민생활에 영향을 준 경제동향 ………………………… 63
전부(田賦) ……………………………………………… 71
잡부금, 軍糧 그밖의 강제 부담 ………………………… 76
농민의 租稅부담 ………………………………………… 80
경제적 영향과 정치적 반응 ……………………………… 87

3. 戰後期의 農民과 課稅부담과 革命 ……………………… 93

終戰 직후의 상황 ………………………………………… 93
內戰時期 ………………………………………………… 98
土地改革의 제의 ………………………………………… 104
革命에 있어서의 농민의 역할 …………………………… 107

4. 政權 내부의 政治過程 : 三民主義靑年團 ·············113

　三民主義靑年團의 형성과 목표의 변천 ·············115
　활동과 團員 ·············121
　국민당과의 갈등의 계속 ·············124
　國民黨과의 통합 ·············127
　합병 후의 국민당 ·············130

5. 黨內政治 : 「革新」운동 ·············133

　「革新」운동의 기원 ·············134
　공격의 동기와 목표 ·············136
　政治協商會議 ·············138
　「革新운동 좌담회」의 구성 ·············142
　黨과 정부에 대한 「혁신」파의 비판 ·············143
　「혁신」운동의 소멸과 그 결산 ·············149

6. 抗日戰爭과 國民政府軍 ·············155

　對日本軍 전략의 변화 ·············156
　군대의 전투력의 저하 ·············163
　장교의 자질 ·············167
　사병들의 징발과 훈련 ·············172
　사병들에 대한 식량공급과 醫療 ·············178

7. 國府軍의 共産軍과의 싸움 ·············187

　무기와 장비의 需給 ·············188

전술과 전략의 착오 ···········189
상호협조의 부족 ···········191
군대의 배반과 병력보충의 곤란 ···········193
첩보활동 ···········195
공산군의 우월성 ···········197

8. 蔣經國과 金元券 통화개혁 ···········201

통화개혁안의 채택과정 ···········202
上海에서의 蔣經國 ···········209
통화개혁의 실시 ···········214
金元券개혁의 발자취 ···········222

9. 누가 中國을 상실하였는가?
　　　　　——蔣介石의 증언 ···········233

결　론 : 폭풍과 혁명들 ···········247

註 ···········259

찾아보기 ···········299

# 서  론

남경(南京) 시대는 장개석(蔣介石)이 영도하는 국민당(國民黨)이 남경시에 국민정부를 건설한 1927년 4월 18일에 시작하여 일본군의 침략이 시작된 1937년에 끝난다. 장개석이 상해(上海)에서 피비린내 나는 공산당 소탕을 감행하였음에도 불구하고 새 정부는 대중의 열정적인 지지를 받고 권력을 장악하였다. 군벌끼리의 충돌로 지쳐 있고 열강의 거만한 모욕을 받은 국민들에게 국민당의 지배는 평화, 번영, 민족적인 긍지의 새로운 시대의 조짐과 같았다. 그러나 혁명가들은 으례 정권을 행사하는 것이 정권을 장악하는 것보다 더 해봄직한 일이라는 것을 알게 된다. 손문(孫文)의 민주주의, 민족의 독립, 그리고 경제생활의 향상이라는 혁명방안은 결과적으로 너무 망막한 목표라는 것을 알게 되었다. 게다가, 남경시대는 민족의 정치적, 경제적, 사회적 어려움을 해결하려는 정부의 노력을 위해 유리한 시기는 아니었다. 경제적 침체, 일본의 침략, 공산군의 반란 모두가 국민당의 개혁의지를 약화시켰으며 새 정부의 물질적 자원을 고갈시켰다. 지방의 군사지휘관들이 혹은 단독으로 혹은 연합하여 빈번히 일으킨 반란이 국민당통치의 첫 4년 동안을 점하였으므로 1937년 7월에 일본군이 침략해 오기 전, 개혁방안을 실행할 비교적 안정된 시기는 약 6년 동안밖에 안되었다.

그런데도 남경시대가 끝나는 1, 2년 전에는 기대해 볼 만한 증표 몇 가지가 나타났다. 경제는 발전해 갔고, 각 지방(의 군사 유력자세력)은 중앙정부 산하에 들어오기 시작했으며, 사람들은 정부에 대하여 일반적으로 낙관과 호감을 갖게 되었다. 특히 1936년의 광동성(廣東省)과 광서성(廣西省)이 군벌들의 반란을 평화적으로 해결한 뒤, 그리고 그로부터 3개월 뒤, 장개석이 서안(西安)에서 붙잡혔다가 풀려나면서 정부의 인기는 크게 상승하였다. 외국인이건 중국인이건 간에 관찰자들은 국민당정권이 본래의 약속을 수행할 수 있는 단계에 왔다고 생각하게 되었다.*

그러나 이같은 증표들은 겉보기뿐이었다. 왜냐하면 표면 아래를 보면 정권은 여전히 약하고 불안정하였기 때문이다. 국민당의 정책과 계획을 실천할 수 있는 정부차원의 행정 또는 중국사회에 확고히 뿌리박은 정치제도는 발전하지 못하였다. 정권의 존재는 거의 전적으로 군에 의존하였다. 사실, 그것은 본래 모든 정치제도중 가장 안정성이 약한 것의 하나인 사회적 기초가 없는 정치적, 군사적 구조였다.

이렇게 말한다고 해서 국민당정권이 사회에서 완전히 고립되었었다고 주장하려는 것은 아니다. 어떤 그룹이나 개인들——예컨대 어떤 자본가들, 어떤 지주들, 어떤 학생들, 애국단체들——이 특정한 정책의 형성이나 실천에 대단한 압력을 가한 일은 때로 있었다. 그러나 이같은 압력을 정부가 받아들이도록 할 수 있는 규칙적이고 제도적인 수단이 없었던 것이다. 사뮤엘 헌팅톤은 말하기를『모든 그룹마다 그 자체의 독자적인 성격과 능력을 반영하는 수단을 동원한다. 부자는 뇌물을 쓰고, 학생은 소동을 일으키고, 노동자는 파업을 하고, 군중은 시위를 하고, 군인은 무력정변을 일으킨다』고 하였다.[1] 국민당정권의 경우도 그같은 외적인 영향력이 없었던 것은 아니다. 하지만 그같은 여러 영향력중 어느것도 국민당정권에게 책임성을 부과할 수가 없었던 것이다.

그러나 일본과의 전쟁이 발발한 직후에는 국민당정권의 내재적(內在的) 약체성은 사람들의 반일(反日) 애국심의 흥분 때문에 잊혀졌었다. 국부군(國府軍 : 국민정부군)은 동부와 북부 중국의 넓은 전선을 따라 후퇴를 하였지만 장개석은 모든 사람들에게 중국에 없어서는 안될 지도자로 간

---

* 사람들은 자기들이 좋아하지 않는 정부를 지칭할 때 정권(regime)이라는 용어를 쓴다. 소련정권 또는 카스트로정권 하는 식이다. 그러나 미국정권 또는 영국정권이라는 표현은 안 쓴다. 내가 정권이란 말을 쓰는 것은 다른 이유에서이니, 즉 국민당의 정치적 질서에서의 권력의 소재가 국민당, 국민정부라는 공식 기구, 군대가 이루는 삼각형의 어느 곳에 있어 불안정하다는 것을 나타내고자 함이다.

주되었다. 장개석의 지휘부가 무한(武漢)에 있던 1938년 10월 이전 시기에 사람들은 「무한정신(武漢精神)」을 말하였다. 그것은 공산당을 포함한 그곳의 모든 정치계파에게 침투된, 국민정부의 지도하에 함께 싸우는데 있어서의 높은 사기와 헌신적 자세를 이름이다.

10여 년 뒤에 형편은 완전히 달라졌다. 국민당은 사실상 사회의 모든 계층의 지지를 상실하였다. 군은 전의(戰意)를 잃었고 지식인들——학생, 교사, 전문직 종사자들——은 거의가 오래 전부터 국민당정권에 실망하고 있었다. 농민, 도시노동자, 심지어 상공업자들까지(자본가의 한 사람으로서 아마도 공산당을 가장 두려워할 사람들)도 마찬가지로 국민당정권에의 희망을 포기하였다. 한편, 공산당의 힘은 증강되었다. 그들의 군대는 1948년 중반에 가서는 국부군의 수보다 많아졌다. 뿐만 아니라 공산군은 국부군측에는 전적으로 결여되어 있던 열정이 있었으므로 비교할 수 없게 유능한 전력을 갖게 되었다. 말하자면 「하늘의 뜻」이 신속하게 그리고 결정적으로 공산당 쪽으로 옮겨갔던 것이다. 1947년 1월 21일에 장개석은 총통(대통령)직을 사퇴하고는 우울한 망명길에 나서, 처음에는 절강(浙江)의 계구(溪口) 마을로, 끝내는 대만(臺灣)으로 옮겨다녔다. 8개월 뒤, 북경(北京) 천안문(天安門)의 위에 서서 모택동(毛澤東)은 중화인민공화국(中華人民共和國)의 성립을 선언하였다.

1927년에서 1949년 사이에 정치적 운세가 이렇게 갑자기 뒤바뀐 까닭이 무엇인가? 국민당정권으로 하여금 혁명적 전복을 당하기 쉽게 한 것은 항일(抗日)전쟁으로 인한 긴장이었던가? 또는 국민당 일파에서 오래 전부터 주장한 대로 미국정부가 공산군과의 내전(內戰)의 결정적인 시기에 지원과 물질적 원조를 철회함으로써 국민정부를 배반하였기 때문인가? 아니면 1937년 이전에 이미 뚜렷해졌던 결함이 1940년대의 공산군반란세력에게 제압당하기 쉽게 하였던 것인가?

이들 의문에 대한 해답을 찾음에 있어 나는 지구형성을 연구하는 지질학자의 방법과 대체로 유사한 연구방법을 썼다. 지질학자들은, 그저 표면적인 특징을 기술하기보다는, 지각의 전 구성의 모든 층을 하나씩하나씩 벗겨내는 불가능한 방법을 쓰기보다는, 지하의 여러 층의 핵심적 표본을 조사한다. 이것들은 표본이 채취된 그 장소만이 아니라 지각의 형성 전체의 구성과 발전에 관한 가설을 구성하는 데 충분한 자료를 제공해 준다.

본서의 경우, 핵심표본은 1937년에서 1949년까지 사이의 국민당정권의 역사에서 선택한 몇 개의 주제이다. 이들 주제들을 세밀히 연구함으로써 표면에 나타난 정치적 사건의 기저(基底)를 흐르는 약간의 힘을 판별하고 그럼으로써 국민정부 통치시기의 중국을 구성하였고 마침내는 공산군의 공격에 굴복하게 한 역사적 역동(力動) 관계를 계측할 수가 있는 것이다. 이런 방법의 성공여부는 분석대상으로 어떤 주제를 선택하는가에 크게 달려 있다. 분석주제의 선정기준은 전형성(典型性)과 연구가능성이다. 전형성의 기준은 그 주제가 국민당 지배의 중요한 측면을 대표적으로 나타내야 한다. 그리하여 그 주제를 자세히 연구하면 국민당 지배의 일반적인 특성과 과정을 밝힐 수 있어야 하는 것이다. 연구가능성의 기준은 그 주제에 관련된 자료가 충분하여 의의 있는 견해를 낳을 수 있을 만해야 한다(나는 몇 번인가 본서에서 다루지 아니한 주제의 연구를 시작하였으나 필요한 자료를 구할 수가 없어 포기하였었다). 그러나 본서의 연구는 선택적이기 때문에 (여기에 제시된) 견해와 결론은 한계가 있는 것이고 잠정적인 것이다. 하지만 그것들은 1949년 이전의 중국에서의 국민당정권과 혁명과정의 이해의 폭을 넓히는 것이라고 나는 믿는다. 또한 그것들은 현대중국에 대한 다른 연구자들이 역사적으로 중대하고도 흥미진진한 이 시대의 연구를 진전시켜 나갈 때 이용할 수도 있을 것이다.

이하의 제1장에서 다루어질 첫 주제는 전시수도(戰時首都)인 사천성(四川省)의 중경에 있는 중앙정부와 운남성(雲南省)의 곤명(昆明)에 있는 용운(龍雲)이 거느리는 지방정권과의 관계이다. 제임스 세리단은 1966년에 쓴 글에서, 국민당이 표면상으로는 중국을 통일한 1928년 이후의 시기에 반자주적인 군사유력자를 우두머리로 한 지방정권을 표현하는 데 있어 「잔여 군벌」이라는 말을 만들어낸 바 있다.[2] 그러나 이 군벌체제의 잔여세력이 1940년대 말에까지도 얼마나 깊게 남아 있는가를 깨달은 사람은 별로 없었다. 실로, 일본과의 전쟁의 발발은 국민당정권 안의 원심적 경향을 증가시켰으니, 장개석에게 가장 충성스런 국부군의 부대가 초전단계에서 큰 피해를 입었기 때문이다. 그리하여 중앙(정부)군의 힘은 지방의 군사유력자[軍將]들의 힘에 비해 약화되었다. 이같은 변화의 정치적 결과는 중대한 것이었고 장개석의 정부의 영도력과 권위는 그뒤부터 끊임없이 도전을 받아왔다. 항일전쟁 동안 중앙정부와 운남군과의 공공연한 충돌이 거의 일어날 뻔한 일이 여러 차례 있었다. 전후시기에도 지속됐던 적대관계와 불신도 또한 국부군이 공산군과의 싸움에서 패배당하는 데 꽤 작용하였다.

중앙정부와 지방간에 통일이 없다는 것은 국민당정권의 정치구조에 기본적인 결함이었다. 그러나 그같은 불통일의 근원은 무엇인가? 만약 중앙정부가 지방의 군사유력자에게 다른 방법을 썼다면 불통일의 문제는 해결됐었을까? 이것들이 본서의 연구에서 그 답을 구한 몇 가지 물음들이다.

중국공산당의 혁명은 현대의 「농민혁명」의 가장 고전적인 예로 일반적으로 생각되었다. 그러므로 중국혁명에 대한 기존의 연구는 공산당이 장악하고 있던 지역의 농민과 그들에 대한 공산당의 정책에 대해 상당한 관심을 표해 왔다. 그러나 국민당지역의 농민들에 대해서는 완전히 무시해 왔다. 제2장과 제3장은 국민정부와 「그」 농민들의 관계를 살핌으로써 (잘못) 간과된 바를 바로잡으려 한 것이다. 국민정부는 전쟁수행을 위한 인력, 돈, 양곡을 농민들에게서 얻어냈으며 농민들의 복리는 이에 따라 정부의 정책과 행동에 크게 영향받았다. 예컨대 정부는 1941년에 토지세[田賦]를 현금이 아닌 현물로 징수하기 시작한 조세제도의 큰 수정을 하였다. 행정의 각 단위마다에서 다른 세목이 동시에 부과되었다. 이같은 여러 가지 세목과 그것들이 농민에 끼친 영향을 살펴봄으로써 정권의 말단관리 사이에 만연한 부패에 대해 밝힐 수가 있다. 더욱 중요한 것은 이 연구는 조세를 부담하는 농민 및 촌락에서의 정치적 생활을 지배하였던 시골유력분자에 대한 정부의 관계를 밝힐 수 있다는 점이다. 그리하여 제1장에서는 중앙정부가 그 권위를 지방(시골)단위까지 효과적으로 미치게 해보지 못하였다는 국민정부구조의 심각한 결함을 발견하게 된다. 중앙정부는 시골의 유력분자와 타협하여 누구에게 세금을 부과하고 얼마나 징수할 것인가에 대한 최후 결정권을 그들에게 내어주었던 것이다. 그러니 농촌사회의 가난하고 힘없는 층은 조세부담을 불공평하게 감당해야 했던 것이다. 이런 불공평과 징병과정에서 당하는 것 같은 불공평에 대한 농민의 반응은 전쟁중과 전후시기에 있어 국민정부와 군대의 활력을 상당히 축내주었다.

본서에서 조사한 세번째 주제는 국민당정권의 당내정치에 관한 것이다. 이는 언제나 국민당 정권체제의 어두운 영역의 하나였으니, 왜냐하면 정권내의 실제작용과 관련형태는 보통 선전과 의례적인 선언문에 가리워져 있었기 때문이다. 그러나 아주 우연히 이 문제에 접근하게 하는 두 연구과제를 발견하였으니, 그것은 삼민주의 청년단과 「혁신」운동이었다. 이 두 가지는 다같이 (국민당 내의) 파벌싸움의 깊이를 짐작하게 하고 국민당과 국민정부를 국민당관계자 스스로의 눈을 통해 꾸밈없이 살필 수 있게 하였다.

나는 본래는 이 책에서 다룬 연구의 일부로서 삼민청년단을 다룰 생각은 없었다. 왜냐하면 나는 그것이 학생들을 통제하고 교조적 주입교육을 하는 기관에 불과한 것으로 생각하였기 때문이다. 국민당정권의 일반적 성격을 비추어줄 만한 것이 거기에는 없다고 생각하였던 것이다. 그러나 나의 연구가 진행됨에 따라 나는 삼민청년단과 국민당간의 갈등에 관한 착상을 얻기 시작하였다. 그리고 이 문제에 관한 연구를 본격적으로 시작하기 전에 나는 이 문제에 관해 보다 많은 정보를 얻고자 주의를 게을리하지 않기로 작정하였다. 대만정부당국은 나의 호기심을 권장하는 아무런 조치도 취해 주지 않았다. 예를 들어, 한번은 전에 삼민주의청년단의 고위간부였던 의회[立法院]의 의장과 면담하였다. 삼민청년단과 국민당간의 관계에 대한 나의 질문에 그는 엄숙한 표정으로 『양자간에는 절대로 갈등이 없었으며 양자는 혁명을 공동으로 추진하기 위해 완전히 결합되어 있었다』고 답변하였던 것이다.

사실은 엄청나게 달랐다. 삼민청년단의 지도자들은 국민당을 노후하고 완전히 무능한 것으로 보았으며, 그래서 정권의 지도적인 정치기관으로서의 국민당을 대신하고자 하였던 것이다. 격렬한 권력다툼이 그 뒤 계속되었고 그 동안 삼민청년단의 지지자들은 그들의 경쟁자에 대한 파벌적인 고발을 하였었다.

우연하게도 나는 1944년에서 1947년까지의 국민당 개혁운동인 「혁신」운동을 발견하였다. 나의 연구의 초기단계에서 나는 이 운동에 대해 들어본 일이 없었다. 그러나 어느 가을날, 대북(臺北)의 중국국민당당사(黨史) 위원회에서 나는 《革新周刊》이라는 잡지를 뒤적이고 있었는데, 유명한 국민당 인사가 쓴 글을 발견하였다. 그의 당과 정부에 대한 비판은 공산당의 것처럼 신랄하였다. 놀란 나는 대북의 몇몇 다른 자료보관소와 도서관을 뒤져 다른 「혁신」운동의 간행물을 찾아냈다. 그 결과는 삼민주의청년단의 분석으로 하여 알게 된 국민당정권의 당내정치 못지 않게 (당내 파벌싸움의 내용)을 밝혀 주는 것이었다.

삼민청년단과 「혁신」운동에 대한 이같은 연구의 결과 정권이 그 안에서 심각하게 분열되어 있다는 것과, 그 구성원들은 일반적으로 개인적 및 파벌의 만족 이외의 목적에 대한 추진의도는 갖고 있지 않다는 것을 알게 되었다. 삼민청년단과 「혁신」운동의 이들 비판론자들은 국민당정권의 민주화는 외부인이 생각한 것보다 훨씬 더 중대한 것이었음을 알게 해주었다.

국민당정권의 정치구조의 중심된 지주는 군대였다. 군대는 국민당에 정권을 갖다 주었고 그 뒤부터 국민당정권이 계속하여 존재한 것은 주로 군사력에 의지해서였다. 그러나 제6장과 제7장에서 밝혀진 것처럼 국민정부군은 일본군에 대한 8년 동안의 항전으로 형편없이 약화되었다. 항일전의 첫해에 만회할 수 없는 커다란 손실을 입었고, 그 뒤부터 국민정부군의 질은 엄청나게 떨어졌다. 제6장에서는 특히 장교들의 질, 징병제도의 운용, 군대 내의 의료상황에 나타난 군의 약체화를 살펴본다. 국부군의 대부분은 전쟁의 말기에는 제대로 전투에 종사할 수가 없었다는 점도 밝힌다.

군대의 질이 공산군과의 내전시기에도 개선되지 않았다는 것을 제7장에서 밝힌다. 제7장에서는 1950년에 나온, 반공전(反共戰)에 대한 국부군의 공식적인 평가에 주로 의거하여 국부군이 공산군에게 압도되었음을 밝힌다. 이 평가작업에 참여한 국부군 장군들은 그들의 군대 사기가 낮았고, 전투력의 질이 빈약하였음을 인정하였을 뿐 아니라, 그들의 적대자(공산군)의 지휘력, 헌신, 전투능력을 아낌없이 칭찬하고 있다. 이 장의 분석결과로, 미국정부의 배신으로 인한 무기의 부족이 국부군을 패배케 하였다는 생각은 완전히 없어지게 될 것이다. 그러나, 그렇다면 무엇이 군사적 참패의 진정한 원인이었을까?

제8장에서 나의 이른바 지질학적 검증대상은 1948년 8월∼10월의 금원권통화개혁(金元券通貨改革) 때의 정치적 경제적 토양이다. 그해 여름의 인플레는 수습할 수 없는 맹위를 떨쳤다. 정치적 붕괴도 틀림없이 수반하게 될, 경제적 붕괴를 막기 위해 국민정부는 법폐(法幣)라는 옛 돈을 금원권(金元券)이라는 새 돈으로 300만 대 1의 비율로 바꾸었다. 동시에 모든 물가와 임금의 동결을 선포하였다. 정치적 포고령이 인플레를 멎게 할 수 있다고 생각하였던 것이다. 상해에서 이 통화개혁 실시를 주로 책임진 것은 장개석의 큰아들 장경국(蔣經國)이었다. 장경국은 다른 모든 국민당 장군들과는 대조적으로 내가 아는 한에서는 전혀 부패하지 않았고 통화개혁을 성공적으로 이끌기 위해 절대적으로 헌신하였다. 그러나 꼭 70일만에 그 통화개혁은 실패한 것으로 드러났다.

이 금원권 개혁의 연구는, 전후시기의 국민당정권의 많은 경제적 정치적 고뇌의 한 축도를 보여주고 있다. 인플레 억제의 어려움, 인플레가 백성들의 생활에 가한 엄청난 손해, 그리고 끝으로 경제적 붕괴의 정치적 대가 등을 이 연구를 통해 알 수 있다. 어떤 학자들이 국민정부의 운명을 결정한 한 토막의 애기라고 주장한 바 있는 이 문제에 대한 연구를 통해, 장차 (대만에서) 국민정부의 총통이 되는 장경국의 성격과 특이한 이념도 분명히 드러난다.

마지막 장에서는 대륙의 마지막 시기 장개석정권의 군과 민간 부문에 대한 장개석 자신의 평가를 살핀다. 장개석이 자기 정권의 결함 대부분에 대해 분명히 알고 있었다는 것을 이 장(의 분석을 통해) 알 수 있다. 그런데 그의 「증언」은 그의 추종자들이 국부군이 공산군에 패한 이유로 내세운 것과 현저하게 다른 것이다. 정말로, 자기 부하에 대한 그의 비판은 매우 따끔하여, 딴 사람이 썼다면 (도저히) 믿을 수 없는 일들이었다.

그러나 장개석이 자기 집권의 결함을 알고 있었다면 왜 그것을 바로 잡으려고 하지 않았을까? 만약 본서의 마지막 부문에서 이 의문, 그리고 이 서론에서 제기된 그밖의 다른 의문들에 대해 해답할 수가 있게 되면 우리는 아마도 1940년대의 중국혁명을 보다더 잘 이해할 수 있게 될 것이다.

# 1. 地方政治와 中央政府：雲南과 重慶

웨드마이어 장군은 이렇게 말한 바 있다. 『장개석총통은 독재자이기 커녕 사실은 느슨한 세력연합의 우두머리였을 뿐이다. 그는 때로는 지휘권을 행사하는 데 크게 어려움을 겪는 일도 있었다.』[1] 장개석이 독재자가 아니었다고 말하는 것은, 그러나 부분적으로만 옳은 말이다. 왜냐하면 그의 권력이 미치는 중국인의 생활영역 안에서의 그의 자의로운 권력행사는 독재와 폭정의 핵심 바로 그것인 경우가 없지 않았던 것이기 때문이다. 예컨대 그는 패전한 장군이나 부패관리의 처형을 즉석에서 명령할 수 있었던 것이다. 그렇기는 하나 웨드마이어 장군이 장개석의 권력과 그가 영도하는 국민정부가 수많은, 그리고 엄중한 한계를 갖고 있었다고 한 것은 분명 정확한 지적이었다.

국민정부의 권위가 확실하게 통하는 성(省)에서조차 행정기구의 하급단위는 중앙정부가 거의 장악할 수 없는 그 지방출신의 엘리트가 으레 장악하였던 것이다. 전군대의 거의 반은 중앙의 명령을 꼭 지킬 것으로는 믿어지지 않는 장군들이 거느리고 있었다. 1940년대를 통틀어 많은 성은 장개석에게 거의 충성을 바치지 않는 성주석(省主席)이 다스리고 있었다. 그들은 정치적, 군사적인 힘을 독자적으로 갖추고 있었다. 그러므로 국민정부가 통치하는 중국은 같은 시기의 유럽국가들과 같은 뜻에서의 현대국가는 아니었던 것이다. 이 사실이 국민정부의 항일전(抗日戰) 수행에 영향을 주었으며, 1949년 국민정부의 몰락에 상당히 중요한 영향을 주었던 것이다.

항일전이 시작되기 전 10년 동안 국민정부가 애써 힘들여 노력한 것은 지배영역을 넓히는 일이었다. 그리하여 1937년까지에는 중국내륙의 각 성 가운데 반 정도에서 우세한 힘을 갖기에 이르렀다. 그러나 1937년 일본군의 침략이 시작되면서부터는 그 정도의 정치적 지배력도 현저하게 줄어들어 갔다. 일본군은 국민정부의 정치적 경제적 기반이 되었던, 인구밀도가 많고 비교적 선진된 지역을 재빨리 점령하였다. 1938년에 장개석과 그의 정부는 서부중국의 넓은 후방지역으로 후퇴하였는데, 그곳은 국민정부의 힘이 언제나 아주 미약하였고 그곳의 토착군벌들은 중앙정부를 의심의 눈초리로 보거나, 분개하거나 또는 불길한 예감으로 대하거나 하였다.

예컨대 사천성(四川省)에서는 1937년 봄에 사천군벌과 중앙정부간의 헝클어진 관계를 조정하기 위한 아주 민감한 협상을 통해 가까스로 사천지방군과 중앙정부군간의 대규모 충돌이 회피된 일이 있었다. 그러나 긴장관계는 여전히 남아 있었다. 1938년 1월, 사천성 주석 유상(劉湘)이 (아마도 위암으로) 남경의 한 병원에서 죽은 뒤 유상의 부인과 그밖의 유상계(劉湘系) 사천성 사람들은 중앙정부의 사천지배를 위한 장애를 제거하고자 중앙정부가 사람을 시켜 유상을 살해하였다고 공공연히 비난하였던 것이다. 그리하여 사천성의 유력자들은 유상 대신 장군(張羣)을 성주석으로 임명하는 중앙정부명령을 거부하였다. (중앙정부가 사천성으로 옮아간) 항일전쟁 동안에도 특히 번문화(藩文華), 유문휘(劉文輝), 등석후(鄧錫侯) 같은 사천지방의 「군벌」들은 전시(戰時) 중국의 수도소재성(首都所在省)을 중앙정부가 통치하는 데 방해를 계속하였었다.[2]

중경(重慶)으로 후퇴한 중앙정부와 산서성(山西省)의 염석산(閻錫山)의 전시시 관계는 국민정부를 구성하고 있는 정치적 연립이 얼마나 취약한 것이었던가를 아주 단적으로 말해 준다. 전쟁이 시작되자 閻은 제2방면군(方面軍) 사령관에 임명되었고 장개석이 위원장으로 있던 군사위원회의 부위원장이 되었다. 그러나 전쟁중 閻은 한번도 중경 (임시수도)에 나타난 적이 없었고, 장개석과 만난 일조차도 없었다. 그는 아직은 그에게 남겨진 그의 섬서성(陝西省)의 한 구석을——대부분은 일본군이나 또는 공산군이 장악하고 있었다——마치 독립왕국인양 지배하고 있었다. 그는 자기 자신의 정당(民主革命同志會)을 거느리고 있었고, 그의 전구 (戰區) 내에 중앙정부군대가 머물지 못하게 하였으며, 충성서약에서 장 개석과 중앙정부관계 문구를 삭제해 버렸다. 그리고 특히 1942년, 그 리고 그 뒤에는 일본군과의 긴밀하고도 우호적 관계를 유지하여 일본군 이 점령하고 있던 태원(太原 ; 산서성의 수도)에 연락사무실까지 두고 있 었다.

염석산이 보기에는 전쟁의 후반 동안의 일본군은 중앙정부보다는 덜 위협적인 존재였다. 염석산군의 한 장군에 따르면 閻의 전구에 나붙은 많은 벽보구호에 보이는 적은 주로 공산군을 가리키는 것이었다. 閻이 두번째 적으로 간주한 것은 중앙정부군이었다. 그것은 그 중앙정부군 이 지방일에 간섭하려고 끊임없는 위협을 가하였기 때문이었다. 그 다 음으로 閻이 적으로 간주한 것은 일본을 위해 봉사하는 괴뢰정부였고, 마지막이 일본군이었다. [3]

성에 따라 중앙과의 관계가 달랐다. 귀주(貴州)나 절강(浙江) 같은 곳 은 중경의 중앙정부에 매우 충성스러웠다. 광동(廣東) 같은 곳은 군사령 관〔余漢謀〕의 충성이 오락가락하였으나 깊이 신임받고 있는 성주석〔李漢 魂〕이 있어 견제가 되었다. 그러므로 운남(雲南)의 경우를 두고 모든 성 과 중앙정부간의 관계의 전형으로 볼 수는 없다. 그러나 이 성을 좀 자세하게 살펴봄으로써 장개석의 흔들거리는 정치적 연립에 작용하는 역관계를 밝혀낼 수 있을 것이다.

운남은 일본과의 전쟁이 있기 전까지는 중국의 국내정치에서 특출한 자리를 차지해 본 적이 없다. 중국의 서남으로 깊숙이 들어가 있는 운남 성은 분명 중국 정치단위의 일부이기는 하였으나 문화적으로 그리고 종 족적으로는 많이 달랐다. 상해보다는 인도의 캘커터가 더 가까왔고 버 마, 불령인도지나(佛領印度支那 ; 베트남)가 이웃에 있었다. 그리고 인구 밀도가 희박하고, 당시 중국의 수준으로 보아도 가난해 빠진 주민의 반 은 종족적으로 한족(漢族)이 아니었다. 프랑스가 영유하고 있는 곤명(昆

明)〜하노이간의 철도가 외부세계로 통하는 주된 통로였으며, 이 통로를 따라 프랑스제 담배, 총 그리고 문화적, 경제적 영향이 들어왔다. 성의 수도인 곤명은 북적거리고 시끄러운, 중국인의 상점이나 거리에 수많은 프랑스인이 지은 건물이나 주택이 서 있어 프랑스적인 풍취까지도 풍기고 있었다. 실로 1940년까지는 곤명 주재(駐在) 미국영사관의 재무기록문서는 운남성 화폐단위가 아닌 프랑스의 피아스타화(貨)로 기록되어 있었다.[4] 그러나 운남 사람들은 프랑스건 중국이건 간에 외부의 모든 영향에 대해 의심스러운 눈초리로 대하였다. 강한 고립경향과 결과적으로 전쟁 동안 중앙정부 영향의 유입을 가로막게 하였던 높은 감정적인 벽이 운남 사람들의 특징이었다.

1930년대와 1940년대의 운남의 군벌은 용운(龍雲 : 1888〜1962)이었다. 용운은 로로(裸裸)족(로로족은 운남성내의 가장 큰 소수민족의 하나이다)이었고, 그의 고향인 운남 밖에서의 경험이 거의 없었다. 젊은 시절 그는 운남성에서 활동하는 한 반비밀결사에 가입하였다. 22살이 된 그는 1910년 운남성립(雲南省立) 사관[講武] 학교의 교관으로 있던 당계요(唐繼堯)를 만나게 되었다. 唐은 용운을 사관후보생으로 넣어주었고, 그때서부터 1927년까지 두 사람은 함께 성장해 나갔다. 1911년의 청조(淸朝) 타도혁명 뒤에 唐은 서남중국의 주된 정치세력이 되었고 그 아래서 용운은 군벌정치, 국민당정치의 우여곡절을 다루는 솜씨를 배웠다. 唐의 우수한 학생인 용운은 1927년에 그의 스승을 제거하는 쿠데타를 일으켜 대신 운남성 주석이 되었다. 그때부터 1945년 장개석에 의해 주석자리에서 밀려나기까지 용운은 운남 정계(政界)의 지배적인 인물이었다.[5]

용운에 대한 평가는 사람에 따라 크게 다르다. 어떤 사람들, 특히 중앙정부측 사람들로 볼 때 그는 구제할 길 없는 군벌이며, 아편쟁이이고, 자기 개인이나 省의 이익밖에 모르며, 통치는 부패되어 있고, 낙후되어 있으나 그러나 사실 그 당시로 볼 때는 비교적 헌신적이고, 진보적이고 부패하지 않은, 省 단위로 기반을 갖고 있는 장군으로 볼 수 있다. 결국 그는 자기의 省에 번영을 가져다주지는 못했지만 오랫동안 골칫거리었던 도적떼〔土匪〕의 대부분은 제거하였다. 비록 그는 극도의 아편중독자였지만 1934년 11월 이후에는 아편의 경작과 매매를 금지하는 일에 착수하여 상당한 성과를 올렸다. 실로 1936년과 1937년 동안 용운은 아편 아닌 광업과 공업을 주요 재정수입원으로 삼아 성정부의 재정기반을 바꾸어 놓았다. 근대공업말고도 공공생활개선과 대중위생사업에 적극적인 관심을 나타냈었다. 그는 이같은 문제들에 대해 입으로만 말하는 것이 아니라 (실제적인) 조치를 취함으로써 유명해졌었다. 이웃해 있는 사천성에 있었던 것 같은 그러한 형태의 혹독한 군벌의 착취는 운남성에는 없었다. 운남성의 대부분 사람들은 용운을 정말로 좋아했던 것 같다.[6]

운남성이 내륙중국에서는 가장 넓지만(프랑스의 2배가 된다) 용운은 1930년대에 한 번도 주된(전국적) 정치세력이 된 일이 없었다.[7] 항일전쟁 전의 그의 병력은 겨우 3만~4만이었으며 운남성의 경제적 기반은 작았다. 그러므로 그는 살얼음 같은 군벌끼리의 술수 속을 조심스럽게 걸어가야 했다. 이웃해 있는 귀주성에 대해 간간이 그러나 슬쩍 추파를 던진 것 이외에는 자기 영역 밖의 일에 관계하려 들지를 않았다. 조심성, 자제 그리고 분별을 가지고 다른 성과의 관계를 유지했으므로 그 지도자들은 용운을 존경했었다.

물론 1930년대 모든 각 성의 군벌들로서는 중앙정부는 가장 두려운 도전자였다. 용운은 끝내는 시들고 말았지만 18년 동안 아주 교묘한 방법으로 중앙세력으로 통일하려는 압력에 저항해 왔다. 1930년대의 지방지도자들중 용운은 국민정부에 가장 협조적인 세력의 하나였다. 예컨대 1930년에 군벌이 연합하여 북경에 분치주의적(分治主義的) 정부를 세우고자 했을 때 운남군은 이종인(李宗仁)과 백숭희(白崇禧)가 거느리는 광서계(廣西系)의 반군(叛軍)에 대해 반대하였다. 1936년에 광동성과 광서성이 반기를 들었을 때 용운은 반군지도자의 간청을 거절하고 남경의 중앙정부에 대한 충성을 공언하였다. 장개석이 서안(西安)에서 감금됐을 때 그는 감금자〔張學良〕에 대해 토벌군을 일으키겠다고 자청하였고, 장학량(張學良)에게 혹독한 욕설을 퍼부었다. 용운의 뜻을 반영하는 운남의 한 신문은 장학량이 『유치할 뿐 아니라 불충 불효(不忠不孝)하다』고 하였다. [8]

1930년대 초기에 국민정부의 운남 사람들에 대한 영향은 미미하여 그들의 생활을 변하게 하는 일이 별로 없었다. 국민당은 운남성에 지부(支部)를 두고 있었으나 성정부로부터 재정적 또는 그밖의 지원을 받지 못해 실제로는 있으나마나한 것이었다. 1934년에 (장개석이 벌인) 신생활운동이 성정부, 군대, 학교에서 시작됐으나 1935년 5월의 장개석의 운남 방문과 같은 그러한 특별한 계제를 제하고는 운동이 시작된 뒤 전혀 거론된 일도 없었고, 아무 성과도 없었다. 또한 때때로 남경의 중앙정부로부터 지질조사나 위생실태에 관한 공식대표단이 오기도 하고 가기도 하였으나 성내(省內)의 일에는 아무 영향을 주지 못하였다.

그러나 공산군이 그들의 유명한 대장정(大長征) 동안 서남중국에서 활동한 것이 주된 원인이 되어 1935년부터 중앙정부 세력이 운남성에 침투해 들어오기 시작하였으며 국민정부군 약 5만 가량이 운남성에 진주하게 되었다. 그들은 거액의 국민정부 발행 지폐를 사용하였고 중국중앙은행이 곧 운남에 지점을 개설할 것이라는 소문까지 나돌게 되었다. 1935년 9월에 중앙군관학교분교가 운남성의 수도 곤명에 설립되었다. 운남군 장교가 고급기술 또는 정치훈련으로 생각되는 훈련을 받기 위해 남경 항주(抗州) 그리고 사천성에 있는 중앙정부의 군사학교에 입학하게 되었다. 도로가 계획되고 건설되었는데, 중앙정부의 보조를 받는 경우가 많았다. [9]

그러므로 대일항전(對日抗戰) 이전에 중앙정부의 존재는 운남인들에게 하나의 현실로 받아들여졌다. 이 과정에서 용운은 교묘하게 행동하였다. 그는 되도록 빨리 중앙정부의 반공군(反共軍)이 성에서 떠나도록 손을 썼다. 그리고 재빨리 국민정부지폐를 회수하였다. 그렇게 함으로써 운남성의 화폐자주권을 보존하였던 것이다. 그러나 자기 성의 반(半) 독립체제를 극대화하면서도, 장개석으로부터 약간의 신임을 얻어냈다. 중앙군관학교의 운남분교에 재학하는 사관후보생들이 용운을 성주석 자리에서 해임하도록 요청하였을 때 장개석은 용운을 지지하여 그 사관생도들을 선동한 자를 투옥해 버렸다. [10] 용운은 1935년과 1936년에 장개석으로부터 제2로초비(路剿匪)(공산군토벌)군 총사령관, 운남귀주평정(綏靖) 주임, 국민당 중앙감찰위원과 같은 영예로운 자리를 받기도 하였다.

용운이 국민정부의 충실한 지지자가 됐다고 볼 수 있는 상당한 사실이 있음에도 불구하고 그가 중국의 통일이나 국민당의 주의주장에 대해 감정적 또는 도의적인 지원을 마음먹고 있었을까 하는 것은 의심스럽다. 그보다 그가 중국의 장래가 각 성의 군벌 아닌 중앙정부에 달려 있다는 사실을 실제적인 뜻에서 받아들인 것으로 보는 것이 좋을 것이다. 그러므로 중앙정부에 대해 최소한 제한된 협력이라도 해두는 것이 그에게 이로왔을 것이다. 미국의 한 국무성 관리가 논평한 대로, 그의 중앙정부에 대한 정책은 「조심성과 균형잡힌 기회주의」로 일관되어 있었다. [11]

대일항전이 시작되고 이어 국민정부가 오지(奧地)로 후퇴하자, 운남과 중앙정부의 관계의 질은 기본적으로 변화하였다. 여태까지는 운남이 중앙정부의 주된 관심으로부터 멀리 떨어져 있었고, 중앙정부로서는 운남성당국이 그 뜻을 순순히 그리고 신속하게 따르게 할 필요는 없었다. 그러나 이제 모든 것이 달라졌다. 전시중국으로서는 운남성은 사천성 다음으로 가장 중요한 성이 된 것이다. 이제 운남은 중앙정부를 위한 인력, 돈, 물자를 위한 요긴한 공급원이 되었다. 그러니 중앙정부로서는 운남이 어떻게 통치되는가 그리고 운남의 통치자가 중앙정부의 뜻을 어떻게 받아들이는가가 매우 중요한 문제가 되었다.

예컨대, 항전 초기의 몇 달 동안 장개석은 용운이 항전을 지지할 것인가 또는 중앙정부에 대해 반란할 것인가가 궁금했다. 그러므로 용운에게 항일전에 참여할 병력을 보내라고 그저 명령만 하는 것으로는 부족하다고 생각하였다. 그는 용운에게 그렇게 하도록 간청하기 위해서는 사절과 같은 성격의 연락관을 파견해야 한다고 생각하였다. 사실 용운

은 1938 년 초에 3 개 사단을 전선에 파견했는데, 이 결정은 망설임 없
이 취해진 것처럼 보였다. [12] 그러나 실은 장개석이 용운의 충성 표명을
의심하였었던 것이다. 1938 년 1 월에 장개석이 용운을 운남성주석 자
리에서 몰아내려 했었다는, 널리 퍼진 소문은 근거가 있었던 것인 듯
싶다. [13]

일본군의 침략이 시작되자 운남성 사람들의 대부분은 저항할 것을 열
성적으로 지지하였다. 그러나 이내 국민정부의 입장에 대한 운남인들의
열성적 지지에 긴장관계가 전쟁으로 인하여 조성되었다. 3 년 동안에
아마도 30 년래의 것보다 더 큰 변화가 성 안으로 물밀듯 들이닥쳤다.
중앙정부의 영향이 이같은 변화를 동반하였던 것이니 누구보다도 운남
성정부당국이 지방권력이 침식되는 것을 막으려 하였다. 1939 년 중기
에 가면 중앙정부와의 관계는 파열 직전 상태에까지 갔었다.

변화를 가져오는 요인은 얼마든지 있었다. 예컨대, 항전(抗戰)이 시작
되고 나서 얼마 안되어 운남은 국민정부의 외부세계에 대한 창구가 되었
다. 1938 년 10 월에 무한(武漢)과 광주(廣州) 둘 다 적에게 함락되었다.
우연하게도 곤명이 종점이 되어 있는 버마통로가 갓 개통했었으므로 외
부로부터의 공급을 받는 통로가 되었던 것이다. 이어 곧 두 개의 전천
후공로(全天候公路)가 운남과 사천을 연결하였다. 전쟁중, 곤명의 비행장
은 중경(피난수도), 홍콩(1941 년 일본군에 함락될 때까지), 인도〔곤명은 유
명한 미국 공군의 「험프」(히말라야 산맥) 상공 비행의 종착지이다〕행 항로가 운
항하는 가장 바쁜 비행장이었다.

또한 운남은 갑자기 전국적인 문화적, 경제적 생활에 편입되게 되었다.
1938 년까지 약 6 만명의 피난민이 운남성으로 들어왔다. 그 수는 절대
수로는 많은 것은 아니지만 피난민이 집중한 곤명으로서는(전쟁전의 인
구는 143,000 이었다) 많은 것이었다. [14] 더우기 그 피난민의 대부분은 닳
고 닳은 중류 또는 상류계층들이었는데, 그들의 영향은 그들의 수에 비
해 월등히 컸었다. 곤명은 이제 교육중심지가 되었다. 항일전 전에는
별로 이름이 알려지지 않은 운남대학이 운남성의 유일한 대학이었는데,

1938년에는 중국의 유명한 세 대학(국립북경대학, 淸華大學, 南開大學)이 다른 덜 이름난 몇 대학과 함께 서남연합대학(西南聯合大學)으로 합쳐져 곤명 근처로 옮겨왔다. 이리하여 곤명은 이내 문화적 낙후도시로부터 지적(知的), 문화적, 정치적 격동의 중심지가 되었다.

운남은 1935년 이래 공업이 약간 발전해 왔으나 전쟁과 더불어 많은 새 공장이 곤명 근처에 피난왔거나 건설되었다. 전국적인 방위(防衛) 산업과 중공업을 발전시키는 것이 소임인 중앙정부의 전국자원위원회(全國資源委員會)는 곤명이 버마통로와 가깝고 전선으로부터 멀리 떨어져 있다는 이점이 있음을 알아차렸다. 그리하여 그곳에 예컨대 중앙기계공장과 전기제조공장을 세웠는데, 전자는 1940년 초부터 발동기, 발전기, 공작기계를, 후자는 1939년 7월부터 동선(銅線), 철선(鐵線), 전구, 배터리, 전화기 등을 생산하기 시작하였다. 중국은행은 곤명에 면직공장을 세웠고 국방부는 광학기기(光學機器) 공장을 세웠다. 1937년 8월까지 모두 49개의 공장이 동부에서 운남성으로 이동해 왔다.[15]

운남 사람들은 그들의 평온한 고립 속으로 들어오는 이같은 경제적, 교육적 침입을 방해하지 않았다. 공업이 들어와서 운남성에 전에 없는 번영을 가져왔으므로 운남성당국은 공업발전과 농업건설에 도움이 되는 더 많은 투자를 장려하였다. 그러나 도로, 공업, 학교는 동시에 중앙정부의 이해관계와 영향도 같이 싣고왔으며 1938년과 1939년에 걸쳐 양자간의 긴장관계가 나타나게 되었다.

전쟁초기 몇년 동안의 논쟁점은 놀랍게도 정치적인 것도 군사적인 것도 아니었다. 장개석은 운남인들이 민감하다는 것을 잘 알고서 이 지역에서의 조치를 취하였다. 운남성이 할 수 없이 냉혹하게 국민정부의 경제질서 속으로 편입되면서 정치, 군사 문제 대신 은행업무, 재정문제, 대외무역 같은 면에서 마찰이 발생하였다.

예컨대 운남성의 반(半) 자주적인 위치의 기둥의 하나는 은행업무와 통화발행을 성정부가 사실상 독점하고 있다는 것이었다. 1935년 11월 중앙정부는 국민정부 발행의 법폐(法幣)만이 전중국에서의 유일한 법적 통화로 규정한 화폐개혁을 하였는데도 운남성은 성정부 소유의 신부전 (新富滇) 은행이 발행한 통화를 계속 주로 사용하였던 것이다. 1937년 12월 중국중앙은행의 지점이 곤명에 개설되었다. [16] 그러나 처음에는 세관에서의 수납과 전시공채판매의 수납만을 취급하는 것으로 그 활동을 스스로 제한하였다. 이같은 영업활동은 신부전은행의 성내(省內) 경제의 지배에 간여되지 않았다. 그리하여 운남성당국은 새 은행(지점)의 위협이 거의 없는 것으로 판단하였다. 그러나 1938년에 중앙은행은 곤명 지점을 통하여 법폐를 발행하기 시작하였다. 이것은 운남의 위치를 위협하였기에 신부전은행은 법폐와 자체 발행 통화의 환율을 조정함으로써 법폐의 운남유입을 막으려 하였다. 1939년 5월의 수일 동안은 아예 법폐를 받지 않았다. [17] 그러나 그것은 지는 싸움이었다. 왜냐하면 이제 법폐는 다른 출처로부터 성내로 밀어닥쳤기 때문이다. 전국자원위원회와 중앙공군사관학교(1938년에 운남으로 이동)가 일으킨 여러 새 공사에 종사하는 노무자 같은 중앙정부고용자수가 늘어났는데, 그들이 보수를 법폐로 받았던 것이다. 운남으로 들어오는 피난민과 점차 그 수가 증가되는 여행자도 역시 그들의 주머니에 법폐를 담고 왔다. 그러므로 1939년 중기가 되면 운남발행 통화는 할인을 해야만 통용되고 1942년에 가서는 법폐가 완전히 우세해졌다. [18]

한편, 다른 국립은행도 운남성 내에 발을 붙이려 하였다. 송자문(宋子文)이 그 장(長)으로 있는 강력한 중국은행은 1938년 11월에 은행업무, 투자업무를 시작하려 하였다. 그러나 운남성당국이 여러 가지로 방해를 하였으므로 12월에는 계획을 포기하고 관계인원을 아예 홍콩으로 철수시켜 버렸다. 곤명주재 미국관리의 표현을 빌리면 중국은행의 철수는 『현지에서는 협조 가능성의 실패로 해석되고 있으며 또한 성립(省立)〔新富滇〕 은행에 대한 선전포고로도 해석되고』 있었던 것이다. [19]

그러나 이번 역시 운남 사람들은 중앙의 여러 기관의 세력유입을 막지 못하였고, 1939년 초에는 중국은행을 포함한 4개의 국립은행이 곤명뿐 아니라 성내의 다른 도시에까지 지점을 개설하였던 것이다. 운남의 경제는 이제 활기를 띠게 되었고 신부전은행은 자본, 은행업무, 외환업무 등 수요의 증가를 감당하지 못하게 되었다. 중앙정부은행들의 세력이 강해지면서 운남성의 경제에 대한 운남 사람들의 지배력이 약화되었다. 그러나 이 중앙정부은행들은 농업건설에 소요되는 자금을 넉넉히 대출하였고, 특히 운남 사람들의 산업진흥을 위한 자금이 풍부하였기에 그 은행들에 대한 대부분의 반대는 시들어져 갔다. [20]

중앙정부의 운남 자주성 침식에 대한 반대를 운남 사람에게 재정적으로 보상함으로써 회유하려는 이같은 경향은 조세(租稅) 분규에서도 뚜렷이 나타났다. 예를 들자면, 항일전쟁 초기에 중앙정부는 행정을 인수해 염세(鹽稅)와 같은, 성내의 모든 국세(國稅)의 징수를 통제하겠다고 제의하였다. 운남성당국은 처음에 물론 반대하였다. 그러나 마침내 그 요구를 받아들였는데, 염세에서 오는 세액(稅額)에 해당한 만큼의 「보조」를 중앙정부가 운남성정부에게 제공한다는 합의가 이루어져서야 그렇게 된 것이었다. 분명 염세의 징수행정권의 상실은 장기적인 운남성의 자주성으로 볼 때는 좋은 일이 못 되었다. 그러나 양쪽의 체면을 다같이 살려주는 멋진 방편이었다. [21]

1938년 12월, 중국은행과의 싸움이 그 절정에 다다른 바로 그 무렵, 왕정위(汪精衛)의 탈출이 운남성과 중앙정부간의 사이에 깔린 불신을 고조시켰다. [22] 일본과 협상을 통해 전쟁을 종식시키겠다는 자기 스스로 작정한 목표를 위해 汪이 1938년 12월 18일 중경을 떠난 뒤 첫 기착지가 곤명이었다. 용운은 왕정위 숭배자로 알려져 있는 터였다. [23] 汪은 용운이나 장발규(張發奎) 같은 그밖의 서남중국의 군벌들이 자기의 평화운동을 지지하도록 설득할 수 있기를 바랐었다. 12월 19일, 몇 시간 걸린 汪과 龍의 회담에서 어떤 일이 일어났는가는 알려져 있지 않다. 용운은 뒤에 자기는 汪에게 그의 평화운동이 전적으로 비현실적이라고 말했었노라고 밝혔다. 그러나 중앙정부는 걱정스러웠다. 왜냐하면 그 뒤의 몇달 동안의 용운의 행동이 그가 汪의 계획에 가담할지도 모른다는 우려에 상당한 근거가 되었기 때문이다. 예컨대, 1939년 1월 10일에 용운은 임시수도 중경에서 개최된 각성(各省) 지도자회의에 고의적으로 불참했었다. 또한 汪의 지원자인 부유한 홍콩 사람이 300만元을 곤명으로 송금했는데, 이는 겉으로는 운남성의 재정개혁을 돕는다는 것이었으나 아마도 용운이 汪을 지지하도록 하는 뇌물이었을 것이다.[24]

용운은 2월 10일에 마침내 성명서를 발표하였다. 그러나 그 내용은 아리송한 것이었다. 그는 왕정위의 평화운동과 관련됐음을 부인하였으며 중앙정부의 항일전(抗日戰) 계속정책을 지지한다고 하였다. 그러나 그는 덧붙여 만약 일본이 중국을 대등한 국가로 대하는 데 동의한다면 평화운동에 반대하지 않는다고 한 것이다. 한편 용운은 하노이로 간 汪과 접촉을 유지하고 있었다. 그는 汪이 하노이를 떠나 일본군점령지역으로 간 1주일 후인 5월 2일 이전에는 汪을 공개적으로 비난하는 성명은 내지 않았다.[25] 왕정위 탈출사건은 이렇게 하여 마무리되었다. 그러나 이 사건이 씁쓸한 뒷맛을 남긴 것만은 분명하니, 그로 인해 그 다음에 온 가장 심각한 대결이 촉진되었던 것이다.

그 다음에 문제가 된 분규는 운남의 광범위한 대외교역(對外交易)의 통제에 관한 것이었다. 한구(漢口)가 일본군에게 함락되면서부터 국민정부의 대외무역은 점점 더 운남을 경유하여 행해졌다. 운남성정부는 중앙정부의 격렬한 반대에도 아랑곳하지 않고 완곡하게도 특별소비세라 이름한 리킨[厘金] 비슷한 물품통과세를 징수하였다. 그것은 운남성의 단일수입원으로는 가장 큰 것이었다.[26] 운남으로서는 상당한 양의 물품 즉 차, 생사(生絲), 동유(桐油), 피혁, 돈모(豚毛) 등을 수출하였다. 그러나 운남성의 수출대종품은 주석(朱錫)이었는데, 그것은 운남성정부의 세수(稅收)중 가장 알찬 것이었고 신부전은행 수익의 대부분이 그 세수에 의지하였다.[27] 주석 문제는 이렇게 운남성정부로서는 매우 민감한 것이었으므로 1938년 초에 일찌기 주석을 전매품(專賣品)으로 하였다. 이는 아마도 중앙정부가 주석 무역을 지배할 것을 미리 막고자 한 조치였을 것이다. 중앙정부의 침식은 1939년 초에 시작되었다. 2월에는 전국대외교역위원회가 곤명에 사무실을 개설하였고, 교통부는 앞으로 주석을 제외한 운남의 모든 수출품의 검사와 운송을 관리하겠다고 통보하였다. 4월에 중앙정부는 다른 곳에서 운남을 통과하는 물품에 대해 운남성정부가 특별소비세를 부과하는 것을 금지하였다.[28]

이는 운남성정부의 경제구조에 대한 결정타였다. 용운은 보통 이상으로 강경하게 항의하였을 것이다. 6월에 미국 국무성의 보고에는 『중앙정부는 龍주석의 협력약속을 불신하고 운남성의 전면적인 지배를 준비하고 있다』고 되어 있다. 동시에 중앙정부는 운남성 변계(邊界)에 군대를 배치하였다.[29] 유리한 입장에 있는 중앙정부는 7월에 전국의 모든 대외무역을 통제하겠다고 발표하였다. 이는 중앙정부가(운남성에서 산출되는 물품도 최초로 포함시켜) 모든 수출입품에 대해 과세하겠다는 것을 의미할 뿐 아니라 주석(朱錫)을 포함한 모든 주요 수출상품의 교역에 독점권을 보유하겠다는 것을 의미하였다.

운남성당국은 즉각 반응을 보였다. 운남성당국은 신부전은행의 증명서가 없는 모든 운남산품의 수출을 금지시켰다. 신부전은행이 증명서 발급을 거부하기 때문에 운남산품의 수출은 완전히 정지되었다. 중경에서의 협상은 오래 끌고 난항이었다. 이 협상에서 운남측은 대외무역과 주석에 관한 분규뿐 아니라 운남성과 중앙정부 간의 제반문제 전반을 타결하려 하였다. 양측의 관계는 긴장하였다. 운남측 협상대표의 1진은 합의에 도달하려고 해봤으나 완전히 실패하고, 운남으로 돌아갔다. 중앙정부는 운남측의 군대이동을 각별한 주의를 가지고 지켜보았다. 4개월 동안 주석도 그밖의 운남물산의 아무것도 성 밖으로 나가지 아니하였다.[30] 그러나 운남측 협상대표의 제2진이 중경으로 가서 1939년 10월 12일 합의에 도달하였다. 중앙정부가 성의 이해를 무찔러 버리는 일은 또 한번 피하였고 합의된 것은 하나의 타협이었다는 것은 의미 있는 일이다. 성내의 모든 수출업무는 앞으로 전국대외교역위원회 지부의 감독을 받으나 이 위원회 지부에 대해 운남성대표와 중앙정부의 대표가 공동으로 자문에 응하기로 하였다. 주석, 동유, 차, 돈모의 수출은 중앙정부가 독점하게 되었으나 중앙정부는 그 보상으로 1년에 160만 파운드의 보조금을 운남성정부에게 주기로 하였다. 이 금액은 운남의 수출무역 지배를 포기하는 대가로 지불되는 것 이상의 것이었다. [31]

1939년 10월 중순에 이 합의가 이루어지자 국민정부와 운남성간의 관계는 회복된 것처럼 보였다. 용운은 이 기회에 자기의 중앙정부에 대한 충성을 재확인하였고, 매국노(賣國奴) 왕정위를 죽일 각오를 천명하였다. [32] 한 미국관리는 10월 19일에 『정치적으로는 이제 운남은 중앙정부로서는 안심해도 좋게 된 것 같다』고 보고하고 있다. [33] 그러나 이 평가는 너무 낙관적이었다. 왜냐하면 운남성과 중앙정부간의 관계는 그때부터 새로운 보다 중대한 국면에 접어들었기 때문이다.

이렇듯 전쟁 동안까지는 운남성과 중앙정부의 관계는 주로 경제적인 것이었다. 그 까닭은 분명하다. 국민정부는 오지(奧地)에 전시경제 근거를 마련해야 했었던 것이다. 운남은 일본군의 공격이 미치지 못할 것으로 보인다는 점, 과장되기는 했으나 뽐낼 만한 자연자원의 부존, 그리고 임시수도 소재성인 사천성에 가깝다는 것 때문에 전략산업을 두기에 적합한 곳이었다. 더 나아가, 운남이 하노이와 버마에의 수송로 기점이라는 위치가 운남으로 하여금 갑작스레 중국의 대외교역의 중요한 중계지로 변모하게 하였다. 은행업무와 조세행정면에서도 중요한 갈래가 되었다.

운남 사람들이 이같은 경제적 변화에 적응해 가는 과정은 고통스러운 것이었다. 왜냐하면 운남의 경제적 자주의 기반이 침식되어 갔기 때문이다. 어떻든 국민정부측으로서는 운남에 대해 재정적으로 보장함으로써 운남을 전시경제체제(戰時經濟體制)로 편입하는 목적을 달성하였다. 그리하여 모든 잠재적 마찰이 보조금 지급, 운남성의 건설을 위한 융자약속, 또는 운남 사람 소유의 기업에 대한 자본투자 등을 통해 실질적으로 완화되었다. 1939년 10월에 가면 기본적인 경제적 차이가 없어지게 되었다.

그러나 이젠 정치적 차이가 전면에 나서게 되었다. 1939년 9월에 중앙정부는 운남성의 (정치적) 통제를 강화하기로 작정하였다. 이를 위해 사천성 정부주석 왕찬서(王鑽緒)가 운남성 외의 군지휘관직으로 전임되고 장개석이 임시로 사천성 정부주석을 겸임하였다. 10월에는 중앙정부가 운남군의 두 부대를 호남(湖南)의 전선에 파견하라고 지시하였다. 동시에 중앙정부군에게 운남성 내의 요지(要地)를 인수받으라고 명하였다.[34]

이같은 명령들은 용운의 운남성지배에 직접적으로 도전하는 것이었다. 진성(陳誠) 장군(군사위원회 정치부 主任)이나 장개석 자신이 몸소 곤명을 방문했음에도 불구하고 용운은 중앙정부의 명령에 따르기를 단호히 거절하였다. 중앙정부군이 운남경계로 이동하고 있던 11월에 용운은 그가 비우호적인 세력의 침략으로 간주한 것에 대항하기 위해 그의 군대를 동원하였다. 그러나 뒤에 용운은 태도를 완화하여 중앙정부 사단들에게 성 안에 들어가도 좋다는 허가를 1940년 초에 주었다. 장개석은 용운을 약간이라도 달래고자 그를 군사위원회전겸(운남·귀주) 행영주임〔軍事委員會滇黔(雲南·貴州)行營主任〕으로 임명하였다. 이 자리는 특정한 군사소관이 있는 것이 아니고, 새로 마련한 행영(군사령부) 운영비라는 명목으로 매월 10만원을 지급하는 것이었다.[35]

중앙정부는 이제 운남성 문턱까지 왔다. 그러나 보다 많은 중앙군을 운남성 안에 주둔시키겠다는 요구는 끈질겼다. 육군참모총장 하응흠(何應欽), 진립부(陳立夫 ; 국민당의 사회부장) 등을 포함한 중앙정부측의 인사가 뻔질나게 곤명나들이를 하고 있는 것은 용운이 장애물이었음을 나타내 주고 있다. 1940년 8월, 용운은 더 많은 중앙정부군을 성내에 주둔하겠다는 하응흠의 요청을 거절하였다 한다. 그 이유는 병사수가 늘어나면 식량공급을 도저히 감당할 수 없게 된다는 것이었다.[36] 또한 중앙정부군 파견대를 증강하기보다는 오히려 성외(省外)로 파견된 운남군을 불러들여야 할 것이라고 주장했을 법도 하다. 그러나 1941년 후반기가 되면 중앙정부군이 사실상 우세하게 되었고, 1943년 3월이 되면 그들의 수는 4대 1로 운남군보다 많아졌다.[37]

운남성에 정치적 통제수단을 들여놓겠다는 중앙정부의 노력은 또 다른 마찰거리가 되었다. 1939년에 국공(國共)의 통일전선 형성 때문에 정치적 조정을 필요로 하는 분위기는 가시기 시작했다. 당(黨)과 군의 군사통계국(軍事統計局)이 주가 되는 중앙정부의 몇몇 비밀경찰기관과 삼민주의청년단이 국민정부 영역에서 사상적, 정치적 획일화를 이루고자 점진적으로 배치되었다. 그러나 용운은 다른 몇몇 지방군벌이 그러한 것처럼 정치적 반대자에게 피난처를 제공해 주는 것이 정치적으로 유리하다고 생각하였다. 그것은 아마도 이 정치적 반대자들의 중앙정부비판이 중앙정부를 곤혹스럽게 만들거나 또는 「강(江) 저쪽」의 정부에 대한 비판자를 받아줌으로써 매우 배타적인 운남 사람들 사이에서 인기를 높이려 한 때문이었을 것이다.

그리하여 곤명은 중국의 자유주의자들의 안식처가 되어 중앙정부당국을 크게 낭패하게 만들었던 것이다. 특히 1941년 홍콩이 피난처 구실을 할 수 없게 되면서 그러하였다. 예를 들자면, 서남연합대학(西南聯合大學) 교수이며 국민참정회원(國民參政會員)인 나융기(羅隆基)는 국민정부를 아주 격렬하게 비판하였으므로 중앙정부는 1941년에 두 직책에서 모두 해임해 버렸다. 그 무렵 용운은 羅와 친밀해졌다. 1944년 국민정부가 羅를 운남에서 추방하라고 요구했을 때 용운은 이를 거절하고 그저 羅를 감시하겠다고만 하였던 것이다. [38]

민주정단동맹(民主政團同盟)이 1941년에 성립하자 羅는 그 지도자의 한 사람이 되었다. 민주정단동맹의 주장의 근저가 국민당의 독재에 대한 반대였는데도 불구하고――아니 오히려 그렇기 때문에――용운은 정단동맹의 친구요 후원자가 되었다. 용운은 정단동맹에 재정적 지원을 해준 것을 부인하였으나 그는 그 정단동맹의 몇 사람――나융기와 아울러 번광단(藩光旦), 번대규(藩大逵)――을 고문의 자격으로 임용하였다. 용운은 정단동맹 사람들의 저서출판을 재정적으로 도와주었다. 곤명에 있는 커다란 저택의 반이 또한 서남연합대학 교수의 숙소로 제공되었다 한다. 교수들 중 중앙정부편에 선 사람보다 자유주의적인 사람들이 그 저택 이용에 우선권이 주어졌을 것임은 족히 생각할 수 있다. [39]

용운은 물론 중앙정부가 정치적 정통성의 승인을 강요하는 데 우호적일 수가 없었다. 1939년 10월에 국민당의 삼민주의청년단지부 준비사무실이 운남에 개설되었다.[40] 그러나 그 다음해 초 용운은 중산대학(中山大學)에 지단(支團)을 설치하는 허가를 내주지 않았다. 도리어 그는 청년단의 간부 몇 사람을 구속하였다. 중앙정부측이 조정에 나서서야 그들을 석방하였다. 용운과 청년단의 관계는 정말로 나빴으니, 1940년 4월 청년단의 한 간부는 용운의 요리사를 시켜 용운을 독살하려 할 정도였다.[41] 전쟁중 청년단은 성내(省內)에 지부를 두고 있기는 하였으나 국민당 통제에 보다 철저하게 순종하는 지역에서의 경우처럼 활발하게 활동하거나 억압적이거나 하지 못하였다.

중앙정부의 비밀경찰이 운남에 주재하는 것을 못 하게 할 수는 없었다. 왜냐하면 모든 중앙정부의 기업, 군부대, 국민당지부는 (비밀경찰인) 군사통계국에 관련된 부서를 갖고 있기 때문이었다. 그들은 성 내에서 정탐활동을 하였으며 운남군 안에서 선전활동을 하기까지 하였다. 그 활동 규모가 그리 크지 않았던 것은 1944년에 보도된 바처럼, 용운은 중앙정부로부터 성 내에서의 비밀경찰활동을 억제하겠다는 약속을 얻어냈기 때문인 듯하다.[42] 운남성 내에 정치적 자유가 많았던 것은 운남지방 언론의 비교적 거침없는 논조에 나타난다. 서남연합대학의 교수와 학생들은 몇몇 소규모 잡지(예컨대 《學生報》와 《民主週刊》 같은 것)를 간행했는데, 이 잡지들의 정치적 논조는 어떤 기준으로 보더라도 온건한 것이라고 보아야 하는데도 중경이나 서안에서라면 1주일도 지속되지 못했을 것이다. 운남성정부의 기관지인 《雲南日報》의 중앙정부 정책에 대한 비판은 때로는 신랄한 것이었다.[43]

용운을 아는 사람으로서 그의 자유주의가 피상적인 것 이상의 것, 정치적 이익을 위해 갖춘 겉치레 이상의 것이라고 믿는 사람은 아무도 없었다. 예컨대 용운 자신에 대한 비판은 운남에서는 할 수가 없었을 것이다. 그럼에도 불구하고, 곤명에서는 항일전중 아마도 계림(桂林)을 제외하고는 국민정부 치하의 어느 대도시에서보다도 더 많은 정치적 자유를 누릴 수 있었다. 국민정부 당국자의 용운에 대한 주된 불만은 그가 『좌경(左傾) 분자의 안식처를 제공하여 곤명을 공산주의의 온상이 되게 하였다』는 것이었다. [44]

1939～42 년 동안, 운남성과 국민정부의 관계는 자주 긴장되었는데, 1943 년부터는 장기전으로 인한 긴장이 뚜렷하게 나타나기 시작하였다. 1942 년까지는 그래도 완만했던 인플레가 1943 년에 가서는 국민정부의 경제적, 사회적 기반을 잠식하기 시작하였다. 관료들 사이에 부패가 만연하였고, 1943 년 9 월부터는 공업경제가 현저하게 기울기 시작하였다. 군대는 수동적이 되었고 기운이 빠졌다. 이같은 상황에 대한 비판이 정부의 안과 밖에서 많이 나오기 시작하였다. 전쟁이 오래 끌자 상황이 악화되는 것을 알게 되고 또 정치적 약점이 점점 더 많아지게 되어 국민당정권은 보다더 권위주의적——비판자들의 표현을 따른다면 독재적——이 되어 갔다. 장개석은 비판을 더 꺼리게 되고 고위관리로부터도 더욱 멀어져 갔다. 그리고 권력을 더욱더 자기 한 사람의 손아귀에 집중하였다. 1943 년 12 월, 미국대사 클래런스 가우스는 이렇게 말했다. 『蔣은……더욱더 모든 종류의 일을 세세한 데까지 알려고 하는 것 같다.』[45]

장개석의 이같은 태도와 병행하여 국민정부 장악 영역 내에서의 정치적 탄압이 증가하였고, 국민당 안에 반동세력의 영향이 점점 더 높아갔다. 비밀경찰은 더욱 기승을 부렸고 교육에 대한 통제는 강화되었다. 살공료(薩空了) 같은 자유주의적 언론인은 정치감옥으로 보내졌으며, 검열도 더욱더 강화되었다. 국민당정권 안의 몇몇 파벌중 자유주의적 경향이 가장 적은 파벌의 하나인 CC계가 또한 세력을 강화하여 국민당 내의 중앙위원회(정부 안에서가 아니기는 하나)에서 이데올로기에 덜 집착하고 보다 실무적인 파를 대신하게 되었다. [46]

용운과 같은 지방의 군벌들은 이 시기의 정치적 몸살을 같이하고 있었다. 그들은 두려워했다. 왜냐하면 장개석이 권위주의적 통치를 강화한다는 것은 공산주의자나 자유주의자와 마찬가지로 지방분치론자(地方

分治論者)도 탄압하려고 결의한다는 것을 의미하기 때문이었다. 그들은 蔣에 대해 분개하였다. 왜냐하면 蔣이 자기의 군대는 예비용으로 온존해 둔 채 그들의 지방군대를 항일전선(抗日戰線)에 보냄으로써 전쟁을 통해 그들의 지방군을 약화시킨다고 믿고 있었기 때문이었다. 그들은 또한 시기를 하고 있었으니, 자기들의 군대는 무기, 피복, 군량, 훈련 면에서 열등한 상태인데도 蔣의 군대는 미국의 무기대여법에 의한 장비의 대부분을 차지하였기 때문이었다. 1943년 4월의 에버렛 드림라이트의 『국민정부당국과, 실망은 하고 있으나 그래도 희망을 버리지 못하는 각성(各省)의 군벌들간에는 표면 밑에서 끓고 있는 씁쓸함과 적대감이 있다』라고 한 보고는 이러한 상황에서 연유한 것이었다. [47] 중앙정부의 접권적인 방책과 맞서기에는 자기들의 처지가 약하다는 것을 알게 된 각성의 유력자들은 1943년 봄에 중앙정부에 대항하기 위해 그들의 노력을 연합시킬 가능성을 서로 논의하기 시작하였다. 마찬가지로 국민정부에 불만인 민주정단동맹 또한 이유는 서로 달랐으나 그같은 계획에 참여하고 있었다.

이 계획이 아직 구체화되지 않고 있는데, 1944년 4월 일본군이 「1호작전」을 시작하였다. 이는 중국전쟁에서 일본군이 행한 가장 강력한 군사작전으로서, 남부중국과 동부중국에 있는 중국군과 미군(美軍)의 비행장들을 파괴하는 것이 그 주된 목적이었다. 「1호작전」은 설악(薛岳) 장군의 육군과 쉔노트장군의 제14공군으로부터 형양(衡陽) 전선에서 6주간 영웅적인 저항을 받은 것 말고는 아주 쉽게 수행되었다. 그리하여 일본군은 북부중국으로부터 인도지나에 이르는 직접연결선을 약하기는 하나 개통할 수 있게 되었다. 「1호작전」이 가장 멀리 뻗어갔던 1944년 12월에는 일본군이 운남과 사천에 틀림없이 쳐들어올 듯싶었다. [48]

국민정부에 대한 「1호작전」의 정치적 영향은 군사적 영향만큼 엄청난 것이었다. 왜냐하면 일본군의 군사적 성공이 중앙정부의 부패, 무능 사기저하를 전에 없이 드러내는 결과가 됐기 때문이었다. 장개석이 자신의 군대는 미군이 제공한 무기로 무장한 채 온존시키고 그 대신 省의 군대를 대량 사상자가 난 전투에 투입하려 한 것이 전보다 더 분명히 드러났던 것이다. 뿐만 아니라 「1 호작전」은 국민들의 장개석에 대한 신뢰를 무너뜨리기까지 하였다. 그전에는 장개석은 헌신적이고 없어서는 안되는 귀중한 지도자로 생각되어 왔었으나 이젠 적어도 일부 대중들한테는 모든 부패, 파벌끼리의 싸움, 비능률, 정치적 탄압이 단지 장개석 측근의 잘못 때문에만 생긴 것이 아니라 장개석 자신에게서 나오는 것으로 생각되게 되었다. 어떤 보도에 따르면 1 년 전까지만 해도 자유주의자로서 열렬한 장개석의 지지자였던 사람들까지도 이젠 『장개석의 영도하에서는 중국에 희망이 없다』고 생각하게 되었다는 것이다.[49]

「1 호작전」을 계기로 하여 省에서의 반장(反蔣)운동이 박차를 가하게 되었다. 지방의 군벌들로서 볼 때는, 이제심(李濟深)의 표현을 빌린다면 집권세력에 대한 충성심이 의심스럽다고 보아지는 남방 지도자들의 군대를 약화시키거나 파괴하기 위해 중앙정부가 미리 짜놓은 계획이 「1 호작전」으로 드러나고 만 것이었다.[50] 더 나아가 「1 호작전」은 지방 省의 음모자들에게 더없이 좋은 기회를 제공해 주었으니, 중앙정부가 이제 군사적으로 위협을 받고 있고 정치적으로 약체화되었기 때문이었다.

지방에서의 반장운동에는 두 중심이 있었다. 용운은 그 두 가지에 다 관련이 되어 있었다. 하나는 광서(廣西)에서의 것이고 끈질긴 정치적 불평가인 이제심이 그 우두머리였다.[51] 많은 남방 군사령관들——용운, 장발규(張發奎), 여한모(余漢謀)[52]를 포함하여——의 지지를 얻은 李는 광동성의 경계인 광서성의 동중부(東中部)에 자주적인 민주정권을 세우고 있었다. 1944 년 12 월 초에 인민행동위원회(人民行動委員會)로서 공식으로 성립한 이 정권은 장정권이 무너지면 새로운 국민정부의 핵심이 될 수 있을 것으로 보았다.[53]

두번째의 반장운동의 중심은 곤명이었는데, 그곳에서의 주된 추진자 또는 최소한 가장 뚜렷한 운동참여자는 민주정단동맹(民主政團同盟)의 급진분자였다. 나융기(羅隆基)는 그중에서도 가장 유명하였다.[54] 곤명에서의 운동은 광서에서의 그것보다 폭이 넓었고 그 목적에 있어 훨씬 야심적이었다. 1944년 중기에 가면 민주정단동맹은 유명한 정객과 광범위하게 접촉을 갖기에 이르렀으니, 그중에는 사천성의 군벌들〔번문화(藩文華), 유문휘(劉文輝), 등석후(鄧錫侯)〕, 풍옥상(馮玉祥), 염석산(閻錫山), 장학량(張學良)을 지지하는 만주출신의 민족주의자들, 여한모 같은 군지휘관, 손울여(孫蔚如) 같은 섬서성의 몇 장군들이 포함되어 있었다. 물론 이제심은 깊게 관여하고 있었다. 저명한 지방군벌로서 이 운동에 어떤 형태로든 관련되지 않은 사람은 사실상 백숭회(白崇禧)뿐이었다. 여태까지 초연해 있던 공산당은 1944년 5월경에 이 반장(反蔣)운동의 방침에 대체적으로 찬성하였다. 그러나 이 운동에 가담하지는 않았다. [55]

이 운동구성원들은 서로 엄청나게 이질적이었다. 곤명주재미국영사는 『봉건적인 거물, 급진주의자, 이상주의자, 현실적인 정객으로 구성된, 이보다 더 이질적인 구성원을 가진 세력연합을 상상할 수가 없다』라고 보고하고 있다. [56] 나용기 같은 몇몇 민주정단동맹의 지도자들은 강한 자유주의적 신념을 갖고 있었다. 그러나 군장(軍將)들이나 전(前)군벌들은 아마도 주로 그들의 지역적 권력을 유지하려는 속셈이었을 것이다. 민주정단동맹의 간부들은, 예를 들어 용운이 이념적인 신념에서라기보다는 전쟁종결 후 그의 세력이 살아남을 유일한 길은 연방제적인 정치구조를 갖게 될 「민주」적 운동이 성공할 것으로 알고서 그들을 지지한다는 사실을 깨닫고 있었다. [57] 지방의 군장들과 연합함에 있어 민주정단동맹의 지도자들은 적으나마 소망을 갖고 있었다. 예컨대 그들 생각으로는 중국이 무질서한 군벌통치로 되돌아간다는 것은 생각할 수 없는 단계로까지 진전되고 있었기 때문에 이들 「봉건거물」들과 협력할 수 있다고 믿었던 것이다. 용운 같은 사람의 민주적 반대를 어떻게 믿고 의지할 수 있느냐는 물음에 대한 그들의 설명은——여태까지 수십년 동안 군벌들의 무상한 배신은 전혀 무시한 채——용운이 스스로의 약속을 어기지 않을 정도의 「전통주의자」라는 어설픈 것이었다. [58]

동맹이 영도하는 운동의 전략은 중경의 국민당정부가 붕괴 직전에 있다는 가정하에 만들어진 것이다. 그러므로 동맹의 지도자들은 폭력은 피할 수 있다고 생각하여 그 대신 다가오는 국민정부의 몰락으로 인해 생길 진공에 대비할 준비에 주력하였다. 그들은 적극적으로 반장분자(反蔣分子)와 접촉하여 가상되는 蔣정권을 계승할 정권의 기반으로서 여러 사람에게 받아들여질 수 있는 정치방안을 마련하려 하였다. 새로운 정부는 인민의 기본적인 정치적 자유를 보장할 수 있는 민주적 연립정권이 될 터이었다. 사회혁명은 분명히 배제되었다. 지방 지도자들의 비위를 맞추기 위해 새 정부는 蔣정권의 것과 같은 지나친 집권화를 피하고 지역별 자립도를 보다 많게 하도록 할 터이었다. [59]

이같은 정치방안을 구체화하기 위해 1944년 10월 성도(成都)에서 국민회의가 개최되게 되어 있었는데, 그 대표의 40%는 국민당에서 나오고, 20%는 공산당, 20%는 민주정단동맹, 그리고 나머지 20%는 기타 단체에서 나오게 되어 있었다. 이 회의는 또한 일본패망 후에 항구적 정부가 서기 전, 장개석정권 몰락 이후의 과도정부로서의 국방정부(國防政府)의 기초가 마련될 터이었다. 반장운동의 지도자들은 국민정부가 곧 무너질 것이라고 보기는 하였으나 장개석의 신임을 청원함으로써 그 몰락을 촉진하고자 하였다. [60] 이같은 모든 모의나 계획으로부터 아무것도 실제로는 나오지 못했다. 그같은 서로 이질적인 반정부운동자들의 집합체가 제대로 된 전국적인 정부를 세우는 데 구체적으로 작용할 수 있으리라고 믿는다는 것은 너무나도 순진한 생각이었다. 아마도 반장운동 참여자들의 성격이 서로 달랐기 때문인 듯, 그들은 새 국방정부의 수장(首長)으로 누구를 앉힐 것인가조차도 합의하지 못하였던 것이다. 수장으로 거론된 사람중에는 이제심, 염석산, 장학량이 있었다. 국민의 광범위한 지지를 얻을 만한 명망이 없다 하여 무시되기는 하였으나 모택동(毛澤東)도 또한 가능한 수장으로 거론되었다. 이 반장운동이 지나친 순진함과 희망적 관측 때문에 좌절됐지만 그러한 운동이 존재하였다는 사실과 전국에서 그렇게 광범한 정치세력이 연합하였다는 것은 1944년 당시 중경의 국민정부에 대한 반대의 정도를 나타내는 것이었다.

1944년 가을의 용운과 중앙정부와의 관계는 극단적으로 악화되었다.

10월 말 운남군은 장개석과 일본군 점령하의 괴뢰정부 관리와의 왕래 서신을 갖고 있는 연락자를 발견하여 체포하였다. 그러나 그를 체포하고 나자 곧 중앙정부의 헌병대가 그 연락자를 채갔다. 이에 용운은 자기 군대를 보내 헌병대본부를 포위하였는데, 그 첩자가 운남군으로 돌아갔기 때문에 큰 충돌은 겨우 회피되었다. 그 뒤 용운은 문제의 그 첩자를 중경으로 가게 하였다. 그리고 나서 중앙정부의 헌병대(지부)장을 구속하였다. [61]

이 지나치게 민감한 대결이 끝나고 곧 중앙정부의 비밀정보원들이 민주정단동맹——1944년 10월 10일 이후는 민주동맹(民主同盟)으로 이름이 바뀌었다——이 주최한 수천 명이 참가한 한 대중집회를 해산시키려 하였다. 용운은 비밀정보기관원들의 이 활동을 봐 주기는커녕 자기의 헌병을 시켜 그들을 체포, 몇시간 동안 구속해 버렸다. [62] 이같은 사건들은 빙상(氷上)의 일각(一角)일 뿐이었다. 용운의 중앙정부에 대한 불만의 기본적인 내용은 이제는 일본군의 운남에 대한 공격이 임박해 보이는데도 장개석은 아직도 미국이 제공하는 군사장비를 자기의 중앙군에만 배당한다는 것이었다. 용운과 그리고 그밖의 성(省)의 군벌들도 또한 그들이 보기에 일본군과는 상대도 할 수 없는 군대를 가지고 자기들의 세력권[省]을 지켜야 하는 딱한 상황에 처하게 되었다. 설사 그들이 일본군의 침공을 막아낼 수 있다 하더라도 그들은 매우 약화되어 있어 국민정부측에 의한 중앙집권화정책의 강화를 막아낼 힘을 잃게 될 것이었다.

용운은 중앙정부에게 미국무기를 달라고 호소하였다. 1944년 10월에 이르자 그는 위기감과 좌절감으로 인해 중앙정부가 운남성의 방위를 위해 무기를 급여하도록 요구하는 대중시위를 벌이지 않을 수 없었다. 그가 갖고 있던 신문인 《雲南日報》도 같은 주장을 되풀이하였고, 그 논설은 중앙정부정책을 신랄하게 비난하였다. [63]

중경의 국민정부로부터 일고의 여지없이 거절당하였고, 일본군은 남으로, 서쪽으로 다가오고 있는데, 용운, 번문화, 유문휘, 등석후, 여한도 그리고 지금은 감금되고 있는 양호성(楊虎城 : 그 죄목은 서안에서 장개석을 납치한 것)의 부하였던 많은 만주〔東北〕군 장군들로 구성됐다는 일군의 지방 군장(軍將)들이 오랜 협의 끝에, 만약 일본군이 자기들의 영역에 침입해 들어와도 저항을 하지 않기로 결정하였다. 일본군과 싸우는 대신 결정적인 순간에는 중앙정부에 미리 알리지도 않고 그들의 군대를 산간의 안전지대로 철수한다는 것이었다. 그 산 속에서 일본군이 장개석군을 무너뜨리는 것을 지켜보겠다는 것이었다. 연합군이 일본을 패배시킨 뒤 그들은 각자의 성에서의 지배권을 그전대로 회복하겠다는 것이었다. 만약 장개석군이 일본군에게 완전히 패배당하지 않았다 하더라도 蔣의 군대는 아주 약해졌을 것이니, 지방군은 쉽게 자기들의 소원을 달성할 수 있게 된다는 것이었다.[64]

그러나 모의에 참가한 군장들은 다른 선택의 길도 남겨놓았다. 장개석이 미국이 대여하는 무기를 그들에게 주지 않을 것이 확실하므로 그들은 직접 미국측에 호소하였다. 만약 미국이 그들의 대일항전(對日抗戰)의 계속을 바란다면 미국은 즉각 신식무기를 공급해야 한다는 것이 그들의 주장이었다. 더 나아가 그들은 미군이 그들의 군대의 완전한 지휘권을 가질 것을 원한다는 뜻을 밝혔다. 그렇게 된다면, 그들은 일본군과 싸울 수도 있고, 전쟁을 통해 강화되거나, 적어도 장개석과 동등한 군사력을 갖게 될 것으로 그들은 보았다.[65]

장개석으로 하여금 갑작스럽게 일본군 공격의 방패가 되게 한다는 방안은 30년 동안에 걸친 군벌들의 싸움과 배신에서 생각해 낸 하나의 아주 멋진 배반이었다. 그러나 장개석은 그 음모를 알아차리고 반격에 나섰다. 자기가 거느리는 운남군을 자기의 고향인 성의 북쪽 소통(昭通) 근처의 가느다란 지대로 철수시키려는 계획을 갖고 있던 용운에게 장개석은 그가 가장 신임하는 두 사람을 보냈다. 그 두 사람은 유건군(劉健群)과 하응흠(何應欽)인데, 그들은 이웃 귀주성 출신이고 용운의 존경을 받았으나 중앙정부에 대한 충성심은 확고한 사람들이었다. 유건군은 용운에게 경고하기를 일본은 패망되게 되어 있으니 만약 용운이 다른 반

장 군장들의 계획에 동조한다면 지는 싸움을 하게 되는 것이며 반역자
의 낙인이 찍힐 것이라고 하였다. 그러므로 일본군에게 저항하는 것이
훨씬 현명할 것이다. 왜냐하면 용운의 군대가 지더라도 용운은 민족적
영웅이 될 것이며, 따라서 그의 운남에 대한 지배권은 그만큼 강화될
것이 아니냐는 것이었다. 이것이야말로 싸움에 이기면 당연히 승자가
될 것이며, 싸움에 지더라도 승자가 되는 전술이라고 유건군은 말하였
다. [66]

이같은 설득이 용운에게 어떤 효과를 주었는지는 분명치 않다. 그러
나 아마도 1945 년 1 월중 용운이 중앙정부와 어떤 협약을 맺었다는 것
은 알려져 있다. 예를 들어 중앙정부는 용운의 3 개 사단을 충분히 무
장하도록 미국의 대여무기를 공급한다는 것이었다. 용운 쪽에서 할 일
은 蔣의 비밀경찰이 운남성 내에서 보다 자유롭게 활동하게 하고, 민주
동맹의 활동을 제한하는 한편 중앙정부를 아주 신랄하게 비판한 《운남
일보》의 논설기자를 파면하는 것이었다. 일본군이 운남에 침공해 왔을
경우 산중으로 후퇴한다는 용운의 계획을 포기할 것도 약속했을 것으로
추정할 수 있다. [67]

그러나 이 타협도 중경측과 곤명측의 모순을 해소하지는 못하였다.
1945 년 봄의 장개석은 전후(戰後)의 상황에 대비하고 있었다. 유리한
입장에 있는 중앙정부로서는 공산당과의 사생결단싸움이 임박하고 있다
고 보아야 했다. 그렇게 보는 것이 사실이라면 용운이 전후에도 계속하
여 운남을 지배한다는 것은 불편스럽고 위험하였다. 장개석은 『국가재
건의 길은 어렵고 먼 것이다. 그러므로 우리는 중앙정부를 강화하고 지
방〔省〕정부를 재정비해야 한다. 우리가 단결만 하게 되면 강해질 것이
고 그렇게 되면 승리는 우리의 것이다』라고 말하였다. [68] 용운은 그같은
통일의 길을 막는 장애였다. 그러니 그는 제거되지 않으면 안되었다.

장개석은 1945 년 4 월까지에는 용운을 운남에서 테려내 오기로 작정하
였다. [69] 현재까지 알려진 바로는, 장의 첫 조치는 두율명(杜聿明) 장군을
중경으로 부르는 것이었다. 杜는 곤명방위사령부의 사령관이었고, 蔣이

가장 신임하는 장군의 하나였다. 蔣은 두율명과의 극비회담에서 용운을 운남에서 데려내 와 군사참의원(軍事參議院) 원장(院長) 자리에 임명하려는 계획을 알려주었다(군사참의원은 장의 전(前) 경쟁자들을 위한 명예만 주어지는 만년휴식처였다. 그 원장자리는 영예롭기는 했으나 실질적인 책임이나 권한은 없었다). 그러나 장개석은 용운이 정치적 몰락에 순응하리라고는 보지 않았다. 그러므로 그는 용운이 그의 전보를 완강하게 거부할 것에 대비하여 두율명에게 곤명 안팎의 모든 주요 군사시설의 통제를 강화하도록 명령하였다. [70] 만약 일본이 갑작스럽게 항복하지 않았다면 용운에 대한 蔣의 가격(加擊)은 1945년 8월 중순에 있었을 것이다. 7월 중순에 운남 출신이면서도 국민당 CC계(系)의 충실한 일원이었던 이종황(李宗黃)을 불러 운남성 주석(主席) 자리에 취임할 준비를 하도록 명령한 것으로도 알 수 있다. 8월 9일 두율명은 다시 중경으로 소환되어 蔣을 만났는데 아마도 용운에 대한 다가오는 가격에 대비하는 최후의 명령을 전달하기 위함이었을 것이다. 그러나 바로 그때 蔣은 일본의 항복결정을 알게 되었다. 이로 인해 용운에 대한 가격은 6개월 연기되었다. [71]

그 동안 고도로 능률을 자랑하는 비밀 정보망은 蔣이 용운을 성장직(省長職)에서 해임할 계획을 하고 있다는 소문을 퍼뜨렸다. 사실 8월에는 용운은 한 미국인에게 만약 중앙정부가 그를 해임하기를 바란다면 그저 명령 한 통만 내리면 족하며, 자신은 저항할 힘을 갖고 있지 않으므로 어떤 은밀한 모의도 필요하지 않다고 하였던 것이다. [72] 아마도 이같은 숙명론적인 태도 때문에 용운은 그에 대해 효과적인 군사지원을 못하게 하는 蔣이 짜낸 계략에 순응하였던 것일 것이다. 그는 蔣이 그에 대해 어떤 태도를 취할 것인가 하는 데 관해 많은 시사를 받았음에도 불구하고 운남군 4개 사단을 인도지나에 보내 일본군의 항복을 받으라는 중앙정부의 명령에 아무 말 없이 따랐던 것이다. 그 4개 사단은 오랫동안 가깝게 지내온 협력자 노한(盧漢) 장군의 지휘하에 있었다. 9월 중순에 이들 운남군이 떠난 다음, 용운에게는 군사력이 사실상 전혀 없게 되었다. 겨우 9천 명의 정규군과 엉성한 현(縣) 단위 민병(民兵)만이 그를 보호하게 되었다.[73] 대단원의 막은 10월 초에 내렸다. 10월 2일 저녁 어스름한 때 이종황과 한 무리의 선발된 장교들은 곤명으로 날아갔다. 그들이 갖고 간 장개석의 친서를 두율명 장군이 용운에게 전달하게 되어 있었는데, 그것은 용운을 운남에서의 모든 당직(黨職), 군직(軍職)에서 해임하고 군사참의원의 원장에 임명한다는 것이었다.[74] 두율명은 용운에게 명령을 전달하는 대신 그의 병사를 전투태세로 배치하였다. 10월 3일 아침 4, 5시경 용운은 총성에 놀라 잠을 깨었다. 재빨리 옷을 입은 용운은 상당수의 중앙정부군 제5군병력이 자기 저택 주위에 모여 있는 것을 보았다. 용운과 두 사람의 부관은 최악의 경우에 대비하여 민간인으로 가장하고 작은 뒷문을 통해 빠져나가 반마일 가량 떨어져 있는 요새처럼 엄중히 경비되어 있는 운남군사령부로 갔다. 그러는 동안 중앙정부군과 용운의 운남군과 사이의 충돌은 소규모 전쟁으로 발전하였다. 오전 내내 그리고 오후 초반까지 박격포, 바즈카포, 기관총, 소총의 소리가 거리에 가득찼다.

전투가 시작된 7, 8시간 뒤인 낮이 되어서야 두율명은 용운의 전보명령을 제시하였다. 용운은 그 뒤 주장하기를 전보명령을 알게 되자마자 모든 그의 군대에게 전투중지를 명했다고 하였다. 그러나 전투는 계속되었다. 그렇게 된 것은 아마도 용운 자신에게 책임이 있었을 것이다. 왜냐하면 무력을 동원한다는 두율명의 단호한 태도에 대해 용운은 격노하였기 때문이다. 또한 두율명의 무력 사용 때문에 龍은 그 자신과 가족의 안전을 걱정하였던 것 같다.[75] 두율명이 용운의 해임명령에 대한 반응이 어떠할 것이라고 생각도 하기 전에 용운을 공격하기 위해 병력을 동원한 것은 당시에 맹렬한 비난을 받았다. 보다 외교적인 방법을 썼더라면 유혈사태는 회피할 수 없었을까 하고 생각하는 사람이 지금도 있다. 이 사건의 전에나 후에나 간에 용운은 그가 장총통의 충실한 부하라고 말하였던 것이니, 蔣이 그를 중경으로 불러들이기를 바랐다면 그저 명령만 내렸으면 됐었을 것이다.[76]

용운이 장개석에게 충성한다고 밝힌 것은 실은 솔직한 편이 못되지만

蔣 자신은 두율명의 처리가 적절하지 못했다는 비난을 지지하여 10월 16일 杜를 곤명방위사령부(昆明防衛司令部)의 사령관직에서 해임하였다. 그러나 杜를 처벌한 것은 중앙정부의 강압책(强壓策)에 대해 분격한 운남 사람들을 위한 희생양으로써였다. 실은 杜는 군대를 동원함에 있어 장개석의 뜻에 충분히 따랐던 것이다. 왜냐하면 蔣은 용운이 운남에서 멀려나는 데 저항할까 두려워 사전에 이 문제에 관해 杜와 논의하고 있었기 때문이다. 더우기 10월 2일 蔣은 어떤 반역적인 소란을 막기 위해 운남의 모든 군사기지를 장악하라는 문서로 된 명령을 杜에게 내렸던 것이다. 이것은 용운이 해직명령에 저항할 것이라는 점을 蔣이 예상했다는 분명한 증거인 것이다.[77] 그러므로 杜에 대한 처벌은 그저 형식적인 것이었고, 그는 그 뒤 곧 만주의 국민정부군 총사령이라는 새 보직을 맡았던 것이다.[78]

만약 용운이 정말로 장개석의 명령에 순종하였더라면 군사력을 사용했다는 것은 비극적인 계산착오였다. 왜냐하면 그로 인해 일어난 전투는 예전의 군벌들끼리의 의례 있는 싸움의 어떤 것과도 달랐기 때문이다. 운남 사람과 중앙정부군 사이는 서로 미워했고, 차라리 일본군에게 부렸으면 좋았을 복수심을 가지고 서로를 죽이었다. 이 싸움으로 수백 명은 죽었을 것이다. 포로는 그 자리에서 사살되었다 한다. 운남군 병사의 시체는 죽은 뒤에도 여러 번이나 총검으로 찔리었다. 미운 중앙정부군을 저격한 운남 사람——아마도 민간인——은 붙잡혀 『공정한 재판을 받고 사살되었다.』[79]

그러나 전투 첫날 용운 측은 중과부적이었다. 그래서 그의 유일한 소망은 시외(市外)에서 증원군을 불러오는 것이었다. 그는 근처 현(縣)의 현장(縣長)들에게 민병을 보내라고 전보를 쳤다. 여단(旅團) 병력을 거느리고 있는 그의 아들도 약 200마일 밖에 있는 소통(昭通)으로부터 불러오게 하였다. 이 증원군이 도착하기까지 용운은 협상으로 시간을 벌었다. 그는 공격군에게 중경에 가겠으나 다만 노한(盧漢) 장군이 하노이에서 돌아와 성정부주석(省政府主席)을 맡을 때까지 기다리겠다고 하였다. 그러나 용운의 장난은 蔣을 성내게 할 뿐이었다. 蔣은 용운의 저항이 장기화되면 그것이 다른 지방〔省〕의 유력자들에게 어떻게 비칠 것인가를 두려워하였던 것이다. 그러므로 蔣은 10월 5일을 용운의 중경행(重慶行)의 최종시한으로 제시하였다. [80]

　그런데 용운이 기다리던 원병은 도착하지 못하였다. 민병은 두율명군(杜聿明軍)이 전보선을 절단하였으므로 오지 못했다. 용운의 아들이 거느린 원병은 아직도 곤명 밖 약 40마일 지점에 있을 때 중앙정부군에게 크게 얻어 맞았다. [81] 이런 사실을 알고, 그리고 송자문(宋子文)과 하응흠(蔣介石의 인내심의 한계가 다 되어가고 있다는 것을 경고하기 위해 곤명으로 왔다)과 더 협상을 한 끝에 용운은 마침내 손을 들었다. [82] 이는 장개석과 중앙정부군으로서는 대단한 승리였다. 중경의 한 신문이 말한 대로 그것은 『적이 점령한 땅을 회복한 것과 같은 일』이었다. [83]

　중경에 간 용운은 처음엔 공포에 떨며 살았다. 장개석은 그에게 알현의 기회도 주지 않았고, 왜 그가 운남의 직에서 해임됐는가를 설명하는 절차조차 갖지 않았다. 대립(戴笠)의 비밀경찰이 그를 엄격하게 감시하였다. 예전 친구들도 그를 피하였고, 그는 생명의 위험을 느꼈다. [84] 그 뒤 3년 동안 비록 그의 감금생활이 안락한 것이고, 군사참의원장(軍事參議院長)의 명의를 지니고 있기는 하였으나 사실상의 포로가 되어 중경과 남경에서 살았다.

　10월의 용운에 대한 무력해직(武力解職) 사건의 여운은 몇년 뒤까지도 남았다. 굳이 말한다면 이 사건은 국민정부의 종국적 붕괴의 요인이 되었다 할 수 있다. 이 사건의 즉각적인 효과는 중앙정부의 정보기관원이 마음대로 곤명의 반정부지식인을 탄압할 수 있게 하는 것이었다. 그리하여 국민당과 공산당간의 협상결렬이 확실시되던 1945년 11월에 곤명의 교수와 학생은 내전(內戰)의 재개에 항의하기 시작하였다. 긴 전쟁 끝이라 평화와 안정을 절실히 바랐고, 국민당의 권력욕에 대해 잘 알고 있는 이들 지식인들은 중앙정부보다는 공산당에 대해 덜 비판적이었다. 내전을 회피하기 위해서는 국민당이 정부의 1인독점을 포기해야 한다고 그들은 주장하였다. 그 대신 민주적 연립(연합)정부를 만들어 정부의 능률과 도덕성을 회복하고, 인민의 자유를 보장해야 한다고 그들은 주장하였다. 학생들은 또한 미국에 대해서도 격렬하게 비난하였으니, 미국이 국민정부를 지지함으로써 내전으로의 경향을 촉구한다는 것이었다. [85]

중앙정부의 정보요원은 이 항의와 그에 뒤따른 시위에 대해 항용하듯이 강압책을 썼다. 유명한 12월 1일(1945)사건(「12.1慘案」) 때 비밀경찰은 수류탄을 던져 4명의 학생을 죽이고 다른 한 학생을 총칼로 찔렀으며 그밖의 많은 사람들을 구타하였다. 7개월 뒤인 1946년 6월에 민주동맹의 지도자인 이공박(李公樸)과 문일다(聞一多)가 암살당했다. [86]

이들 사건의 영향이 어떠하였는가는 단정해서 말하기 어렵다. 국민정부의 붕괴에 상당한 정도로 작용을 한 학생과 지식인들의 불만의 근원적 원인이 나라를 좀먹는 정치적, 경제적 병폐에 뿌리박혀 있는 것은 분명하였다. 하지만 곤명에서의 그같은 참혹한 탄압이 학생운동을 가열시키는 역할을 하였다. 12월 1일 사건의 희생자를 추도하기 위한 시위가 광주, 남경, 상해 그밖의 다른 도시에서 즉각 조직되었으며 이공박과 문일다의 암살은 정치적, 도덕적으로 굉장히 민감한 반응을 불러일으켰다. 전국 지식인들의 충성은 차차 국민당에서 멀어져가기 시작했던 것이다.

용운몰락사건의 반향은 얼마 뒤 만주에서도 나타났다. 1945년 8월 인도지나로 파견된 운남군은 중앙정부가 그들을 속여 오로지 용운을 제거하기 위해 운남에서 떠나보냈다는 것을 알게 되었다. 더우기 중앙정부로서 볼 때는, 분명 실질적으로 중경에 구속되어 있는 것이나 같은 사령관에게만 충성하는 불평에 가득찬 5만여의 군대를 운남에 놓아둘 필요가 없었다. 그러므로 인도지나에서의 임무를 마친 뒤 그들을 운남의 고향으로 돌아가게 하지 아니하고 공산군과 싸우도록 하기 위해 東北[만주] 지방으로 파견했다. 공산군은 운남군병사의 불만을 이용하여 장개석이 그들을 배신하여 이용만 했고, 중앙정부가 장악하고 있는 운남의 상황은 매우 악화되어 그들 가족은 살아갈 수 없을 지경이며, 남경 (중앙정부가 남경으로 환도하였다)의 반혁명분자는 다같이 장개석의 적인 운남군과 공산군이 만주에서 서로 죽이고 있는 것을 보고 고소해 할 것 이라고 선전하였다. [87]

이는 효과적인 선전이었다. 1946년 3월 운남군 제60군의 제184사 단 전부가 공산군에 투항해 버렸고, 그 뒤부터 국민정부군의 지휘관들은 남아 있는 제60군 병사들을 의심하여 비밀정보원을 사병 안에 침투시키 고, 그 사단들을 중앙정부에 보다 충성스러운 군대 내에 분산 배치하였 다. 그러나 1948년 10월 장춘(長春) 전투에서 이 나머지 군대들도 대규 모로 공산군에게 항복해 버렸다. 이 투항을 발표함에 있어 사령관 증택 생(曾澤生) 장군은 이렇게 말하였다. 『항일전(抗日戰) 승리 이후 장개석 은 속임수를 써서 일본군의 항복을 받는다는 구실로 우리 전군을 하노 이로 보내고서, 자기의 정적(政敵)을 제거하기 위해 운남인을 희생시키 면서 「운남사건」을 음모하였다.』[88] 이렇듯 운남사건 후 3년이 지났는 데도 먼 만주에서, 병력으로써 용운을 면직시킨 사건이 언급되고 있었 던 것이다. [89]

끝으로 언급할 것은 허약한 국민정부가 무너지자 항일전쟁시기의 운 남성 지도급 인사들이 국민정부보다는 공산정권 쪽을 택하였다는 점이 다. 1948년 12월 용운은 겉으로만 존대받는 3년 동안의 유폐생활 끝에 치밀하게 계산된 극적인 탈출을 감행하여 남경을 떠나 홍콩으로 갔다. 그 뒤 1950년에는 북경으로 가서 1958년 우파분자로 공격받을 때까지 전국국방회의(全國國防會議)의 부의장으로 있었다. [90]

1945년에서 1949년까지 운남성의 임시주석 및 운남주둔군사령관으로 있던 노한(盧漢)은 비교적 온순한, 국민정부의 심부름꾼 행세를 하였다. 그러나 1949년 말에 장개석이 서남중국에 최후의 반공보루를 잡으려 하 였을 때 노한은 협력을 거부하였다. 그 때문에 장개석은 대륙의 마지막 보루를 포기하고 그 대신 대만으로 후퇴하였다. 노한은 공산군의 승리 뒤에도 대륙에 남았으며 1949년 공산군 편을 든 공로를 인정받아 1급

해방훈장까지 수여받았다. [91]

국민정부는 겉으로는 영토, 인민 혹은 자원을 지배한 것처럼 보였으나 결코 확고한 통제는 할 수 없었다. 예컨대 1944년에 국민정부는 정부의 모든 기능을 지탱하는 데 중국 국민총생산의 약 3 퍼센트(5 퍼센트 미만은 확실하다)밖에 쓰지 못하였다. 이는 미국의 경우 47 퍼센트인 것과 대비가 된다. [92] 국민정부의 지배가 비교적 확고한 지역에서조차 국민정부의 세력이 분명하게 우세하다고 볼 수 없었다. 행정의 하층단위에서는 지방의 유력자층이 권력의 자루를 끈질기게 쥐고 있었다. 역사가인 왕육전(王毓銓)의 기술을 빌리면『정부에서 명령이 내려져도 현장(縣長)은 그 지방 유력자들의 동의를 얻지 않고는 그 명령을 집행할 수가 없었다. 그 지방행정을 장악하고 있는 것은 현장이 아니고 유력자들이었다.』[93] 왕의 말은 항일전쟁 초기의 산동지방에 대한 언급이지만 마찬가지 말은 심지어 1949년까지 국민정부 지배하의 중국 어느 농촌에도 사실상 해당될 것이다. [94] 국민 대부분이 국민정부의 행정기관이나, 국민정부의 군대에 대해 무관심하거나 적대적인 상황에서 국민정부는 대중적 지지의 넓은 기반을 갖고 있지 않았다. [95]

운남성과 중앙정부와의 관계는 국민당 정권의 정치구조 깊숙이 있는 균열의 하나를 대표하는 것이었다. 즉, 극히 자립적인 지방권력중심이 존재하였고, 그 지도자는 중앙정부 정책목표의 전부에 다 참여하는 것이 아니었으며, 어떤 때는 중앙정부의 존립 그 자체를 위협하기도 하였다. 전국의 권력자원을 제한적으로 그리고 불안정하게밖에 장악하지 못한 정권은 정말 극히 약하였다. 이렇게 본다면 장개석의 정치전략은 (세력균형 아닌) 약력균형(弱力均衡)이라고 할 수 있는 것이었다. 말하자면 다른 모든 정치세력을 약하게 해둠으로써 자기 자신과 자기의 정부를 권위를 행사할 수 있는 위치에 유지하려 했던 것이다. 그는 지방의 군대에게 무기공급을 거절하였고, 자기에게 위험스럽다고 여겨지는 생각을 갖고 있는 지식인들을 탄압하였다. 그는 심지어 자기의 지지세력끼리도 서로 균형을 취하게 함으로써 약하게 해 두었던 것이다. 장개석을 권좌에 머물게 했다는 뜻에서는 이 전략은 한동안은 성공하였다. 그러나 기본적인 뜻에서는 실패하였다. 왜냐하면 이 모든 세력들을 약하게 해둠으로써 장개석은 중국이 강할 수 없게 하였기 때문이다. 그리하여 중국은 패자가 된 것이고 장개석도 결국에는 패자가 되고 말았다.

달리 택할 방안이 있었을까? 정치가라는 것은 으례 되도록 자기 권력을 지속시키려 한다는 것을 전제한다면 장개석이 권력을 계속 장악하면서도 동시에 중국을 강하게 하였을 두 가지 행동방안이 있을 수 있었을까? 예컨대, 장개석이 지방의 유력군장들과 힘과 권력을 나누어 가짐으로써 나라를 강하게 할 수 있었을까? 이 경우는 의심스럽다. 왜냐하면 용운(龍雲), 유문휘(劉文輝), 이제심(李濟深) 같은 사람들은 별로 개명됐거나 근대적인 마음을 가진 사람이 아니다. 묶어서 말한다면 그들은 장개석이 권력을 유지하고자 기를 쓴 것과 마찬가지로 권력에 굶주린 사람들이었다. 권력을 국민을 잘살게 하는 데 어떻게 사용할 것인가 하는 점에서는, 장개석 보다며 개명적이라고 할 수가 없었다. 그러므로 장개석이 그같은 지방의 군장들에게 양보를 했다 하더라도 아마도 조만간에 그 자신의 몰락을 가져왔을 것이고, 지방 군장들의 지배는 중국을 위해 보다 많은 진보를 가져을 수가 없었을 것이다.

그렇다면 차라리 공산당을 포함한 모든 정치세력의 대표를 포함한 연립정부를 구성했어야 했을까? 짧게 보면 이것은 현명한 방향이었을 것이다. 그러나 공산당과 국민당은 물과 기름이 섞일 수 없는 것처럼 합칠 수 없었을 것이다. 장개석은 공산당이 너무도 잘 조직되어 있고, 너무도 규율이 잘 잡혀져 있으며, 개인차원을 떠난 목적에 너무 깊이 관여되어 있어서 그들이 참여한 어떤 연립정부에서도 지배적일 수 없다는 사실을 정확하게 알고 있었다고 나는 본다. 만약 (장개석이 그러한 것처럼) 공산당의 지배가 중국을 위해서 좋지 않다는 전제를 받아들였을 경우이 다른 방안을 거부하는 것은 논리적으로 당연하고 필요하기도 했었다. 장개석이 자기의 권력을 유지하고 동시에 중국을 강하게 할 수도 있는 유일한 방법으로 됨직하고 또 근본적인 것은 그의 정치적 지지기반을 확대하는 것이었다. 그러기 위해서는 전국의 적어도 비(非)공산주의층에서 대중적 기반을 구축하는 것이 필요했었을 것이다. 그러나 그러기 위해서는 그가 권력을 잡은 이래 추구해온 것과는 전적으로 다른 정치전략을 취했어야 했을 것이다. 그리하여 그의 지지자가 될 수 있었던 층——지식인, 농민, 상공계급——을 정치과정에 참여할 수 있게 해야 했을 것이다. 그러나 이런 그룹에게 정치에 있어 상당히 중요한 역할을 하게 하기 위해서는 정부의 정치, 사회정책을 바꾸어 그들의 지지를 얻었어야 했을 것이다.

그러나 장개석은 이같은 근대적인 다원정치(多元政治)를 이해하지 못하였다. 그의 과거 경력으로 보아 이같은 비(非)권위주의적 정치과정은 몸에 배지가 않았다. 그리고 그같은 정치과정의 공개성, 불확실성은 그에게 있어서는 불편스런 것이었다. 이것은 국민참정회(國民參政會)에 대한 그의 반응에 잘 나타나 있다. 국민참정회는 국민적 단합을 공고히 하기 위해 항일전 초에 구성된, 다양한 이해관계와 관점을 광범위하게 대표하는 자문기구였다. 국민참정회가 장개석의 정책을 지지하는 한 관계는 좋았다. 그러나 1942년 국민참정회의 비(非)국민당참정원이 국민당의 정치에 대해 신랄하게 비판하게 되자 참정회 구성은 바뀌어졌다. 비국민당참정원은 현저하게 줄어들었고 참정회는 그 뒤부터는 중국 민주주의 속빈 전시대에 불과하게 되었다. 그때부터는 통치층의 정책과 행동을 어느 정도는 바꿀 수 있는 힘을 행사할 수가 없었다.[96] 그의 정치적 기반을 상당히 확대할 수도 있는 선택적 대안을 거부해 버렸다. 그리하여 장개석은 정치적으로 약해질 수밖에 없었고, 지방의 군장들도 세력경쟁에서 약해질 수밖에 없었던 것이다.

이렇게 볼 수도 있다. 장개석은 1920년대와 1930년대에 군벌들을 그들의 권력기반에서 떼어내지 않은 채 국민정부에 참여하게 했던 그의 처음 잘못을 되풀이하고 있는 것이라고. 그 당시 그럴 수밖에 없던 명분은 그러한 군장들이나 그들이 거느리는 병력을 국민혁명군에 참여시

킴으로써 국민혁명의 군사단계가 단축될 수 있다는 것이었다. 사실, 만약 그 군벌들과 타협하지 않고 반대세력으로 남아 있게 하였다면 아마도 1926~28년의 국민혁명은 성공할 수 없었을 것이다.

그러나 지방의 군벌들과 잠정협정을 맺음으로써 국민당은 잘못을 저질렀다고 볼 것인가? 중국공산당의 그 뒤의 행적으로 보아 그렇지는 않다는 것을 알 수 있다. 왜냐하면 1945년 이후의 공산당은 주로 그 근본이 공산당원이 아닌 잡다한 군대와 타협하고 이용함으로써 굉장한 군사력을 갖게 되었기 때문이다. 국민당군에서 탈주해 나온 군대는 그중에서도 뚜렷한 예이다. 덜 알려져 있으나 만주의 운명과 지대한 관계가 있는 예로서는 30만 여의 왕정위괴뢰정부군(汪精衛傀儡政府軍)이 있으니, 그들은 국민당군한테 거부당하고는 공산군에 합류하였던 것이다. [97]

이같은 잡다한 군대를 공산군이 어떻게 다루었는가에 대해서는 아직 연구된 바가 없다. 그러나 대체로 보건대, 정치교육, 사병에 대한 인간적 대우, 사회 전반에 걸친 사회적, 경제적 성과를 통해 장교와 사병을 다같이 설득하여 충성스럽게 그리고 과감하게 싸우게 하였던 것으로 생각된다. 그렇다면 국민당의 문제는 지방의 군벌들을 국민혁명군으로 받아들였기 때문에 생긴 것이 아니라 잡다한 군대가 전주인인 군벌로부터 (새로운) 중앙정부로 충성대상을 즐겨 바꿀 수 있을 만한 정치적, 사회적, 경제적 정책을 쓰지 않은 데 있다고 보아야 하는 것이다.

## 2. 抗日戰時期의 農民과 徵稅 및 國民黨지배

  항일전 동안의 농민은 경제적으로 비교적 잘 먹고 지냈다고 하는 것이 오래전부터 이야기되어 왔다. 경제학적인 용어로 말한다면, 농민들의 「실질소득」의 감소가 대부분의 다른 소득층의 경우보다 덜 격심하였다는 것이다(표 1 참조). 인플레상황 아래서는 농민들이 봉급생활자보다 더 나았기 때문에 중국 농민의 생활형편에 대한 앞에 말한 견해는 그럴 법하다. 그렇지만 「실질소득」 계산을 근거로 하여 생활수준을 평가한다는 것은 크게 잘못될 수도 있다. 예를 들어 공무원들의 봉급은 1943년 당시 1937년 수준의 10퍼센트로 떨어졌을 것이나 그들의 급여 속에는 표 1에 반영되지 않은 쌀, 주택비 그리고 그밖의 수당이 포함되어 있는 것이다(공무원들은 1937년에도 봉급이 그리 많지 않았으므로 봉급의 90퍼센트가 감액되어 가지고는 살아갈 수가 없었을 것이다). 마찬가지로 농민들의 실질소득 계산은 국민정부 치하의 정치적 현실을 무시하고 있으므로 농촌에서의 생활의 실상을 나타내주지를 못하는 것이다.

  실로 농민은 전쟁으로 인해 수많은 희생자도 내야 했었다. 그리고 여러 가지 복잡한 요인들 때문에——생산량 감소, 불리한 가격구조, 조세, 소작료의 인상을 포함하여—— 항일전 후반기 농촌의 생활수준은 지극히 악화되었던 것이다.


### 농민생활에 영향을 준 경제동향

  항일전 첫해에 국민정부 치하의 농민들은 아주 좋은 기후를 만났다.

1938년과 1939년의 식량생산은 전전(戰前)의 평균보다 8퍼센트가 더 많았다. 그러나 1940년부터 1943년까지의 식량생산은 전전 평균수준보다 떨어졌다. 보다 심각한 것은 국민정부 치하에서 1940년에서 1945년까지의 주곡인 쌀 생산은 평상 수준보다 훨씬 떨어졌다(표 2 참조).

〈표 1〉                                                          〔지수 1937년이 100〕

| 연도 | (1)농민 | (2) 공무원(重慶) | (3) 교수(成都) | (4) 사병(成都) | (5) 근로자 | (6) 공장노동자(重慶) | (7) 농촌노동자(四川의 8縣) |
|---|---|---|---|---|---|---|---|
| 1938 | 87 | 77 | 95 | 95 | 143 | 124 | 110 |
| 1939 | 85 | 49 | 64 | 64 | 181 | 95 | 126 |
| 1940 | 96 | 21 | 25 | 29 | 147 | 76 | 66 |
| 1941 | 115 | 16 | 15 | 22 | 91 | 78 | 82 |
| 1942 | 106 | 11 | 12 | 10 | 83 | 75 | 78 |
| 1943 | 100 | 10 | 12 | 6 | 74 | 69 | 60 |
| 1944 | 81 | | 11 | | 65 (4월) | 41 (4월) | 89 |
| 1945 | 87 | | 12 | | | | |

〔출전〕 (1) Chou Shun-hsin, 《The Chinese Inflation 1937~1949》 New York, 1963, p. 243. (2), (5), (6)의 1943년까지 수치는 Chang Kia-ngau 《The Inflation Sprial: The Experience in China, 1939~1950》, Camb Mass., 1958, p.63. (5) (6)의 1943년 수치는 위책, p.64. (3)의 1943년까지 수치는 왕인유안, 《四川戰時特價與各級人民之購買力》, 1944, p.263. 1944년과 1945년의 6월의 비율(봉급對생활비)은 《Economic Facts》, no. 34 (1944.7), p.479와 no. 46 (1945.7), p.701. (4)의 수치는 위의 왕인유안書 p.263. (7)의 수치는 왕인유안의 《四川戰時農工問題》, p.107.

그러나 항일전이 시작된 두 해 동안 실질적으로 모든 농민들이——특히 농민중 빈농들——비교적 잘살 수 있었다. 곡물가격 하락의 영향은 수확량의 상당한 증가로 상쇄되었다. 아직은 비교적 완만한 인플레로 인해 현금 만지기가 훨씬 쉬워져 전통적으로 농촌에서 돈이 귀한 상황을 풀어주었으며, 그리하여 돈을 빌리거나 땅을 사서 빚진 사람에게 유리하게 되었다. 세금 부담도 상당히 줄어들었으니, 징세당국이 인플레와 맞먹게 세율(稅率)을 높이지 않은 것이 일반적이었기 때문이다. 만약 이같은 경제적 동향으로 인해 농촌인구중 피해받은 층이 있다면 그것은 아마도 가장 쉽게 웬만큼의 손해를 감당할 수 있는 채권자와 금리생활자였다. [1]

日本 공군의 폭격을 받고 있는 임시수도 重慶(1940)

重慶에 있던 국민정부 임시청사

雲南省의 군벌 龍雲

雲南省의 수도
昆明의 비행장

중국국민정부군의 정예군 제38사단 (1944. 2)


범선을 타고 양자강을 건너는 공산군 (1949. 4)

군병원으로 가는 보충병들(1945. 貴陽)

육군병원을 위문하는 宋氏 세 자매 (1939. 重慶)

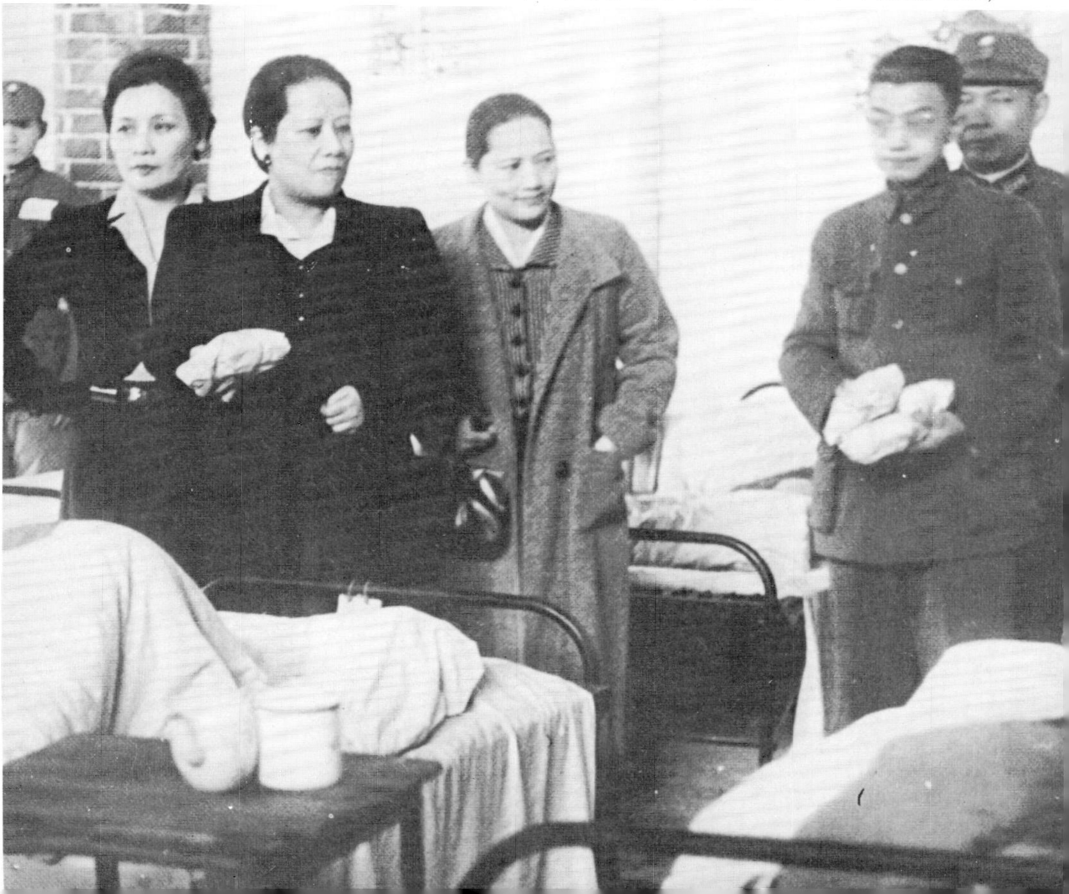

공산군의 근거지 延安을 일시 점령한 뒤 시찰하고 있는 蔣介石(1947. 8. 7)

蔣介石과 회담하기 위해 重慶으로 가는 비행기 안의 毛澤東(1945. 8. 28)

〈표 2〉　　　　　1938〜45년 국민정부 15성의 식량생산　　　〔단위 백만市石〕

| 연　　도 | 쌀 | | 소　　맥 | | 전 식 량 생 산 | |
|---|---|---|---|---|---|---|
| | 수　량 : 지　수 | | 수　량 : 지　수 | | 수　량 : 지　수 | |
| 1931〜37<br>(평균) | 726. 3 | 100 | 169. 2 | 100 | 1, 576. 5 | 100 |
| 1938 | 747. 6 | 102. 9 | 202. 9 | 120. 0 | 1, 766. 9 | 112. 1 |
| 1939 | 763. 6 | 105. 1 | 198. 2 | 117. 2 | 1, 702. 0 | 108. 0 |
| 1940 | 618. 9 | 85. 2 | 201. 1 | 118. 9 | 1, 545. 0 | 98. 0 |
| 1941 | 643. 5 | 88. 6 | 165. 1 | 97. 6 | 1, 516. 4 | 96. 2 |
| 1942 | 635. 3 | 87. 5 | 209. 7 | 124. 0 | 1, 512. 2 | 95. 9 |
| 1943 | 609. 5 | 83. 9 | 199. 2 | 117. 7 | 1, 530. 2 | 97. 1 |
| 1944 | 674. 7 | 89. 2 | 248. 3 | 146. 8 | 1, 768. 8 | 112. 2 |
| 1945 | 586. 0 | 80. 7 | 215. 9 | 127. 7 | 1, 594. 9 | 101. 2 |

〔출전〕 1931〜37년 평균치는 《China Handbook, 1937〜1941》, p. 433. 1938〜1945년은 楊家駱편, 《大陸淪陷前之中國》臺北 1974, 제4책, p. 1279. 국민정부는 농촌생산에 대한 전면적이고도 정확한 자료를 수집하는 데 필요한 행정기구와 정치적 통제력을 갖고 있지 않았기 때문에 여기 수치는 대략적인 개수(槪數)로 보아야 한다. 주슌신의 앞에 인용한 책(pp. 92〜93)에는 서로 다른 지수(指數)를 제시하고 있고, 토론토대학의 토머스 로스키 교수는 1934년에 소맥 생산이 대폭 증가한 것으로 되어 있는 것에 대해 회의적이다. 단위의 1 시석은 1 헥토리터이며 미국 부셀로는 2. 84 이다.

　　그러나 1940년부터 경향이 바뀌기 시작하여 농촌에서의 전통적 빈부의 차이는 넓어져 갔다. 이제 대지주계급은 더 윤택해 지기 시작했고, 한편 소지주(小地主)를 포함한 다른 농민들은 점점 더 경제적 곤궁을 겪게 되었다. 이같은 농촌인구의 경제적 양극화는 역설적으로 농산물가격의 급격한 상승돌풍 때문이었다. 예를 들어 중경에서의 미곡값은 1940년 5월과 12월 사이에 500퍼센트가 올랐다.[2] 그해의 수확이 좋지 않았던 것——전년생산량보다 19퍼센트나 적었다——도 곡가상승의 한 요인이었다. 그러나 그것만 가지고는 그 뒤에 일어난 여러 일들을 설명할 수가 없다. 아마도 보다 중요한 것은 정부가 비대해 가는 군대를 먹이기 위해 공개시장에서 대량의 쌀을 사들이기 시작한 일일 것이다. 1940년 6월 미곡의 주된 생산지인 호북성과 호남성에서 사천으로 수송하는 전송(轉送)지점인 의창(宜昌)이 일본군에게 함락되었다. 이 일로 해서 미곡공급 감소는 일시적 현상이 아니라는 두려움을 갖게 하였으며, 그리하여 퇴장(退藏)과 투기의 급한 바람이 불기 시작하였다. 개개의 소비자들은 쌀값이 비싸지고 모자라질 것으로 보고 대량의 쌀을 사 쟀으며, 한편 지주와 상인들은 값이 오를 것으로 내다보고 보유하고 있는 쌀을 시장에 내놓지 않았다. 미곡부족을 불러일으킨 과정은 일반시민들의 사기를 저하시켜 정부가 필요한 공급을 얻기 어렵게 만들었다. 공황이 번지고 미곡약탈소동이 몇 군데서 일어났다.[3] 이러한 사태를 당하여 장개석은 1940년 11월 『이기적인 부자들을 처벌해야 한다.……이들 부유한 미곡보유자가 아무리 여러 곳에 감추어 놓아도, 그리고 아무리 교묘하게 감추어 놓을지라도 그것을 알아낼 것이다.…… 그들이 감추어 놓은 쌀을 내놓지 않는다면…… 엄중한 처벌을 받을 것이다』라고 하였다.[4] 이같은 장담을 실행하기 위해 성도(成都) 시장은 쌀을 감추었다는 이유로 체포되어 12월에 처형되고 말았다. 그러나 정부의 법적 조치도, 가격통제방안조차도 미곡퇴장 또는 쌀값의 상승을 막을 수가 없었다.[5]

쌀값이 오르자 대지주는 크게 재미를 보았다. 그러나 소지주건 또는 소작인이건 간에 대부분의 농민들은 내다팔 쌀이 없기 때문에 재미를 보지 못했다. 예컨대 비옥한 성도평야에서 농민들중 20퍼센트 이하가 내다팔 여분의 쌀을 도대체 갖고 있지 않았다.[6] 이 점에 있어 좀 주목되는 것은 시장에 내다팔 수 있는 여분의 쌀을 갖고 있는 소농(小農)은 그것을 곡가가 비교적 낮은 수확시기 직후에 내다팔아야 하기 때문에 곡가가 올라도 별 재미를 못보았다는 사실이다.[7] 이와는 대조적으로 대지주는 수개월 동안은 자기들의 가족을 먹여살릴 수 있는 재정적 여유가 있으므로 퇴장량이 줄어들어 쌀값이 오를 때까지 시장에 자기들의 쌀을 내놓지 않았다.

더우기 소작인들은 더 많은 무거운 부담을 지게 되었다. 특히 1941년부터 지주들은 쌀값과 세금이 올랐다는 것을 소작인들의 소작계약을 다시 흥정하는 구실로 삼았다. 한편으로 그들은 소작료의 절대액을 올렸다. 다른 한편 소작료를 현금으로 받아들이던 지주는 화폐가치가 떨어지고 있는 현금보다는 더 안전하고 값진 곡물로 내라고 요구하게 되었다.[8] 당시의 또 다른 문제거리는 지주가 소작인에게 증액된 지세(地稅)의 일부를 부담시키거나 소작보증료[押金]를 올리려 하기 시작한다는 것이었다. 소작인들이 소작보증료, 지세, 소작료의 증액에 반대한다면 지주는 보다 많은 액수를 내겠다는 사람으로 소작인을 대치해버렸다.[9]

이같은 여러 가지 경제적 동향 때문에 1942년과 1943년에 지주·소작인의 분규가 엄청나게 만연하였다.[10] 경작하던 땅에서 쫓겨난 소작인도 있었다. 더 많은 액수를 내기로 하고 소작지를 유지한 사람도 그들의 경제적 위치가 흔들거린다는 것을 알게 되었으니, 중농(中農)은 빈농(貧農)으로 전락하는 수가 허다하였고, 빈농은 고용노동자로 떨어졌던 것이다.[11] 역설적으로, 대토지경작자들은 고용노동자가 부족하다고 불평을 하였다. 왜냐하면 장정이 병사로 징집되거나 징병기피를 위해 농촌에서 도망하고, 또 일자리가 더 좋아 보이는 도시로의 유출 등으로 고용노동을 할 만한 사람들이 농촌에서 점점 사라져갔기 때문이다.[12] 그러니 농촌임금은 올라갈 수밖에 없었다. 예컨대 성도평야에서는 1937년에 농촌경비의 12퍼센트밖에 차지 않던 노동임금이 1941년에는 26퍼센트로 올라갔다.[13] 그리하여 전에는 자기 땅에서 경작노동을 하지 않던 많은 지주들이 농촌으로 돌아가 일을 해야 하게 되었다고 한다.[14]

## 전부(田賦)

생산이 줄어들고, 가격관계가 불리하고, 소작료가 비싸지면서 대다수 농민의 경제적 지위는 큰 타격을 입었다. 또한 조세, 기부금, 강제차용과 강제구매, 징병, 징용(노동력 징발) 형태의 부담도 농민의 많은 희생을 강요하였고, 정부권위에 대한 농민의 태도에 영향을 주었다. 이같은 강제적 부담은 그리하여 1949년의 혁명적 대단원을 가져온 복잡한 정치적 역동관계의 중요한 요인이 되었다.

정부의 부담강요중에서 전부(田賦)가 징병(제6장에서 상론할 것임) 다음으로 중요한 것이었다. 1928년 이래로 정세(正稅)와 그와 관련된 부가

세(附加稅)는 성(省)과 현(縣)의 정부에서 관리되었다. 그러나 1941년 7월에 중앙정부는 전부를 국유(稅)화하여 현물(즉, 곡물 또는 다른 농산물)로 징수하기 시작하였다. 이는 농민이나 정부에게까지도 큰 영향을 준 주된 재정개혁이었다.

전시(戰時)의 현물징세는 산서성에서 비롯되었다. 항일전이 개시된 이래 대규모의 군대가 그곳에 주둔하였으므로 그들의 식량을 대는 것이 큰 문제가 되었다. 시장에서의 대량의 수요로 전에 없이 값이 올랐기 때문에 특히 그러하였다. 산서성당국은 1939년에 소맥으로 전부를 거두는 해결방법을 생각해 냈다. 그리하여 곡물의 충분한 공급을 확보하고 공개시장에서의 대규모 정부지출을 줄일 수 있었던 것이다. [15]

전에 없이 비싼 값으로 군대와 공무원들에게 줄 곡식을 사야 했기 때문에 생기는 재정결손문제에 당면한 중앙정부 당국자는 전부를 현물로 거두는 가능성을 재빨리 생각하게 되었다. 그러나 전부가 아직은 중앙정부 아닌 성에서 징수하게 되어 있다는 사실 때문에 이 계획은 중단되었다. 그들은 현물징수는 현금징수보다 말할 수 없이 더 복잡하다는 것을 깨닫게 되었다. 이에 따라 중앙정부는 조심스럽게 이 문제를 다루었다. 그리하여 1940년 7월에 그저 산서성에서의 시작을 승인하고 다른 성도 산서성의 선례(先例)를 따를 것을 「고려」하도록 명하였다. 복건성(福建省), 절강성(浙江省), 산서성은 현물징수를 함으로써 중앙정부의 시사(示唆)에 호응한 첫번째 성들이었다. [16]

1940년 말과 1941년 초의 환경은 국민정부로 하여금 전부에 대해 새로운 생각을 하지 않을 수 없게 하였다. 이제 새로운 세원(稅源)이 절실히 필요하게 되었던 것이다. 오지(奧地)로 철수한 이래 중앙정부의 지출은 33퍼센트로 늘어났건만 세수(歲收)는 전쟁 개시 전의 겨우 37퍼센트밖에 안되었다. [17] 더우기 미곡시장에서의 위기는 즉각적인 결단을 필요로 하였다. 군량미(軍糧米)를 대량으로 구매해야 했으므로 국가예산을 긴장시켰고 쌀값을 정신없이 올라가게 하였다. 미곡의 퇴장은 필요한 양곡의 확보를 더욱 어렵게 만들었다. 미곡시장의 불안정성으로 하여 사람

들은 공황을 느끼게 되었다.  그리하여 1941년 봄에 중앙정부는 전부를
국유(稅)화하고 현물징수를 하기로 작정하였다.  4월의 국민당중앙집행
위원회와 7월의 제3차 국가재정회의에서 활발한 토론을 한 뒤, 1941년
7월 1일부터 새 정책을 시행한다고 행정원(行政院)이 발표하였다. [18]

 새로운 국세(國稅)의 관장은 두 기관이 책임졌다.  재정부(財政部)는 과
세대상을 평가하고, 신설된 양식부(糧食部)는 세량(稅糧)을 징수, 수송,
저장, 지급하였다.  이렇게 나눈 것은 부패 예방을 위해서였으나 비능률
적이었으므로 1942년에는 재정부는 부과와 징수를, 양식부는 운송·배포
과정을 맡았다.  다음해에 성과 그 이하 단위에서의 세수(稅收)행정은 완
전히 통일되었다.  그러나 중앙정부로서는 재정부와 양식부가 전부세수
행정(田賦稅收行政)을 이중으로 통제하였다. [19]

 새 세목(稅目)의 1무(畝)당 현물징수(1무는 1에이커의 약 6/1)액은 전전
(戰前)의 정규 전부(田賦) 및 그와 관련된 부가세와 맞먹는 액수를 부과
하기로 되었다.  따라서 1941년의 공정값은 세액(稅額) 1원에 벼 2시두
(市斗)였다 *(이 공정값은 1942년에 2배가 되었으니 세액 1元에 4시두가 되
었다). [20]

 정부는 가능하기만 하면 전부를 미곡으로 거두어들였다.  왜냐하면 군
인과 공무원이 쌀의 배급을 바랐으며 이 쌀 한 종류의 저장과 운송이
비교적 쉬웠기 때문이다.  그러나 오직 6개 성(운남, 광서, 광동, 호남, 강
서, 절강)에서만 미곡만을 징수하였다.  미곡을 생산하지 않은 다른 성에

---

 * 중국의 곡물중량단위는 전문가에게도 혼란스럽다.  전통적인 단위는 석(石), 두(斗),
 승(升)이다.  이 단위의 양은 중국 내의 여러 곳에서 서로 크게 다르지만 국민정부는 표
 준적인 단위를 사용하였다.  그것이 시(市)자를 가한 市石, 市斗, 市升이다.  1시석은 10
 시두이고 100시승이다.  1시석은 1헥토리터이고 2.84미국 bushels이다.  1시두는 1데카
 리터이고 1.14미국 pecks이다.  1시승은 1리터이고 1.80미국 pints이다.  전통적으로
 양의 단위인 石은 시로 발음되었다.  그러나 1930년대부터 무게를 나타내는 탄[担]이라
 는 글자와 완전히 혼동되었다.  그러므로 본서에서는 양과 무게의 단위는 자주 탄으로
 발음할 것이다.  그러나 탄의 글자는 石 하나로 쓴다.  영어로는 두 경우 다 picul로
 표기하기도 한다.  무게의 단위로서의 벼 1탄은 128파운드이다(무게의 단위로서의 탄
 은 50킬로그램 또는 약 110파운드이다).  石과 担에 관해서는 全漢昇·크라우스《Mid-
 Ch'ing Rice Market and Trade:An Essay in Price History》pp. 79~98을 볼 것.  이 註
 에 참고한 다른 자료는《辭海》(上海中華書局, 1937) pp. 695, 1416 ; Young, 《Wartime
 Inflation》 p. 356, note a;《China Hanbook 1937~1945》, p. 196. 등이다.

서는 다른 곡식으로 대치했다(예컨대 부과액 1元에 소맥 1.4시두를 거두었다).[21] 여러 종류의 양곡을 저장하기가 복잡하고, 미곡에 대비한 공정한 환산율이 복잡하였으므로 그같은 대치는 환영받지 못했다. 그러나 11개 성에서 4종류의 양곡으로 현물세(現物稅)를 징수하였다. 감숙성(甘肅省) 같은 극단적인 경우 몇 종류의 콩, 옥수수, 수수를 포합한 9가지 곡물로 전부를 바쳤다. 그러나 1943년에 가서야 섬서(陝西), 하남(河南), 호남의 면작지(棉作地)는 전부를 면화로 내도 좋게 되었다. 그러므로 2년 동안 면화경작자들은 전부 자체의 부담과, 시장에서 인플레된 값으로 미곡을 사는 이중부담을 감당해야 했다.[22] 끝으로, 주로 적 전선 가까이나 적 후방, 또는 운송이 지극히 곤란한 그런 곳에서는 전부는 법폐(法幣)로 계속 징수되었다.[23]

전부에다가 몇 개의 항목이 추가되어 전부와 같이 징수되었다. 예를 들어 통상 전부액 자체의 30퍼센트에 해당하는 현(縣) 단위의 곡물부과〔縣級公糧〕가 있었다. 전부가 국세화(國稅化)되면서 지방행정 단위는 필요한 곡물수입을 얻고자 여러 가지 잡부금(잡다한 부과)을 제정하였다. 이같은 새로운 강제부과에 대한 민심의 불만을 진정시키기 위해 현단위의 곡물부과가 1942년에 시작된 것이다.[24] 전부 자체의 약 13퍼센트에 해당되는 「저비용(貯備用) 양곡」〔積穀〕은 대부분의 성에서 징수되었다. 이 항목의 목적은 구휼(救恤)과 곡가(穀價)안정을 위한 것이었다.[25] 적어도 몇 성(四川省의 경우 같은)에서는 10퍼센트의 허모충당용(虛耗充當用) 항목이 또한 전부에 추가되었다.[26]

그러나 전부에 가징(加徵)되는 가장 큰 강제징수는 곡물의 강제구매(「徵購」)와 역시 곡물의 강제차용(「徵借」)이었다. 이같은 성 단위 강제징수량은 전부의 양과 대개 비슷하였다. 그러나 이들 항목은 전부와는 달랐다. 왜냐하면 납부자는 이론적으로는 빌려주었거나 판 곡물에 대해 보상을 받게 되어 있었기 때문이다.[27] 1941년에는 강제로 구매된 양곡 값의 약 30퍼센트는 현금으로 지급되었고 나머지는 몇 가지 종류의 약속어음류〔양곡기금권(糧穀基金券), 국민통화저축권(國民通貨貯蓄券), 미곡

불화저축증권(美國弗貨貯蓄證券)〕로 지불되게 되어 있었다.[28] 그러나 정부의 지불액은 으례 시가보다 낮았다. 그러니 만약 곡물이 시가의 반값으로 강제구매됐다면 시가로 쳐서 15퍼센트 정도의 현금을 받을 것으로 생각하면 되었다. 그러나 부패로 인해 그것조차 받지 못하기도 하였다.[29]

1943년이 되면 중앙정부는 강제구매한 양곡에 대해 시가의 15퍼센트를 현금으로 지급하는 것조차 어려움을 느끼게 되었다. 그리하여 곡물을 (강제로) 사는 것보다 (강제로) 빌리는 제도가 마련된 것이다. 1943년에 이 제도는 복건(福建), 광서, 감숙(甘肅), 사천, 강동, 서강(西江), 절강, 섬서, 운남의 9개 성에서 실시되었다. 다음해에는 국민정부 치하에서 전국적으로 확대실시되었다.[30] 이 제도에 의하면 농민들은 (정부에) 「빌려준」 곡식의 영수증을 받고 5년 후에 정부가 같은 양의 곡식을 갚아주게 되어 있었다. 그러나 사실은 이같은 강제차용된 곡식의 영수증이나 강제구매된 약속어음류증권이 국민정부에 의해 상환된 예는 거의 없었다.[31] 그러므로 강제구매와 강제차용은 사실상 정규의 전부와 대략 맞먹는 부가세가 되어 버렸다.

끝으로, 농민들은 이같은 현물납부나 부과를 정부수매장까지 운송해 가야 했다. 한 전형적인 예를 보면, 사천성의 농민은 약 500파운드의 벼를 납세용으로 바쳐야 했다. 정부규정에 따르면 정부수매장은 어떤 농민으로부터도 한나절 정도 걸리는 거리에 설치되게 되어 있었는데, 그러나 사실상으로는 훨씬 더 먼 곳에 두어졌었다.[32] 그러니 납세하는 데 소요되는 시간과 노력은 상당한 것이었다. 1946년 안휘성(安徽省)의 농민──전시중에도 사정이 같았다──은 어떤 때는 수매장으로 가는데 닷새가 걸리기도 했다. 그곳에 닿으면 4일에서 2주일 동안을 기다려서 납세수속을 마칠 수 있었다.[33] 물론 수송에 드는 비용과 자기자신 및 보조자의 숙박비용도 농민이 감당해야 한다. 1947년에 한 고위관리가 불평하였듯이 이같은 비용은 「어떤 경우든지 바치는 곡물값보다 높았다. 이에 정부는 1石의 곡물을 받지만 국민의 부담은 2 또는 3석」이 되는 것이다.[34] 그런 일이 가끔 있었는데, 만일 납세자가 수매자에게 한

번 이상 가야 한다면——수매자가 곡물의 질이나 양에 결점이 있다고
보거나 그저 골탕먹이기 위해——그 수송비는 훨씬 더 무거운 부담이
되었을 것이다. [35]

## 잡부금, 軍糧 그밖의 강제 부담

항일전(抗日戰) 개시 이전에 국민정부 치하의 농민들은 전토(田土)에 명
백하게 부과된 것 외에 (각종) 세금, 부과금, 노력징발 등에 줄줄이 응
해야 했다. 또한 전시중에는 이같은 부담의 종류나 부담량이 엄청나게
증가하였다. 이들중 어떤 것은 중앙정부가 징수하였는데, 1944년에는
염세(鹽稅)가 중앙정부의 가장 중요한 단일 현금 수입원이 되었다. [36] 그
러나 이같은 여러 기타 부담들의 대부분은 많은 지방행정 당국이 만들
어 낸 것이었다. 이같은 일이 일어나게 된 한 중요한 이유는 중앙정부
가 전부(田賦)를 국세화함으로써 각 성정부(省政府)의 재정적 기반이었던
것을 가져가 버렸기 때문이다. 그것을 보상하기 위해 중앙정부는 1941년
에 성과 현의 지방행정당국에게 그들이 전부에서 얻었던 수입의 반에
해당되는 보조금을 주었다. 다음해에는 직접 보조금을 주기보다는 여러
가지 세금에서 일정한 비율을 할당해주었다. 예컨대 전부의 15퍼센트,
영업세의 30퍼센트, 상속세의 25퍼센트가 그러하였다. [37]

그러나 보조금이나 일정한 할당몫은 지방행정기관의 지출을 충족하는
데는 전혀 구실을 하지 못하였다. 따라서 지방행정당국은 다른 수입원
을 찾아야 했다. 예를 들어 현 당국은 수육, 쇠고기, 양고기 값에 부과
하는 도축세(屠畜稅)를 중시하게 되었다. 전쟁 개시 전인 1936년에는
이 세목(稅目)은 현정부 수입의 4퍼센트가 못되었다. 그런데 1942년부
터는 그것이 지방행정당국의 주된 수입원의 하나가 된 것이다. [38] 더
나아가 지방행정당국은 여러 종류의 잡부금을 만들어 냈다.

잡다한 명목의 그리고 특수한 명목의 강제부과 형태인 잡부금은 어떤
것은 매년 한번, 어떤 것은 매달 한번, 어떤 것은 단 한번뿐이거나 불

규칙적으로 징수하여 특별한 지출에 충당하거나 갑작스런 결손을 메꾸었다. 대부분의 잡부금은 엄격히 말해 불법적인 것이었다. 그러나 거의 상급기관의 묵인하에 징수되었고 국민정부 치하의 어떤 곳에나 다 그러하였다. 그 방법이나 명목은 지방마다 달랐으나 1942년에 사천성 18개 현의 잡부금을 자세히 조사해 놓은 것이 있으므로 이를 다른 곳 잡부금 상황의 대표적인 경우로 볼 수 있을 것이다. 사천성의 경우, 1942년에 있어서 합법적인 유일한 잡부금은 보갑(保甲 : 촌락조직)비(費)와 교육세였다. [39] 그런데 이해에 조사한 18현의 경우, 240 종류의 여러 잡부금이 징수되고 있었다. [40] 어느 현에는 11종밖에 없었는 데 반해 어떤 곳에서는 67종이나 되었다.

그 명목들은 기가 차는 것들이었다. 예를 들어「징병(徵兵)에게 짚신을 보내주는」비용, 「징병가족을 위문하는」비용, 「방공(防空)요원훈련」비용, 「주둔병에게 연료를 공급하는」비용 등등이 있었다. 그러고서도 구국채권할당(救國債券割當), 전주 세우는 비용, 도로보수비용, 교사양식보조금, 학교비품비, 보갑장회의를 위한 식량과 연료비, 보갑장을 위한 행정보조비, 징병친척의 장례비용 등이 있었다. [41] 이중 어떤 것은 폐부담이 컸고 어떤 것은 적었다. 약 4분의 1은 중앙정부와 성정부에서 거둔 것이고, 지방의 유력자나 종교단체에서 거둔 것이 그보다 약간 덜한 정도였으며, 반 이상은 촌장(村長)과 보갑장이 거둔 것이었다. 그러나 군대의 비용명목이나 군대의 식량명목으로 거두는 것이 가장 부담이 많았다. 귀주성장(貴州省長)이고 국민당의 유력한 명사인 오정창(吳鼎昌)이 불평한 것처럼 고위당국은 돈을 어떻게 거두는가에 대해서는 상관않고 군대나 다른 국방상의 필요에 충당할 돈을 내라고 빈번이 현당국에 명령하였다. [42] 주둔군은 돼지, 닭, 장작, 마초, 건설자재 등등을 수시로 필요로 하였다. 그 어떤 경우이건 해결방법은 새 잡부금을 거두는 것이었다. [43]

잡부금의 특수한 형태는——내가 알기로는 그것을 실제로 잡부금으로 부르지는 않은 것 같지만——군량미 부과였다. 세량(稅糧)(으로 거둔 곡식의) 공급이 잘 안되고 수송문제로 군대에 대한 미곡공급이 어렵게 되면 고위 군지휘관은 필요한 미곡을 지방정부에 요청하였다. 그렇게 되면 민간행정당국은 지방주민에게 할당하고, 수집을 감독하며, 지정된 공출장소까지 운송할 인부를 징발하였다. 1946년의 한 자료에 의하면 할당된 군량미의 약 30퍼센트는 상인에게, 70퍼센트는 농민에게 부과된 것을 알 수 있다. 강제구매방법과 마찬가지로 할당된 군량미에 대한 보상은 여전히 시가보다 크게 낮은 값이었다. 더우기 돈은 여러 관리들의 손을 거치게 되는데, 그들이 보통 그 금액의 일부를 자기 몫으로 떼어먹으므로 막상 돈을 받아야 할 농민과 상인한테는 거의 남지 않게 되었다. 그러므로 일반사람들의 입장에서 보면, 군량미 구매는 그것이 아무 때나 어떤 분량이던 부과된다는 점을 제외하고는 정규세금과 다른 것이 거의 없었다. 44)

1940년에서 1944년 사이에 징수된 군량미의 총량은 대략 계산해 보아도 같은 기간에 정규전부로서 징수된 것의 약 10퍼센트는 되는 것 같다. 45) 그러나 군량미 징수의 부담은 지방에 따라 그 무게가 같지는 않았다. 군대가 대규모로 집중주둔하고 있던 호북, 하남, 섬서, 사천 같은 성에서의 부담은 엄청났다. 예컨대 사천성에서는 모든 군량미 부과의 4분의 1 또는 2분의 1을 내야 했다. 46) 제5전구(戰區)와 제6전구의 군대가 주둔하고 있는 호북성에서의 1942년의 군량미 부담은 전부와 강제구매 합계 총량의 77퍼센트와 족히 맞먹는 양이었다. 47) 섬서성 같은 서북지방 성에서의 부담도 분명 많았을 것이다. 왜냐하면 호종남(胡宗南) 장군의 이른바 정예군대는 1941년 1년만 양식의 전량공급을 받았을 뿐이었기 때문이다. 그밖의 해에는 호종남에 동정적인 胡의 전기작자도 승인하듯 「현지조달」을 해야 했던 것이다. 48) 胡의 군대가 이렇게 현지조달된 곡물의 값을 전부 또는 일부라도 지불했는가에 대해서 이 전기작자는 언급하고 있지 않다.

농민들은 전쟁수행에 필요한 돈과 곡물을 자기분수 이상으로 부담한 것과 마찬가지로, 사병 또는 노역자로서의 인력(人力)도 대부분 제공하

였다. 정부가 노역자를 징발하여 부리는 것은 국민정부 치하에서는 전에
도 해온 일이었으나 그러나 전쟁의 필요에 따라 그러한 관례는 더욱더
엄청난 부담이 되게 하였다. 남자, 여자, 어린이가 보루, 참호, 도로,
비행장 등의 건설에 징발되었는데, 그 대부분은 농민이었다. 버마통로
의 건설에 있어서는 16만 명의 노동자가 동원되었다. [49] 미군의 B-29 폭
격기와 그에 따르는 추격기를 위한 9개의 비행장을 건설하는 데 50만
명이 징발되었다. [50] 또 다른 50만 명이 호남~강서철도를 건설하기 위
해 흙을 날랐다. 하남에서는 1934~44년에 수자를 알 수 없는 수의 노
동자가 동원되어 깊이 15피트, 너비 20피트, 길이 300마일의 대전차
(對戰車) 참호를 팠는데, 그 뒤 그것은 아무 쓸모가 없었다. [51] 세량(稅
糧)과 군량(軍糧)을 수집장에서 공급지점까지 나르는 데 수백만 명이 징
용되었다. 배, 달구지, 손수레 등이 사용되기도 하였지만, 예컨대 호북
에서는 달구지의 반 넘게는 사용할 수가 없어 사람어깨로 나를 수밖에
없었다. [52] 안휘성장(安徽省長) 이품선(李品仙) 장군이 보고한 대로 추수
가 끝날 때마다 끝없이 이어지는 개미의 흐름 같은 사람들이 길게 줄지
어 성의 창고로 양곡을 날랐다. [53]

비록 작업의 종류에 따라 힘드는 정도는 다르기는 했으나 이들 징용
자들의 작업조건은 언제나 가혹한 것이었다. 노동자들은 보수를 거의
받지 못했거나 전혀 받지 못했다. 이들 노동자에게 주기로 되어 있는 급
료는 여러 단계의 관료들이 곧잘 가로챘다. 숙소나 위생조건은 원시적
인 것이었다. 사천의 비행장 공사에서는 노동자들이 긴 거리를 돌이 든
광주리를 등에 지고 날랐기 때문에 하루에 반밖에는 가지 못했다. 이들
중 수천 명이 죽었거나 도망했거나 심한 부상을 당했다. [54] 버마통로 건
설공사에는 7천 명이 죽었다고 한다. [55] 한 전(前) 징용자감독의 보고에
는 60 또는 100마일 밖에서 온 사람들이 10~15일간씩 일하고, 형편
없는 음식을 먹고, 형편없는 초가에서 지냈다고 하였다. 그렇지만 그들
은 개의하지 않았다고 그는 말하였다. [56] 그러나 사실은 그 반대였을 것
이다. 양식부 장관을 지낸 서감(徐堪)은 양곡수송에 관해 『모든 사람들

이 그 일을 하기 싫어했다』고 인정한 바 있다. [57] 그리고 전시중에 소년기를 보낸 한 하남 출신자는 그곳 농민들이 이 징용기간을 두려워하였으며 징병이나 납세의 경우보다 더 고통을 당했다고 주장한 바 있다. [58]

중국은 현대전쟁을 치르는 저개발국이므로 대량의 노력징발 같은 원시적인 방법을 사용하는 것이 필요하다고 정부는 주장하였다. [59] 따라서 그러한 것을 폐지하지 않고 조정하려는 시도가 있었다. 1943년 12월에 중앙정부는 국민의무노동법(國民義務勞動法)을 공포하고 18세에서 50세까지 남자는 매년 유임(有賃)노동 10일을 해야 한다고 규정하였다. [60] 같은 해에 호북성정부는 노역자에게 임금 또는 일정량의 곡식, 기름, 소금을 보상으로 지급하도록 하고 노동은 농한기에 한한다고 규정하였다. [61] 당시 국민정부 대부분의 법규정과 마찬가지로 이같은 규정들은 당장의 실행을 위한 것이라기보다는 주로 장차의 목표를 표명하는 것이었다.


## 농민의 租稅부담


전시중 농민들의 조세부담(租稅負擔)이 증가되었다는 것은 부정할 수 없는 일이다. 조세부담 그 자체의 증가가 국민정부의 잘못일 수는 없다. 전쟁중이었고, 그래서 국민들의 부담이 더욱 무거워지는 것은 있을 수 있었다. 그러나 문제가 되는 것은 조세부담의 증가가 농민들의 경제생활과 정치적 태도에 매우 나쁜 영향을 주었는지 여부이다. [62]

엄격하게 산술적으로 말한다면 1942년 이래의 농민들의 전부(田賦)는 항전(抗戰)개시 전보다 거의 5배나 되었다. [63] 그러나 농민들에 대한 부담이 「최고에 달하고 있던」 1942년과 1943년에도 현물세와 강제구매 및 강제차용은 미곡과 소맥생산 총량의 약 8퍼센트에 불과하였다(표3 참조). 이 비율에는 현물세에 수반되는 보다 소액의 부담(현 단위의 公糧부담 같은 것)은 포함되지 않았다. 그러므로 이 무렵 정부의 강제부담 총액은 8퍼센트보다 약간 더 되었을 것이다. 그렇기는 하나 그 정도 수준의

〈표 3〉　　　　　　　　1941~48년 田賦현물징수　　　　〔단위 : 市石〕

| 연도<br>(가) | (1) 쌀·소맥<br>총생산량 | (2) 징수된<br>전부 | (3) 國　税<br>할　당 | (2) (3)<br>비　율 | (2) (1)<br>비　율 |
|---|---|---|---|---|---|
| 1941 | 806.6 | 24.1 | 22.9 | 105% 〔97.8〕(ㄷ) | 2.94 |
| 1942 | 845.0 | 67.7 | 65.0 | 101 〔101.6〕(ㄹ) | 8.01 |
| 1943 | 808.7 | 65.2 | 64.2 | 102 〔93.3〕(ㄹ) | 8.06 |
| 1944 | 923.0 | 57.9 | 64.6 | 90 | 6.27 |
| 1945 | 807.6 | 30.1 | 35.3 | 85 | 3.73 |
| 1946 | 1,357.5 | 42.5 | 54.4 | 78 〔43〕(ㅁ) | 3.13 |
| 1947 | 1,402.8 | 38.3 | 58.8 | 65 〔48〕(ㅁ) | 2.73 |
| 1948 | 1,356.0 | 20~25<br>(나) | | | |

〔출전〕: (1)은 楊家駱編《大陸淪陷前之中華民國》臺北, 1974 제4권 p. 1,279. (2)와 (3)은
《China Handbook》 1950, pp. 563~64. (2)의 수자에는 강제구매, 강제차용도 포함함.
(가) 1941~1945년의 수자는 15개 省의 것이다. 1946년 수자는 22개 성의 것이다.
(나) 1948년 11월 현재의 「徵發糧穀」이라 되어 있는 것의 수자인 이 수자는 양식부의 장
　관인 관치유에 의해 제시되었다. 그에 의하면 정부는 실은 7천5백만 市石을 필요로 했
　다 한다. 《North China Daily News》, 1938년 11월 3일 p. 1 : 2. 《New York Times》
　1948년 11월 3일　p. 24 : 5.를 참조할 것.
(다) 괄호안의 수자는 첸유산. 첸수메,《田賊徵稅制度》, 重慶(1945)pp. 82—85에 보이는 것
　이다.
(라) 괄호안의 수자에 대한 설명은 p. 100 이하를 볼 것.

부담률은——항전개시 전보다는 매우 높으나—— 그 자체로서는 보통
지주의 생활수준을 심각하게 해칠 정도로 높은 것은 아니었다.

　그러나 농민들의 실제 조세부담을 결정하는 것은 공식적인 조세항목
보다는 들쑥날쑥한 중국 정치생활의 실상, 성따라, 마을따라, 사람따라
달라지는 몇몇 조세목의 부담이었다. 예컨대 전부화폐액을 현물량(現物量)
으로 환산하는 비율이 몇몇 성간에 큰 차이가 있었다. 1943년 1元당
4시두의 「표준」환산율은 호남과 섬서에서만 그대로 적용되었다.[64] 3시
두에 1원하는 것이 보통이었다. 그러나 사천성에서는 1.2시두에 1원
씩으로 환산되었다. 이렇듯 성에 따라 환산율이 다른 주된 표면적 이유
는 1941년 전의 화폐 납부액이 어떤 성에서는 더 무거웠었다는 것이다.
성에 따라 양곡이 넉넉한 곳과 부족한 곳이 있다는 것을 또 다른 이유로
들 수 있다.[65] 실로 각 성에 할당되는 양은 중앙정부와 지방행정당국
간의 협의에 따라 달라질 수 있었으니, 성에 대한 중앙정부의 정치적

통제가 결정적 요인이 되었을 것이다. 예를 들어 운남성의 경우 환산율이 낮은 것은 그곳이 양곡이 적은 곳인 탓이었겠으나 운남성이 비교적 자주적이고 중앙정부와의 관계가 긴장되었던 것이 성에의 할당량에 대한 협의과정에서 결정적인 작용을 했을 것임이 분명하다(제 1 장을 참조할 것).

이렇듯 농민의 조세부담에 있어서의 실질적인 차이는 전국적인 조세징수제도와 밀접한 관계가 있었던 것이다. 그러나 개개 토지소유자의 조세부담액을 종국적으로 결정하는 것은 수자상의 조세율과 상관없는 조세행정이있었던 것이다. 예를 들어 전부과세(田賦課稅)의 기초가 되는 토지대장은 오래된 것이고 그 내용이 엉망이었다. 어떤 것은 수백년 동안이나 변한 것이 없었으니, 소유토지의 크기나 생산성 같은 극히 중요할지도 모를 변화가 반영되어 있지 않았다.[66] 더욱 중요한 것은 경작지의 6분의 1——아마도 2분의 1이 될지도 모른다——이 조세대장에 기록조차 되어 있지 않았다. 전후(戰後)에 6개 성 108 현의 토지조사에서 과세가능 면적이 56퍼센트나 증가된 사실이 이런 상황을 단적으로 말해준다. 안휘성의 경우 과세가능 토지의 54퍼센트는 여태껏 과세도 되지 않았었다. 하남성에서는 37퍼센트, 절강성에서는 27퍼센트, 호남성에서는 17퍼센트가 과세되지 않았었다. 안휘성의 어떤 현에서 토지를 조사해 본 결과 실로 과세가능 전토의 5퍼센트도 등기되어 있지 않아 200 무(畝) 이상이 새로 등기되었던 것이다.[67] 등기되어 있지 않은 전토의 대부분이 보다 부유한 토지소유자의 것이었을 가능성은 있으나 이 문제는 좀더 연구되어야 할 것이다.

중국의 엄청난 복잡성 또한 징세(徵稅)체계를 복잡하게 만들고, 부패를 유인하는 많은 기회를 만들었다. 예를 들면 토지소유자가 과세액 1元에 몇 斗를 내면 된다는, 보기에는 간편한 규정일지라도 행정적으로는 처리하기가 매우 어려웠던 것이다. 왜냐하면 전토가 다 미곡을 생산하는 것이 아니었고 또 농촌지역에서는 도량(度量)단위와 도량기가 통일되어 있지 않았기 때문이다. 많은 현이나 촌락에서 양을 재는 단위로

보통 斗를 사용하기는 하였지만, 말의 크기의 다양함도 가위 무한할 정
도였다. 더우기 거의 반 정도의 성에서는 곡식을 다는 데 양이 아니라
무게로 다루는 것이 관례가 되어 있었다. 그런 곳에서는 조세징수자는
세목 금액을 양곡으로 환산해야 할 뿐만 아니라, 무게로 단 곡식을 石
과 말로 환산해야 했다. [68] 어떤 곳에서는 세액부과는 국가법정화폐〔法幣〕
가 아니라 은(銀)(兩을 단위로 함)으로 하였다. 운남성 같은 데서는 성의
화폐인 전폐(滇幣)가 우선적으로 과세의 기초가 되었다. [69] 미곡생산지역
이 아닌 곳의 농민들은 다른 곡물, 즉 대체로 소맥이 주였고 수수, 콩,
감자, 옥수수, 면화 등을 미곡량과 동등하게 환산하여 납세하였다.

이같은 다양한 계량단위, 화폐, 곡물의 공정환산(公定換算)으로 인해
서로 이가 맞지 않은 혼란과 대단한 불공평이 야기되었다. 불공평중에
는 1斗의 수수의 시가(市價)를 1斗의 쌀의 시가로 환산하는 경우에 있을
수 있는 것 같은 고의성이 없는 경우도 있었다. 그러나 이같은 혼란이
있는 상황하에서 징세관이 납세(納稅)하는 농민을 속일 수 있는 기회는
많았고 유혹은 컸었다. 그리하여 이 제도는 곧 부패의 수렁이 되어갔다.
징세관은 값이나 무게를 환산하면서 농민을 속이는 외에 세금부과를 멋
대로 늘리거나, 정규부과액에 불법적인 추가액을 징수하거나, 법정(法定)
의 말보다 큰 말을 사용하거나 하여 사복을 채웠다. 때로는 복잡한 조
세납부수속을 마치는 데 며칠씩 걸리지 않게 해준다고 농민들에게 뇌물
을 요구하였다. 벌금을 부과하는 경우에 그 돈은 바로 징세관의 호주머
니로 들어갔다. [70]

곡물을 징수하면서 관리들의 횡령도 시작되었다. 왜냐하면 곡물을 운
송하고, 저장하고, 정미해야 하기 때문이었다. 예를 들어 정미업자는
도정과정에서의 손실을 허위보고하고, 창고관리자는 이른바 「싸레기」를
의례 자기몫으로 가져갔고, 운송자는 그들의 선박이 전복되었거나 도적
에게 짐을 빼앗겼다고 허위로 보고하였다. [71] 훔쳐내서 내다 판 양곡 대
신 물, 자갈, 잡초를 채워 파는 식의 불순물섞기가 가장 잘 쓰이는 불법
수단이었다. 그러고 나면 다른 노동자들도 그 본을 따랐다. 쌀이 병사

나 공무원의 손에 당도하였을 때는 거의 먹을 수 없는 경우가 많았다. [72]
사람들은 쓸쓸한 우스개로 이 관급미(官給米)를 「8보반(八寶飯)」이라 불
렀는데, 앵도, 대추 기타 단 것(자갈이나 잡동사니가 아닌)을 쌀에 섞어서
만든 요리에 빗대어 하는 말이었다. [73]

　세량(稅量)취급과정에서의 부패는 너무 광범하게 행해져 있어서 무시
될 수가 없었다. 양식부장(糧食部長) 서감은 1944년 9월에 국민참정회
(國民參政會)에서 『세량취급의 4단계——징수, 저장, 운송, 배급——중
부패가 없는 것이 없다. 백성들이 추수하여 (徵稅官에게) 납부하는 쌀
은 언제나 충분하고 품질이 좋다. 그러나 끝에 가서 그것을 소비할 단계
가 되면 양이 모자라고 품질이 나빠진다. 이런 상황을 말하자니 가슴이
아프다』고 고백한 바 있다. [74] 서감은 또 불평하기를 양식부에 유능하
고 정직한 사람을 사용하기가 어렵고 특히 양곡창고감독이 되고자 하는
사람은 「속이 검은 분명코 나쁜 사람」이라고 하였다. [75] 이렇듯 양식부에
부패가 만연해 있다는 것은 공인된 사실이었다. 《대공보(大公報)》의 추
정에 따르면 공무원과 지방유력자의 공량도용(公糧盜用) 때문에 징수된
양곡의 10퍼센트 이상이 도정단계에 이르는 도중에 없어졌고, 30퍼센트
는 저장되는 동안에 없어졌으며, 운송단계에서 또 얼마가 없어졌다. [76]
설혹 이 추정이 부패로 인한 손실을 과장한 것이라 할지라도 손실은 아
주 많았고, 그 결과 직접, 간접으로 가해진 농민들의 조세부담은 상당한
것이 되었을 것이다.

　더우기 농민들도 조세과정에서 단순한 피동적 존재는 아니었다. 그들
또한 세량수집처로 날라간 곡물에 불순물을 섞는 속임수를 쓰려 하였다.
1942년 이후 조세기피의 발생사례도 계속 늘어났다(표3 참조). 그러나
조세현물징수〔稅量〕제도가 전국의 양곡생산을 동원하는 데 능률적이 못
되었다는 사실이 바로 일반농민의 조세부담이 가벼워졌다는 것을 의미
하지는 않았다. 실은 현물징수량이 떨어지면 군량미, 잡부(雜賦) 등의
비정규적인 부과 형식의 정부의 강제부담이 늘어났던 것이다. 그러나 세
량취급을 통제하는 경우보다 이같은 비정규 강제부담을 더 통제할 수 없

었으므로 부패와 농민들에 과해진 불공평 등은 훨씬 더 많게 되었다. [77]

전시 후반기의 잡부부담은 어림잡아 전부 전액의 두 배는 되었다. [78] 그러나 이같은 잡부의 징수는 전부징수의 경우보다 훨씬 부담스러웠고 멋대로였다. 예컨대 1942년에 행한 사천성의 잡부조사에 따르면 18현중 단지 한 현의 백성들만이 잡부의 부담을 힘들어 하지 않았고, 네 현에서는 좀 힘들어 했다. 그러나 13현 즉, 대부분의 현에서는 잡부부담을 매우 힘들어 했다. [79] 이같은 관찰은 분명 개괄적인 것이기는 하나 잡부징수에 대한 반응의 정도를 정확하게 나타내는 것이라고 할 수 있을 것이다. 이 조사에 따르면 잡부는 농촌사회의 소지주, 자작농(自作農), 소작인 같은 가난한 사람들의 부담이 상대적으로 더 무거워졌다는 것을 알 수 있다. 큰 부자들, 정치적으로 줄이 닿거나 비밀결사에 줄이 닿는 대규모 토지소유자들은 보갑장(保甲長)이나 그밖의 잡부금징수 담당자에게 자기들을 면제하도록 하거나 그들의 소작인이 지불하도록 청탁하였던 것이다. [80]

대지주, 부유한 마을 유력자는 언제나 정부의 조세징수자에게 협력하지 않았다. (그래서) 1942년에 장개석은 그들은 너무 이기적이고 그들이 물어야 할 정당한 조세부담을 기피하였으므로 중국국민의 자격을 상실하였다고 말하였다. 그리고 1947년에도 그들이 「으례껏」 전부를 내지 않는다고 불평하였다. [81] 인류학자인 비효통(費孝通)도 『마을의 유력자는 법을 따르지 않으며 조세부담과 징병에서 면제되고 있다』[82]고 밝힌 바 있다. 예를 들면, 운남성의 장교이며 공무원이었던 주라는 사령관은 항일전쟁 기간중에 어떤 형태의 조세도 내지 않았다. 어떤 모임에서 이사실을 한 (지방)관리가 지적하자 동료들이 『주 사령관이 스스로를 곤경에 처하게 하고 있다』고 주의를 주었다. 주 사령관의 아들은 『나의 부친은 오랫 동안 정부에 봉사하였으므로 어떤 조세도 안 물어도 좋다』고 설명하였다. [83] 주 사령관과 같은 부유하고 영향력 있는 사람이 조세를 내지 않으면 보갑장이나 그밖의 조세징수자는 그 구역의 할당량을 채우기 위해 다른 마을사람들의 조세를 그 몫만큼을 증가시켜 징수해야 했다.

잡부의 80퍼센트 이상을 관리하였던 보갑장들은 부패로 소문이 나 있었다. 그들은 흔히 몇 가지의 잡부를 동시에 징수하였으므로 농민들은 그들이 어떤 세를 내고 있는지, 각각 얼마씩인지 알 길이 없었다. 게다가 영수증을 발행하는 일이 없었으므로 그들의 횡령에 대한 제한은 거의 없거나, 효과가 없거나 하였다. 그 결과 잡부의 실제 부담액은 적지 않게 증가되었다. 앞의 사천성의 잡부금 조사로 보면 보갑장이 거두어들인 잡부의 3분의 1 가량을 착복하였다고 추정된다.[84] 1947년의 정부 간행물에도 횡령의 결과 농민의 실제 잡부부담이 2배가 되는 경우가 많았다고 되어 있다.[85] 이들 잡부를 둘러싼 부패는 『사람들의 기운을 탕진하고 나라의 기반을 흔드는 것』이라고 재정부는 개탄하였다.[86]

끝으로 분석해야 할 것은, 그러면 세금징수자의 끊임없는 요구를 도맡아야 하는 중소(中小) 토지소유자가 부담하는 정부의 법적, 불법적 강제부담의 총액은 얼마나 되는가 하는 것이다. 1945년 초의 《大公報》에 따르면 소농(小農)은 정부가 정한 세액의 5배를 물었으니, 대토지소유자들이 과세부담의 대부분을 그들에게 떠맡겼기 때문이라 하였다.[87] 이 수자는 농민들 대부분의 조세부담이 그들의 수확의 30퍼센트, 50퍼센트 또는 그 이상이었다는 당시의 추정과 들어맞는 것이다.[88] 이 수자가 지주 일반보다는 정치적으로 영향력이 없는 가난하고 보다 소유규모가 적은 토지소유자에 적용되는 것으로 본다면 믿을 만하다고 보겠다. 그러나 그것은 결국 추정 이상의 것이 아니라는 사실을 알아야 한다. 어떻든 제임스 스카트가 지적한 것처럼 농민의 생활형편은 정부가 부과액을 징수하는 수확량의 비율보다는, 조세를 내고난 뒤 농산물의 얼마가 농민들의 손 안에 남겨지느냐로 좌우되는 것이다.[89] 그러나 이에 대해서는 믿을 만한 자료가 전혀 없다. 과세부담에 대한 가장 흥미 있는 비수량적(非數量的)인 평가는 1945년에 한 저명한 관찰자가 밝힌 『많은 사람들은 견딜 수 없다고 이미 생각하게 되었다』는 말일 것이다.[90] 또한 같은 해 5월에 국민당 관계자가 『전쟁중 농민들은 금전과 봉사의 형태로 가장 큰 공헌을 하였다. 그러나 그들의 생활형편은 가장 어렵다』고 한 말을 지적할 수도

있다. [91]

### 경제적 영향과 정치적 반응

　항일전쟁 후반기가 되면, 특히 1943년 이후부터는 징세체계의 파괴, 부패, 생산감소, 인플레 등이 농촌지역에서 한층 두드러지기 시작했다. 농촌인구중 소수분자인 대지주들은 살쪄가고 있었다. 이러한 사실은 군대의 형편을 개선해야 하나 재정적으로 어려움을 느낀 중앙정부가 1945년에 특히 부유한 대규모 토지소유자들을 겨냥하여 「곡물기부운동」을 특별히 전개한 것만 보아도 알 수 있다. [92]

　그러나 지주들이 그렇게 재미를 보았기 때문에 대규모의 토지집중이 증가했던 것일까? 사실 토지집중이 주된 문제였다는 주장에 대해서는 전쟁중이나 그 뒤에도 사실상 아무 이의(異議)도 나오지 않았다. 국민당 통치하의 사회의 어두운 면을 폭로하는 것이 당연히 재미있을 공산당은 특히 정부관료들이 국민당 치하의 거의 모든 省에서는 물론, 중경, 성도, 곤명에서도 토지를 사들였다고 주장하였다. [93] 국민당기관지《中央日報》의 기사나 입법원장(立法院長) 손과(孫科)의 논평을 포함한 국민당측 자료에도 때로는 이같은 주장과 같은 것이 보인다. [94] 그러나 토지집중이 상당히 진행되었다는 것을 나타내는 믿을 만한 근거자료는 찾을 수가 없다. (그런데) 한 공산당 역사가는 증거로써 1937년에서 1941년까지에 사천성에서의 지주의 토지소유분은 69퍼센트에서 70퍼센트로, 서강성에서는 67퍼센트에서 72퍼센트로 각각 증가하였다는 국민정부측의 조사자료라는 것을 제시하기도 하였다. [95] 이같은 미미한 비율을 가지고 토지집중이 진행되었다는 중요한 단정을 한다는 것은 물론 불가능하다. 그러므로 아무리 보아도 그러한 비난은 경제적 실상보다는 정치적 편견에 그 근거가 있었던 것이다. [96] 사실은 투자가들은 상품투기나 미국의 유가증권을 사는 것이 토지소유보다 훨씬 더 이익이 많았던 것이다. [97] 뿐만 아니라 상품투기나 미국 유가증권 매입에서 나오는 이익에는 전혀 과

세되지 않는 데 비해 토지에 투자하면 그 농촌소재의 토지에 달려드는 수많은 거머리들과 씨름을 해야 했던 것이다.

지주제의 발전이 심각한 문제가 아니었다고 하더라도 대부분의 농민의 생활수준이 저하되어 가고 있었는데도 대지주들은 일반적으로 잘살고 있었다는 것은 사실이다. 20세기에 들어온 이래 농촌에서의 사회경제적 격차가 가장 벌어진 것은 항일전쟁 후반기였을 것이라는 점은 있을 법한 일이다. 존 로싱 벅과 옌 종찬은 1943년 초에 성도 근처 팽현(彭縣)에서의 조사에서 농민의 3분의 2가 항일전쟁 전보다 고기를 덜 먹고, 83퍼센트는 오락지출이 줄어 들었음을 알게 되었다.[98] 같은 해에 운남성의 곤명 근처에서 행한 조사에서는 농촌가족의 61퍼센트가 전쟁 중 생활수준이 하락하였고, 24퍼센트(대부분 대규모 토지소유자)만이 경제적 형편이 나아졌으며, 15퍼센트(대부분이 중간정도 규모의 토지소유자)는 별로 변한 것이 없는 것으로 나타났다.[99] 같은 시기에 귀주(貴州)에서는 성주석 오정창(吳鼎昌)이 비슷한 경향을 지적하고 있다. 吳에 따르면 「극히 적은 수」가 예전보다 더 나은 소비생활을 하였고 일반백성들 쪽의 소비는 더 이상 줄일 수 없는 정도로까지 줄어들었다는 것이다.[100]

농촌에서의 생활이 점차 궁핍해 간 데 대한 원인으로 어떤 한가지만을 꼽을 수는 없다. 소작료를 올리게 하고 구매력을 감소시킨 인플레도 어느 정도 영향이 있었을 것이나 그것 자체만 갖고는 사태가 그렇게 악화되지 않았을 것이다. 국민정부 후퇴지역의 여러 성 여러 곳의 생산력 감소도 확실한 그러나 그래도 비교적 비중이 가벼운 원인이었을 것이다. 이러한 여러 요인들을 합쳐도 보통 최저생존상태에 가까운 생활을 해오던 많은 농민들에게 고작 어떤 고통을 가져다주는 데 족하였을 것이다. 그러나 이에 더하여 급격히 증가한 조세부담을 감당해야 하고, 말할 수 없는 부패에 시달려야 하게 되면 고통은 확산되고 더 가열해지기 십상인 것이다.

1942∼43년 하남성의 기근은 정부의 강제부담이 농민들의 생활형편에 주는 영향의 중대한 차이를 단적으로 나타내주었다. 하남성에서는

가뭄, 서리, 우박, 메뚜기가 1942년의 봄과 여름 수확을 평년작의 52퍼센트로 감소시켰다. 이로 인해 백성들은 다가오는 겨울에 고난을 당하게 되었다. 그 고난을 수백만 명이 굶어 죽은 가공스럽고도 심각한 기근으로 바꾸어 놓은 것은 정부의 가차 없는 조세와 군량미징수 강행이었다. 근 1백만 명의 군대가 하남성에 주둔하고 있었고, 정부는 그들에게 식량을 주어야 했다. 그리고 그곳의 운송시설은 전쟁으로 파괴되었으므로 병사에게 줄 식량은 현지조달을 해야 했다. 군대를 굶길 것인가 백성들을 굶길 것인가 하는 선택은 당국자로서는 어려운 것이었을 것이다. 그러나 전시에는 군대가 우선권을 가졌다. 정당화야 어떻게 할 수 있을지라도 그 결과는 끔직한 것이었다. 농민들은 마지막 한 알의 밀알까지 징수당했으며, 그 결과 산서성과 그 이웃 성들로 수백만 명의 피난행렬이 이어졌다. 먹을 것을 얻기에 혈안이 된 농민들은 애지중지하던 농토를 몇 되 안되는 밀을 받고 팔아넘겼다. 자식들을 판 사람도 많았다고 한다. 사태의 심각성을 알게 된 정부는 마침내 전부(田賦)의 4분의 1을 경감해 주었으나 지방관리와 군대의 곡물에 대한 요구는 어떤 보고자료로 보든지 가차 없었다. 나뭇잎, 나무껍질, 땅콩껍데기를 먹었으며 사람고기도 먹었다고 한다.[101] 기근의 희생자중 상당한 비율은 밀의 새 알이 움트기 시작한 1943년 봄에 죽어갔다. 자포자기가 된 농민들은 익지도 않은 밀을 훑어내어 풀죽을 써먹고는 부황이 나서 죽어갔다.[102] 시어더 화이트는 약 500만의 사람이 「사람이 만든 기근」이라 불리는 것 때문에 죽었거나 죽어가고 있다고 1943년 3월에 주장한 바 있다.[103]

　하남성의 비극은 정부의 강제부담이 어떻게 농민들의 고통을 가중하였는가의 비통한 특례이긴 하나 비슷한 일이 다른 데서도 일어나고 있었으니, 이는 1942년부터 국민정부 치하에서 농민들이 적어도 부분적으로 왜 저항과 반란을 일으켰는가를 설명해 주는 것이다. 예를 들어 1942년 초의 감숙성에서는 6만 명의 백성이 『감숙사람이 감숙을 다스려야 한다! 징병과 곡물 납세를 반대한다! 남쪽(에서 온) 야만인 놈〔南蠻子〕을 죽여라 ! 』등의 구호를 외치며 20개 현을 휘젓고 다녔다. 약 1년동안, 이 반란세력은 토벌군을 이겨냈다. 마침내 1943년의 6월과 7월에 걸친 40일 동안의 전투 끝에 호종남(胡宗南) 장군의 정예부대 일부가 반란을 진압했는데, 1만 4천 명을 죽이고 1만 8천 명을 사로잡았다고 한다. [104] 1944년에는 수백 명이 정부의 곡물징수와 노력동원을 반대하는 구호를 외치며 일어나 관리를 죽이고 북부 호북성의 세 고을 행정관서를 불 태워버렸다. 6월에 해산된 군중은 한 달 뒤 다시 일어나 보다 완강하게 (정부군과) 싸웠다. [105] 더 심각한 일은 같은 해 호북성 남부에서 1만 명 이상이 일으킨 반란이었다. 성정부(省政府)의 보고에 따르면 공산당 원이 황창회(黃槍會)라는 지방의 비밀결사와 연합하여 농민의 곡물징수와 노력징용에 대한 불만을 이용하여 정부관리, 군사령부, 정부창고를 습격하였다. [106]

비슷한 폭동들이 사실상 국민정부 치하의 모든 성——首都(임시)省인 사천성에서의 것이 많았고 멀리 복건성(福建省)에서도 일어났다——에서 일어난 것으로 보고되어 있다. 백성들의 원성의 과녁은 의례 징병, 과세, 노력강제징발이었다. 그러므로 반란을 일으킨 사람들의 공격대상은 정부의 관서와 관리였다. 하남성의 기근에 대한 논리적이고도 충분히 이해할 수 있는 결과로 볼 일들도 있었다. 1944년에 국민정부군이 일본의 1호작전에 쫓기자 하남성의 농민들은 그들을 그렇게 괴롭혔던 (국민정부)군을 습격하였다. 농기구, 총, 칼 등을 휘두르고 나온 그들은 5만 명의 군대를 무장해제시키고 더러는 죽이기도 하고, 어떤 때는 생으로 매장까지 해버린 일이 있었던 것이다.

중국 농촌에서의 불만의 전통적인 배출구인 비적(匪賊)의 활동 또한 감숙성의 한 미국선교사의 말을 빌리면「현저하게 활발」해 졌다. 무장한 자, 전(前)농민, 징병기피자, 탈영병들이 흔히 2백 명에서 4천 명 정도로 떼를 지어 시골에 나다니며 주민들을 공포에 떨게 했고, 큰 길을 따라가는 여행을 위험하게 때로는 불가능하게 만들었다. 군대의 호송조차도 때로는 그들의 공격을 받기까지 하였다. [107]

반란을 일으킨 **사람**, 비적질을 하는 사람은 전농촌인구의  적은 부분
이었고, 농민들은 대부분 여전히 전토를 경작하고 나리들의  명령에 순
종하였다. 그러나 정부에 대한 원성은 전국의  농촌마다에 똑똑히 울려
퍼졌다. (전국)자원위원회의  장(長)인 옹문호(翁文灝)는 전부와  관련된
부패 때문에 농민들이 반란을 일으키게 한다고 1943 년에 인정한 바 있
다. [108] 귀주성 주석인 오정창은 백성들이 인력과 돈에 대한 정부의 필요
를 이해하지 못한다고 불평하였다. 『관리와 백성들 간의  거리가 있고,
강제부담과 애로가 잘 조사되지 않았기』때문에 「나쁜 사람」들이 그들의
불평거리를 이용하여 문제를 일으킨다고 그는 또  말하였다. [109] 복건성
에 근무한 미국인 관리인 존 콜드웰의 보고에는 『백성들의 감정과 노기
는 폭발 직전의 상태에 있다』고 하였다. 『백성들의 불온한 마음은 부글
부글 끓고 있다』고 그는 경고하였다. [110] 국무성의  한  관리는 1943 년
중반 좀 점잖은 표현으로 농촌지역의 일반백성들 간에 『(국민당)의 권위
와 영향은 아마도 최하의 상태일 것』이라고 비슷하게 언급한 바 있다. [111]

## 3. 戰後期의 農民과 課稅부담과 革命

정치적으로 보아 국민정부에게 있어 전쟁의 대가는 농촌지역에서 비싸게 치러졌다. 과세부담, 징병, 부패가 정부에 대한 농민의 친화감을 말라붙게 하였다. 그러나 일단 저질러진 손실은 회복될 수 없는 것은 아니었다. 몇 년 동안 풍년이 들고, 평화가 회복되고, 효과적이고 부패 없는 행정이 행해지면 이런 것들로 해서 1942년 이후 농촌이 품고 있는 원한을 쉽게 풀 수도 있었을 것이다. 그러나 그렇게 되지가 못하였다. 일본과의 항전이 끝나자마자 공산군과의 내전이 발발하였다. 그리하여 전과 마찬가지로 기본적인 전쟁수행자원——인력, 돈, 곡식을 부담해야 했다. 그 결과 이전의 원한은 시들지 않았고, 농민은 1949년까지 시기의 변덕스러운 혁명적 혼합세력의 중요한 요소가 되었다. 그러나 이 시기 농민의 진정한 역할을 알게 되면 그것을 농민혁명이라고 안이하게 일반화할 수 없게 된다.

### 終戰 직후의 상황

전쟁과 더불어 굶주림과 죽음이 중국의 여러 省 특히 중부와 남부에 스며들었다. 1946년 봄 국제연합구제정착기구(UNRRA)의 추정에 의하면 3천300만 명이 영양불량상태에 있었는데, 그중 7백만 명은 아사(餓死) 직전의 상태에 었있다. [1] 호남성에서는 실제로 1만 명이 1946년의 8개월 동안에 굶어 죽었다. 전인구의 약 7%가 피난민이었다. [2] 1944년 일본군의 「1호작전」을 피해 피난나갔던 농민들은 1945년에 고향으로 돌아갔으나, 여름작물을 심기에는 너무 늦었거나 아니면 씨앗은 없어지고, 짐을 끌 소나 말, 돼지, 닭 등은 도살되었고, 농구의 금속부분은 없어졌으며, 집이나 온 마을이 완전히 불타 없어졌다.[3] 이로 인해 1945년 당시에 많은 땅이 경작이 되지 않았다. 실로 하남, 호남, 광동의 농경지 30~40퍼센트가 1946년 초까지 아직 채 경작되지 않고 있었다.[4] 뿐만 아니라 경작된 땅이라 하더라도 인력과 축력(畜力)이 모자라고, 비료가 부족하고, 전쟁 동안 일반적으로 소홀히 한 때문에 경작 능률은 제대로 나지 않았다. 예컨대 호남성에서는 1945년의 농업생산은 평년수준의 약 반밖에 안되었는데, 특히 호남성 남부에서는 4분의 1밖에 안되었다.[5] 국제연합구제정착기구의 자료에 나타난 기근지역의 상황은 암담하였다. 1946년 봄에 한 기근조사단은 호남성의 상황에 대해 다음과 같이 보고하고 있다.

> 형양(衡陽)과 영능(靈陵)을 통하는 길의 나루터나 적은 마을에 스무 명에서 쉰 명까지의 사람이 모여 걸식을 하고 있었다. 관심을 끌기 위해 그리고 먹을 것을 얻기 위해 그들은 무리를 지어 길에 서서 차량통행을 막아 서고, 차 위로 올라오고 차 안으로 들어왔다. …… 그럴 때마다 어린이들이 계속 울부짖으며 차에 꽉 붙어 있기 때문에 힘으로 그들을 차에서 떼놓아야 했다. 군중심리로 가득 차 있으므로 그들을 (강제) 해산시키려 하면 폭동 비슷하게 될 것이었다. 사실상 이 무리들의 모두가 조각난 더러운 누더기로 몸의 일부만 가리고 있었고, 어린 아이들의 대부분은 벌거벗고 있었으며, 그들의 몸은 종기와 병으로 덮여 있었다.[6]

기근지역에서 사람들은 갈대, 뿌리, 풀, 밀껍질, 쌀겨로 연명하였다.[7] 광서성의 11개 마을에 대한 한 조사를 보면 매일 평균 영양섭취는 419칼로리, 단백질은 16그램이었다.[8] 또한 질병이 전국에 번지고 있었는데, 학질에 가장 많이 걸려 있었다. 예를 들어 광서성의 모든 현에서는 전인구의 80퍼센트가 학질에 걸려 있었고 그중 21퍼센트는 심각한 상태였다.[9] 천연두, 콜레라, 디프테리아, 이질, 장질부사, 발진티푸스, 그밖에 이와 유사한 전염병에 걸린 사람들이 아주 많았다.[10] 의료시설이나 약은 사실상 없었으므로 사망률은 높았다. 특히 어린이들은 굶주림과 질병의 맹위에 약했다. 기근지역 대부분의 마을에서는 어린이, 특히 한 살 이하의 어린이를 보기가 힘들었다.[11] 약 3천 3백만 명이 당한 1945년 후반과 1946년 초의 중국의 기근은 아마도 종전 직후 시기 세계의 이와 유사한 경우중 가장 심각하고 광범위한 위기였을 것이다.

이 시기의 중국농민이 겪은 고난은 일본군 「1호작전」의 길목에 놓인 성들에서만 있었던 것이 아니다. 경제적 부조리가 있는 곳에는 어디든지 국민정부의 강제징수가 뒤따라 농민들의 고난은 참화로, 그들의 굶주림은 아사로 확대되어 갔던 것이다. 정부가 그러한 사태를 원한 것은 아니었다. 사실 일본군 점령하에서 지낸 사람들의 괴로움을 덜어주려고 1943년 9월 3일에는 전부면제책(田賦免除策)을 발표하였다. 그 내용은 일본군점령하의 24개성에서 전부〔강제차용, 현정부급에서의 공용양곡징수(公用糧穀徵收)를 포함하여〕 징수를 1945년에서 46년까지 1년간 면제한다는 것이었다. 그 다음해에는 그 나머지 성에서 전부가 면제되었다.[12]

전부면제책은 액면 그대로 보면 약은 정치적 조치로 볼 수 있다. 왜냐하면 그것으로써 다가오는 공산당과의 싸움에서 토지소유층의 지지를 얻는 데 도움이 될 것이기 때문이었다. 그러나 재정적으로는 결정적인 오산이 되고 말았다. 항일전(抗日戰) 승리 다음해의 현물조세징수는 그 전 해의 반 정도가 되었다. 그러나 군대나 정부의 양곡 수요는 그에 따라 줄어들기는커녕 일본군 점령지였던 지역으로 정권의 힘이 확대되어 가면서 사실은 더 증가하였던 것이다. 더우기 서부중국에서 이들 지역으로 대량의 양곡을 운송한다는 것은 실현성이 없는 일이었다. 그 결과 군대와 지방정부의 여러 단위는 그 지방에서 불법적인 강제징수를 멋대로 행함으로써 양곡 수요를 충당하였고, 그러한 행동은 불만을 넓게 확산하게 만들었다. 그러므로 수복지구의 농촌사람들로서는 국민정부 통치의 밝은 미래 약속에 대한 기대가 쉽게 사라져 버렸다.[13]

국민정부의 수복지구에서의 물자조달정책의 영향은 1946년 강소성(江蘇省) 정부가 내놓은 유별나게 솔직한 행정보고에서 볼 수 있다.[14]

항일전쟁중 강소성정부의 대부분 기구는 이웃 안휘성의 아직 점령당하지 않은 곳으로 옮겨갔다. 그러나 항일전 말기에 중앙정부는 해안지대에 미군이 상륙할 것으로 보았으므로 강소성정부 당국에게 강소성으로 돌아갈 것을 명령하였다. 그곳에서 지방행정을 비밀리에 회복하고 공산당에 앞서 수송망이나 그밖의 시설들을 장악하게 되어 있었다. 미군은 동부 중국에 대한 예상된 상륙작전을 감행하지는 않았으나 강소성정부의 간부들은 1945년 5월말까지에는 아직도 명목상으로는 일본군 점령하에 있는 강소성 내에서 공작거점을 확보하였다. 그들의 본고장에 돌아가기는 했으나 이들 성정부 간부들에게는 합법적인 수입원이 없었다. 그러므로 그들은 「차용(借用)」을 하였다. 항일전 승리 전 3～4개월 동안 그들은 69만원만을 빌려 썼다. 그러나 1945년 마지막 4개월 동안 전부면제정책 때문에 그들은 추가로 6억 8천 1백만원을 빌려야 했다. 1946년 1월에 중앙정부는 이 차용을 분명하게 금지하고 마침내 전부수입 대신 대여(貸與)와 보조금의 형식으로 성정부에 자금을 지원하기 시작하였다. 그러나 강소성정부에서 받은 금액은 강소성의 전전(戰前) 수입액의 일부에 불과하였다. 따라서(성정부의 보고에 의하면) 『현이나 시의 재정은 있을 수 없는 상태로 되고 말았다.』[15] 이로 인해 성정부 당국은 강제차용을 계속하여 1946년에 14억원을 징수하였다.[16] 같은 기간에 강소성의 모든 현(縣)정부나 시(市)정부는 많은 잡부를 징수하였다. 그것들은 여전히 불법적인 것이었다. 그것들은 또한 부담스러운 것이었다. 강소성 당국자의 표현을 빌리면 『이것들만큼 상인을 고통스럽게 만들고 백성들을 압박하는 것은 없었다.』[17]

강소성 사람들은 점차 증가해 가는 많은 수의 군부대를 먹여야 했다. 일본군의 무장해제를 하기 위해, 그리고 증강되는 공산군의 위협에 대처하기 위해 국민정부군이 강소성으로 밀어닥쳤다. 1946년 5월까지 강소성의 북부에만도 약 70만의 군대가 주둔하고 있었다.[18] 처음에는 이 군대들이 필수품을 주민들에게서 직접 구매하였다. 그러나 1945년 12월에 민간인으로 구성된 각 현의 군량조달서(軍糧調達署)가 만들어지면서 합리화되었다. 중앙정부가 준 자금을 가지고 그들은 군대를 위해 곡식을 구매하거나 거두거나 하였다. [19] 공식보고에 의하면, 처음에는 기대 이상의 협력을 얻을 수 있었다. 사람들은 자원하여 곡식을 수송해 주기까지 하였다. 그러나 얼마 안 있어 시중의 쌀값이 뛰었고, 흔히 그러하였듯이 정부는 시가의 조금밖에 주지 않게 되었다. 강소성의 보고에는 군량조달서가 실제로 정확하게 얼마를 지불했는가는 밝혀지지 않고 있으나 많은 성에서 시가의 20〜30퍼센트밖에 지불하지 않았었다. [20] 군량(軍糧)값을 그렇게 적게 지불하는 공식적인 이유는 그렇게 하는 것이 투기나 사재기를 진정시킨다는 것이었다. 그러나 서감(徐堪) 부장은 이러한 상황 아래서는 『사람들이 정부에 쌀을 팔지 않으려 하는 것이 당연하다』고 인정한 바 있다. [21]

정부의 강제징수는 이미 강소 사람들이 갖고 있는 모든 것을 빼앗아 갈 정도로까지 되어 갔고 정권에 대한 사람들의 반감은 확대되어 갔다. 1946년 6월에 성과 현의 지방의회는 중앙정부에 대해 군량조달을 중지해 주도록 호소하였다. 그들의 요청은 받아들여졌다. 그러나 이때 강소성 북부에서의 공산군과의 싸움은 가열화해 가고 있었고, 그 결과 군량의 필요는 더욱 절실하게 되었다. 이에 따라 7월에 성의회(省議會)는 1946년〜47년의 전부를 미리 거둠으로써 30만 시석(市石)의 쌀을 만들어냈다. 이 새로운 양곡공출요구는 사태를 폭발점으로까지 몰고 갔다. 현의회의 의원들은 『백성들은 가난에 쪼들리고 있고 그들의 힘은 아직 소생되지 않았다』고 말하였다. 그러나 그들은 『군량미는 지체없이 징수되어야 한다』는 것을 인정하였으므로 그들은 전부를 미리 걷는 방안을 승인하였던 것이다. 실제로 7, 8, 9월에 징수된 것은 부과액의 60퍼센트에 미치지 못하였다. 공식보고에는 『그 이유는 햇곡이 나오기 직전이어서 양곡이 매우 적었다. 이것이 실정이다』라고 되어 있다. [22]

1940년 중반기에 강소성에서 군대에게 양식을 공급하려고 애쓰고 있을 때 다른 몇몇 성에서의 정부의 강제징수는 마찬가지로 억압적이었다. 예컨대 하남(河南)은 항일전중 말할 수 없는 괴로움을 당하였다.

황하(黃河)가 여러 번 범람하였고, 1942～43 년에 악몽 같은 기근이 있었으며, 1944 년에는 111 개 현중 109 현이 일본군에게 점령당하였고, 일본군의 「1 호작전」 때 성의 서부가 끔찍스러울 정도로 피폐하였는데, 이 모든 것들이 전후(戰後)의 하남성을 지칠 대로 지치게 만들었다. 낮게 추정해도 적어도 200 만 명이 식량원조를 「아주 절실하게」(국제연합구제정착기구는 이 표현에서 두 달 또는 석 달 안에 식량원조가 제공되지 않으면 굶어 죽을 정도를 의미하였다) 필요로 하였다. [23] 그런데 근 100 만의 정규군, 수가 확실치 않은 민병, 게릴라부대, 비정규군, 약 8만 명의 일본군 포로, 그리고 5～6 만 마리의 군마(軍馬)가 성 내에 있었으며 그들을 먹여야 했다. [24] 운송수단이 취약상태에 있었기 때문에 모든 식량, 연료, 사료는 현지조달을 해야 했다. 중앙정부는 부담을 공평하게 나누어 갖게 하고자 황하의 범람과 「1 호작전」 때문에 극도로 피폐한 지역 대신 비교적 여유가 있는 동부에서 대부분 징발하였다. 그러나 군사상의 필요는 지역적 구분을 불가능하게 하였다. 국제연합구제정착기구의 공식기술에 의하면 군대를 위한 정부의 식량징발은 『흔히 중국구제정착기구와 국제연합구제정착기구가 구제식량을 보내고 있는 지역에서 행하여졌다… 중국구제정착기구와 국제연합구제정착기구가 행정원을 통해 식량부족지역에서의 징발을 중지하라고 되풀이해서 요청했으나 소용이 없었다』[25]고 한다. 어떤 경우에는 국제연합구제정착기구가 공급한 구제양곡을 군대가 가로채 갔다. [26] 따라서 1946 년 3월에 정치협상회의(政治協商會議)에서 정부의 군량징발정책이 기근의 원인이라고 비난한 것은 단순한 정치적인 언사만은 아니었던 것이라 할 수 있다. [27]

## 內戰時期

그 뒤의 3 년간 즉, 1946 년 하반기에서 1949 년 공산군의 승리까지 농촌에서의 상황은 분명 더 악화되어 경제적인 약체화뿐 아니라 사회적, 정치적 혼란까지 불러일으켰다. 그러나 중국은 상반되는 현상이 많은 나라이다. 여러 지방으로부터의 수많은 보고에 황폐, 고난, 불안정 등이 기록될 경우 그것들이 어느 정도까지 농촌실정을 표현한 것인지는 일반적으로 논의의 여지가 있는 것이다.

밝은 측면을 보면, 비록 하남성, 호북성, 호남성이 비교적 수확량이 줄긴 하였으나 기후가 좋았던 것과 중국 농민의 그 놀라운 탄력 때문에 1946년의 추수는 각별히 좋았다.[28] 만약 국민정부측의 자료가 믿을 만한 것이라면 1947년과 1948년의 농업생산은 상당한 정도로 더 증가하였다(표 4 참조). 그러나 농업생산은 전국적인 전체 수요에 미달하였고 특히 도시민의 사활이 걸린 식량보충은 수입을 통해서나 얻을 수 있었다.[29] 하지만 1945년 말~1946년 초에 걸친 겨울 동안 기근을 걱정할 필요는 없었다.

그러나 여러 가지 경제적, 정치적 요인들 때문에 농촌에서 새봄을 즐길 수가 없었다. 이제 걷잡을 수 없게 치솟은 인플레는 농민에게 불리하게 작용하였다. 도시에서는 천정 모르고 치솟는 곡물값에 대해 항의하였지만 쌀과 보리의 값은 실에 있어서는 실질값으로는 전전(戰前)보다 더 낮았던 것이다.[30] 1946년과 1947년에 걸친 식량가격은 물품가격지표로써 보면 다른 주요 물품의 값보다는 천천히 올랐으니, 이는 대체로 외국에서 상당한 양을 수입했기 때문이다.[31] 더우기 전쟁으로 형편없이 파괴된 운송계통은 공산당의 태업(怠業)으로 항시 방해받았고, 어떤 열차나 트럭의 운행보다 군사운송이 우선권을 갖고 있었다. 그 결과 양곡 수송비용은 소비자 가격에 엄청나게 부가되었고, 농민들은 시장가격변동의 이익을 전부 받지 못하였다. 이는 식량가격의 지역적 불균형에 전적으로 표현되고 있다. 예컨대 1947년 5월 상해의 쌀값은 1시석에 30만원이 넘었는데, 한구(漢口)에서는 17만원밖에 안했고 중경에서는 단지 7만 2천원밖에 안했다.[32] 동시에 피복, 도구, 종자, 비료 그리고 그밖의 농민필수품의 값은 급격하게 등귀하였다.[33] 군복무, 병역기피, 보다 낫게 살고자 도시로 이주하는 등의 이유로 해서 특히 노동력 있는 나이의 남자가 모자랐기 때문에 농촌 품값은 비싸게 되었다.[34] 이로 인해

생산비의 상승은 농민의 이익을 좀먹어 들어간·것이다. [35]

<표 4>   국민정부치하 22개 省에서의 식량생산, 1946~49

〔단위 ; 100만市石〕

| 연    도 | 미    곡 | | 소    맥 | | 총    생    산 | |
|---|---|---|---|---|---|---|
| | 양 | 지  수 | 양 | 지  수 | 양 | 지  수 |
| 1931~37<br>(평균) | 911.9 | 100 | 434.9 | 100 | 2,783.8 | 100 |
| 1946 | 861.3 | 94.4 | 454.7 | 105.0 | 2,785.5 | 100.1 |
| 1947 | 873.7 | 95.8 | 472.9 | 108.8 | 2,773.1 | 99.6 |
| 1948 | 〔876.4〕 | 96.1 | 〔479.6〕 | 110.3 | | |
| 1949 | 〔810.7〕 | 88.9 | 〔450.1〕 | 103.5 | | |

<출전>   1931~37년 평균수치는 《China Handbook》 1939~1945,  p.433. 1946년, 1947년의 수치는 《China Handbook》, 1950,  pp.538~39, 543, 545. 1948년, 1949년의 수치는 Chou Shun-hsin 《The Chinese Inflation, 1937~1949》, New York, 1963, p.93, 괄호 안의 수치는 Chou Shun-hsin이 제시한 지수를 가지고 보외(補外)한 것임.

식량용이 아닌 농작물의 시장수요도 전전보다 현저하게 줄어들었다. 플라스틱 제품을 쓰게 됨에 따라 외국에서의 돈모(豚毛) 수요가 줄어들었고, 여자용 양말을 나일론으로 만들게 됨으로써 오랫동안 중국의 주된 수출품이었던 생사(生絲)를 대신하게 되었다. 또한 전쟁 동안에 인도와 실론이 세계의 주된 차공급자로서의 중국의 위치를 대신 차지했다. 따라서 이들 상품의 생산과 수출이 전전 수준보다 현저하게 멸어졌다. 1946년의 생사수출은 1936년의 수출량의 8분의 1밖에 안되었고 차는 9분의 1, 돈모는 2분의 1, 동유(桐油)는 4분의 1밖에 안되었다. [36]

이와는 대조되게 중국 방직공장에서의 원면(原綿)에 대한 수요는 꾸준하였다. 그러나 1946~48년의 원면생산은 전전 수준의 66퍼센트 이상으로 오르지를 못하였는데 이는 호북, 하북(河北), 산동, 강소 북부의 주된 면화(綿花) 생산지가 내전으로 가장 큰 타격을 받았기 때문이다.

중국 북부지방의 교통망 피해는 사태를 더욱 복잡하게 만들었다. 그 때문에 중요한 중국의 방직공업은 국산면화 아닌 미국, 인도, 이집트의

원면에 의지해야 했다. [37]

　이같은 몇 가지 경제적 요인이 농촌에 상당한 어려움을 가져왔지만 농민의 가장 심각한 원한은 정부의 강제징수, 하급관리의 부패, 징병 때문이었다. 운남과 귀주의 감찰원 특별파견원은 1947년에 『농촌의 빈궁은 극도에 다달았으며…… 전부(田賦)보다 더 고통을 주는 것은 없다』고 했다. [39] 1947년 7월에 개최된 전국전량회의(全國田糧會議) 참석자들도 마찬가지로 이 문제에 대한 관심을 표명하였다. 중앙정부나 지방정부에서 참석한 고위관리들은 결론짓기를 전부의 모든 체계가 골치아프게 되고 불공평하게 된 것은 할당량이 지나치게 무겁기 때문이 아니라, 징수체계 운용의 결함 때문이라고 하였다. 장개석은 이 회의의 개회사에서 『이제 모든 省의 부유한 집(大戶)은 보통 양곡부과를 내지 않는다』고 함으로써 이 비판에 동조하고 있다. [39] 감찰원의 몇몇 위원들은 이 회의에서 그같은 불평에 대해 좀더 상세하게 말하기를 『(전부를) 조금밖에 안 내는 것은 부유한 대지주와 세력 있는 집안인 데 비해 (전부의) 많은 양을 내는 것은 의례껏 소지주인 중하층(中下層), 자작농(自作農), 자작 겸 소작농(自作兼小作農)이다』라고 하였다. [40] 관영(官營)《中央日報》는 이 전량회의에 대해 논평하기를, 부유한 지주는 지방관리와 한통속이 되어 『징수부담을 불쌍하고 호소할 데 없는 대중들에게 떠넘긴다. 일반 민중의 대부분은 법에 대해 알지 못하니, 그들이 어떻게 하급관리들의 부당한 요구에 대항할 수 있겠는가?』라고 하였다. [41]

　회의참석자들은 전부 그 자체는 농민부담의 일부분일 뿐임을 인정하였다. 그들은 군사용 공급과 현정부의 경비가 잡부(雜賦)의 형식으로 충당된다고 보았다. 이런 일들은 관례적으로 결코 그들의 행동에 공개적으로 책임을 지지 않는 보갑장(保甲長)이 맡아 처리하였기 때문에 「폐단은 끊이지 않았던」 것이다. [42] 회의참석자에 따르면 세량(稅糧)의 운송도 납부자의 큰 부담이 되었다. [43] 이 회의에서 토의의 바탕이 되었던 것은 농민들이 반란 직전의 상태에 있다는 데 대한 걱정이었다. 그러므로 회의참석자들은 양곡의 강제차용을 계속하겠다는 정부의 제안에 대해 경고하였다. 불과 4개월 전에 정부당국자는 이 방책의 중단을 공표했었다. 만약 그 결정이 이제 뒤집어진다면 농민들의 반대가 광범위해질 것이었다. 한 참가자는 말하기를 『농민들이 감당할 수 있는 최고의 한도를 초과한 것이 될 것이다』라고 하였다.[44]

그러나 1947년 당시의 중앙정부는 농민의 부담을 경감할 수가 없었다. 행정원장(行政院長 : 國務總理) 장군(張群)에 따르면 군대와 정부가 다 같이 심각한 양곡부족을 겪고 있었다. 그러므로 양곡의 강제차용은 중단할 수가 없었다.[45] 중앙정부는 양곡강제차용제를 부활시켰을 뿐 아니라, 공산군과의 전투가 계속되면서 양곡의 수요는 더 급박해져 갔다. 1948년에는 중앙정부가 마침내 전부(田賦) 세율을 올리고 말았다.[46] 그러나 이때가 되면 시골에서 자원을 강제징수할 수 있는 능력이 현저하게 감소해 갔다. 공산당의 영향력이 확산됨에 따라 국민정부의 권위가 행사되는 지역은 줄어들어 간 것이다. 형식상으로는 국민정부의 지배하에 있는 마을에서조차도 효과적인 정치적 통제는 사실상 쇠퇴하였고 행정의 능률은 필시 거의 막다른 최하의 상태에 있었을 것이다. 그러므로 1948년에 중앙정부가 거두어 들인 곡물의 실제 양은 1941년 이래 가장 적었다(제 2 장 표 3 참조). 비록 정확한 수치를 구할 수는 없지만 국민생산에 대한 조세징수도 또한 아마도 현물납세제를 채택한 이래 가장 적었을 것이다.

정부가 전부징수에 순응하도록 할 수 없게 된 것은 농민들이 정부당국을 어렵게 보지 않게 된 한 예증(例證)에 불과하였다. 소작인은 그들대로 소작료를 안 내었으니, 어떤 보고를 보면 지주들이(연합하여) 힘으로 소작료를 징수하는 소작료징수기구를 만들었다고 한다(이 경우 대개는 정부당국자와 협조하였다). 많지는 않으나 어떤 곳에서는 소작인들이 수천명이 그같은 강제방법에 항의하는 소동을 일으킨 경우들도 있었다.[47]

그러나 정부시책중 징병보다 더 농민들을 괴롭힌 것은 없다. 이 징병제도는 인플레에 시달리는 병사담당관리와 사사로운 이익을 노리는 보갑장에 의해 운용되었는데, 이는 형편없이 부패하였고, 불공평하였고,

잔인하였다. 농민들은 병역을 지극히 두려워하였으므로 병사관계관들이 마을로 온다는 소리를 들으면 집에서 도망을 갔다. 그러므로 1948년에 가서는 병사관계관은 보통 청년이나 소년들이 잠들고 있는 밤에 마을로 와서 일을 보았다. 뇌물을 줄 돈이 있는 사람은 빠져나올 수 있었고, 그렇지 않은 사람은 공산군과 「싸우기」 위해 끌려갔다. [48] 대리입영자를 돈으로 사는 일은 병사를 실제로 대신하거나 또는 적어도 수자를 맞춰 놓기 위해 항용 사용되었다. [49] 징병제도 자체가 사기를 떨어뜨렸고, 농민의 생계를 어렵게 만들었다. 징병제도로 인해 동원된 병사는 공산군과 싸울 의지를 결여하였을 뿐 아니라 그들이 소속하고 있는 군대를 원망하게 되었다. [50]

1947년 말에서 1948년에 걸쳐, 농촌사회의 구조 자체가 해체되어 갔다. 정치적 통제의 약화와 경제적 상태의 악화의 전통적 표시인 「떼지어 도적질을 하는 행위」가 많아졌다. [51] 인플레로 화폐신용이 거의 없어지게 되었으므로 물물교환──토지매매, 신부를 데려오면서 치르는 값, 소나 가구값 같은 경우──이 행해졌다. [52] 더우기 돈을 갖고 있는 농촌 사람들은, 도시에 사는 사람들이 그러하듯 예전보다 더 술을 마시고 매춘부를 찾거나 도박을 하여 재빨리 소비하였다. [53] 사회적, 정치적 혼란이 증가되고 촌락에서의 신체의 안전이 점점 더 걱정되게 되자, 지주들은 농촌을 떠나 비교적 안전한 성벽에 둘러싸인 소읍(小邑)이나 대도시로 빠져나갔다. ──이 경우 대개는 그들의 재산을 보호하고 소작인들로부터 소작료를 징수하기 위해 마을 깡패에게 부탁을 하였다. [54] 일반 농민들도 또한 농토를 버리고 도시로 가서 굶주림에 찌들린 유민에 끼어 많은 사람이 도시의 골목이나 큰길에서 죽어갔다. 정부측 자료에 의하면 1948년에 1천만 명이 굶주림의 위기에 처해 있었고, 4천 8백만 명──중국인 10명중 4명꼴──이 피난민이었다. [55] 궁핍의 극도에 달한 사람은 아내나 딸을 팔았다고 하는데 1946년에 절강성에서 15~6세의 소녀의 값은 꼭 쌀 2내지 3파운드 정도에 해당되는 4천원이었다고 한다. 그렇지도 못한 사람은 약을 먹고 자살하거나, 혼자서 혹은 가족을 데리고 우물에 빠져 죽거나 하였다고 한다.[56] 이같은 비참한 사례의 이야기에는 과장도 있을 것이고, 조작도 있을 것이다. 그러나 전후의 시기에 중국 농촌의 대부분이 끔찍스러운 상태에 놓여 있었음을 의심할 근거란 없다.

## 土地改革의 제의

국민정부의 전면붕괴 전야인 1948년에 가서야 겨우 농촌실정의 위태로움과 중대함을 국민정부 지배영역 내의 지도급인사들이 갑자기 깨닫게 된 것은 얄궂은——아니 슬프고 비극적이기도 한——일이었다. 한 사람이 죽어 가면서야 잘못 보낸 지난날의 과오를 깨닫듯이 농민문제를 경시한 것이 잘못이라는 것을 그들이 이제 깨닫게 된 것이다. 그리하여 막바지에 가서야 그들은 어떻게 지주의 착취를 없앨 것인가, 어떻게 소작제를 고칠 것인가를 공산군 반란의 위기모면책으로써 열띠게 토론하였던 것이다.

그러나 국민당의 지도자들은 근 50년 동안이나 농업문제 개혁을 주장해 왔었기 때문에 이 문제는 역사적으로 전망하지 않으면 안된다. 「토지소유의 균등화〔平均地權〕」, 「경작자에게 토지를 줄 것〔耕者有其田〕」은 손문(孫文)의 혁명방안의 기본이었다. 성립한 지 얼마 안되는 국민정부는 1930년에 「토지법(土地法)」을 공포하였는데, 그것은 공산당이 신민주주의(新民主主義) 시기에 거의 그대로 그 법을 받아들여 시행할 정도로 진보적이고 실제적인 것이었다. 그것은 또한 1950년대 초 대만에서 토지개혁의 모범이 되기도 하였다. 그러나 국민정부는 대륙을 지배하고 있는 거의 전시기 동안 그 법에서 농민에게 약속한 것을 거의 실행하지 않았었다. 1946년에 장개석이 인정한 바와 같이 토지개혁은 「행정적인 추진〔력〕이 약했기」 때문에 실시되지 못하였다.[57] 장개석 자신은 그렇다고 하지 않고 있으나 그 추진〔력〕이 약했던 것은 그 자신이 농촌문제의 비중을 언제나 낮게 잡고 있었기 때문이었다.

그렇기는 하나 국민당 안에는 국민당의 토지개혁 방안을 시행하려 **한**

사람들이 언제나 얼마는 있어 왔다.[58] 예를 들자면 1945년 5월 국민당 제6차 전당대회에서 당내 한떼의 젊은 「급진파」들은 모든 농토는 경작자에게 돌아가야 하고 지주제는 종식되어야 한다는 것을 호소하는 내용을 당의 결의문에 반영시키는 데 성공하고 있다. 또한 전쟁이 끝나자마자 정부는 모든 소작료는 23퍼센트로 내리라고 명령하였다. 이 모든 선의의 주장은 쓸모없는 것이 되고 말았다. CC계와 손잡은 보수파의 반대 때문에 1947년 3월의 중앙집행위원회는 즉시 토지를 재분배한다는 당의 정강을 포기하고, 그 대신 보다 온건한 개혁안을 채택하였다.[59] 토지개혁에 대한 반대는 지방에서는 더 심하였다. 예를 들자면 호남성에서는 개혁 경향이 있는 한 사람이 암살된 일이 있다. 그리고 모든 곳에서 지주들은 소작료를 감액하거나 그 밖에 그들의 특권을 침해할지도 모를 시도를 좌절케 하였다.[60] 그러므로 전쟁이 끝난 2년 후 타성적이고도 방해적인 태도 때문에 국민당은 농업정책의 개혁을 그들이 이루겠다고 표명한 대로 했다고 볼 만한 것이 없었다.

그러나 1948년에 가서 공산군의 「반란」은 공세를 취하기에 이르렀다. 일종의 절망감이 짙어지면서 국민당 진영의 많은 사람들은 무지몽매한 농민이 그들 자신의 정부의 쇠약과 공산당의 활력에 근본적으로 관련되었다는 사실을 갑자기 깨닫게 되었다. 이에 농촌문제 개혁이 각별히 중요하고도 새로운 긴급과제로 등장하게 되었다. 신문, 잡지나 여러 가지 사회적 모임에서 전문가들이 이 문제를 토론하였고 그들 모두가 농촌의 위기 해결책을 제시하였다. 입법원(立法院)에서는 7월부터 농업문제에 관한 주된 토의를 시작하였다. 1948년 9월에 86명의 입법원위원이 소작제를 폐지하고 모든 농민이 토지를 소유하게 되는 법안을 제안하였다. 이 법안의 제안자들은 토지문제가 매우 심각해져 「모든 불행한 일의 근원이며 국가존망의 열쇠」가 되었다고 설명하였다. 지주제를 없앰으로써 『음흉한 비적〔공산당〕들은 질서문란을 할 수 없게 되고 반란의 원인은 근절될 수 있다』고 하였다.[61]

정부의 행정기구 안에서도 정치적 공황에서 연유한 토지개혁에 대한 관심이 생겨 농민들의 환심을 사기 위해 마련된 일련의 조치들을 발표하기에 이르렀다. 첫째로, 평정지역——즉, 공산군에게서 회복한 지역이나 공산군이 장악한 근거지와 가까운 곳을 의미한다——에서는 소작료는 3분의 1로 감액되어야 한다고 중앙정부는 명령하였다. 또한 지주소유지를 사들여 그것을 경작자에게 분배하는 계획도 마련하였다. [62] 다음으로 정부는 전국토지행정처(全國土地行政處)에 대해 농촌의 모든 토지를 국유화할 방안을 마련하도록 명령하였다. 이렇게 하여 지주제도는 마침내는 없어지게 될 것이었다. 군대의 기관지인 《화평일보》(和平日報)는 1948년 9월에 『정부는 이같은 조치를 수행하기로 확실히 작정하고 있다』고 보도하였다. [63] 또한 몇 개의 성정부(省政府)——만주에서 광동까지——도 1948년 중기에 연이어 급히 소작료 감액과 그밖의 농촌개혁방안을 공표하고 있다. [64]

지주제를 비난하는 이같은 방안이나 제의가 격렬한 논쟁을 일으킨 것은 어쩔 수 없는 일이었다. 어떤 반대론자들은 개혁주창자들이 공산당이 마련한 함정에 빠진 것이라고 열떠게 비난하였다. 또 다른 반대자들은 완곡하게 비난하기를, 손문이 경작자가 토지를 가져야 한다고 주장한 것은 사실이지만 비경자(非耕者)가 토지를 가져서는 안된다고 주장한 것은 아니라고 하였다. [65] 보다 책임 있는 비판자인 중국농민연합장(中國農民聯合長)인 동시진(董時進)은 중국 농촌문제의 위기는 결코 지주제가 아니라 원시적인 생산방법, 정치적 불안, 수탈적인 과세, 자연재해, 과잉인구 등으로 인한 농촌빈곤화의 일반적인 과정 때문에 생긴 것이라고 하였다. [66]

국민당정권 전체가 1948년 후반기에 몰락하기 시작하는데 입법원은 아무 성과도 없이 계속 이 문제를 토론하고 있었다. 그밖의 여러 가지 정부행정의 개혁도 마찬가지로 열매를 맺지 못하였으니, 개혁의지가 정말 있었다 하더라도 때가 이미 늦어서 혁명적 조류를 거스를 수가 없게 되었던 것이다. [67] 국민정부의 농촌개혁운동자들이 거둔 지속적인 한 성과는 1948년에 만들어진 중미합동농촌부흥회(中美合同農村復興會)였으니

이것이 그 뒤 대만에서의 농촌부흥에 주도적인 역할을 하였던 것이다. [68]

## 革命에 있어서의 농민의 역할

프랑스혁명, 소련혁명에서는 농민들이 대거 들고 일어나 폭력으로 지주들의 권력, 재산, 권위를 공격하였다. 이들 행동은 이 두 혁명에 있어서 다같이 지도자가 없는 자발적인 반란이었으며, 도시의 반정부음모자들조차도 두려워하였다. 또한 양쪽 다같이 농민의 봉기는 정치적 반항을 사회적인 급진운동으로 만드는 데 상당히 크게 작용하였다. 그것들이 없었더라면 갓 일어난 혁명은 정치적, 제도적 개혁단계에서 시들어버렸을 것이다. [69]

1949 년의 중국혁명은 현대 농민혁명에 고전적인 예로 간주되고 있기는 하나 농민의 역할은 프랑스나 러시아에서의 경우와는 크게 다르다. 중국의 경우 농민의 불만은 분명히 깊은 것이었고 그것이 폭동, 전국적인 비적질 그리고 농촌으로부터의 도피 등으로 나타난 것은 사실이다. 그러나 중국에서의 농민의 반란은 유럽혁명의 경우 농민이 한 것처럼 그 자체로서 농촌의 사회경제적 질서를 뒤엎을 만하지를 못했다. 실로 중국의 농민들은 공산당의 군사적 정치적 힘 아래서 그것들이 옛 엘리트들로부터의 보복을 막아주겠다고 보장하거나, 또는 공산당이 선전이나 개혁의 성과를 가지고 옛 질서하에서 알고 있는 생활보다 더 나을 것이라는 전망을 주기까지는 기존 사회경제제도를 직접 공격하는 일이 거의 없었다. 달리 말하면 공산당의 지도, 조직, 선동, 보호가 농촌에서의 사회적 경제적 제도에 대한 농민의 직접 공격보다 선행하는 것이 보통이었던 것이다.

그렇기는 하나 국민당 통치구역에서조차 1949 년의 혁명적인 결과에 대한 농민의 공헌은 실질적인 것이었으니, 어쩌면 결정적이라고 할 수도 있다. 그러나 그것은 간접적인 것이었다. 무엇보다 뚜렷한 그들의 공헌은 국민정부가 곡물, 돈, 인력을 갖지 못하게 한 것이었다. 예컨대

국민당의 전후의 통치구역이 명목상으로는 가장 넓었던 1947년에 중앙
정부가 거두어들인 곡식은 종합전부의 방법을 써서 3천 8백만 석밖에
되지 못하였다. 이는 국민당의 통치가 서쪽 오지의 몇 성에 한정되어
있었던 1942년에 거두어들인 양의 57퍼센트에 해당하였으니, 이는 정부
가 필요로 하는 양에 훨씬 미치지 못하였다. 정부의 양곡징수도 마찬가
지로 목표액에 미달하였다. 공식자료에 따르면 1946년에 정부는 종합
전부 징수목표의 78퍼센트밖에 수집하지 못한 것으로 되어 있고, 1947
년에는 65퍼센트밖에 안되었는데, 1942년의 104퍼센트와 큰 대조가
된다(제 2장의 표 3을 볼 것). 그러나 이들 공식통계조차도 목표에 비
해 수집량을 과장한 것이었으니 원래의 목표량은 훨씬 많은 것이었기
때문이다. 예컨대 1946년에 본래의 목표량은 9천 9백만 석(田賦 몫으로
7천 2백 60만 석, 강제차용 몫으로 2천 6백 40만 석)이었는데, 나중에 5천
4백만 석으로 목표량을 낮춰 잡았던 것이다. 또한 1947년에도 목표량
은 8천만 석에서 5천 9백만 석으로 낮추었다. 뒤에 낮춘 목표량이 아
니라, 처음 목표량과 대비해 본다면 1946년과 1947년의 양곡징수율은
각각 43퍼센트와 48퍼센트밖에 안되는 것이다.[70] 1948년과 1949년의
전부징수량은 입수할 수 없는 것이 아쉽지만 통치영역이 축소되어 가고
정치적, 경제적 상황이 더욱더 불안해가고 있었으니, 실제 양곡징수량
은 아마도 훨씬 줄어들었을 것이다.

　전국의 양곡자원을 동원할 수 있는 정부의 능력이 약화되어 갔다는
것은 정부의 약체화의 징표였으며, 국민정부 몰락의 궁극적 원인을 이
룬 재정적 파탄의 중요한 요인이었다. 혁명과정에 대해 깊은 통찰을 하
고 있는 해리 에크슈타인이 지적한 것처럼 어떤 혁명이든 정부 기능상
의 결함, 특히 재정면에서의 기능상의 결함이 선행하는 것인데, 이는 아
마도 「정부의 모든 기능을 수행할 능력이 재정면에서 침해되기」 때문일
것이다.[71]

　전국의 양곡과 그밖의 자원을 동원하지 못한 이 기능상의 결함은 확
실히 국민정부에게는 참담한 결과를 안겨주었으니, 대일항전(對日抗戰)

이나 전후의 국공내전(國共內戰) 동안 농촌이 재정수입구조의 중심된 기둥노릇을 했기 때문에 특히 그러하였다. [72] 1948년에는 국민정부 세출의 21퍼센트만이 징세로 충당되었으며 11퍼센트는 공유재산의 매각, 정부기업의 수익, 공채판매로 충당되었다. 그 나머지 68퍼센트는 보증이 되지 않는 새 통화를 발행함으로써 충당하였다. 이는 치명적이었던 물가폭등의 주된 원인의 되었다. [73]

재정적인 실패는 또한 군대의 전투력에 직접적으로 영향을 주었다. 양식공급이 원활하지 못함으로써 병사는 허기지거나, 모자라는 배급으로 연명하거나, 현지 징발하거나 해야 했다. 1947년 가을 화북지방의 한 공식 조사보고에 의하면 군대의 전의가 저하되고 군민간의 관계가 좋지 않은 것은 이러한 요인들 때문이었다고 한다. [74] 촌락 단위의 불만이 점점 커져 군대의 사기도 손상되었다. 국민당과 줄이 닿고 있는 상해의 신문 《전선일보(戰線日報)》가 1948년에 결론내린 바에 따르면 군대의 사기는 『근본적으로 민간인들의 사기의 문제이므로 만약 민간인의 사기가 낮으면 그것이 곧 군대에 영향을 주게 된다』는 것이었다. [75]

공산당의 선전요원들은 농촌의 상황이 악화되어감으로써 국민정부군 병사의 전의상실이 서로 관련된다는 것을 잘 알고 있었다. 그러므로 그들은 (국민)정부의 양곡강제징발이 농민의 양곡을 모조리 빼앗아가 버리고, 그리하여 농민들이 굶주림에 항거하여 들고 일어난다는 내용을 담은 선전책자를 상대편에 마구 뿌려댔다. [76] 병사들의 사기와 농촌의 실상과의 관계는 문서로 기록되어지기는 어려운 것이기는 하나——예컨대 고향의 실상에 관한 얘기가 전선에 있는 병사들에게 어떻게 전달되었는가 분명히 알 수는 없다. 왜냐하면 병사에게 편지를 쓰는 경우란 드문 일이기 때문이다——1947년에 전선에서 돌아온 군당국자가 정부의 농촌정책이 개선되지 않고서는 효과적인 동원이 불가능할 것이라고 주장하고 있는 것은 의미심장한 일인 것이다. [77] 병사들이 그들의 고향에서의 굶주림과 불만을 알게 되면 과연 목숨을 내걸 만한 일을 위해 싸우는가를 의심하게 될 것이라는 것은 충분히 있을 수 있는 일일 것이다.

끝으로, 농촌에서의 국민당의 실패——국민당정권이 토지, 안전, 삭량을 농민에게 약속하지 못한 일——로 인해 농민이 정부에 대해 갖고 있던 신뢰를 현저히 감소시켰다. 말하자면 국민정부는 정통성을 잃어가고 있었던 것이다. 과중하고 대부분 불공평한 물자징발, 부패 그리고 대부분의 관리들이 소작인보다 지주편을 들어주는 편파적인 태도[78]——이 모든 것들이 전통적으로 올바른 행동에만 부여되어 왔던 정부의 권위와 사회적 가치를 무너뜨렸던 것이다. 그 결과 농민들이 조세징수관을 피하고, 징병관을 피해도 아마도 마을 사람들로부터 전혀 또는 별로 비난을 안 받았을 것이다. 심한 경우에는 그들은 비적떼가 되어 농촌을 더욱 불안정하게 만들거나, 생산을 줄이거나, 이미 엉망이된 국민정부의 행정에 더 무거운 부담을 안겨주었다.

그러므로 공산군과의 내전시기에 국민당 치하에서 농민은 1789년에 프랑스 농민이 한 것처럼 구질서를 광범위하게 공격하고자 들고 일어나지는 않았다. 그러나 중요하고도 간접적인 방법으로 농민들은 정부에 대한 지지를 유보하였던 것이다. 이와는 대조적으로 공산당 치하에서는 비록 대부분의 농민들이 기본적으로는 정치에 무관심하였을 터였지만 그들은 그 반란정권에 곧잘 협력하였다. 어떤 사람들, 특히 젊은이들은 적극적으로 공산당을 지지하였다. 그 결과 차이가 나는 압력이 가해졌으니, 국민당편에는 압력(또는 지지)이 거의 없었고, 공산당편에는 얼마간의 압력(지지)이 있었던 것이다. 공산당편에 기운 부분적인 정치적 공백이 이렇게 해서 생긴 것이다.

이 장과 그 앞 장에서 살펴본 요인들을 보면 국민정부가 농촌지역 사람들의 대부분으로부터 지지와 협력을 얻어내지 못한 것은 국민정부의 생존능력에 심각한 영향을 주었고 1949년의 정치적, 군사적 끝장에 매우 중대한 영향을 끼쳤음을 분명히 알 수 있는 것이다. 농촌에 행해지고 있던 당시의 정책에 대신할 방안이 있었다는 것은 1948년에 국민당 당국자들이 토지개혁에 대해 깊은 관심을 가졌었다는 것으로써 알 수 있다. 물론, 그때는 너무 늦었다. 그러나 만약 국민당이 그러한 개혁을

그들이 집권하고 나서 곧 하였더라면 현대중국의 역사는 아주 다른 것
이 되었을 것이다. 이 생각은 단지 죽은 아이 나이 세기만은 아니니,
1928~29년에는 농민으로부터 지지와 협력을 얻어냈었을 바로 그러한
정책을 주장했던 국민당원이 많았던 것이다. 그러나 나의 본서의 결론
이 말해주겠지만, 장개석은 이들 국민당의 「좌파(左派)」들을 탄압하였
다. 그 탄압이 남겨 놓은 것이 20년 뒤의 공산당의 승리였다고 하는 것
은 상당히 옳은 말일 것이다.

## 4. 政權 내부의 政治過程 : 三民主義青年團

중일전쟁(中日戰爭)이 일어났을 당시 국민당 치하의 중국은 그 성립 아래 10년 동안의 어느 때보다 강력하고 통일되어 있었다. 그렇지만 많은 큰 문제들이 아직 뿌리 깊게 남아 있었는데, 장개석 생각으로는 중국의 도덕적, 정치적 통일이 강화만 되면 중국은 전쟁을 효과적으로 수행할 수 있고, 그리고 나서 평화도 확보할 수 있을 것이었다. 중국은 『하나의 신념, 하나의 당(黨) 그리고 하나의 의지를 가져야 한다』고 그는 말하였었다. [1]

이 목표를 달성하기 위해 전란이 벌어진 직후 각 정당을 모두 하나의 당으로 통합하려고 노력하였다. 그렇게 하여 통합된 단일정치체제가 이루어지는 데 도움이 된다면 국민당의 조직과 명칭을 바꾸자고까지 제의하였었다. 중국청년당(中國青年黨)은 장개석의 방안을 수락하였으며, 장군매(張君勱)의 국가사회당(國家社會黨)은 그 문제에 관해 협의할 준비가 되어 있다고 하였다. 그러나 「하나의 신념, 하나의 당 그리고 하나의 의지」를 이룩하려는 장개석의 계획은 공산당이 협조할 뜻이 있다고 하면서도 국민당과 합동하자는 제의를 거부함으로써 좌절되어 버렸다. [2] 1938년에 구성된 여러 갈래의 정치계파를 대표하는 협의체인 국민참정회(國民參政會)는 몇 개의 비(非) 국민당계파를 蔣의 영도하에 통합하는 일에 가장 가까운 것이었다. [3]

항일전쟁 초기 몇 개월 동안의 장개석의 두번째 정치적 관심은——그것은 장을 심하게 괴롭혔다——국민당 자체가 노후하였고, 비능률적이라는 사실이었다. 1938년 3월 29일의 국민당임시전국대표대회의 개회사에서 장개석은 『우리 당은 사실상 아무 실질이 없는 빈 껍질이 되어 버렸다. 당의 형체는 남아 있으나 당의 정신은 거의 시들어 버렸다』고 말하였다.[4] 이렇게 말하는 것은 매우 가슴 아픈 일이지만 그러나 국민혁명은 소멸 직전의 상태에 있으며 국민당이 지금 되살아나지 않으면 두번째의 기회를 가질 수는 없을 것이라고 蔣은 말했던 것이다. 항일전 초기에 장개석 스스로가 내린 국민당 평가는 매우 중요한 의미를 갖는다. 왜냐하면 전쟁 말기에 가서 기막히게도 뚜렷해지는 국민당의 조직상의 허약성은 전쟁이 시작될 때 이미 널리 퍼져 있었음을 나타내는 것이기 때문이다. 그 임시전국대표대회에서 장개석은 또 말하기를 『우리 당의 가장 뚜렷한 결점은 조직이 매우 느슨하고 기강이 해이하여 당의 정신이 허약해지고 흐트러졌으며, 당의 기초가 실질적으로 완전히 결여되어 있다. 당의 조직이나 훈련 또는 선전에 뿌리가 깊거나 실질적인 성과가 없으며 당본부의 모든 분야의 일은 형식적이 되기 쉽고 사무실들은 관료화되어 있다』고 하였다.[5] 당원 자체에 대해서는 그들의 대부분이 『생기가 없는 것처럼 보이고, 그들의 생활은 편안스럽고 열성이 없고, 일하는 데는 나태하다. 더우기 보통 사람들처럼 편안과 쾌락을 추구하고, 권력을 잡으려고 서로 싸우고, 사사로운 이익을 얻으려 싸운다…… (그러니) 그들이 어떻게 혁명적인 당원이 될 수 있겠는가』라고 장개석은 보았다.[6]

임시전국대표대회 직전, 다른 계제에 장개석은 당원이

1) 관리처럼 행세하나 일은 안한다.

2) 사사로운 이익에 관심은 있으나 공적인 이익에는 관심이 없으며, 자기들끼리만 어울리고 자기들 이외의 사람과는 어울리지 않는다.

3) 권력과 지위를 중시하나 책임은 중시하지 않는다.

4) 상부(上部)는 어렵게 아나 하부(下部)는 무시하고, 당원에 대해서는 관심을 가지나 대중들에 대해서는 관심이 없고 거만하며, 사치스럽고 낭비적이고 게으르다. 그들은 스스로를 위대하고 강력하다고 생각하나 인민의 고통에 대해서는 알지 못하고 인민들로부터 유리되어 있다.

5) 조직은 있으되 훈련은 없다. 당헌은 있으되 기강과 정책이 없고, 시행함

이 없다.[7)]

고 불평을 한 일이 있다.

장은 또 다음과 같이 말하였다. 『당의 노쇠 때문에 유능하고 헌신적인 당원은 떠나 버리고 외부의 유능한 인사는 당에 대해 호감을 갖지 않게 된다. 그 결과 당 내부는 텅비고, 약하고, 썩어 있다. 당이 이렇게 느슨해 가지고서야 어떻게 혁명사업을 추진할 수 있겠는가?』[8)] 그는 또 덧붙여 말하기를 『당원은 거의 특권계급이 되어 있고, 당은 백성들을 도울 수가 없다. (그러니) 백성을 지도할 수 없는 것은 당연하다. 백성들은 당의 존재가 그들에게 어떤 이익을 준다고 보지 않는다. 백성들은 당에 대해 무관심할 뿐 아니라 당을 적대하기까지 한다』고 하였다.[9)]

## 三民主義 靑年團의 형성과 목표의 변천

삼민주의청년단(三民主義靑年團)(以下 三民靑年團으로 함)이 생긴 것은 통합을 추진하려는 장개석의 의도와 국민당에 대한 실망이라는 상황 아래서였다. 그같은 조직을 실제로 구상하기 시작한 것은 항일전 시작 전인 1937년 5월이었지만, 삼민청년단을 만들자는 제의가 채택된 것은 무창(武昌)에서 임시전국대표대회가 개최되고서였다. 그 뒤 조직이 천천히 진행되었다. 삼민청년단의 공식 출범의 첫해에는 주로 기획과 준비를 하였다. 진성(陳誠) 장군이 서기장(書記長)의 자리를 차지하고는 있었으나, 그는 다른 많은 일을 해야 했기 때문에 삼민청년단을 전면적으로 지도할 수가 없었다. 그 뒤 주가화(朱家驊)가 서기장대리가 되었다. 1940년에 장치중(張治中) 장군이 서기장이 되었다. 그러나 삼민청년단의 실제의 지도는 하위간부들이 장악하였을 것이다. 강택(康澤)이 대략 1944년까지는 삼민청년단 내의 주된 인물이었다. 그 뒤부터는 어떤 기록에 의하면 장개석의 아들 장경국(蔣經國)이 지도적 역할을 담당하였다.[10)]

삼민청년단을 만듦에 있어 장개석이 바란 것은 혁명과 항일전쟁의 모든 진정한 지지자가 각자의 차이를 묻어 두고 공동의 목표를 향해 함께 그 안에서 일할 수 있는 그런 기구를 만드는 것이었다. 그가 그린 삼민청년단은 국민당 안의 모든 경쟁파벌을 포괄하는 것이었다. —— 이를 위해 임시전국대표대회는 부흥사(復興社)(靑셔츠團)나 청백사(靑白社 ; CC파)를 의미하는 모든 「군소조직」을 폐지하도록 결의하였던 것이다. [11] ——그는 또한 사천의 기업가 노작부(盧作孚)나 경제전문가 하렴(何廉 : 프랭크린 호)과 같은—— 그들은 국민당이 마음에 안 맞아 국민당운동에 참여하지 않는 사람들이었다——사회적 지도자들을 끌어들이기를 바랐었다. [12] 이같은 노력을 통해 국민당을 상당히 싫어한 청년들을 끌어들일 수 있기를 바랐다. 그리하여 임시전국대표대회에서는 국민당의 후보당원제도를 없애 청년들이 앞으로는 국민당에 입당하는 것이 아니라 삼민청년단에 직접 입당할 수 있게 하였다.

요컨대 삼민청년단을 만든 장개석의 의도는, 지난날의 분파싸움을 없애고 젊은이들을 끌어들임으로써 국민당이 팽개쳤던 혁명과업을 추진할 수 있는 새로운 혁명조직을 만들자는 것이었다. 이 새 조직에 대한 그의 기대는 매우 높았다. 예컨대 그가 1938년에 『나는 우리나라와 백성의 생사와 존망이 전적으로 이 청년단의 결성에 달려 있다』고 한 것으로 봐서도 알 수 있는 것이다. 그는 계속하여 『청년은 혁명의 전위이며 나라의 새 생명이다. 주된 동력으로서의 젊은이의 활력에 의지하지 않는 사회진보나 정치적 개혁이란 있을 수 없다』고 말한 바 있다. [13]

그는 또 젊은이들은 청왕조에 대한 혁명과 군벌들에 대한 북벌혁명에 있어 주된 힘이 되었다고 주장하였다. 그런데 이제는 (중국의) 역사상 중대한 이 시기에 그는 「새로운 중국을 창조하는 전위가 될」 것을 젊은이에게 기대하였던 것이다. 『그들은 가까운 장래에 중국사회 재건의 근본적인 바탕을 만들 것이다』라고 장은 말하였다. 삼민청년단의 임무는 청년들로 하여금 항전건국강령(抗戰建國綱領)을 실행하게 하며, 혁명의 힘을 강화하기 위해 상급혁명세력과 단합을 하는 일이었다. [14]

삼민청년단을 만듦으로써 당시 중국이 처하였던 정치적 위기를 해결할 수 있게 되기를 장개석은 바랐다. 그러나 그렇게 함으로써 장개석은 새 기구와 종래의 국민당과의 관계가 어떻게 될 것인가 하는 문제를 무시하거나 과소평가하였다. 그 결과 정치적 불투명성이 발생하여 끝내 해결되지 못하였다. 삼민청년단의 설립을 요청하는 임시전국대표대회의 결의문은 『당의 조직을 강화하기 위해 그리고 당의 기초를 공고히 하기 위해…… 청년단의 설립을 결의한다. 청년단은 통일된 조직을 가지고 전국의 젊은이를 훈련하고 누구나 삼민주의를 신봉하게 한다』[15]로 되어 있다. 이 결의문을 보면 국민당이 청년단보다 우위에 있고, 청년단은 국민당에 봉사하는 것으로 되어 있음이 분명히 밝혀져 있다.

그러나 삼민청년단에 대한 최초의 치사에서, 장개석과 서기장 진성은 국민당과 청년단과의 관계에 대해 분명히 아무 말도 않고 있다. 더우기 그들의 치사 내용을 보면 당시 중국이 당면한 혁명과업에 있어 삼민청년단에게 지도적 역할을 부여하고 있는 것처럼 보인다. 예컨대 1938년 6월 16일에 장개석은 젊은이들이 이 조직(즉 삼민청년단)을 중국의 우수하고 열성적인 젊은이 그리고 **혁명분자를** 결집하는 **유일한 조직이** 되도록 해야 한다고 하고 있는 것이다.[16] 이 놀라운 발언―― 즉, 삼민청년단이 젊은이뿐 아니라 그밖의 「혁명분자」를 위해서도 유일한 조직이 되어야 **한다는** 말――은 국민당에게 혁명적인 역할을 기대하지 않은 것처럼 보인다.

삼민청년단이 적어도 그 지도자들에게는 중국에서 지도적인 혁명역할을 담당해야 할 것으로 생각되었었다는 해석은 삼민청년단의 규약에 처음에는 단원의 자격을 18살에서 38살까지로 규정했던 것으로도 확인할 수 있다(청년단의 간부나 특별한 허가를 얻은 단원은 이같은 연령제한조차도 면제되고 있다).[17] 이렇게 해서 **삼민청년단은** 광범위하게 조직을 넓혔고 그리고 국민당원은――적어도 잠재적으로는――비혁명적인 중년 또는 노인들만으로 채우게 되었다. 이같은 인상은 『삼민청년단은 재래의 「젊은이」의 연령상 정의를 따르지 않는다. 청년단의 지도자(즉 장개석)는 우리에게 지시하기를 삼민청년단의 젊은이가 된 사람은 반드시 나이에 얽매이지 않는다 하였다. 우리 생각으로는 혁명적 열정을 가졌고 젊고 전진적인 정신을 가진 사람이면 그의 나이가 많더라도 누구나 여전히 혁명적인 젊은이라고 할 수 있다』고 한 진성(陳誠)의 말을 통해서도 갖게 된다. [18)

진성은 같은 계제에 말하기를 『이 청년단의 탄생은 이 당(즉 국민당)의 새로운 혁명생활의 탄생이라고도 할 수 있다』고 하였다. [19) 그러므로 진성의 생각으로는 국민당은 존속하는 것이며 그것이 삼민청년단을 지도하는 입장에 있는 것으로 보았다는 시사도 있다. [20) 그러나 장개석과 진성이 새로 설립된 청년단에게 굉장한 기대를 가졌던 것만은 확실하며 청년단에게 그렇게 넓은 임무를 부여했기 때문에 국민당과의 관계는 애매하게 되지 않을 수가 없었다.

애초부터 삼민청년단 설립에는 반대가 있었다. 청년단 창립을 묵인한 사람들조차도 그것은 그저 젊은이를 위한 사교단체여야 한다고 하였다. [21) 그러나 삼민청년단의 공식 역사에는 장개석이 그러한 반대를 무시하고 청년단에 독자적인 힘을 부여할 것을 주장했다고 되어 있다. 한 단사(團史)에 보면 『이 당(즉, 국민당)은 혁명을 영도해 온 빛나고 영광스러운 역사가 있다. 그러나 이 당은 50년 이상이나 투쟁을 해 왔다. 실로 이 당의 혁명정신을 고양하고 빛내기 위해서는 새로운 힘으로 공고하게 해야 한다』고 되어 있다. [22)

삼민청년단이 혁명분자를 통합된 세력으로 규합할 것이라는 장개석의 기대는 이내 깨지고 만다. 얼마 안되어 삼민청년단이 단원모집에 있어서로 경쟁하고, 당을 공공연히 조롱함으로써 관할권을 둘러싸고 국민당과 싸움을 벌이기 시작한 것이다. 그 상황이 매우 심각해졌으므로 1939년 5월, 그러니까 삼민청년단의 설립이 공식으로 결정된지 꼭 일년 뒤에 장개석은 삼민청년단에 대한 생각을 전면적으로 바꾸었다. 당초에는 청년단이 국민당정권에 있어——유일하지는 않더라도——하나의 지도적인 정치적 역할을 할 것으로 생각했지만 이제는 젊은이를 훈련하고 통제하여 국민당의 장차의 당원으로서 준비하는 것으로 기능을 축소하였다. 그는 말하기를 삼민청년단의 일은 불가피하게 정치적·관련이 있지만 그러나 교육을 주로 해야 한다고 하였다.[23] 1939년에 삼민청년단의 규약도 개정되어 단원의 연령제한은 16세에서 25세로 압축되었다.[24] 전에는 국민당의 결점을 연설에서 자주 언급하였던 장개석과 진성은 이제 그 대신 젊은이의 도덕적 결함과 중국의 젊은 사람을 훈련하고 지도해야 하는 삼민청년단의 과업에 대해 언급하게 되었다.[25] 국민당 당원의 약점과 외고집은 더 이상 강조되지 않았다. 장개석과 진성은 삼민청년단이 중요한 역할을 갖고 있다고 주장해 왔었으나 이제는 국민당의 우월성을 말하게 되었으며, 청년단원들은 국민당의 예비군일 뿐이며 국민당에게 새로운 활력을 가져올 새「혈구(血球)」라고 주장하게 되었다. 그들은 또한 삼민청년단은 국민당의 지도하에 있어야 한다고 되풀이하여 말하였다.[26]

삼민청년단을 이같이 새롭게 보게 되면서 장개석은 청년단 단원에게 종속적인 역할을 받아들이도록 다음과 같이 훈계하였다.『만약 청년단이 당을 대신하리라고 생각했다면, 또는 양자의 관계를 중요한 것과 중요하지 않은 것의 관계로 알았다면, 또는 하나는 시드는 것이고 하나는 커가는 것으로 알았다면 그것은 절대로 잘못된 생각이다.…… 청년단은 당의 것이며 당 밖에 있거나 당과 반대되는 것이 아니라고 나는 말하겠다. 청년단은 당의 것이기 때문에 청년단원과 당원은 물론 동지이다.…… 그들 사이에 어찌 조금이라도 의심이 있을 수 있는가?』[27]

삼민청년단에 대한 장개석의 원래 생각을 포기하게 한 것은 파벌싸움의 폐단이었다. 삼민청년단을 만들면서, 그것이 종전의 파벌싸움을 뛰어넘을 수 있는 새롭고 통일된 혁명기구로 잡고 파벌싸움이라는 그 정치적 해독을 제거할 수 있기를 바랐었다. 새로 생긴 삼민청년단의 규칙을 작성하기 위해 장개석은 국민당정권 안의 서로 거리가 먼 파벌을 대표하는 세 사람을 뽑았다. 즉「청셔츠단」에서 강택을, CC단에서 그 지도자 진립부(陳立夫)를, 좌파이며 불법조직인 제삼당(第三黨) 영도자였고 국민당에 갓 재입당한 담평산(譚平山)이 그들이었다. 삼민청년단의 31명 간사회(幹事會)는 국민당의 중앙집행위원회와 같은 것인데, 이것에도 마찬가지로 사회의 각계각층 대표, 청년층지도자, 노작부와 하렴같은 비국민당원인사도 포함시켰다.[28]

이같은 조직면에서의 조치는 이미 있어 온 균열을 호도하는 데 불과했으며, 1938~39년에 걸쳐 삼민청년단을 괴롭힌 (파벌) 싸움은본질적으로 「청셔츠단〔藍衣社〕」과 CC계 사이에 있어 온 전부터의 싸움의 계속이었다. 「청셔츠단」은 임시전국대표대회의(당내 분파 소조직은 해산해야 한다는 것) 결의에 따라 해산되었지만, 삼민청년단의 활동핵심은 처음부터 압도적으로 그 비공개조직의 구성원이었던 사람들이었다. 그들은 대개 군장교, 그중에도 특히 대부분은 황포군관학교(黃埔軍官學校) 졸업생이었으니, 정치적인 활동을 원하나 그들에게 돌아갈 요직을 국민당 자체 내에서는 찾지 못한 사람들이었다.[29] 처음에는 CC계가 삼민청년단 안에서 지도적인 역할을 맡고자 노력하였으나[30] 전(前)청셔츠단이 이내 지도적인 요직을 차지해 버렸다. 예컨대 강택은 중요한 조직부를 장악하였다. 그리고 유건군(劉健群)은 1939년에 국민당의 비서장(사무총장) 자리에 비교할 수 있는 중앙단(中央團)본부의 비서가 되었다.[31] 실로, 삼민청년단의 고위 간부였던 황계육(黃季陸)(선전부장)과 임탁선(任卓宣 : 葉青으로 더 잘 알려진 간사회의 상임위원회 위원)을 포함한 몇 사람은 오늘에 와서 삼민청년단은 「청셔츠단」의 변신이었다고 주장하고 있다.[32] 그러나 실에 있어 「청셔츠단」 사람이 삼민청년단을 전적으로 장악한 적은 결코 없었다. 예컨대, 간사회 상임위원회의 약간 명——진립부, 곡정강(谷正剛) 같은 사람——은 CC계의 사람이었다.[33] 그럼에도 불구하고 실제 운영은 전청셔츠단에 관계되었던 간부들이 대개 맡아 하였다.

## 활동과 團員

1939년에 진로를 수정한 삼민청년단은 특히 전국의 학생을 대상으로 하였다. 고급중학교, 전문학교, 대학마다에 지부를 설치하고 「선전」과 정치훈련이라고 넓게 규정한 일에 종사하였다. 보다 성과가 좋았던 일로는 달포 가량의 여름캠프였으니, 거기에서 젊은이들은 정치학습, 수영, 등산을 하고 재미있는 야외놀이를 즐겼다.[34] 연극하는 모임, 음악하는 모임도 만들었고, 직업보도도 하였다. 신문, 잡지, 선전 소책자의 발행은 특히 중시되었다. 1944년에 삼민청년단은 345종의 간행물과 208개의 잡지, 10개의 선전소책자 그리고 127개의 신문을 발행하였다.[35] 중국 보이스카우트〔童子軍〕연맹도 지도하였다.[36]

삼민청년단에는 은밀한 측면도 있었다. 단원들은 같은 학생이나 교사들에 대해 「스파이」질을 하여 불온한 생각이나 행동을 밀고했다고 한다. 1940년에 장개석은 그러한 스파이활동을 그만두라고 하였으나 국민당 치하의 모든 학교에서 정도의 차이는 있을지언정 여전히 행하여졌었다.[37]

일본군 점령지역에서 삼민청년단은 정치적 훈련뿐만 아니라 특히 적(일본)과 협력하는 자들에 대한 정탐과 테러공작도 중시하였다. 1945년의 공식발표에 따르면 청년단은 적 후방지역에 128지부, 9만 5천명 단원을 갖고 있다고 하였으나 이같은 공작의 자세한 내용은 거의 밝혀지지 않고 있다. 삼민청년단의 공작은 상해지역에서 가장 성공적이었던 것으로 보이는데, 세포조직은 대부분의 일본군 점령지역에 설치되었다. 이같은 비밀작전에서 모두 272명의 단원이 사망하였다고 보고되고 있다.[38]

또한 공산당 통치지역에서도 삼민청년단은 활발한 활동을 하였다. 공산당은 1943년에 삼민청년단이 그들의 모든 「변구(邊區)」(공산당 장악지역)에서 활동하고 있다고 불평하고 있다. 공산당측의 자료에 의하면 공산당

통치구역 안의 삼민청년단 단원의 대부분은 떠돌이 깡패이거나 지주계급
자제였다고 한다. 하여간, 삼민청년단의 비밀공작에는 선전, 공산당의
건설사업파괴, 방해공작, 심지어 암살까지 포함되었다.[39] 1943년의 한
공산당 관계자료를 보면 삼민청년단의 활동에 대해서만이 아니라 국민당
의 비밀첩보공작 일반에 대해서 말하면서 그 파괴활동이 「매우 컸다」고
하고 있다.[40] 다른 모든 경우와 마찬가지로 삼민청년단원들의 비밀공작
은 일본군 점령지역에 광범위한 공작망을 갖고 있던 대립(戴笠)의 군사
첩보기관과 협동하여 행하여졌다.[41]

한편 삼민청년단의 단원 수는 꾸준히 증가했다. 1938년 말에는 1,034
명의 단원밖에 없었는데, 1939년 말에는 74,700명으로 증가했다. 1940
년 말에는 232,245명, 1941년 말에는 367,391명, 1942년에는 423,144
명, 1945년에는 100만 명이 넘었다. 삼민청년단이 해산된 1947년에는
최고로 약 1,400만에 달했다. 1942년에 행한 단원성분분석을 보면, 단
원의 거의 반이(49퍼센트) 학생이었고, 정부근무자와 개인영업자가 38퍼
센트였으며, 겨우 7퍼센트만이 농업, 공업, 상업에 종사하는 사람이
었다. 83퍼센트는 16살에서 25살이었다. 교육수준은 매우 높았으니,
10퍼센트가 대학졸업생이고, 62퍼센트는 중등교육을 받았으며, 28퍼센
트가 초등교육만 받고 있다. 여자는 7퍼센트를 차지하고 있다.[42]

삼민청년단원의 질은 수적 팽창과 병행하지 않았다. 일반적으로 국민
당보다는 더 활기가 있다고 생각되긴 했으나 그 모체인 국민당과 마찬
가지의 조직상의 문제를 많이 갖고 있었다. 삼민청년단대표가 1943년
의 제1차전국대회에 제의한 결의문을 보면, 예컨대 대부분의 단원 그
리고 상당수의 간부까지도 청년단의 신조에 대한 이해가 적절하지 못하
다고 불만을 털어놓고 있다. 또 다른 결의문에서는 『기강이 확립되지
못하여 〔청년단의〕 단결이 약하고, 조직은 느슨하고, 어떤 단원은 청년
단의 명령을 빈말로 알고 있다』고 경고하고 있다.[43]

더우기 가장 똑똑하고 아주 이상주의적인 젊은이는 단원이 되기를 꺼
려하였고, 그 대신 젊은이들중의 보다 기회주의적인 분자들이 참여하였

다.[44] 예컨대 삼민청년단의 한 잡지 편집인은 1941년에 『지난 몇 년 동안〔젊은이를 훈련시키는 일은〕약간의 효과가 있었다고는 하나 일반적으로 말해 실패했다고 봐야 한다』고 말하였다. 이 편집자가 가장 불만으로 여긴 것은 삼민청년단의 훈련이 젊은이들 자신에게나 나라의 필요와 상관이 없고, 단원은 그저 자기의 출세를 위한 길로 삼민청년단을 이용하고 있다는 것이었다. 그는 또한『솔직이 말해 단원들 대부분의 목표는 몇몇 고관들과 그들의 추종세력들을 알게 되어 (좋은) 자리를 얻거나 밥그릇(취직) 자리를 얻는 일에 도움을 받고자 하는 것이다』라고 말하였다.[45]

제1차 전국대회에서 장개석은 그의 실망을 비슷하게 표현하였다. 그는 개탄하기를『보통 단원이나 간부들이 나라의 필요를 무시하고 청년단에서의 자리를 그저 개인의 출세를 위해 이용하고 있다』고 하였다. 그는 또 말하기를『이것이 사회가 삼민청년단을 좋게 보지 않는 원인이며 단원들이 열렬한 신념을 갖지 못하게 하는 커다란 병폐이다』라고 하였다.[46] 장개석은 또 말하기를 청년단의 일은 형식화되어 버렸으며 관료화되어 버렸다고 하였다. 청년단의 간부는 그저 사무실에 앉아 공문서나 만지고 있다고 한 장개석은 실질적인 결과를 얻을 수 있도록 단원들이(사무실에서) 뛰어나와 실제상황에 접해야 한다고 당부하였다.[47]

손문의 아들인 손과(孫科)는 삼민청년단이 젊은이들을 광범위하게 끌어들이지 못한 또 다른 이유를 말하였다. 1941년에 있었던 삼민청년단의 모임에서 孫은 청년단이 취한 방법 전체가 잘못되었다고 하였다. 그 정치훈련의 방법은 삼민주의를 기계적으로 암기시키는 것이며 군사적인 통제를 지나치게 강조하는 것이었다. 그 결과 삼민청년단의 훈련을 받은 사람은『인형처럼 되어 버린다. …… 그들이 완전히 터득한 최초의 것은 최고지도자〔즉 장개석〕에 대해 말하거나 그저 이름만 언급할 때 구두뒤축을 소리내 맞추며 차렷하는 것이다』라고 손과는 말하였던 것이다.[48]

## 국민당과의 갈등의 계속

장개석이 1939년에 삼민주의청년단의 성격에 대한 생각을 바꾸기는 하였으나──정치적인 지도에 있어서의 지도기관에서 국민당의 장래 당원을 위한 훈련기관으로 낮추었다── 국민당과의 마찰, 갈등은 계속되었다. 1940년에 청년단본부는 《당과 단(團)의 관계》라는 소책자를 발행하였다. 그것은 두 조직간의 갈등을 해소하려·는 것이었다. 2년 뒤에도 그같은 갈등이 잔존하였으므로 그 소책자는 재판되었다. 서로 경쟁하는 두 기관을 달래기 위해 정권의 지도부는 그들이 같은 이데올로기를 위해 헌신하고, 같은 지도자에게 충성함으로써 서로를 비방하지 말며 또는 세력다툼을 하지 말 것을 (국민)당원과 (삼민청년)단원에게 강조하였다. 또한 「이 (삼민청년)단은 이 (국민)당의 체제하에 있는 청년조직이며──말하자면 국민당의 청년단이며──결코 당 밖에 있거나 당에 반대하는 조직이 아니라는 것」을 삼민청년단원에게 강조하였다.[49] 그러나 양자의 관계에 있어서의 애매성이 그래도 남아 있었다. 왜냐하면 삼민청년단은 엄격히 말하면 당에 종속되어 있지 않기 때문이다. 그러므로 당은 청년단을 「지휘」해서는 안되며 단지 「지도」만 해야 하니, 그리고 나면 청년단이 당을 「지도」한다는 것이었다.[50]

이러한 훈계는 삼민청년단과 국민당의 관계를 개선하는 데 아무런 도움이 되지 못하였다. 1941년 7월 초에 장개석은 이 두 기관이 서로 협조하지 못하는 것을 다음과 같이 비난하고 있다. 『무슨 일을 하든 간에 상호 협조적인 분업의 효율성은 얻지 못할 뿐 아니라 사실상 모든 면에서 서로 갈등을 빚고 있다. 그리하여 많은 곳에서 청년단과 국민당이 협조하지 못하고 청년단원과 비청년당원 사이에 갈등은 더 많다.』[51]

불협화의 주된 원인은 가입자확보경쟁이었다. 삼민청년단에는 연령제한이 마련되어 있었지만 어느 쪽도 그것을 지키지 아니하였다. 1943년의 전국대회에 제출된 결의문에 의하면, 그 결과 청년단과 국민당은 『새

가입자를 얻고자 총력을 기울인다. 그러나 가입이 다툼이 되고, 다툼이
공격이 되고, 공격은 중상이 된다. 이렇게 하여 당과 청년단은 서로 대
항하게 되는 것』이라는 것이다. [52]

  삼민청년단의 상층간부들 간에도 갈등은 심각하였으니, 전에 CC계
사람이었던 고위간부가 청년단 자체보다 국민당에 더 충성심을 갖고 있
었기 때문이었다. 그러한 사람들을 「당방」(黨方, 당 쪽 사람)이라고 불렀으
니, 그들은 「청셔츠단」 계통사람에게 지도되었던 「단방」(團方, 청년단 쪽
사람)과 대조가 되었다. 아마도 서로 잡아먹는 이같은 내부싸움 때문
인지 청년단의 제 1 차전국대회는 조건이 「아직 성숙하지 않았다」는 설
명과 함께 번번이 연기되었다. 1943 년 3 월 전국대표대회가 마침내 개
최되자 당방과 단방의 충돌은 「격심」하였다고, 한 참석자는 회고하고 있
다. [53] 한 예로 양쪽은 청년단의 간부훈련반의 처리를 두고 충돌하였다.
단방 쪽은 그것을 학교 형식으로 확충하자고 제의하였는 데 반해 당방 쪽
에서는 그것을 중앙간부학교(中央幹部學校)로 대치시키고자 하였다. 이것
만 가지고 보면 양쪽 제의의 차이는 대단치 않은 것으로 보이나, 그러
나 실질적인 문제가 아마도 걸려 있었던 듯싶다. 마침내 투표에서 종
전의 훈련반을 없애고 새 훈련학교를 세우자는 제안이 이겼다. 진돈정
(陳敦正)은 『그것은 당방이 우세하였음을 나타냈다』고 주장하고 있다. [54]
그러나 陳의 주장은 전국대회의 회의에서의 상황과만 관련된 것이다. 삼
민청년단의 평단원들 사이에서는 단방 즉 청셔츠의 지지자들이 여전히
우세하였었다.

  삼민청년단의 단원수와 힘이 증가되면서 국민당과의 갈등도 심화되었
다. 예컨대 1945 년 5 월 국민당이 근 10 년 동안의 중단 끝에 마침내
정식으로 제 6 차 전국대표대회를 개최하였을 때 삼민청년단의 지도자들
은 국민당 안에서 그들의 영향력을 강화하기 위해 특히 중앙집행위원회
에 그들이 많이 들어갈 수 있도록 공동의 노력을 하고 있다. 그 자체로
서 청년단을 대표하여 중앙집행위원회에 들어간 사람은 전체 600 명 이
상중 60 명밖에 안되었다. 그러므로 삼민청년단 대표는 황포군관학교과

및 주가화(朱家驊)파와 손을 잡았는데, 이 세 파가 전투표의 반 가량을 장악하였다. 정기회의가 열리기 전 매일 아침, 그들은 만나서 공통의 전략을 세울 수가 있었으니, 그리하여 그들의 공통의 경쟁상대인 CC계에 대해 강력한 도전을 할 수 있었다.[55] 싸움은 치열하였으며 장개석이 개인적으로 개입을 해서야 대회의 안정된 진행이 회복되었다. 장은 삼민청년단 대표와 그밖의 CC계 경쟁자에게 『나는 당을 그들(즉 CC계)에게 맡겼다는 사실을 알아야 한다. 그들이 아니었던들 당은 오래전에 끝장이 났을 것이다. 지금 그들을 반대하여 소동을 벌이는 것은 나에게 반대하는 것과 같다. 중앙집행위원을 선출하는 데 있어 나는 물론 모든 쪽 사람을 다 고려할 것이니 걱정말라!』라고 하였다고 한다.[56]

삼민청년단과 그 동조자에게 제 6 차 전국대표대회에서 모든 파벌의 이해관계를 고려할 것이라고 약속함으로써 장개석은 잠정적으로 싸움을 진정시켰다. 그러나 삼민청년단과 CC계 사이의 갈등과 반목의 근본적 요인은 여전히 남아 있었고 삼민청년단원의 국민당 비판은 냉혹하게 계속되었다.[57] 당은 업적도 정력도 없는 늙어빠지고 부패한 관료로 구성되어 있다고 그들은 비난하였다. 국민당은 이에 따라 혁명의 방해가 되어 삼민청년단으로 하여금 삼민주의의 목표달성을 못하게 한다는 것이다. 그러므로 많은 삼민청년단원이 국민당에서 떨어져나올 것을 주장하였으나 또 다른 사람들은 여전히 삼민청년단이 국민당을 대신해야 된다고 생각하였다.[58]

1946년 9월에 여산(盧山)에서 개최된 제 2 차 전국대회에서 삼민청년단과 국민당과의 장래 관계의 문제는 장시간에 걸친 열띤 토론주제가 되었다. 특히 학생과 지방단부를 대표하는 대의원들은 국민당과의 관계를 완전히 단절하고 독자적인 정당을 만들 것을 주장하였다. 삼민청년단의 중앙본부에 있는 그밖의 대부분의 간부들은 보다 온건하였다. 그들은 삼민청년단원들이 동시에 국민당원이 되어서는 안된다고 주장했으나 독자적인 정당을 조직하자고까지는 안했다. 그러나 「당방」쪽은 이 두 가지 견해를 강력하게 비난하면서 현상유지나 또는 삼민청년단의 완

전한 해체를 주장하였다. [59] 삼민청년단의 전국대회 회의 때마다 장개석
내외가 참가자(대표)의 자리에서 진행을 지켜보는 가운데 그 문제는 열
렬히 그리고 심각하게 토의되었다. 분리주장자는 이 중대한 역사적 사
점에서 공산당의 반란에 대응하기 위해서는 새롭고 활력 있는 힘이 필
요하다고 주장하였다. 국민당과의 관계가 지속되는 한 국민당 내의 늙
고 무능한 사람들이 삼민청년단의 혁명세력을 방해한다는 것이었다. 분
리론을 반대하는 황모(黃某)라는 참가(대표)자는 삼민청년단이 분리하여
독자적인 정당이 된다면 마치 공산당처럼 국민당의 집권을 반대하게 될
지도 모른다고 경고하였다. 그리고 나서 흥분하여 『나의 어리석은 생각
으로는 당과 청년단은 결코 분리될 수 없읍니다. 蔣선생은 나의 존경하
는 스승이다. 만약 그분이 내가 말하는 것을 말도 안되는 소리라고 생각
한다면 나에게 자살하도록 해주시오. 나는 조금도 원망하지 않습니다.
나의 관은 준비가 다 되어 있읍니다』라고 소리쳤다. [60] (이에) 아무 말 없
이 그 토의를 지켜본 장개석이 문제를 해결해야 하게 되었다. 그는 알
어서서 황모의 생각에 전적으로 동의한다고 선언하였다. 투표가 행해자
고 대다수는 분리에 반대하였다. [61]

그러나 다른 곳에서 삼민청년단과 국민당의 싸움은 끊임없이 계속되
었다. 일본이 항복한 뒤 삼민청년단은 지방행정에 있어 영향력을 행사
하고자 운동을 크게 전개한 것이다. 1946년 3월 현재로 단원의 62퍼샌
트 전부가 지방단위에서 일을 한 것으로 보고되어 있는데, 보갑(촌락조
직)장 일을 보거나 또는 학교교장이거나 하였다. 또한 많은 사람이 지
방의회의 대의원으로 당선되었으니, 예컨대 호남성에서는 성의회원, 현
의회원의 42퍼센트가 삼민청년단원이었으며, 복건성에서는 58퍼센트에
달하였다. [62]


## 國民黨과의 통합


1947년 말에 있게 된 국민대표대회와 입법원 및 감찰원(監察院)의 선

거는 삼민청년단으로 하여금 그 단원들을 정치적 영향력이 있는 자리에 앉히는 다시 없는 기회였다. 그러나 선거에서의 경쟁은 국민당과의 싸움을 격화시킬 뿐이었다. 선거운동에 관한 자세한 실정은 잘 알 수 없다. 그러나 유건군(劉健群)은 그 뒤 주장하기를 선거로 인한 파벌싸움의 분열상이 심하여 공산당의 승리의 요인이 되었다고 하였다. [63) 삼민청년단과 국민당 간의 선거싸움은 전국적으로 벌어졌지만 특히 호남성에서 심하였는데, 국민당원 몇 사람이 삼민청년단 편을 든 사람에게 피살되기도 했다. 삼민청년단은 호남성의 형양(衡陽)에서 폭력으로 판을 쳤기 때문에 그곳의 국민당지부는 적절한 보호를 해주거나 아니면 그곳 전역에서 철수해도 좋다고 허가해 달라고 요청할 정도였다. [64)

이같은 선거싸움은 장개석을 화나게 하였고 장은 그 탓을 삼민청년단에게 돌려 다음과 같이 말하였다. 『그들의 방법은 분명 틀렸다. 그들의 생각은 절대로 잘못되어 있다. [65) 삼민청년단의 지도부는 두 가지 중대한 과오를 범하였으니, 「혁명을 완전히 망칠 만한 것」이다. 그 하나는 선거에 참여하려는 결정이다. 자기들의 승관발재(陞官發財 : 벼슬을 하여 돈을 벌려는 생각)의 야심을 실현하기 위해 단원들을 단순한 「도구」로 이용한 것이다. 그렇게 함으로써 젊은이들로 하여금 그들과 당에 대한 믿음을 저버리게 한 것이다. 또한 청년단 내의 「순수한 젊은이」를 보통의 관료나 정객으로 만들어 버려 청년단으로 하여금 혁명적 성격을 상실하게 하였다. 더 나아가 선거에 관여함으로써 국민당의 적을 만들어냈다. 어떻게 진정한 적과 대항할 시간이 있겠는가? 그러므로 그대들의 행동의 결과는 그저 당과 청년단의 싸움을 만들어내어 당의 혁명의 생명선을 끊어놓는 것이다. 』[66)

두번째의 과오에 대해서 장개석은 삼민청년단의 지도부가 청년단이 『당과 부즉불리(不即不離 : 너무 가깝지도 않고 너무 멀어져 있지도 않음) 방침을 주장하고 상호적 작용을 발전시킨 것』이라고 지적하였다. 장개석은 경고하기를 『내가 단언할 수 있는 것은 당과 삼민청년단이 부즉불리의 관계를 유지한다면 그 결과는 상호대항과 상호파멸이 있을 뿐이며 모든 힘이 서로 낭비될 것이다』[67]라고 하였다.

그리하여 국민당과 삼민청년단 간의 다툼이 국민당 활동의 존재 자체를 위협한다는 것, 그리고 삼민청년단의 지도부가 그 다툼에 책임이 있다는 것도 알게 된 장개석은 마침내 청년단을 해산하기로 결심하였다. 1947년 6월 30일에 그는 국민당의 중앙집행위원회 상임위원회에 삼민청년단을 국민당 안으로 흡수할 것을 제의하였다.[68]

삼민청년단원의 대부분은 국민당과 합치는 것을 싫어하였다. 오랫동안 그들은 국민당이 손댈 수 없을 정도로 부패하고 무능하다고 보고, 정치적 우위를 누리고자 국민당과 다투었던 것이다. 이제 두 조직이 통합된다면 그들은 힘도 지위도 다같이 잃게 될 것으로 두려워하였다. 그러므로 장개석은 합병을 조심스럽게 계획해야 했다. 첫째로 그는 여러 층을 광범위하게 대표하는 진립부, 진성, 오철성(吳鐵城)을 책임자로 하는 당단통일조직위원회(黨團統一組織委員會)를 구성하게 하여 두 조직을 통합하는 데서 생기게 될 미묘한 문제들을 다루게 하였다.[69] 근 한 달 동안 집중적인 노력 끝에 통일위원회는 계획안을 마련하였다. 그리고 나서 1947년 9월 5일에 장개석은 삼민청년단의 간사총회를 소집하였다. 회장에는 국민당과 삼민청년단의 통합의 목적을 칭송하는 구호가 장식되어 있었다.[70] 다른 곳에서 이미 결정된 것을 형식적으로 승인하기 위해 간사들이 소집되었던 것은 의심할 여지가 없었다. 그러나 장개석은 삼민청년단의 지도자들이 자기 자신에게 아무리 강한 충성심을 갖고 있다 할지라도 그들을 통합에 따르게 하기 위해서는 그들을 귀여워해야 한다는 것을 잘 아는 정치가였다. 그는 서면치사(書面致辭)에서 국민당과 국민정부가 「정신적으로 타락」하였음을 인정하였다.[71] 그러나 그는 삼민청년단 간부들에게 장차 중요한 정치적 역할을 줄 것을 약속하면서 통합에 따르기를 호소하였다. 그는 『씨앗 하나가 땅에 묻힌다면 싹이 트고 자랄 것이다』라고 철학적인 표현을 하고 있다.[72] 뿐만 아니라 당의 기관지 《중앙일보》의 편집자가 그 뒤 말했듯이, 통합은 그저 단순한 개편이 아니고 「혁명적 재건」이었다. 그것은 당의 새로운 생명의 시작을 의미하였고, 공산당을 이겨내고 혁명을 완수할 수 있게 국민당에 다시 활력을 불어넣을 수 있는 정신과 목적의 통합을 창조하는 것이었다. [73]

장개석의 설득에도 불구하고 삼민청년단은 끈질긴 협상 끝에야 겨우 통합을 받아들였다. 간사총회 다음에 9월 9일에 국민당과 삼민청년단의 합동회의가 열렸다. 개편을 위한 정강 및 구조면에서 요망사항을 기입한 의견서를 양쪽에서 제출하였다. [74] 마침내 도달한 합의——1947년 9월 12일에 국민당의 제4차 중앙집행위원회전체회의에서 승인되었다——는 삼민청년단 간부에게 국민당 내의 상응한 지위를 보장함으로써 삼민청년단 간부의 정치적 지위를 조심스럽게 보호하였다. 예컨대 현(縣)급의 삼민청년단 간부는 국민당 현당본부에 재배치되고, 청년단의 간사들은 국민당의 중앙집행위원회 위원자리를 받았다. 그러므로 청년단의 간부가 자의로 사직하지 않는 한 청년단의 총 요직수는 감소되지 않았다. [75]

국민당도 삼민청년단과 통합되면서 대폭 개편되었다. 모든 청년단원과 국민당원은 당원자격신청을 해야 했다. 이는 실에 있어서는 파쟁을 했거나 부패했거나 반당발언이나 행위를 한 사람을 포함한, 달갑지 않은 사람을 당에서 추방하는 것을 의미하였다. 장차의 부패를 막기 위해 당원은 그들의 재산을 유관당국에 등록해야 했다. 통합계획에는 토지계획의 실시도 주장되어 있다. [76]

## 합병 후의 국민당

장개석은 최종 합의에 매우 만족스럽다는 뜻을 표하였다. 『삼민청년단과 국민당이 통합함으로써 모든 사람들의 생각은 화합되었고, 그들의 정신은 통일되었다. 이제 세력다툼은 없게 되었다. 통합회의의 정신에 나는 깊이 감동하였다』라고 장개석은 말하였다. [77] 그러나 장개석이 구조적인 통일이라는 그러한 형식적 방편이 그의 추종자들간의 다툼을 없앨 수 있다고 정말 믿었다면 그는 실망하지 않을 수 없었을 것이다. 왜

나하면 대륙에 남아 있던 그 뒤 2년 동안 (추종자간의) 갈등은 격화되었기 때문이다. 실로 통합 자체가 그 갈등을 더 심하게 하였던 것이니, 양쪽이 개편된 국민당 안에서 자리와 세력을 놓고 서로 싸웠기 때문이다. [78] 예를 들어 **구삼민청년단원**은 주장하기를, 당의 개혁은 「위에서부터 밑으로」 진행되어야 한다고 하였다. 왜냐하면 그들은 지방당부를 많이 장악하고 있으므로 경쟁세력이 장악하고 있는 중앙기관을 변화시키고자 하였기 때문이다. 이와는 대조적으로 당지도층에서 우세하였던 CC계는 당의 개혁을 「밑에서부터 위로」 하자고 주장하였다. [79] 그러므로 각 파는 스스로의 이익을 우선화시켰던 것이다.

이 두 파벌간의 반목은 널리 퍼져 갔다. 1948년 동안 구삼민청년단과 연결이 있는 입법원 위원은 CC계와 줄이 닿고 있는 위원과 다툰 「클럽」을 공공연히 조직하였다. 1949년 3월의 막바지에서조차 한 군대신문 보도에 따르면 구삼민청년단원과 CC계 지지자간의 갈등은 몇 개의 省에서 상당한 폭력을 수반하면서 지속되었다. [80] 실로 그 다툼은 1948년과 1949년 동안에도 매우 치열하였으므로 장개석은 원래 1948년 3월 5일에 열기로 되어 있던 국민당 제7차 전국대표대회를 무기한 연기하지 않을 수 없었다. 장개석은 후일 술회하기를 『불행하게도 삼민청년단과 국민당의 통합은…… 정치적, 혁명적 개혁의 목표를 달성하지 못하였다. 그 반대로 중앙당에서부터 지방당에 이르기까지 파벌싸움은 더욱더 악화되었다. …… 국민당과 삼민청년단을 통합함으로써 국민당을 철저하게 개편하려는 노력은 실패했다고 할 수 있다』고 하였다. [81]

# 5.　黨內政治 : 「革新」운동


주로 마샬 장군의 설득력에 힘입어 (물론 미국의 권위에 의해 뒷받침되어) 국민당과 공산당의 대표가, 전면적인 내전이 전개되는 것을 미리 막고 중국에 통일된 다당제 (多黨制) 정부를 세우고자 1946 년 1 월 10 일에서 31 일까지 정치협상회의 (政治協商會議) 에서 만났다. 당시 정치정세의 변덕스러움 그리고 거기서 논의된 문제의 중요성에도 불구하고 여러 가지로 서로 다르며 서로 대립적이기까지 했던 정치적 이해관계를 대표한 36 명의 정치협상회의 참석대표는 꼭 3 주일 뒤에 합리성과 상호타협의 모범감인 합의를 짜내었다. 그 결과 정치협상회의 결의는 비록 어느 쪽도 완전히 만족시키지는 못했지만 마샬 장군이 생각한 것처럼 「자유주의적이고 전진적인 강령」을 마련하였으니, 그것이 중국에 평화와 재건의 기초를 제시하였다. [1]

그러나 정치협상회의의 결의가 실행되기에 앞서 관련된 각 정당은 그것을 인준해야 했다. 그 결의를 심의하기 위해 국민당은 1946 년 3 월 1 일에서 17 일까지 중경에서 2 차 중앙집행위원회 전체회의를 소집하였다. 이 자리에서 장개석의 지지표명이 있었는데도 그 결의사항은 강력한 반대에 부딪치게 되었다. 미국국무성의 관찰자는 막연하게 그리고 당혹스럽게 정치협상회의의 합의사항을 방해하려는 국민당 안의 「반동분자」, 「협조불가능자」, 「짜증내는 우익분자」에 대해 언급하고 있다. 공산당과의 평화적인 화해를 위한 협상을 파국으로 몰고간 이들 「반동분자」들은 「혁신」파로 불린 국민당 내의 여러 파벌의 조직된 연합세력이라는 것이 이제 분명히 드러났다. 1947 년에 한 관찰자는 『혁신파의 세력은 모든 곳에 침투하고 있으며 오늘의 정계에서 아주 날카로운 경쟁자가 되고 있다』[2]고 언급했다. 이렇게 해서 항일전 승리 후 초기의 국민당 정치의 복잡하고 풀기 어려운 상황의 중요한 요인이 되었으며, 그것을 연구함으로써 1940년대의 국민당정권의 상황과 파벌싸움에 대한 것을 많이 이해할 수 있다.

## 「革新」운동의 기원

혁신운동은 1944년 초 국민당정권의 정신적, 물질적 힘이 쇠미해 있을 때 시작되었다. 인플레로 황폐된 경제는 심각하게 악화되었고, 군대는 피폐하였으며, 전쟁에 대한 염증이 국가에 번져 갔다. 이러한 상황을 크게 걱정한 국민당의 중급간부들의 한 무리인 CC계 당원이 정부를 다시 활성화할 수 있는 방안을 모색하기 시작하였다. 이 그룹의 한 사람이었던 농업경제전문가인 소쟁(蕭錚)은 국민정부의 부패와 무능에 대한 미국인들의 비판을 들었을 때의 분한 기분을 회고하면서 말하였다. 그는 특히 행정원(行政院) 부원장 공상희(孔祥熙：그는 사실상의 원장이었다), 경제부장(장관) 옹문호(翁文灝) 등이 보인 것 같은 무능, 우유부단, 진보적 정신의 결여 등을 크게 걱정하였다. 그의 생각으로는 『대부분의 젊은 당원은 그들을 불만스럽게 여기고 있었다.』[3]

소쟁 이외에 번공전(藩公展), 곡정정(谷正鼎), 정천방(程天放), 여정당(余井塘), 뇌련(賴連)을 포함한 이 CC계 불만분자들은 애초에는 그저 서로 얘기를 나누는 정도에 불과했다. 어떤 계제에 소쟁은 진과부(陳果夫)를 통해 장개석에게 정치적 변화를 주장하는 편지를 보냈으나 陳은 그 내용의 인신공격이 너무 심하다 하여 전달하기를 거절하였다.[4] 1944년 5월에 열기로 된 국민당 중앙집행위원회 12차 전체회의를 준비하면서 그 그룹은 운동이라고 불릴 만한 정도로 그들의 활동을 확대하였다. 그들의 정치적 기반을 확충하기 위해 그들은 먼저 CC계가 아닌 세 사람의 저명한(그러나 아직 중급 정도인) 당원의 지원을 얻어냈으니 그들은 양

한조(梁寒操)와 마초준(馬超俊 ; 孫科派), 황계육(黃季陸 ; 삼민청년단 간부였
으며 胡漢民의 지지자였던 사람)이었다. 그리고 12차 중전회(中全會) 개최
바로 전날에 황포군관학교 출신파와 삼민청년단파의 주된 지도자들의
지지를 획득함으로써 믿기지 않은 동맹을 이루었다. 그들은 1930년대
에 청셔츠단의 지도자였던 하충한(賀衷寒), 강택(康澤), 소찬육(蕭贊育),
정개민(鄭介民) 등이었다.[5] 5월 21일의 중앙위원회 전체회의에서 이제
대열이 증강된 혁신운동은 정부를 공격하였다. 그들이 아주 강력하였으
므로 회의가 끝나자 장개석은 혁신그룹의 몇 사람을 불러 그들의 정치
적 변화에 관해 토론하였다. 그 모임에서 장개석은 개혁제의에 대해 긍
정적인 것처럼 보였기 때문에 소쟁은 혁신그룹이 승리하였으며 그들의
개혁방안은 곧 채택될 것이라고 생각하였다.[6] 그러나 놀랍게도 장개석
은 혁신그룹의 건의대로 하지 않았다. 孔과 翁을 해임하는 것이 어떤
진정한 정치개혁이 되기 전에 꼭 필요하다고 혁신그룹은 생각했는데,
그들은 해임되지 않았다. 그러므로 12차 중전회의에서 벌인 혁신그룹
의 활동의 결과 변한 것은 아무것도 없었다. 장은 당시 일본군의「1호
작전」으로 인해 발생된 군사적 위기가 완화될 때까지 정치개혁은 연기
한다고 나중에 말했다. 그러나 장은 약속하기를, 앞으로 있을 제6차
전국대표대회에서 정부의 행정을 철저하게 변화시키겠다고 약속하였다.
  1944년의 남은 기간 동안 그리고 1945년에 혁신그룹은 개혁주장을
강화하였고 당 내의 영향력 있는 사람들과의 접촉을 갖게 되었다. 주위
환경은 개혁을 필요로 하는 심정에 유리하게 작용하였으니, 경제침체의
심각화, 일본군의「1호작전」에 대응하다가 빚어진 참담한 패배가 여러
정치세력들로 하여금 개혁이 긴급히 필요하다고 생각토록 했기 때문이
다. 예컨대 국민당원이 아니면서도 혁신그룹의 토론에 참가한 부사년
(傅斯年)은 1944년 9월, 국민참정회에서의 정치적 개혁주장에 앞장섰
다.[7] 일반적으로 정학회(政學會)파의 대변지로 생각되어 온《대공보(大
公報)》도 정부개혁을 위해 협조적인 논설로 지원하였다. 대공보 논설은
중국정부가 19세기 조직으로 20세기의 전쟁을 하려는 것으로서, 낡은

기계부속품처럼 힘을 받으면 분해되어 버린다고 하였다. 이어서 『전쟁이 중대한 국면에 접어들게 된 작년부터 정부의 허약성은 보다더 뚜렷해졌다. 부패, 뇌물 짜내기, 행정적·도덕적 이완이 표면에 드러나고, 보다더 심각해지고, 마침내는 군대의 전투력을 좀먹어가게 되었다』고 하였다.[8]

장개석도 또한 개혁을 공공연히 지지한다고 발표하면서 1945년의 신년사에서 앞으로는 정치를 「혁신」할 결심이라고 하였다(그가 「혁신한다」는 동사를 쓴 것은 우연은 아니었을 것이다). 그 전달에 혁신그룹의 주된 공격목표인 공상회는 행정원의 실권을 처남인 송자문(宋子文)에게 맡기고 미국으로 떠났었다. 혁신그룹은 송자문을 진보적인 사람으로 보고 당시에는 사이가 좋았다. 소쟁은 『혁신의 미래는 밝은 것으로 보였다』고 쓰고 있다.[9]

## 공격의 동기와 목표

이 혁신운동의 뒤에 숨은 의도에 대한 초보적인 고찰은 이미 상당히 했다고 볼 수 있다. 혁신그룹이 걱정한 것은 분명 당과 정부의 타락과 비능률이었다. 그들이 보기로는 국민당정권은 불행하게도 크게 잘못돼어가고 있었고, 군사적 패배의 주된 원인은 정부의 실책이었으니, 그것은 조세징수액의 감소와 물가의 상승, 그리고 정부의 양곡정책의 실패(아마도 현물조세징수책을 두고 하는 말인 듯하다)에 나타나 있었다.[10] 그러나 공격방향이 특정한 파벌이나 개인에도 쏠려 있었으므로——앞에서 본 바로는 공상회와 옹문호가 비판대상으로 선정되었다——그 운동은 권력투쟁의 요소가 분명히 포함되어 있었다. 혁신그룹의 특별한 공격목표의 하나는 정학계(政學系)였다. 정학계는 이념이라는 것을 우선순위에서 낮게 치는 행정적, 기술적 전문가들의 느슨한 집단이었다. 정학계 사람들은 적어도 처음에는 장개석의 의형제인 장군(張群)을 통해 장개석에게 연결되었었다. 옹문호 외의 정학계의 저명인사로는 오철성(국민당 중앙집행위원회의  主任위원),  오정창(吳鼎昌;귀주성  주석,  국민정부  文官長),  장가오(張嘉璈;교통부장,  행정원  고문),  진의(陳儀;복건성  주석,  국방최고위원회  秘書長,  중앙훈련단  敎育長),  웅식휘(熊式輝;중앙설계국장),  심홍렬(沈鴻烈;黨政考核委員會秘書長)  등이  있다.

이와는  대조적으로  대부분의  혁신그룹  사람은  국민당정권의  이념적인  지향이  있는  조직과의  관련을  통해  활동할  자리를  갖게  된  사람들이었으니,  CC계나  고도로  정치적인  황포군관학교  졸업생들이  장악한  국민당  내의  일파  같은  그러한  조직을  이름이다.  그들  생각으로는  정학계  사람들은  그저  정치적  원칙이  없는  정치적  기생자(寄生者)로서  자기들의  이익만  된다면  언제든지  당과  나라를  팔아먹을  자들이었다.[11]  게다가  혁신운동  사람들은  출세욕을  채우지  못한  사람들이었다.  그들은  스스로  「중등계급」(中等階級)  간부로  자칭하듯[12]  1920년대부터  당에  참여한  사람들로서,  나이가  중년에  접어들고  있었다,  그런데도  공상회나  옹문호  같은  기회주의자들이  10년  이상이나  당과  정부에서  요직을  차지하고  자리돌림  노릇을  하고  있어서  그들은  실권에  접근할  수가  없었다.

그러므로  혁신그룹은  1960년대와  1970년대  공산정권하에서  「두  노선  간의  투쟁」의  경우의  모택동주의자들처럼  일반적으로  「실용주의자」들에  대한  「이념강조론자」를  대표했다고  말할  수  있다.  이  두  정치적인  경쟁에  있어  원칙의  차이가  뚜렷하였다.  그러나  출세욕적인  요소와  개인적인  호오(好惡)까지가  원칙의  문제와  아주  복잡하게  얽혀  있었다.  1945년  8월  일본이  항복한  다음  혁신운동이  득세를  하자  이같은  동기의  혼합이  더  뚜렷이  나타나게  되었다.

전쟁승리  직후의  두  가지  일이  혁신그룹을  화나게  하였다.  첫째  것은  1945년  8월  14일  일본군이  항복한  날에  우연히도  함께  체결된  중소동맹우호조약(中蘇同盟友好條約)의  체결이었다.  이  조약에는  말썽이  많이  따랐으나  그중에도  여지껏  국민정부가  중국의  주권하에  있다고  주장해  온  외몽고의  독립을  승인한  것은  큰  말썽거리가  되었다.  이  조약은  정학계의  저명인물인  외교부장  왕세걸(王世杰)이  서명하였는데,  王은  이

조약에 서명하기를 반대하고 송자문이 사임한 뒤 이 조약을 체결하기 위해 임명되었던 것이다. [13]

두번째 것은 또 다른 정학계 사람인 웅식휘와 진의를 각각 만주(東北) 와 대만의 접수를 감독하는 직책에 임명한 것이다. 이 두 자리는 일본 군에게서 되찾은 지역의 가장 큰 돈덩어리 자리였고 熊과 陳은 말하자 면 CC계 사람들이 차지하기를 원했던 자리에 많은 자기 부하들을 임명 하고 테리고 갔다. 그리하여 만주와 대만에서는 정학계와 그밖의 국민 당의 파벌 사이에 파쟁이 격화되게 되었다. [14]

중소동맹우호조약과 접수업무를 다룰 책임자 인선에 항의하기 위해 혁신그룹은 장개석에게 편지를 보내기로 결정하였다. 소쟁, 여정당(余井 塘), 소길산(蕭吉珊)이 문안작성을 위임받았다. 이 무렵 「혁신」운동의 주동인물 중 한 사람이었을 소쟁의 회고에 따르면 이 문안의 초고는 이 번에도 매우 과격한 것이었다고 한다. 그러나 그 뒤의 자구수정을 거쳐 완화되었다. 장개석이 1945년 12월 10일 혁신그룹의 대표를 만났을 때 이 그룹이 격정하는 일에 대해 깊이 감동되는 듯 보였으며, 그들의 생 각을 채택하기 위해 무슨 일이든지 하겠다고 약속하였다. [15]

## 政治協商會議

그러나 혁신그룹의 운동을 정말로 전국적으로 중요한 것으로 만든 것 은 정치협상회의였다. 통일된 입헌정부를 만들기 위한 기본방향을 만들 기 위해 각 정당이 참여한 이같은 회의를 만든다는 생각은 국민정부와 공산당간의 1945년 초 협의에서 나온 것이었다. 원래 그해 11월에 개 최하기로 한 정치협상회의는 권력을 잡고자 서로 다투는 두 주된 세력 간에 내전이 터지고 관계가 악화되었기 때문에 연기되었다. 그러나 미 국의 마샬 장군이 중국에 온 뒤 양쪽은 다시 협상을 할 뜻이 있음을 나 타내어 정치협상회의는 마침내 1946년 1월 10일에 개최되었다. 회의에 는 38명의 대표가 참가하였는데, 국민당대표가 8명, 공산당대표가 7명

이었고 나머지 23 명은 군소정당대표와 당적을 갖지 않은 저명인사가 포함되었다. [16]

3 주 동안의 회의에서 정치협상회의는 민주적인 입헌정부를 만들고 통일된, 어느 정파에 속하지 않은 국군을 만들기 위한 5 항목(정부조직, 시정강령, 군사문제, 국민대회조직, 헌법초안수정원칙 등 다섯 조항)을 확정하였다. [17] 이 합의로 1945 년 가을에 국민당과 공산당의 내전이 발발하여 평화에 대한 희망을 위협한 이래 최초로 분명한 광명이 비추게 되었다고 많은 사람들이 생각하여 정치협상회의를 열렬히 축하하였다.

그러나 정치협상회의에 대한 이같은 축하는 교장구(較場口)사건에서 보인 바처럼 누구나 다같이 갖는 것이 아니었다. 2 월 10 일 일요일 아침 정치협상회의가 성공적으로 끝난 것을 축하하기 위해 중경의 교장구에 약 1 만 명 가량의 사람들이 모였다. 이공복(李公樸), 나융기(羅隆基), 곽말약(郭沫若) 같은 자유주의자와 좌익 인사들이 민주동맹(民主同盟)과 그밖의 여러 지방단체가 조직한 이 대중집회에서 연설하게 되어 있었다. 그러나 집회가 시작되기도 전에 한 국민당 사람이 이공복을 주석단(主席團)에서 쫓아냄으로써 대회의 주도권을 장악하려 하였다. 단상에서 격투가 벌어진 것은 분명하다. 그러자 약 3 백에서 6 백 가량의 폭도들이 걸상, 쇠막대기를 휘두르며 회장에 쳐들어와 연설예정자 몇 사람을 포함한 약 60 명의 참가자들을 피투성이로 만들었다. 현장에 있었던 경관과 헌병은 이 난투사건에 전혀 개입하지 않았다.

교장구사건을 둘러싸고 싸움이 벌어졌다. 국민당은 공산당 짓이라 했고, 좌익에서는 국민당, 그중에도 CC 계가 폭력을 사용했다고 비난하였다. 그러나 이 사건들에 관련된 한 국민당지지자의 뒷날 회고에 따르면 『국민당은 이 기회를(대중집회를) 이용하여 대회의 목적을 딴 데로 돌리고 그렇게 함으로써 공산당에게 무자비한 타격을 주고자 대회의 의장단 선출을 장악하려 계획하였다』고 한다. [18] 그러므로 국민당측의 아직 밝혀지지 않은 어떤 기관에서 비록 폭도를 정말로 불러들였다는 결론을 확실히 내릴 수는 없지만, 그 대회를 반대하여 방해할 계획을 세웠다는 것은 분명하다. 국민당측 사람들로 하여금 교장구에서의 집회를 방해하도록 한 것과 같은 감정이 「혁신」운동에 대한 자극제가 되었다. 정치협상회의가 끝나고 나서 곧 양한조(梁寒操), 소쟁, 그밖의 「혁신」운동 지도자들은 국민당 중앙당부에서 혁신운동에 관한 공개토론회를 열었다. 전에 열렸던 토론회에는 겨우 10여 명만이 참여하였으나 이번에는 100여 명이 참가하였다. 그 뒤 2월과 3월 초에 열린 네 번의 토론회에서는 150명 이상이 참여하였는데, 이는 필시 정치협상회의의 결의에 대해 많은 국민당원이 분해 하고 있었기 때문이었을 것이다. 참가자들의 대부분은 중앙집행위원회, 입법원, 감찰원, 삼민청년단간부회, 국민참정회(국민당 소속위원) 같은 중요한 국민당기관의 간부들이었다. [19]

이들 토론회야말로 「혁신」운동의 조직적 활동의 진정한 시작이 되었다. 2월 27일의 세번째 토론회에서 혁신그룹은 「우리들의 외침」이라는 「혁신」운동의 주된 목표를 선포한 문서를 채택하였다. [20] 그리고 3월 4일에는 이 운동의 조직규약으로 삼은 임시강령을 준비하였다. 그리하여 1946년 3월 「혁신」운동은 조직적 정치활동으로 발전함으로써 많은 추종자가 생겨 상당히 강화되었다.

국민당 중앙집행위원회가 3월 10일에서 3월 17일 사이에 중경에서 개최되었을 때 혁신그룹은 이 회의에서 큰 소란을 피웠다. 한편 그들은 당과 정부를 사실상 전면적으로 신랄하게 비판하면서 개혁을 요구하였다. 그 주장중에는 관료주도의 기업활동으로부터 토지개혁실시를 하지 못한 것까지, 국민당정권의 관료적 방법에서 외교정책 수행에 이르기까지 다 포함되었다. 다른 한편으로는 정치협상회의의 결의사항을 비판하였다. 양한조와 여정당은 32명의 다른 혁신그룹 사람들이 서명한 공동성명을 발표하고 그 결의사항을 전면적으로 거부할 것을 주장하였다. 그 뒤 110명의 다른 대의원들이 비슷한 요구를 제안하였다. 혁신그룹은 정치협상회의의 국민당대표인 장군, 왕세걸, 소력자(邵力子) 등 3명을 국민당에서 추방하라고 공식으로 요구하기까지 하였다. 그 이유는 그들이 다른 당과 타협을 하였고, 정권을 다당(多黨)정부에 넘겨주려 합

으로써 당에 대해 불충을 저질렀다는 것이다. 유명한 CC계 사람이고
「혁신」운동의 지도자중 한 사람인 곡정강(谷正剛)은 『당을 구하자!』라
고 흥분하여 소리쳤다. 당지도부는 틀림없는 반란을 만난 것이었다. 이
에(정학계의 한 사람이었던) 중앙당비서장 오철성(吳鐵城)은 그 비판이 하
도 지독한 것에 혼이 나 사의를 표명하였다.[21]

　장개석으로도 이같은 비판은 그저 귀찮기만한 것이 아니었다. 그들은
장개석의 지도권에도 도전하였던 것이다. 왜냐하면 정치협상회의의 합
의사항의 배후에 그가 도사리고 앉아 있어서 국민당의 대표는 전적으로
그의 명령대로 행동하였기 때문이다.[22] 이에 장개석은 그들에 대한 비
판은 말이 안되며 지나친 것이라고 주장하고 장군과 그밖의 대표들을
변호하려 나섰다. 더 나아가 그는 『정부의 잘못은 나의 잘못이다』라고
말하였다.[23] 그러나 그는 후회하지는 않았다. 그는 말하였다. 『(1944년
일본군의 「1호작전」때) 아군(我軍)이 참패를 당하여 중국이 극히 위험한 상
황에 처하게 되었을 때 그대들 모두는 신념이 흔들거렸지만 나만은 계
속 항전을 주장했었다. 이제 전쟁에 이기고 나니 너희들은 할 말이 많기
도 하구나.』[24]

　하나 장개석도 이 짜증스러운 「혁신」운동을 전적으로 무시할 수 없어,
적어도 네 번 그 대표들에게 정치협상회의 결의를 지지하라고 호소하
였다.[25] 마침내 그는 「혁신」운동 대표 11명과 은밀히 만나 『내가 살아
있는 한 공산주의자가 정부에 참여하지 못할 것』이라고 다짐하였다.[26]
말하자면 정치협상회의 결의를 반대하는 데는 「혁신」운동자들과 같다는
것을 스스로 표명한 것이다. 연합(국민당 이외의 정파와)정부를 만드는 것
을 그가 정말 반대하였는가 하는 것은——그럴싸하다고 생각되나——지
금 단정할 수는 없다. 그러나 그의 반대가 정말이었다 할지라도 그가
그것을 공공연하게 그렇다고 하기는 어려웠다. 왜냐하면 그렇게 하면
마샬 장군과 사이가 나빠질 것이고, 그렇게 되면 미국의 정치적, 물자
적 지원이 계속되기 어려웠을 것이기 때문이다. 그러나 중앙집행위원회
에서의 「혁신」그룹의 반란은 적어도 혁신운동의 몇 사람들에게만은 그

의 본심을 드러내 보이지 않을 수 없었던 것이다.

그 비밀회동 뒤 「혁신」운동자들은 2차 중집전체회의의 나머지 회의에서는 눈에 띄게 조용해졌다. 그리하여 회의가 끝나면서 중앙집행위원회는, 장개석도 좋아한 얼마간의 수정제의가 가해지기는 하였으나 만장일치로 정치협상회의의 결의를 전부 인준하였다.[27] 이 수정제의의 진의는 적어도 표면상으로는 불분명하다. 대외적인 국민당의 주장에 따르면 그 수정제의는 그저 제의에 불과하므로 뒤에 정치협상회의가 그것을 거부해도 국민당은 본래의 결정을 존중한다는 것이었다.[28] 그러나 공산당과 미국대사관 간부들을 포함한 외부의 관찰자들은 2차 중집전체회의 참가자가 공산당과의 협약을 방해하기 위해(정치협상회의에서 제기된) 헌법안과 그밖의 매우 미묘한 문제들에 대해 세세한 의문을 제기하였다고 생각하였다.[29]

그 수정제안에 숨어 있는 참뜻을 눈치챈 공산당은 국민당이 배신을 하였다고 즉각 비난하였다. 공산당은 정치협상회의에서 연립정부에 참여하는 데 적극적인 것처럼 보이기는 했으나——참여하기를 열망하기까지 하였다——이제는 정치협상회의의 결의를 비준하기 위해 3월 31일에 열게 되어 있는 그들 자신의 중앙위원회를 연기함으로써 정치적 해결을 회피하기에 이르렀다. 그들은 또한 4월 18일에 만주의 장춘(長春)을 점령함으로써 군사작전을 계속하였다.[30] 그러므로 국민당의 제2차 중앙집행위원회전체회의는 전후의 국민당과 공산당 관계의 한 전환점이였다. 하기야 이 두 권력쟁탈자는 그들의 차이를(궁국적으로) 조화시킬 수는 없었을 것이다. 그러나 실제에 있어서 이제 국민당의 강력한 일부가 된 「혁신운동」은, 적어도 내전을 예방하려는 고무적인 시도로 생각되었던 것을 방해하는 데 성공한 셈이 된 것이다.

### 「革新운동 좌담회」의 구성

제2차 중집전체회의가 있은 지 몇 달 뒤, 「혁신」운동의 조직은 여러 성으로 퍼져나갔다. 수도좌담회(首都座談會)라고 불리운 이 운동의 중심 기관은 처음에는 중경에, 다음에는 동쪽으로 복귀한 정부를 따라 남경에 두었다. 지도자로서는 혁신운동의 중앙본부사무소의 일상업무를 번갈아 맡는 13명의 소집인이 있었다. 중앙본부에는 네 부(총무, 편집, 출판, 통신)와 다섯 개의 연구분과(黨務, 정치, 경제, 국제관계, 특수문제)가 있었다. 모든「혁신」좌담회는 공개였고, 국민당의 개혁에 동조하는 모든 국민당원과 삼민주의청년단원은 참가해도 되었지만, 정당한 이유없이 좌담회에 세 번 결석하거나 매주 한 번 있는, 각자가 속한 연구분과에 세 번 불참하면「혁신」운동 참가자의 자격을 상실하게 되어 있었다. 이와 유사한 좌담회가 하급 지방단위에도 열리게 되어 있었다. [31] 실제의 조직이 이 기본방안과 얼마나 합치하였는지는 분명치 않다. 그러나 이 운동은 곧 널리 확대되었다. 1946년의 여름과 가을에는 남경과 상해 외에 광동, 귀주, 운남, 절강, 호남의 여러 성에「혁신」좌담회가 조직되었는데, 그 좌담회는 보통 국민당의 성당부(省黨部)에서 열렸다. 특히 이 운동이 활발했던 호남성에서는「혁신」좌담회가 현(縣)단위에서도 조직되었다. [32]

공개모임이나 좌담회를 주최하는 일 말고도「혁신」운동의 주된 활동은 국민당의 개혁론을 전파하기 위한 잡지와 소책자의 간행이었다. 1946년 7월에 중앙본부는 《革新周刊》을 발행하기 시작하였는데, 발행인은 양한조였고, 편집자는 양유형(楊幼炯)이었다. 호남, 운남, 광동 등 몇몇 지부에서도 여러 가지 출판물을 간행하였다. [33]

## 黨과 정부에 대한「혁신」파의 비판

「혁신」운동 간행물의 필자들은 한결같이 국민당의 상황에 대해 실망을 나타내고 있다. 전건부(錢建夫)는 말하기를 국민당은 병들었으며 수술 없이는 회생할 수 없다고 하였다. 『「혁신」은 혁명과 같다. 만약 오늘날 우리의 국민당 동지가 혁명을 수행하기 위해 일어서지 않는다면 장차 상

대가 우리를 반대하는 혁명을 성공시키는 것을 그저 보고만 있게 될
것』이라고 그는 주장하였다. [34] 청 유안 첸은 당에 대한 실망을 더 솔직
하게 다음과 같이 표명하였다.

중국국민당이 「혁신」을 해야 한다는 것은 움직일 수 없는 사실이다. 뿐만
아니라 「혁신」의 필요는 오늘에야 비로소 나타난 것이 아니다. 오래전, 북벌
(北伐) 후에 정권은 관료들에게 빼앗겼다. 북벌에 성공하고 나서, 그리고 국민
당이 정권을 잡고 나서 국민당은 모든 당의 원칙을 실행하기 시작했어야 했다.
그러나 정권이 근 20년 동안이나 빼앗겼기 때문에…… 국민당은 표어를 써 붙
이고 구호를 외치는 일밖에 안했고, 실제로 통치를 할 능력을 갖지 못했다.
그리하여 백성들은 오직 국민당의 주의를 나타내는 구호와 표어에서만 희망을
찾았을 뿐 바로잡힌 것을 보지 못하였다. 실제 통치에 있어서는 모든 면에서
후퇴를 하고 있다. 국민당은 민주주의를 주장하고 있으나 정부는 중앙중심주
의를 강조하고 있으며, 선거에는 관심이 없다. 국민당은 지방자치원칙을 주장
하고 있지만 정부는 특수한 경제적 특권층을 키우고 있고…… 잡다한 부과금
과 세금을 징수함으로써 백성들은 어디서나 빈털털이이다. 이 모든 것들은 중
국국민당이 실제 통치와는 아무런 관련이 없다는 것을 입증한 것이다. 실제
통치로부터 격리된 정당은 그 존재이유가 없는 것이다. [35]

이같은 실망은 「혁신」운동의 여러 간행물에 가득차 있었다. 그러나
「혁신」운동자들은 비관적이어서는 안된다고 하였으니, 양한조가 《革新
周刊》의 창간호에서 말했듯이 「불만」은 혁신할 수 있는 진정한 기회이
며 새로운 삶을(이룰 수 있는) 조짐이기[36] 때문이라는 것이다.

국민당 상태가 약화된 원인을 추구한 많은 「혁신」운동론자들은 청 유
안 첸이 말한 것처럼 1927년 당이 정권을 장악한 직후에 문제가 처음
대두되었다고 보았다. 『당은 17년 동안 정권을 잡아왔다. 그리고 17년
동안 병들어 왔다』고 하옥생(賀玉生)은 말하였다. [37] 이달(李達)도 북벌은
『군사적 승리를 가져왔으나 정치적으로는 패배를 가져왔다』고 비슷하게
지적하고 있다. [38] 그러나 「혁신」론자들중에는 전쟁의 긴장과 전투의
유혹이 타락과정을 촉진하였다고 주장하는 사람도 있었다. [39] 하여간에,
1946년 당시 모든 「혁신」운동 참여자들은 국민당이 치명적으로 병들었

고 그들의 개혁제의가 신속하게 실행되지 않는 한, 헌정을 실시하게 될 앞날에 다른 당과 정권경쟁을 할 수 없다는 신념의 면에서 단합되어 있었다. 「혁신」운동자들이 보기에 국민당의 병의 근본원인은 당원들의 다양한 성격에 있었다. 『지금 당원과 국민당의 사상은 100퍼센트 복잡하다』고 양한조는 말했다.[40] 당의 조직은 적절한 기율, 훈련, 선전활동이 없이 언제나 느슨하였다. 게다가 북벌 이후 군벌과 기회주의자가 당으로 밀어닥쳤다. 그러므로 당원간에 목적의 공통성이 없게 되었다. 당과 혁명원칙에 무관심한 사람이 많았고 권력이나 돈만을 얻으려 하였다. 이러한 태도가 당의 혁명정신을 좀먹어 들어가게 했고 부패와 행정상의 무기력을 널리 퍼지게 하였으며, 일반백성들의 복리에는 무관심하게 하였다는 것이다.[41] 「혁신」론자들은 또 국민당이 약화된 것은 당내 민주주의를 하지 못하였기 때문이라고 비난하였다. 그들에 따르면 1928년 이래 민주집중제도가 개인영도제도로 대체되었다는 것이다. 그러므로 당의 영도자는 선출되는 일이 없고, 당의 고위층에서 지명되었다는 것이다. 어떤 책임도 부과되지 않았고, 당의 영도층으로부터 무시당한 현 이하의 당세포조직은 위축되었으며, 집회는 공허한 형식에 불과하게 되었고, 젊고 보다 유능한 당원은 그리하여 소극적이 되거나 당을 떠나기까지 하였다는 것이다. 그러므로 국민당은 사회나 심지어 평당원 사이에서조차 기반이 없었다는 것이다.[42]

또한 당내 민주주의가 없었기 때문에 당의 지도자들은 늙고, 상상력이 메마르고, 그들의 특권을 지키기에 여념이 없는 「특수한 계급」이 되어 버렸는데, 그들은 권력을 독점하였지만 그 권력을 가지고 아무것도 해놓은 것이 없다고 주장하였다.[43] 그들 스스로를 당의 하층조직과 절단함으로써 새로운 피와 젊은 당원의 새로운 생각을 흡수하여 당이 젊어지는 일이 없게 되었다는 것이었다. 이러한 현상으로 인한 1946년 현재의 결과는 『국민당이 이제는 구시대의 정신을 나타내고 현상을 가까스로 유지하는 것이 되었고, 미래를 향해 낙관적으로 나가는 젊은 태도는 볼 수 없게 되었다』는 것이었다.[44]

「혁신」운동자들에 따르면, 국민당의 치명적 결점은 당이 정부를 통제하지 못한 일이었다. 손문의 혁명방략에 따르면 훈정(訓政)시기의 당은 정부를 ·감독하고 방향을 제시하여 정부보다 우위에 있어야 했다. 그러나 당이 지배한다는 원칙은 무시되었다. 『정부는 오래전에 당과의 관계를 떨쳐 버렸다』고 청 위안 첸은 말하였다. [45] 또 유부동(劉不同)은 『정부는 당의 정부이지만 당의 정치강령과 아무 상관이 없다. 당은 삼민주의의 당이기는 하나 삼민주의와 아무 상관이 없다』고 언급한 바 있다. [46]

이같은 몇 가지 요인들 때문에——1927년에 기회주의자가 당으로 몰려 들어오고, 당의 조직이 약화되고, 당내에 민주주의 정신이 없고, 당이 정부를 통제할 수 없고 하는——당과 정부는 지금 관료주의, 파벌싸움, 관료자본주의의 병폐를 갖게 되었다. 이것들이 「혁신」운동의 3대 공격 목표였다.

특히 관료주의와 파벌싸움은 당의 「도덕적인 상처」라고 「혁신」운동의 주된 정치선언인 〈우리의 부르짖음〉〔我們的呼聲〕에서 말하고 있다. 관료주의의 독은 정권 내부에 스며들었다는 것이다.

모든 관청은 거의가 겉치레나 하고 형식만 따진다. 이상을 위해 싸우는 정신은 없다. 모든 단위의 관리들이 상사나 부하를 속이는 것은 흔한 일이다. 그들은 착취를 하고 부패한 짓을 한다. 나라나 백성을 구해 보겠다는 생각은 전혀 하지 않는다. 정부기관이건 당의 기관이건 거기서 하는 모든 일은 백성이나 사회와 유리되어 있고 옛날의 구식의 찌들어져 가는 관청처럼 되어버린다. 그 많은 회의에서 그들 나리들은 형식을 따지는 일은 흔하나 열띤 토론도 없고 다수자의 의견을 존중하는 민주적 방식도 없다. 한때 활력에 가득찼던 혁명당이 이젠 옛 겉모습만 어렵사리 간직한 채 늙은이의 심리를 나타내 보이고 있다. 희망에 찬 미래를 향하는 젊은이의 기상은 볼 수가 없다.

는 것이다. [47]

당내 파벌싸움에 관해 장개석은 1938년의 국민당 임시중앙위원회 전체회의에서 당내의 모든 「군소조직」은 해산하도록 명령했으나 파쟁은 빈번하였다. 임탁선(任卓宣, 필명은 葉靑)은 『당내에 파벌도 많고, 큰 파벌 안에 적은 파벌이 있고, 모든 파벌은 서로 다툰다』고 개탄하였다. [48] 「혁신」운동론자들은 정권 내의 인사가 그 사람의 공로나 능력에 따라 결정되지 않고 개인끼리의 관계나 파벌간의 관계에 따라 결정된다고 불평하였다. [49] 그러므로 당원들은 파벌만을 알게 되고 당의 조직은 알지 못한다. 그리하여 『그들은 자기네의 파벌을 확대하기 위해서는 당을 파괴하거나 희생하는 일을 서슴치 않는다』[50] 〈우리의 부르짖음〉이 내린 결론은 이같은 파벌싸움 때문에 『유능하고 정직한 사람은 풀이 죽어 버린다. 이러고서야 당의 숨이 막히지 않을 수 있겠는가?』[51] 였다.

정치적 영향력과 부당하게 치부한 재부를 이용하여 나라의 경제에 투자하고, 지배한다고 하는 국민정부의 고관들을 가리켜 쓰는 말이 관료자본이라는 감정적인 용어였다. 얄궂게도 이 말은 친공산당적인 논자들이 만들어낸 것이었을 터인데도 「혁신」운동 그룹은 이 말을 자기들의 것으로 만들었다. 그들에게 있어서 이 말은 나라를 해치는 광범위한 문제들을 비판하는 데 무턱대고 사용하는 공격무기였다. 예컨대, 그들은 관료자본가들이 여러 가지 국영기업을 주무르고, 투기를 위해 외환통제권을 이용하였다고 비난하였던 것이다. 그 결과 정상적인 상공업활동은 발전할 수가 없다는 것이다. 관료자본가들은 또한 사사로운 이익만을 좇을 뿐 국민의 복리는 안중에 없기 때문에 정부는 백성들의 생활수준을 향상시킬 수가 없다는 것이었다. 그들은 물가를 조작하고, 금리를 높게 하고, 농민을 착취하고, 빈부의 차를 확대하였다고 하였다. 관료자본가의 방법은 정부의 부패와 비능률, 관료주의를 조장하였다고 하였다. [52]

「혁신」운동자들의 관료자본에 대한 공격은 대개는 구체적인 지적이 따르지 않았다. 그들은 공상희와 송자문의 가족이 관계되어 있는 장강(長江) 및 양자공사(揚子公司)를 (대표로) 잡아 (공격)하였다. [53] 그들은 또한 송자문을 부패하였다고 신랄하게 공격하였다(장개석은 공개적으로『송자문은 부패하지 않았다』고 변명하였다). [54] 그러나 대부분의 경우 관료자본

이라는 말은 단지, 경제적 위기와 백성들의 생활수준이 저락해 가는 데
대한 「혁신」그룹의 구호였다. 이는 또한 공직을 이용하여 치부하지 못
하게 모든 당원의 재산을 신고하도록 그들의 지도자가 요구하는 근거가
되기도 하였다.[55] 관료주의, 파벌싸움, 관료자본 등의 문제에 대한 「혁
신」운동으로서의 대책은 당을 숙정하는 일이었다. 1945년 5월의 6차
전당대회와 1946년 3월의 제2차 중집위전체회의가 다같이 「부패하고
못된 분자를 철저하게 숙정하기 위해」 당원을 총검사〔總淸査〕할 것을
공식으로 요청하였다.[56] 그러나 제2차 중집전체회의가 끝나고 나서 두
달 동안 중앙당부는 숙정의 요청을 실행에 옮기지 않았고, 그렇게 할
가능성도 회미해졌다. 그리하여 1946년 8월과 9월이 되면 「혁신」운동
참가자들은 맥이 풀려 갔다. 왜냐하면 제2차 중집전체회의 후 6개월이
되어도 「혁신」운동은 이렇다 할 성과를 얻지 못하였기 때문이다. 실로,
지난날의 잘못은 여전하였고 형편은 더 나빠져 갔다. 그러므로 「혁신」운
동의 『가장 열렬한 참가자들도 우리의 「혁신」운동이 빈말밖에 아니었지
않나 하고 생각하게 되었다』고 완화국(阮華國)은 말하였다.[57]

　그러나 1946년 9월에 중앙당부는 마침내 10월 1일부터 모든 당원의
총검사가 시작된다고 공포하였다. 이 소식은 「혁신」그룹을 굉장하게 흥
분하게 하였다. 이것은 국민당에 있어 (1927년의 공산당) 숙정 이래 가장
큰 사건이라고 루안 화 꿔는 기뻐하였다. 『이것이야말로 「혁신」운동의
제일탄이라 할 수 있다』고 그는 말하였다.[58] 1947년의 전반기 동안 「혁
신」운동은 정계에서 주된 세력이었었다. 1월과 2월 초에 송자문의 재정
정책이 파국적인 황금공황을 가져오고 나자 3월 1일에 송자문이 국무총
리(행정원장) 자리에서 물러났다. 간행된 자료에는 송자문의 비판자로서
중앙집행위원회 제3차 전체회의준비위원회, 입법원, 국민참정회의 부
사년(傅斯年) 등으로 되어 있으나 「혁신」그룹이 송자문공격에 앞장섰다
고 생각하는 것은 어려운 일이 아니다.[59] 이달 말의 제3차 전체회의
기간 동안 곡정정(谷正鼎), 유건군(劉建群), 뇌련(賴璉), 황우인(黃宇人),
임탁선 등 「혁신」운동 주요 영도자들의 관료자본, 공산당과의 협상, 많

은 정부관료 등에 대한 공격이 어찌나 거세었던지——특히 진의(陳儀),
왕세걸(王世杰) 같은 정학계(政學系) 지도자에 대한 공격에 있어 그러하
였다——일반 언론들은 그들을 전체회의의 「대포」라 부를 정도였다. [60]
회의의 결의문 중에는 부패한 관료의 재산을 몰수한다는, 「혁신」운동자
들이 제기한 요구도 포함되어 있었다. [61]

## 「혁신」운동의 소멸과 그 결산

1947년 3월의 제3차 전체회의 이후 「혁신」운동은 자취를 감춘다.
「혁신운동」의 남경에서의 기관지인 《革新周刊》은 1947년 8월에 폐간되
었는데, 이 일은 하나의 효과적인 정치적인 힘으로서 운동——적어도
여러 파벌의 연합체로서의——의 종말을 의미하는 것이었다. 「혁신」운
동의 소멸의 여러 가지 원인은 추측할 수밖에 없다. 「혁신」운동 종사자
들은 아마도 이렇다 할 성과가 없기 때문에 맥이 풀렸을지도 모른다.
예컨대 1946년 10월에 있었던 당의 숙정은 사산(死産)하여 버렸다. [62] 장
개석도 1947년 3월에 경멸받던 정학계중 가장 저명한 장군을 송자문의
후임으로 정부의 국무총리(행정원장)에 임명함으로써 「혁신」운동에 대한
동정이 한계가 있음을 분명히 하였다. 그러나 「혁신」운동이 시들게 된
가장 뚜렷한 이유는 삼민청년단과 CC계 사이의 갈등이 증대한 것이었
다. 이 두 파벌의 오래된 세력다툼 때문에 「혁신」운동은 처음부터 부자
연스러운 정치적 결합이 되었다. 그렇게 될 수 있었던 것은, 양자가 다
완전한 통일체가 아니라 여러 가지 정치적 색채를 가진 사람들을 포함
한 것이었기 때문이다. 예를 들어 소길산(蕭吉珊), 왕병균(王秉鈞) 같은
몇몇 CC계 사람들은 삼민청년단이 정치에 간여하는 것을 절대 반대하
였으므로 그것을 제대로 된 하나의 정치세력으로 다루기를 꺼려하였다.
뇌련, 소쟁(蕭錚), 여정당 같은 또 다른 사람들은 삼민청년단이 이미 정
치에 간여해 있으며, 따라서 그 조직과 같이 일하는 편이 낫다는 현실
적인 입장을 취하였다. 그러나 1947년의 선거운동기간 동안 이 두 세

력간의 갈등은 중앙에서나 지방에서 아주 심하였으므로 양자간의 우호
적인 협동은 불가능하게 되었다. 이리하여 「혁신」운동은 소멸하고 말았
으니, 그것은 「혁신」운동 지지자들이 개탄해 마지 않았던 파벌싸움에 희
생된 것이었다. [63]

그러나 「혁신」이념은 곧바로 없어지지는 않았다. 1947년 9월에 삼민
청년단과 국민당을 통합하게 한 당의 결의는 「혁신」운동이 주장한 것과
같은 것이었다. 「혁신」운동의 전지도자인 소쟁, 곡정정 같은 사람들을
포함한 약 200명의 입법원 위원들은 입법활동에 있어 「혁신클럽」을 통
해 협조하였다. 그것은 지금까지 존재하고 있다. 그러나 이 클럽의 회
원은 대체로 CC계 추종자들이다. [64] 삼민청년단 이념을 여전히 지지하는
사람으로서 「혁신」운동에 참여했던 입법원 위원들은 신정(新政)클럽이라
는 경쟁적인 클럽을 조직하였다. 유건군, 황우인, 유보통(劉普通)이 영
도하는 이 클럽은 CC계의 「사적(死敵)」이라고 불리웠다. [65]

「혁신」운동은 그것이 계속되고 있는 동안 파벌싸움을 맹렬하게 비난
하였다. 그러나 실에 있어 그 운동은 무질서하게 여러 파벌이 난립해
있는 국민당정권 안의 또 다른 파벌에 불과하였다. 물론 「혁신」논자들은
이를 부인했다. 예컨대 임탁선은 주장하기를, 그 운동의 목표는 파벌을
없애고, 모든 진정한 혁명운동자들을 정화된 국민당으로 통합하려는 것
이었으므로 파벌(활동)이 아니라고 하였다. [66] 「혁신」운동이 CC계와 삼
민청년단 같은, 서로 경멸하고 싫어하는 것 외에는 공통성이 없는 국민
당정권 내의 여러 요소를 뭉치게 한 것은 사실이다. 그러나 그들은 정학
계와 정치협상회의에서의 합의사항이 서로의 상대편보다 더 절박한 정
치적 위협이 되기 때문에 일시적으로 연합할 수 있었을 뿐이었다. 「혁
신」운동자들은 또한 그들이 이기적인 동기를 가지고 개혁을 주장했다는
것을 부인했다. 진겸부(陳謙夫)는 『「혁신」운동에 참가한 사람의 동기는
순수하고 고결한 것이었다. 말하자면 우리는 어떤 사리사욕도 없었다.
우리가 개선을 하려고 한 것은 티끌만치도 이기심과는 상관없이 순수하
게 당과 국가를 위한 것이었다』고 하였다. [67] 이기심이 없었다는 주장에

도 불구하고 「혁신」운동 참여자들은 정치적 개혁이 자기들의 개인적 영
달에 미칠 영향에 대해 무관심하지 않았다. 그들은 주장하기를, 정치적
변화는 필연적으로 인사면의 변화가 따라야 한다고 했고, 당을 숙정하
고 나서는 빈 자리에 충성스럽고 유능한 당원을 임명해야 한다고 생각
하였다. 완화국(阮華國)의 말대로 『충성스럽고 유능한 동지가 승진하여
능력을 발휘할 기회를 갖고 당과 정부의 모든 면에서 대거 책임을 질
수 있게 되어야 한다』는 것이었다. [68]

　「혁신」운동을 촉진한 것에 출세욕이 있었다는 것은 그들이 정치협상
회의에 왜 그렇게 신랄하게 반대하였는가를 이해할 수 있게 해준다. 첫
째로, 「혁신」운동자가 정치협상회의와 그 회의의 대표였던 정학계 사람
에 대해 맹공격을 가한 것은 당의 개혁을 해야 한다는 그들 「혁신」운동
자의 요구와는 전혀 아무런 상관이 없는 것처럼 보인다. 그러나 그들의
정치적 특권을 극대화하려는 관심이라는 면에서 보면 그들의 반대의 까
닭은 지극히 분명해진다. 「혁신」운동자들은 직업당원이기 때문에 당이
그들의 앞으로의 진로를 담당한다. 만약 정치협상회의의 합의사항이 실
행되게 된다면 국민당은 정부로부터의 재정원조를 못받게 될 것이며,
정부의 관직 전부는 비국민당 사람과 나누어 가져야 하게 된다. 장군,
왕세걸, 소력자가 그 회의에서 한 양보는 그러므로 그들 당원의 생계를
위협하게 되는 것이다. 만약 「혁신」운동의 이면의 동기가 당의 개혁에
만 있었다면 진립부(陳立夫)가 왜 공격받지 않았는가는 설명할 수가 없
다. 장개석 바로 다음가는 그보다 더 국민당 내의 민주성의 결여, 조직
기강의 이완, 지방단위의 취약성 등에 대해 책임져야 할 사람은 없었던
것이다. 그런데도 「혁신」운동의 간행물에는 진립부에 대해 한 마디의 비
판도 찾아볼 수가 없다. 물론 진립부는 이른바 CC계의 지도자로서 「혁
신」운동의 많은 지도자들과 밀접한 관계에 있었다. 「혁신」운동자들은
특별히 정치적인 의미는 없는 陳의 철학적 논문을 《革新月刊》지에 발표
하기까지 하였다. 그러나 그는 그 운동에는 참여하지 않았다. 실은 그
는 그 운동이 너무 과격하다고 생각하였던 것이다. [69] 그가 「혁신」운동

자들로부터 전혀 공격을 받지 않았다는 것은 이 운동이 국민당지배로부터 정치적 혜택을 주로 입고 있는 정학계, 송자문, 공상회에 대한 반대보다는 국민당정권을 괴롭히는 여러 폐단에 대한 반대가 더 약하였다는 것을 의미한다.

「혁신」운동의 전기간을 통해 장개석의 이 운동에 대한 태도는 애매하였다. 몇 번인가는 그 운동의 이념에 대해 찬의를 나타냈으나 그러나 그에게 있어 이 운동은 성가신 것이었음이 분명하다. 예를 들어 정치협상회의에 대한 공공연한 반대는 그가 바라는 것이 아니었다. 그는 또한 번번이 孔, 宋, 그리고 정학계 사람들을 「혁신」운동의 공격으로부터 막아내 주었다. 그들은 그가 의지하고 신뢰하여 개인적인 관계에서 임명한 사람들이었고 그가 승인한 정책을 수행하였었던 것이다.[70]

「혁신」운동자들로서는 장개석에 대해서는 공손하게 존대하였으나 장개석은 그들의 공격목표에 아슬아슬할 정도로 근접해 있었다. 예컨대 호남성의 한 「혁신」운동자는 장개석이 아첨군에 둘러싸여 있다고 공격하였다. 그러므로 장개석의 비위만 맞추지 않고 진실을 직언하는 정직한 간부가 있어야 한다고 하였던 것이다. 그는 또 말하기를, 장개석이 명령만 내리면 「혁신」운동의 몇몇 목표 즉, 부패관료를 몰아내고, 해독이 가장 심한 관료자본가를 쫓아내며, 청년단들(원문 그대로임)을 해산하는 일 등은 달성된다고 하였다.[71] 장개석이, 오랫동안 기대하였던 당에 대한 총검사명령을 내리는 것을 지연시키고 있을 때 당숙정을 주장한 사람들은 비슷한 불만을 느꼈을 것이다. 마찬가지로 「독재」와 「개인영도」에 대한 「혁신」운동자들의 비난은 비록 장개석 개인을 뚜렷하게 겨냥한 것은 아니었다 할지라도 장개석에 연결지워졌을 것이며, 적어도 국민당의 평당원들 사이에서 장개석의 위신이 감소하였음을 나타냈을 것이다.

「혁신」운동과 삼민주의청년단은 국민당 국가기구의 내부 분해의 예이며 동시에 증언자이기도 하였다. 이들 그룹에 참여한 사람들은 당과 정부의 중심부가 점점 더 넓게 부식되어 간다는 것을 알고 서둘러 급격한 변화를 하지 않으면 정권이 오래 지탱할 수 없을 것임을 깨달았다. 그러나 이 두 운동의 그 어느 것도 정권을 구하지 못하였으니, 그들이 공격하였던 개인이나 파벌과 마찬가지로 그들 각자도 병(病)의 일부분이었기 때문이다. 앞에서 살핀 바처럼, 삼민청년단원들이 간부의 지위를 얻게 되자, 그들은 (다른 당원과) 마찬가지로 똑같은 관료주의, 이기적인 행동, 대중에 대한 경시 등의 행동을 보였다. 몇몇 「혁신」운동 지도자들은 정부와 당의 고위직으로 승진한 뒤에는 그 운동에 소극적이 되고 말았다. 한 전 「혁신」운동 참여자는 『그들이 권력을 잡게 되면 의례 입을 다물게 되었다』고 회고한 바 있다.[72]

문제의 근원은 주로 구조적인 것이었다. 정권의 구성원으로 하여금 그들의 직무수행을 정부 밖의 정치적 지지자나 정치적 세력에게 책임지게 하는 효과적이고 제도적인 방편이 마련되어 있지 않았기 때문에 대개의 공직자들은 정치의 보다 큰 목표를 잃어버리게 되었다. 권력의 획득 그 자체가 그것에 수반되는 명예와 부와 함께 그들의 우선과제가 되어 버렸다. 그 목적을 달성하기 위해 그들은 국민당정권 안에 있어서의 정치 행동의 주된 방편인 파벌에 가담하였던 것이다.

그러므로 정책이 아니라 권력과 지위가 정쟁(政爭)의 목표였다. 이것이 삼민청년단과 「혁신」운동을 이해하고 또한 실로 국민당의 정치일반을 이해하는 열쇠인 것이다. 이 사실을 가지고 정치적 논의의 대부분이 구체적인 정책제안이나 구조분석이 아닌 인신공격의 측면에서 행하여졌는가를 설명할 수가 있다. 도덕적인 언변이 겨냥하는 것은 상대 파벌 사람이 높고, 법의가 좋은 직책에 적합한가를 따지는 것이었다. 그러나 한 파벌 사람 대신 다른 파벌 사람이 들어서도 직무수행이나 행정방식은 눈에 띄게 바뀌는 일이 결코 없었다. 왜냐하면 어떤 자리에 있는 현직자로 하여금 그 직무의 소임을 개인적인 이익과 파벌의 이익보다 중요시하도록 압력을 가하는 통로가 정치제도에 없었기 때문이다.

삼민주의청년단원이나 「혁신」운동 참가자가 여타의 국민당원과 마찬가지로 비슷한 증상에 걸리기 쉬웠다는 사실이 그들의 비판의 힘이나 정확성을 손상시키는 것은 아니다. 그러나 그들의 이상론의 근저가 얼마나 얕은가를 나타내 준다. 이는 더 나아가 국민당정권의 기본적인 취약점이 이념의 면에 있는 것이 아니라──삼민주의 청년단이나 「혁신」운동의 비판은 일반적으로는 다같이 옳다고 나는 보기 때문에──구조적인 면에 있다는 것을 시사하고 있다. 근 20년 동안 집권한 국민당의 중심기관은 내부의 새로운 피를 가지고 활력을 되찾게 하거나, 외부로부터의 알찬 비판의 숨길로 기운을 되찾거나 해본 일이 없어 그 정권은 곪게 되었고, 그것이 모택동(毛澤東)의 과업을 말할 수 없이 쉽게 해주었던 것이다.

## 6. 抗日戰爭과 國民政府軍

군대는 국민당정권의 주된 지주였다. 이 정권의 정치기관인 국민당과 국민정부는 사회에 확고한 기초를 다지지도 못하였고, 강력하고 자주적인 제도를 만들지도 못하였다. 그들은 1920년대 국민당군의 승리 후 권력과 영향력을 행사하게 되었으나 국민당 집권기간중 그들은 군의 영도와 정책적 요구에 압도당하였다.[1] 하지만 항일전쟁과 공산군과의 내전 동안 국민당정권의 이 지주는 어찌나 부식되어 있었는지 1948년과 1949년에 가면 국민당정권의 정치적 제도를 지탱할 수가 없었다.

국민당정부군을 정당하게 평가해 보자. 군은 조직, 훈련, 장비면에서 확실히 우세한 적군(일본군)과 8년간의 싸움을 치러냈다. (독일군에 대한 저항이 겨우 6주일간의 전투 끝에 붕괴된) 프랑스군이나 (미국으로부터 대규모의 물자원조를 받은) 영국군의 경우와 비교해 보면 중국 국민정부 군대의 저항은 놀라운 신념과 자족(自足)의 경이였다. 신속하고 결정적인 승리를 기대하였던 일본군의 계산을 완전히 좌절시킨 국민정부군은 상해, 남경 그리고 북부중국, 중부중국에서 엄청난 손실을 무릅쓰고 활발하게 싸웠다. 그리고 나서 해안지대에서 주요 교통망이 닿지 않은 곳으로 후퇴한 국민정부군은 지구전(持久戰)으로 바꾸어 일본군을 중국의 광대함의 늪 속에 허우적거리게 하였다. 이 완강한 저항은 추축국(樞軸國)에 대한 연합국의 전면전에 상당히 중요한 공헌을 하였다. 국민정부군은 약 100만의 일본군을 아시아대륙에 묶어놓았으니, 그렇지 않았다면 그들은 태평양에서 섬에서 섬으로 옮겨 싸운 서방 동맹군과 싸우도록 동원되었었을 것이다.[2] 만약 역사가 1945년 이후 국민정부군에게 어떻게든 좀더 친절하였더라면——내전이 없었다면, 전후에 안정된 국가를 대륙에 건설하는 데 성공하였더라면——역사가들은 이젠 국민정부군의 일본침략군에 대한 항전(抗戰)을 불굴의 희생의 영웅적 서사시로 다루고 있을 것이다. 그러나 전후의 전면적 붕괴라는 사실의 영향을 받아 일본군과의 항전에서 보인 국민정부군의 적극적인 공헌은 그 타락의 증거들에 압도되어 감추어져 버리고 있다.

## 對日本軍 전략의 변화

전쟁의 초기에서조차 국부군은 서양의 기준으로 보면 대단한 것이 못되었다. 프랭크 도온 장군의 회상에 따르면 『훈련상태는 아예 되어 있지 않거나 마찬가지 정도로 불충분하였고…… 장비와 무기는 ……낙후되었고 비교적 열악한 상태에 있었다. …… 탄약보유는 빈약하였다』[3]고 한다. 국부군은 행정적으로나 정치적으로 통일되어 있지 않았다. 그보다는 장비, 훈련, 전투능력에 있어서와 마찬가지로 충성의 대상도 갖가지인 군대들의 연합이었다.

이 이질적 연합의 중심에 있는 것이 「중앙군(中央軍)」이었다. 1937년 당시 중앙군은 약 30만이거나 아니면 아마도 전 국부군병력의 5분의 1 정도였을 것이다.[4] 그 고급지휘관들은 1926〜28년의 북방군벌토벌작전(북벌) 이전에 군과 국민당에 참여한 사람들이었다. 그들의 대부분은 장개석이 교장으로 있던 황포군관학교의 전(前)교관이거나 4회까지의 졸업생들이었다. 중앙군은 장개석에 대한 충성을 주된 특색으로 하였으나, 일반적으로 말해 전술 보급, 행정능력면에서는 수년은 뒤지고 있었다. 그러나 그 안에 1934년에 만들어진 「총통직속(總統直屬)」으로 알려진 정예부대가 있었다. 독일군사고문관 지도하에 훈련되고, 독일제 자동화기와 박격포로 장비된 8만 명의 정예사단(들)은 장개석의 군사근대화 방안의 핵심이었다. 이 사단들이 상당한 정도의 전투능력을 가졌다는 신념이 장개석으로 하여금 1937년 7월 7일의 노구교(盧溝橋)사건

이후 대담하게 일본군에게 맞서게 했던 것이다. [5]

　그밖의 부대는 군벌들 군대의 잔여이거나 직계후신인 지방군으로 구성되어 있었는데, 중앙정부와는 별도로 권력을 잡거나 고위직에 오른 사람들에 의해 지휘되고 있었다. 그러므로 이들 지휘관의 장개석에 대한 충성은 조건부의 것이었고, 장개석의 세력이 강화되는 것을 질시하거나 두려워하는 경우가 많았다. 따라서 국외자로서 볼 때 지방군의 행동은 때때로 여간해서는 이해할 수 없는 경우가 있었다. 1938∼39년에 걸쳐 국부군의 소련인 고문관이던 알렉산드르 칼랴야긴은 뒤에 말하기를, 『공격명령을 받은 지휘관이 후방으로 물러서고, 도시를 내어주고 해도 조금도 처벌을 받지 않는다. 이를 어떻게 볼 것인가? 〔그 해답을 얻기 위해서는〕「교파별 달력」을 봐야 하고, 그 지휘관이 어떤 사람이고, 어느 성의 군대이며, 어느 성에서 싸우고 있으며, 어느 부대와 협력관계에 있는가 등등을 알게 되면 모든 것이 자명해진다』고 하였다. [6] 바꾸어 말하면 국부군의 최고사령부는 그들의 뜻을 어떤 경우이건 지방군에게 강요할 수 있을 만큼 충분한 힘을 행사하지 못하였다는 말이 된다. 지방군의 지휘관이 잘 알고 있는 것이 하나 있으니, 그것은 그의 군사적 위치, 정치력, 경제적 부유함이 그의 군사력을 보존하는 데 달려 있다는 것이었다. 이리하여 전투에 참가하도록 최고사령부로부터 명령을 받게 되면 그 명령에 따를 것인가의 여부――싸울 것인가, 싸우지 않을 것인가의 여부――는 민족적 이해관계는 물론 개인적인 계산에 달려 있게 된다.

　전쟁이 발발했을 때 일본군최고지휘부는 긁어모은 이 군대를 깔보았다. 일본군은 1931년 만주에서 중국군을 쉽게 물리쳤는데, 1937년 당시의 국부군에 대한 평가는 그 1931년 때의 기억이 크게 작용하였다. 그러므로 전투가 벌어지자 중국군의 저항을 단 3개월이면, 길게 잡아야 6개월이면 분쇄할 수 있다고 믿었다. 그들은 중국의 정치방정식이 변하여 장개석과 중국민족의 중요한 부분들이 1931년 때와는 달리 일본군의 침략에 저항하려고 결심하게 되었다는 것을 몰랐던 것이다.

장개석의 항일전략은 본질적으로 공간으로 시간을 버는 것이었다. 그는 일본군대가 중국군보다 우세하다는 것을 인정하였으므로 그와 그의 정부가 서쪽으로 후퇴함에 따라 북부 및 중부중국의 넓은 지역을 상실할 수밖에 없음을 인정하였다. 그가 이 전략을 생각한 것은 늦어도 1935년 8월이었을 것이니, 그때 그는 정치간부들의 한 모임에서 『우리가 중국본부의 18성 중 15성을 빼앗기더라도…… 사천, 귀주, 운남성만 우리가 장악하고 있으면 어떤 적이든 물리칠 수 있고 잃은 땅을 다 되찾을 수 있다』고 한 바 있는 것이다. [7] 장개석의 확신은 중국의 경제와 사회가 아직도 전근대적이고 공업단계에 들어가 있지 않다는 인식을 바탕으로 하여 된 것이었다. 그러므로 아무리 많은 도시나 공장이 적의 수중에 들어가더라도 중국의 항전은 계속될 수 있다고 믿었던 것이다. 뿐만 아니라 침략군이 지치게 될 것이고, 사실상 한계가 없는 오지로 진출해 오게 되면 보급원과 멀리 멀어지게 된다. 상해에서의 경우처럼 공간을 가지고 시간을 버는 원칙을 고수하지 않은 때도 더러 있었다. 그러나 길게 보면 이 원칙은 그가 예상한 대로 성공하였다. [8] 일본군은 비교적 쉽게 북부중국과 동부중국의 도시중심을 장악하였다. 그러나 1938년 10월에 무한(武漢)과 광주(廣州)를 점령한 뒤로는 전쟁의 성격은 기본적으로 바뀌었다. 그때가 되면 방어하는 중국군은 일본군의 포병이나 기계화부대가 힘을 다 발휘하지 못하는 내지의 언덕이나 산에 진을 치게 되었다. 그리하여 일본군의 진격은 멈추었고, 그때부터 1944년 중반까지 양군이 대치한 전선은 기본적으로 변함이 없었다.

전쟁발발 초기에 궤멸적인 타격을 입지 않은 장개석은 전략적 승리를 거두었다. 1938년 10월 25일 무한이 일본군에게 함락당하자 그는 자랑스럽게 『이는 우리의 싸움이 방어전에서 공격전으로의 전환점이 된다. 그것은 또한 전쟁의 형세변화를 의미한다. 이를 군사적 역전이나 후퇴로 잘못 봐서는 안된다』고 하였다. [9] 많은 사람들은 이 말을 단순한 허세처럼 들었을 것이다. 그러나 장개석은 일본군이 중국의 광대한 영역에 펼쳐져 진출함으로써 그들의 병력과 장비를 엷게 분산하고 있다고 믿었던 것이다. 이 때문에 그들은 모든 전선과 후방에서 다같이 공격받기 쉽게 되었다고 그는 생각한 것이다. 그는 또한 일본국민들이 정치적 탄압과 경제상태의 악화 때문에 점점 더 그들 지도자들의 전쟁정책에 반대하게 된다고 공언하였다. 그는 말하기를, 그러므로 『우리의 적은 오래 싸우면 싸울수록 곤란하게 된다. 우리는 오래 싸울수록 더 강해지며 더 굳건해진다』고 하였다. 10)

한편, 일본군도 비슷하게 장기전 전술로 바꾸었다. 그들도 만약 그들이 오지 깊숙이까지 국부군을 쫓아간다면 헛되이 그들의 힘을 소모하게 된다는 것을 깨달았다. 그러므로 그들의 새 전략은 중국측의 「내부적 붕괴」를 통해 저항의 붕괴를 촉진하는 것이었다. 11) 이 목적을 달성하기 위해 국민정부 영역에 대한 경제적 봉쇄를 강화하였다. 이 무렵의 그들의 군사작전은 국민정부의 보급선을 조여매는 것이었다. 예컨대, 1939년 봄에 일본군은 강서성(江西省)의 남창(南昌)을 공격하여 점령함으로써 중요한 절강～호남 철로노선을 끊어놓았다. 그해 11월 광동성 서부의 북해(北海)에 혼성군을 상륙시킨 뒤 100마일을 진군하여 광서성의 수도이며 철도요지인 남영(南寧)을 점령하였다. 그리고 나서는 1940년 9월에 불령인도지나(佛領印度支那 : 베트남)의 북부를 점령함으로써 하노이와 곤명(昆明)간을 연결하는 보급로를 차단하였다. 그 뒤로부터 국부군의 외부로부터의 보급은 새로 개통되었으나 험난한 버마로부터의 통로, 홍콩으로부터의 항공운송(1941년에 일본군이 홍콩을 점령할 때까지), 러시아로부터의 원료의 마차운송과 화물차운송에 의지하였다.

일본군은 또한 파괴력이 강한 공습을 감행하였는데, 일본폭격기는 군사목표와 민간목표를 구분함이 없이 공격하였다. 그들의 목적은 군사시설이나 공장파괴보다는 일반인들의 사기를 저하시키는 데 있었다. 계림(桂林), 곤명, 서안을 포함한 국민정부 통치영역 안의 모든 도시가 사실상 공습을 당했다. 그러나 중경의 피해가 제일 심하였다. 1937년에서 1941년까지 268번이나 공습을 당한 중경은 크게 부서졌고 많은 사람이 죽었다(1939년 5월의 대폭격 때는 첫날과 둘째날에만 4,400명이 죽

었다).[12]

그러나 공습이나 봉쇄도 중국인의 저항의지를 꺾지 못하였다. 이를 안 일본의 최고군사당국은 1940년 7월에 중대한 결정을 하였다. 동남아시아의 풍부한 자연자원을 이용하지 못하는 한, 중국에서 성공하기가 어렵다고 생각하고, 또한 서양열강이 유럽에서의 전쟁에 몰두해 있다고 믿게 된 일본 지도자들은 세력확장의 범위를 중국전쟁권을 넘어서 더 넓히기로 작정하였다. 이 결정 때문에 중국전쟁의 성격이 바뀌어지지 않을 수 없었고, 또한 1년 반 뒤에는 진주만을 공격하게 되었던 것이다.[13]

전쟁의 제2단계 동안, 즉 1941년 무한이 함락된 뒤부터, 일본군은 대개는 공세를 취하였고, 그리고 대개는 승리하였다. 그러나 일본군으로서 볼 때는 적극적으로 반격한다는 국부군의 작전은 희생이 컸고 실패하는 것이었다. 예컨대 잠재적으로 위험한 국부군의 전투형세를 분산시키기 위해 일본군은 1939년 5월에, 그 다음에는 1940년 5월에 호북성 북부를 공격하였고, 1940년 1월에는 호남성 본부를 공격하였다. 이 단계 동안 전선의 움직임은 비교적 덜한 편이었지만 전투는 아주 격렬하였으니, 양군 다같이 사상자가 매우 많았음을 보아도 알 수 있다 (표 5 참조).

전쟁이 길게 끌게 되자 국부군의 손해는 병력만에 한정되지 아니하였다. 무기와 장비의 부족은 심각해져서 2, 3명 또는 그 이상의 병사가 총 한 자루를 공유하는 일이 드물지 않게 되었다.[14] 일본군의 봉쇄 때문에 군장비의 보급은 어려웠고, 원조를 해줄 만한 나라들(러시아를 제외한)은 보다 급한 일에 밀려 있었으며, 국내생산은 결코 군의 수요를 충족하지 못하였다.[15] 더 나아가 처음에는 완만했으나 1940년 이후에는 속도가 급해진 인플레는 군대에 대한 실질지출을 크게 감소시켰고 장교와 일반병사의 경제상태를 점차 악화시켰다.[16]

정치적 상황이 바뀌면서 일본군에게 적극적으로 저항하려는 국민당정권의 의지도 약화되었다. 공산군과의 반목관계는 1938년 이래 깊어갔

〈표 5〉　　　　　　　　일본군과 중국군 사상자(1937~45)

| | 연　도 | 사 망 자 | 부 상 자 | 실　종 | 합　계 |
|---|---|---|---|---|---|
| 일 본 군 | 1937(7~12) | 51,220 | 204,880 | — | 256,100 |
| | 1938 | 88,978 | 355,912 | — | 444,890 |
| | 1939 | 82,019 | 328,076 | — | 410,095 |
| | 1940 | 68,327 | 273,309 | — | 341,636 |
| | 1941 | 36,209 | 144,836 | — | 181,045 |
| | 1942 | 27,841 | 111,362 | — | 139,203 |
| | 1943 | 31,905 | 127,609 | — | 159,514 |
| | 1944 | 50,158 | 200,632 | — | 250,790 |
| | 1945 | 47,051 | 188,204 | — | 235,255 |
| | 계 | 483,708 | 1,934,820 | — | 2,418,528 |
| 중 국 군 | 1937(7~12) | 125,130 | 242,232 | — | 367,362 |
| | 1938 | 249,213 | 458,804 | — | 735,017 |
| | 1939 | 169,652 | 176,891 | — | 346,543 |
| | 1940 | 339,530 | 333,838 | — | 673,368 |
| | 1941 | 144,915 | 137,254 | 17,314 | 299,483 |
| | 1942 | 87,917 | 114,180 | 45,070 | 247,167 |
| | 1943 | 43,223 | 81,957 | 37,715 | 162,895 |
| | 1944 | 102,719 | 103,596 | 4,419 | 210,734 |
| | 1945 | 57,659 | 85,583 | 25,608 | 168,850 |
| | 계 | 1,319,958 | 1,761,335 | 130,126 | 3,211,419 |

〈출전〉《China Handbook》, 1950, p. 182.

다. 특히 1941년 1월의 신사군(新四軍)사건 이래, 국민당정권 지도자들
은 두 개의 전선을 가진 전쟁을 하고 있다고 생각하게 되었다. 미국군이
참전하게 된 뒤부터 국부군측은 두 적군중 공산군을 보다 위험스러운
존재로 보게 되었다. 왜냐하면 막대한 물자를 동원할 수 있는 미국군이
혼자서도 일본군을 이겨낼 수 있을 것이므로, 중국인이 더 이상 희생할
필요는 없다고 보았기 때문이다.[17] 이 모든 것들이 일본군에 대한 국부
군의 저항이 저조해지는 요인이 되었다. 1939년 11월에 벌써 육군에서
발행하는 한 잡지에는 장비가 부족하고, 사상자의 보충이 적절하지 못

하며, 사기가 떨어져 있다고 불평하는 글이 실려 있다. 이 글의 결론은 『이같은 군대를 가지고 어떻게 적군과 싸울 것인가』 하는 것이었다.[18] 장개석도 항전 초기에 자기 휘하 군대의 형편이 나빠져 가고 있음을 알았다. 그는 1939년 말에 일본군이 양자강을 사용하지 못하게 하는 대규모의 겨울공세를 전개하였다. 결과는 참담한 패배였다. 이 패배의 원인을 검토한 장개석은 1940년 2월 일반병사의 사기가 1937년 이후 현저하게 저하하였음을 알게 되었다. 그는 『고급지휘관들의 정신과 활동조차도…… 적극성이나 열성이 지난 2년보다 줄어들었다』고 하였다. 예컨대, 그는 장교들을 비판하기를, 군대훈련과 참모계획을 게을리하고, 일본군에 대한 정보수집도 게을리하며, 싸움에서는 적과 싸우기를 두려워한다고 하였다. 그러나 장개석을 가장 상심하게 한 것은 고급장교들의 정신을 좀먹은 마음의 병이었다. 그들은 자신들의 목숨과 지위를 보존하기에 급급할 뿐이라고 장개석은 말하였다. 그러니까 그들은 싸움을 머뭇거리게 되고 싸울 확신이 서지 않는다. 다른 부대와 협동을 하지 않고 자기들의 소임을 다하지 않으며, 도박, 오입, 그리고 밀수를 하게 된다[19](일본군의 정보도 1941년에 장개석의 이같은 부정적인 평가를 확인하여 국부군의 전투역량은 전년보다 20~30퍼센트는 줄어들었다고 하고 있다).[20] 그러므로 1939~40년의 겨울공세 뒤에 장개석은 적어도 잠시는 순전히 방어적인 입장으로 되돌아갔다.[21] 그러다가 일본군이 진주만을 공격한 뒤에는 일본군에 대해 지속적인 공격작전을 한다는 생각을 완전히 포기해 버렸다.

일본군의 진주만공격부터 1944년의 「1호작전」까지 전쟁의 제3단계 동안 국부군 자질의 저하과정은 더 급속히 진행되었다. 중국에서의 전쟁은 교착상태가 되었고, 전투의 질도 가벼운 것이었다. 제임즈 둘리틀 장군의 유명한 동경폭격이 있은 뒤인 1942년 여름에 일본군은 일본본토에 대한 장차의 공습에 사용될지도 모를 공군기지를 파괴하기 위해 10만 병력을 가지고 절강성과 강서성을 공격하였다. 또한 새로 땅을 점령하기 위해서보다 시골에서 약탈을 하고, 농작물수확을 파괴하거나 빼앗기 위해 또는 신병을 실전에 익히게 하기 위해 정기적으로 국부군에 대한 공격을 하기도 하였다. (그러나) 중국군이 때로 완강하게 싸운 때도 있었으니, 호남성 북부의 창덕(彰德) 방위전에서는 사단장 세 사람이 전사하고 57 사단은 90 퍼센트의 사상자를 냈었다.[22] 그러나 그같은 격전은 전쟁의 제 3 단계에서는 자주 있는 일이 아니었다. 오히려 작전은 소규모인 것이 보통이었고 국부적이거나 전술상의 목적인 것이었다. 호북성 지방에서의 상황이 아마 그 전형적인 예일 것이다. 예컨대 1942년 4월에서 10월 동안에 호북성 행정당국은 일본군에 대한 「비교적 큰 싸움」들을 보고하고 있는데, 그중의 하나는 1,000 명의 일본군이 광제현(廣濟縣)의 현읍을 점령한 것이다. 한 달 뒤 중국군은 이곳을 되찾았는데, 20 명의 일본군을 죽이고 총 10 자루 이상을 노획하였다고 하였다. 또 하나의 경우는 6 월에 700 명의 일본군이 학혈(郝穴)이라는 고을을 공격했고, 반격에 나선 100 명 이상의 중국군 중대가 거의 전멸하였다는 것이다.[23]

이같은 상황은 국부군이 공산군에 대해 벌인 전투의 경우와는 대조적이다. 같은 기간에 국부군은 호북성에 침투해 온 공산군을 공격하여 1,000 명 이상의 공비를 사살 또는 포로로 잡았고 수백 정의 무기를 노획하였다. 호북성 중앙부에서도 국부군은 1 만 명이 넘는 공산군의 신사군 제 5 사단 주력부대와 싸우고 있었다. 일반적으로 말한다면, 1942 년 초부터 1943 년 말까지 동안의 호북성의 보고를 보면 국부군의 일본군에 대한 싸움은 그 성격상 방어적이고 응전하는 정도인 데 비해 공산군과의 싸움은 공격적이고, 상당히 많은 병력이 동원되고 있으며 사상자 수도 꽤 많다는 인상을 준다.[24]


## 군대의 전투력의 저하


전쟁의 이 제 3 단계 동안 장개석 휘하 군대의 소극성과 부패에 대한 서방측 관찰자들의 비판은 장개석의 비위를 몹시 상하게 하였다.[25] 그러나 그는 그의 군대가 싸움을 할 만하지 못하다는 것을 알고 있었다. 루즈벨트 미국대통령이 수자상으로 아주 우세한 운남의 국부군으로 하여금 북부버마에 있는 일본군 1 개 사단을 공격할 것을 명령하도록 1944 년 3 월에 간청했을 때 장개석은 반대를 하고 있다. 중국은 군사적으로 아주 무능하고 정치적으로 취약하므로 그같은 대수롭지 않은 일도 감당할 수가 없다는 것을 인정하였던 것이다. 『7 년 동안의 전쟁이 중국의 물질적, 군사적 힘을 그토록 소모해 버렸으므로 중국이 감당할 수 없는 일을 하도록 간청하는 것은 불행한 일을 초래하게 될 것이다』라고 장개석은 말하였다. [26] 그러므로 장개석의 전략적 목표는 기존의 전선을 유지하고 장차 중국해안에 연합국이 상륙하는 일에 대비하는 데 국한되게 되었다. [27]

국부군의 무기력의 전모는 일본군의 「1 호작전」 때 드러났다. 쉔노트 장군의 제 14 비행단의 공습피해를 받고 있으며, 특히 일본본토에 대한 B29 폭격기의 공습이 곧 시작될 것을 두려워한 일본군은 중국의 남부와 중부지역의 공군기지를 점령하거나 파괴하기로 작정하였다. 4 월에 시작하여 12 월에는 아주 깊숙이 진격한 일본군은 6 개 省을 휩쓸고 만주에서부터 베트남에 이르는 수송로를 뚫었고, 공격용 비행장을 파괴하였다. 일본군은 겨우 형양에서만 작전기간이 〔상당히〕 길고, 뚜렷한 저항을 만났을 뿐이었다. 설악(薛岳) 장군이 지휘하는 국부군 제 10 군은 쉔노트 장군의 전투기와 폭격기의 지원을 받아(장개석은 그러나 추가지원은 거절하였다) 6 주 동안 단호한 혈전에서 침략자를 저지하였다. 다른 곳에서는 일본군은 사실상 무상출입을 하였다. 중국군은 신체적으로나 정신적으로 그리고 무장면에서 너무 쇠약해져 효과적인 저항을 할 수 없었던 것이다. [28]

「1 호작전」의 첫 단계 동안 일본군은 북경〜한구(平漢철로)간 철로의 전선을 장악하여 남부중국에서의 그 다음 작전의 주된 단계에서 작전후방을 보호하고자 하남성(河南省)으로 진공하였다. 일본군은 「5 호」 작전이라 부르고, 중국군은 「중부하남성의 전투」〔豫中會戰〕라 부른 이 전투에서

약 6만 명의 일본군은 꼭 두 달 동안에 병력이 5배나 많은 국부군을 완전히 분쇄하였다. 오직 개봉(開封)의 바로 서쪽에 있는 사수(汜水)에서만 국부군이 저항다운 저항을 한 번 한 일이 있다. 다른 곳에서는 일본군은 거의 방해를 받음이 없이 진출하였다. 그것은 중국군에게는 갑작스럽고 참담한 타격이었다. [29]

이 전투 뒤 하남성의 국부군 총지휘관인 탕은백(湯恩伯)은 고급지휘관들을 모아 3일 동안 보고를 듣고 그들의 작전지휘를 평가하였다. 이 모임에서 있은 그의 연설에서 하남성에서의 국부군의 한심한 상황을 알 수 있다. 湯은 말하였다. 『지난 2년여 동안 우리 군대는 하남에 주둔하였으되 대규모 전투를 한 일이 없다. 우리의 생활은 연약해지고 그저 재미만 좇고 살았다. 주위 환경은 나쁘고 온갖 유혹이 그 안에 도사리고 있었다. 뿐만 아니라 모든 사람들이 확고한 의지가 서 있지 않았다. (무엇을 해야 할 것인가)를 명백히 깨닫지 못하였었다. 그리하여 군대는 점차 타락해 갔다』. [30] 그 타락의 구체적 양상을 밝힘에 있어 탕은백은 패배의 중요한 원인을 다음과 같이 지적하였다.

### (1) 정보 활동의 빈약

우리는 캄캄한 밤에 방위계획을 세운 것이나 같았다. 우리는 일본군의 목적을 잘못 판단하였다. 그리고 일본군이 공격을 위해 얼마나 되는, 어떤 종류의 병력을 동원할 것인가도 알지 못하였다. 왜 정보활동이 그렇게 적절하지 못하였는가를 따져 봐야 한다. 솔직이 말하면 그것은 전적으로 우리들 고위장교들이 보통 정보활동을 중시하지 않았고, 우리의 정보수집이 마구잡이였기 때문이다. 그렇기 때문에 사령부의 참모들은 적의 형편에 대해 알지 못하였고 (따라서) 우리의 군대배치, 전투준비, 전술지휘 모두가 잘못되었던 것이다.

### (2) 사기의 저하

신(新)29사단을 제외하고는 아군은 전투에서 아무런 공을 세우지 못하였다. 아군은 전투정신이 없었고, 희생정신이 없었다. 어떤 간부는 전투를 회피하기까지 하였다. 이 전투정신의 결여는 아주 두드러졌으며 아군의 심각한 결점이었다.

### (3) 부적당한 지휘

우리 잘못의 주원인은 참모활동이 빈약했다는 것이다. 참모들은 적에 대한

또는 심지어 우리 자신에 대한 정보를 적절하게 수집하지 않았다. 그러므로
작전계획은 전적으로 부적절하였다. 전선에서는 각급 지휘관들이 용병을 적절
하게 하지 못하였다. 부대를 이탈한 장교까지도 있었다.

### (4) 명령수행의 실패

각급 간부의 대부분은 상관의 명령을 충실하게 실행하지 않았다. 어떤 간부
는 상관의 명령을 완전히 무시하기까지 하였다. 예컨대, 이번 전투에서 12군
의 사령관은 용문(龍門)을 공격하라는 명령을 받고서도 사흘 동안이나 진군을
하지 않았다. 명령불복종은 우리의 패배의 가장 중요한 이유이다. 지난날 태
아장(台兒莊), 상해, 무한, 서주(徐州) 등의 전투에서는 궁극적으로는 아군이
패하였다 할지라도 적으로부터 대가를 받아냈었다. 『그러나 이번 전투의 패배
에서는 아무도 대가를 받아내지 못하였다. 아무도 상관의 명령을 이행하지 않
았고 책임을 다하지 않았다. 이런 패배야말로 치욕스러운 것이다.』

### (5) 협동의 불충분

우리의 주된 목표는 우리 자신을 희생해서라도 전투에서 승리를 얻는 것이
다. 그러나 시기심 때문에 그리고 다른 사람들이 고통받는 것을 좋아하는 마
음 때문에 다른 사람들과 협동하거나 구원하거나 하지 못하였다. 이는 한 전
구(戰區)에서 다른 군(軍)과의 사이에만 그런 것이 아니라 같은 군 안의 지휘
관들 사이에도 그러하였다.

### (6) 전장에서의 부상병 후송에 대한 태만

단위부대 지휘관은 부대내 의무참모의 조직, 인사, 장비에 대해 관심을 기
울이지 않는 것이 보통이다. 그러니 전투중 부상병에 대한 응급처치나 후송이
있을 수 있겠는가? 부상병에게 의료처치를 해주지 않는 것은 단위 지휘관으
로서는 매우 잔인한 일이다.

### (7) 무기와 장비에 대한 주의의 부족

이번 전투에서 우리는 우리가 갖고 다니는 짐의 반을 그리고 적지 않은 무기
를 잃어 버렸다. 전투 후에 어떤 사람은 왜 이들 장비의 보충요청을 하지 않는
가고 물었으나 나는 부끄러워 이같은 상실을 보고할 낯이 없었다.


중부하남성의 전투 동안 탕은백의 중국군이 일본군 앞에서 후퇴하자,
농민들은 농기구와 조잡한 무기들을 들고 탕은백군대를 공격하였다. 농
민들은 5만 명 가량 되는 탕은백군대를 무장해제하였고 그들중 일부를
죽이기까지 하였다.[31] 탕은백은 부하들과 이 놀라운 사건을 솔직하게
논의하였다.[32]

　보통 우리는 대중과 교류하려는 노력을 하지 않았다. 우리는 지방유지들을 무시하기까지 하였다. 우리는 지방의 좋지 않은 유력자나 못된 짓을 하는 지방명사를 타도하였으나 그러나 대중과 관계를 맺지 못하였다. 예컨대, 29 군은 우현(禹縣)에 2 년 이상이나 주둔하고 있었으나 지방형편에 대해서는 아무 것도 몰랐다. 그리하여 그곳 주민들로부터는 타격을 입게 된 것이다. 이는 모두 그들이 자초한 일이다.『만약 보통 때〔민간인에게〕관심을 갖지 않으면 우리가 어려운 처지에 있게 되거나 조그마한 약점이라도 보이자마자 일본군의 괴뢰와 반역적인 토비(土匪)들은 우리를 공격하게 된다. 지방행정기관이나 지방명사, 일반민중들까지도 우리를 공격하게 된다.』뿐만 아니라 우리가 이번 전투에서 형편없다는 소리를 듣게 된 것은 주로 후방에 있는 우리의 가족이나 기타 인원 때문이었다. 13 군만이 가족이나, 딸린 인원들을 사전에 조처하였고, 기타의 부대는 모두 마지막 판에 가서 허겁지겁 옮김으로써 여기저기에서 민간인들 사이에 큰 소동을 일으켜 놓았다. 보고에 따르면 아군은 많은 달구지를 몰수했다 했으나 실은 그것들이 군용물자를 수송하는 데는 거의 사용되지 않았다. 대부분은 가족과 딸린 인원을 옮기는 데 사용되었다.『한번 생각해 보라. 백성들에게 그렇게 큰 손해를 끼치는데 어찌 우리를 미워하지 않겠는가?』지난날 나는 거듭 가족들을 먼 후방에 안치하도록 되풀이하여 명령하였었다. 그리고 그곳에 주거도 마련해 주었다. 그러나 그대들 중 아무도 가족을 그리로 보내지 않았다. 말해 보라! 나라가 위기에 처한 이때에 가족이 나라보다 더 중요한가? 후방에 있는 군사인원으로 말하면, 그들에 대한 훈련이나 기율은 무시되었었다. 그리하여 아군이 형편없다는 평을 받게 된 중요한 이유의 하나는 장교나 군인들 사이의 못된 분자들이 기율을 지키지 않았다는 것이다.


## 장교의 자질


　중부하남성전투에서 나타난 지휘의 무능, 군대기율과 전투정신의 결여는 그곳의 군대에서만 볼 수 있는 것이 아니었고(양은백은 국부군 중 가장 유능한 장군의 한 사람이었다), 항일전쟁의 마지막 단계에서만 나타난 것은 아니었다. 전쟁이 교착상태에 들어가면서 이같은 결점들이 더 확대되기는 했으나 이것들은 항일전쟁의 거의 대부분 동안 국부군의 특징이었다. 예컨대 장교들은 처음부터 한심할 정도로 전문적 능력이 결여되어 있었다. 황포군관학교를 졸업한 상위급 장교는 군사교육을 거의 받지 않았다. 그들 대부분은 1924 년에서 26 년까지의 졸업생들인데, 그 무렵의 훈련은 아주 초보적인 것이며 기간은 6개월 미만에서 길어야 1년이었다. 졸업하고 나서는 근대적 서양군대에서는 의례 하는 걸로 되어 있는 행정, 교수, 또는 군의 특수분야에서 돌아가면서 근무하는 제도를 활용하는 일이 없었다. 1930년대가 되면 그들은 중국의 육군대학에서 고급과정의 훈련을 받을 수도 있었을 것이다. 그러나 황포군관학교 졸업생중 교실로 다시 돌아가는 사람은 거의 없었다. 그야 어찌 되었건, 육군대학에서의 훈련은 국제적 기준으로 볼 때 형편없이 부적절한 것이었다. [33]

그렇지만 다른 사람보다 월등히 뛰어난 장군으로서 훌륭한 자질을 갖춘 지휘관이었던 사람이 얼마는 있었다. 그러나 역설적이지만, 장개석은 결코 그런 장군들을 충분히 활용하지 않았다. 왜냐하면 그는 그의 부하 중 유능함과 부패하지 않음보다 충성심의 정도를 더 높이 평가하였기 때문이다. 예컨대 백숭회(白崇禧)는 아마도 육군에서 가장 유능한 장군이었을 것이며 미군을 대표하여 장개석의 참모장으로 있었던 조싶 스틸웰 장군은 그를 참모총장으로 임용하도록 (장개석에게) 촉구하였다. 그러나 그는 백숭희를 어떤 실질적이며 독자적인 군사권을 가진 자리에 두지 않았으니 白이 1937년 이전에 장개석에 반대하여 반란한 전력이 있었기 때문이었다. ——비록 白의 국민당정부에 대한 협력관계가 이제 거의 의심할 수 없게 되었는데도 그러하였던 것이다——진성(陳誠)도 또 다른 노련한 지휘관이었는데, 오랫동안 그의 능력에 걸맞는 자리를 얻지 못하였다. 진성의 경우는 장개석의 신임을 받기는 했으나 무능한 국방장관 하응흠(何應欽)과의 파벌다툼에서 패배한 불운 때문이었다. [34]

또 다른 중요한 문제는 중앙군 중 3분의 1이 족히 되는 수가——어떤 사람은 3분의 2나 되는 것으로 잡기도 한다——전쟁 발발 초의 몇 달 동안 상해와 양자강 하류지역에서의 전투에서 무너져 버렸다는 것이다. 그 결과 국민당정권 안에서의 군사적, 정치적 권위의 균형이 현저하게 장개석과 중앙정부 쪽으로부터 지방군과 그들의 지휘관 쪽으로 옮아가게 되었다. [35] 그러므로 전쟁 발발 전보다 더 용운(龍雲)이나 염석산(閻錫山)

같은 독자성 경향의 지방군사령관에게 명령내리기가 어렵게 되고 (명령을 내리더라도) 복종을 기대하기가 어렵게 되었다.

그 뒤 장개석은 중앙군 수를 꾸준히 늘려 1941년에는 약 30만 명으로 재건하고 전쟁 말기에는 65만 정도로까지 증가시킴으로써 균형을 바로 잡으려 시도하였다. [36] 가능하면 지방군에게 일본군과 싸우도록 명령하고 중앙군 사단은 유보함으로써 병력과 값진 장비를 보호하였던 것이다. [37] 무기와 장비를 분배함에 있어서도 그는 언제나 지방군보다 자기의 중앙군을 우대하였다. 이렇게 해오다 보니 1944년에는 얄궂은 결과가 나타났다. 예컨대 1944년에 장개석의 대표는 미국의 대여무기의 분배에 있어 설악 장군에 가는 몫을 격렬하게 반대하였으니——장개석은 설악의 충성을 의심하였었다——그때는 바로 설악의 군대가 형양(衡陽)에서 일본군과 치열하게 싸우고 있을 때였던 것이다. [38]

그러나 지방지휘관들은 장개석의 정치적 야심의 제단에 자기들의 군대를 희생하기를 싫어하였다. 예컨대 1939년 호북성 북부의 수현(隨縣)과 조양(棗陽)에서의 싸움에서 대규모의 일본군은 식량과 탄약이 모자라 어려웠으므로 쉽게 격파할 수 있었으나 광서파(廣西派)의 이품선(李品仙)은 그들과 싸우기보다는 빠져나가게 버려두었다. 그 뒤 또 1939~1940년의 겨울공세는 주로 지방군 사령관들이 장개석의 공격명령에 대해 마지 못해 그리고 비효율적으로 응하였기 때문에 실패하였던 것이다. [39]

중앙정부와 지방군의 사령관들 사이의 상호불신은 국민정부의 전선계획과 전쟁수행의 전반적 전략에 큰 영향을 주었다. 진성은 『사사로운 이익이라는 생각을 없애고 모든 군대를 순수한 국(가의)군으로 개편하고 자기보존, 자기보호라는 잘못된 생각을 완전히 버려야 한다』고 1938년에 강조하였다. [40] 그러나 이 목표는 1949년에 가서도 달성되지 못했었다.

전쟁이 발발했을 당시, 하급장교들은 그들의 상관보다는 훈련이 잘 되어 있었다. 그러나 1929년에서 1937년 사이에 중앙군관학교를 졸업한 약 25,000명중 개전 초의 4개월 동안 전사한 사람은 1만 명은 족히 되었다.[41) 중앙군은 이 손실을 끝내 회복하지 못하였다. 전쟁이 계속되는 동안 여러 곳의 군관학교에서는 새로운 소위들을 줄곧 배출하였으나 그들이 받은 교육은 소임을 충분히 감당할 만한 것이 못 되었다. 군관학교 입학요건은 낮추어졌으며 교육기간은 1년으로 단축되었다. 게다가 군관학교에서의 교육의 질은 심하게 떨어졌다. 예컨대, 소련인 고문 칼리야긴에 의하면 교관들은 실전경험이 없으며, 전적으로 강의로만 교육하고 있었고, 교관들은 (교육에) 장비도 사용치 않았으며, 실제 연습도 시키지 않았다는 것이다. 포병사관학교는 비록 생도들에게 약간의 발사와 은폐연습을 시키는 훈련단을 편성하고 있었으나 교수방법은 비슷하였다. 아홉 곳에 분교가 있던 중앙군관학교는 전쟁 동안 근 1만 2천 명의 졸업생을 냈지만, 그러나 아직도 병사중에서 상당수의 사람들을 장교로 승진시켜야 했다. 그러므로 1945년 당시 한 전형적인 보병대대의 장교중 겨우 20퍼센트만이 군관학교 출신이었다. 전쟁 전에는 80퍼센트에 달했었다.[42)

국민정부군의 장교들은 하급이건 고급이건 간에 군사전문가들 눈에는 아주 낮게 보였다. 웨드마이어 장군은 장교들이 『무능하고 부적격하고, 훈련(교육)이 되어 있지 못하였으며, 하찮고…… 전적으로 비능률적이다』라고 말한 바 있다.[43) 웨드마이어 장군은 더 나아가 그들의 참모업무와 행정은 관료주의적이며 쓸모가 없으며 『중국인의 일 처리에 있어서의 조직성의 결여와 뒤죽박죽된 (작전)계획수립은 〔도저히〕 이해할 수가 없다』고 하였다.[44) 작전계획이 마련되어 있는 경우라 할지라도 전선지휘관들이 제멋대로 행동하려는 경향과 다른 지휘관과의 협력불원 그리고 스스로의 전력을 보존하려는 욕심 때문에 계획한 대로 실현되지 않는 일이 흔히 있었다.[45) 장교들에게 공격성이 없다는 것은 누구나 다 아는 (기막힌) 일이었다. 칼리야긴은 『국부군의 장군들은 자기들의 병사를 전선으로 보내지 않을 이유를 영원히 찾아다닌다』고 한탄하고 있다.[46)

그러나 기묘하게도 일단 적군과 전투를 하게 되면 장교들은 때로 놀라울 정도로 인명을 〔쉽게〕 포기하거나 경시하면서 영웅적으로 싸웠다.

장개석은 장교들이 자기를 돌보지 않은 희생정신을 불어넣었다. 1944
년에 운남성 서부의 살원전투를 목도한 한 미국인은 다음과 같이 기록
하였다.

> 며칠 동안에 적의 방어시설에 대해 몇 개 분대가 연속하여 자살적인 돌격을
> 감행하자…… 사상자가 격증하였다. 무기를 사용하고 지원사격을 하는 데 있어
> 서의 협동과 엄폐물 이용 등은 없는 것이나 다름없었다. …… 대부분의 사상자
> 는 기관총 사격이 교차로 퍼붓는 가운데를 걸어가거나 기어올라가면서 생긴 것
> 이었다. 그저 용감성을 나타내고자 감행하는 공격은 장렬하기는 하나 기막히
> 도록 헛된 일이었다. 적의 총안(銃眼) 앞 2, 3 미터에서 소대장들이 전사하였
> 으며, 몇몇 매우 유능한 중대장과 대대장이 부하를 직접 지휘하다가 전사하거
> 나 부상을 당했다. 전투정신과 병력수만 갖고도 일반적인 협동작전을 통한 공
> 격만하면 적진을 빼앗을 수가 있을 터인데도 인접부대나 지원부대는 소대나
> 중대가 단독으로 외롭게 전진하다 쓰러져가는 것을 멍청하게 보고만 있었다.
> 그리고는 똑같은 일을 자기들이 전선 앞에서 또 재연하였다. [47]

이같은 멍청스런 용기를 나타내는 공격에서 수없이 많은 중국인 병사
가 희생되었다. 국민정부군의 사상률은 끔찍스럽게도——8 년 동안의
항전기간 중 오래도록 소극적으로밖에 활동 안한 것을 고려하면——23
퍼센트에 이르렀던 것이다. [48]

장교들은 또한 그들의 직무에 필요한 기본적인 원칙들을 무시하였다.
그들은 무기와 장비의 정비를 무시하였다. 그들은 자기 진지를 감추거
나 위장하는 것을 좋아하지 않았으니, 심한 경우에는 소총수를 산 능선
을 따라 배치하기도 하였다. [49] 정보의 수집과 기밀보호는 하나마나 하
였다. 칼리야긴에 따르면 『전투정보는 수집되지 않았고, 공중정찰은 존
재하지 않았다. 지휘관의 결정은 주먹구구식이었다』고 한다. [50] 자기방
어를 위한 적 측으로부터의 정보는 마찬가지로 무시되었다. 칼리야긴은
『사령부에서 하달된 모든 것이 일본첩보기관에 알려졌다』고 하고 있
다. [51] 장개석은 누구보다도 국부군 장교들의 결함을 잘 알고 있었다.
그는 자주 현장지휘를 스스로 했었는데, 그곳 지형과 부대의 상황 또는

적군의 포진을 잘 알지 못하면서도 심지어 연대급의
을 명령하거나 어떤 특정 행동을 취하도록 명령하였었다.
을 고위 지휘관들에게 알리지도 않고 곧잘하여 그렇게 되면 의
게 마련인 혼란을 일으켰다.[52] 장개석이 그의 군대의 야전작전지휘
간섭한 것은 오랫동안 권력을 잡았기 때문에 생긴 오만한 뽐냄에 연유
한 것이었겠지만, 그는 그의 부하장군들이 전적으로 무능하다고 주장하
면서 그의 행동을 정당화하였다. 그는 스틸웰 장군에게 이렇게 말하였
다. 『나는 그들이 어떤 어리석은 짓을 할 것인가 생각하며 밤잠도 못잔
다. 그러면 나는 그들에게 그런 일을 하지 말도록 말하거나 편지를 쓴
다. 그런데 그들은 멍청이들이어서 그들이 저지를 일을 미리 알지 못해
(막지 않으면) 바보 같은 짓을 많이 저지른다. 이것이 그들을 다루는 비
결이다. 당신은 그들이 하는 일이 모두 잘못되었으리라고 생각하고 그
렇게 못하게 그들에게 경고해야 한다.』[53] 그러나 장개석의 야전지휘 간
섭은 혼란을 가져오고 그의 부하지휘관의 능동성을 빼앗아 버려 십중팔
구는 좋기보다는 해로웠다.[54]

### 사병들의 징발과 훈련

국부군의 사병들은 장교의 경우와는 달리 외국 전문가들의 칭찬을
받았다. 스틸웰은 『중국의 군대는 훈련을 잘 하고, 장비를 잘 갖추며,
통솔을 잘 하면 어떤 나라 병사의 용맹과도 맞먹을 수 있다』고 하였다.[55]
그러나 국부군의 사병들은 일반적으로 너무도 형편없이 다루어졌고 못
먹어서, 효과적으로 싸울 능력도 사기도 다 갖고 있지 못하였다. 국부
군 병사의 대부분은 징병이었다. 징병법에 의하면 18세에서 45세까지
의 모든 남자——독자, 학생, 곤궁한 경우를 제외하고——는 징병에 해
당되었다.[56] 정부는 「세 가지 공평원칙(三平原則)」을 강력하게 선전하였
는데, 그것은 병역의무는 모든 지역사람과 모든 경제계층 사람이 공평
하게 부담한다는 것이다. 이 원칙을 실현하기 위해 인구비례로 병력징

발이 지방당국에게 할당되었다. 그리고 나서 징발은 제비를 뽑아 대상을 선정하게 되어 있었다. [57]

　원칙은 그러하였지만 실제는 달랐다. 장개석도 『징병업무처리는 잘못되어 있다. 그것이 우리 군대의 기율이 무너지고 전투력이 저하된 진정한 원인이다』라고 말했던 것이다. [58] 이 징병제도의 근원적인 결함은 병사를 징발하고, 징발된 사람을 모으는 일이 지방당국에 궁극적으로 맡겨져 있었다는 점이다. 그러나 국민정부는 언제나 그 지방의 부유하고 세력 있는 유력자들의 이익을 대표하는 이들 지방당국에 대해 거의 통제를 하지 못하였다. 그리하여 유력자들의 아들들은 징병을 면하였고, 그런가 하면 「세 가지 공평원칙」이 완전히 무시되고, 가난하고 힘 없는 사람의 자식들만 군에 어거지로 끌려갔던 것이다. [59] 제비뽑기가 시행되는 경우는 전혀 없었다. 그 원인은 아직 알 수 없으나 제비뽑기로 징발하려 시도하면 폭동을 자주 유발하였다. [60] 그 폭동은, (만약 제비뽑기가 시행되면) 자기들에게 유리하게 조작하기 어렵게 된다고 본 지방의 유력자들이 선동하지 않았는가 생각되기도 한다. 어떻든 신병을 뽑는 책임은 각각 1,000호와 100호로 구성된 보와 갑〔保甲〕의 우두머리가 담당하게 된다. 보갑의 우두머리들이 징병시에 한 역할은 지독하게 욕을 먹었다. 그들이 호적을 변조하거나, 등재된 나이를 줄이거나 늘이거나 하여 그들의 가족이나 친구의 가족이 징병을 빠질 수 있도록 하였다고 국민정부의 징병관리들은 비난을 하고 있다. 귀주성의 한 징병관은 그들 보갑우두머리들이 멋대로이고, 무식하고, 부패하였다고 하고 있다. [61] 보갑우두머리들에 대한 이같은 비난은 사실 그대로인 경우가 많다. 그러나 호남성 예능(醴陵)현의 보갑우두머리들은 그 지역 유력자들의 엉뚱한 도구노릇만 했다는 기록이 있다. 그곳에서는 힘세고 그곳 유력자와 못된 일을 하는 명사들〔土豪劣紳〕과 비밀결사가 모든 행정을 다 장악하고 있었다. 그러니까, 징병요구를 보갑우두머리들이 받게 되면 그 지역 유력자의 모임을 열어 누구를 뽑고 누구를 안 뽑히게 하는가를 정하였던 것이다. [62]

　정치적인 세력뿐 아니라 돈으로도 징병을 빠질 수 있었다. 많은 부자들은 아들들을 대학에 보내면 징병에서 면제되었다. 보다 많이 행해진 방법은 대신 갈 사람을 돈으로 사는 일이었다. 시골의 건달들은 법적으로 징발되게 된 사람들 대신으로 병역에 복무할 것을——돈을 받고——지원한다. 대개의 경우 이렇게 하는 것이 그들의 직업이 되었으니, 그들은 첫번째 군에서 도망나와 다시 그리고 또다시 몸을 팔기를 자청하는 것이다. 소문으로는 예능현에서의 징병의 약 80~90 퍼센트는 이런 방식으로 채워졌다고 한다——이 수자는 과장된 것이거나 엉뚱한 것인 듯 보이기는 한다. [63]

1941 년경이 되면 징병적령남성의 보유수가 바닥이 나기 시작했다. 아들 한 사람 이상을 아직도 집에 데리고 있는 집안 수는 줄어들었다. 돈 있는 사람은 면제받는 길을 알게 되었고, 많은 젊은이들은 그저 도망치거나, 피병을 앓거나, 자기 신체에 스스로 상해를 입혔다. [64] 이리하여 『병사를 강제로 끌어오는〔拉兵〕일이 전국적으로 행해졌다』고 한 사천(四川)성의 징병관은 말하였다. [65] 정식 징병제도가 부적절한 것으로 밝혀지자, 그 지방전선에 주둔한 군대에서는 필요로 하는 만큼의 신병을 확보하기 위해서 강제모병대〔接兵隊〕를 파견하였다. 그 결과 빈민들을 전면적으로 납치하게 되었다(부자들은 돈으로 빼낼 수가 있다). 1944 년에 웨드마이어 장군이 장개석에게 보낸 한 문서에 보면 그 방식의 실제상황에 대해 다음과 같이 묘사하고 있다. 『예컨대 (농민이) 논에서 일을 하고 있으면…… 제복을 입은 많은 사람들이 나타나 손을 뒤로 묶고 데리고 간다. 농구는 들에서 녹이 쓸고, 아내는 행정책임자에게 달려가 울며 남편을 돌려달라고 애걸하고, 아이들은 굶주리게 된다.』[66] 중국에 주둔한 미국 비밀기관의 책임자로서 국민정부의 극성스런 예찬자인 밀튼 밀스는 강제징발대가 거리에서 마술과 곡예를 하는 것을 보았다고 하였다. 그리고 나서는 관중중에서 몸집이 좋은 사람을 붙잡아 가는데, 이유는 『거리에서 굿을 볼 만한 시간을 갖고 있는 자는 군에 입대하는 것이 더 낫다』는 것이었다. [67]

한 군관계 잡지에 실린 글중에는 『백성들은 징병을 죽음과 같이 본다』고 한 것이 있다. [68] 사람들이 들판에서 붙들려감으로써 뒤에 남긴 가족은 말할 수 없는 고통을 당하게 되었을 뿐 아니라, 한번 끌려가면 다시는 집에 돌아가지 못한다는 생각이 널리 퍼져 있었다. 제대나 예비역제가 없었고, 현역복무를 하게 된 뒤에 가족과 교신할 기회가 드물고, 무엇보다 군의 사상률이 아주 높았다는 사실이 농민들의 두려움에 상당한 신빙성을 부여하였다. [69]

군대에 들어가고 나서 처음 몇 개월이 신병들에게는 특히 힘든 고비였다. 징병소로 가서 신체검사를 대강대강 하고서는 3개월 동안 기본훈련을 하기 위해 보충부대에 배속되었다. 재정적인 문제가 아니면 전선에서의 보충 요구가 긴박한 탓 때문에 훈련기간은 정해진 기간보다 더 짧아지는 경우가 많았다. 어떤 때는 징병되자마자 곧바로 전선으로 투입되는 일이 사실 있었던 것이다. 신병훈련이 너무도 형편 없었기 때문에 군의 간행물에서조차 그들을 전선으로 보내는 것은 『정말로 죽으러 보내는 것과 같다』고 하고 있다. [70]

경비의 부족, 관리들의 부패, 단순한 비정합 등 때문에 징병소의 상황은 대개 끔찍한 정도였다. 미군의 군의관으로서 국부군과의 연락관계를 담당했던 릴 스티픈슨 파웰 대령은 1945년 2월 귀양(貴陽) 근처의 그같은 징병소의 상황을 다음과 같이 기술하고 있다.

　　이 신병모집소는 읍에서 몇 마일 떨어진 작은 골짜기에 서로 바라다 보이는 몇 개 마을 안에서 접수한 여러 개의 건물로 이뤄졌다. …… 우리는 먼저 병원 또는 보건소라고 불리는 곳으로 갔다. …… 나는 끔찍한 장면을 많이 목격한 바 있으나 이 「병원」이라는 곳에서 본 것 같은 지독한 것을 본 일이 없다. 이 소위 「병원」은 기다란 흙마루에 흙으로 덮고 볏짚을 입힌 집이었는데, 처마는 아마 뗄감으로 사용했는지 모두 나가 버렸다. 이 집의 바닥에 70명에서 80명의 사람이 누워 있었다. 그중 두서너 명은 낡은 오바 같은 것을 걸치고 있었고, 그 나머지는 셔츠와 바지만 걸치고 맨발 아니면 짚신을 신고 있었다. 조금 온기를 얻을 양으로 되도록 딱붙어 누워 있었는데, 대소변을 보러 일어나지도 못할 정도로 병들어 있었다. 그러니 그 불결함이란 상상조차 할 수 없을 정도였다. 그들을 세어 가다가 죽은 사람이 몇 사람 섞여 있는 것을 보았다. 그중 어떤 사람은 그들이 누워 있는 마룻바닥처럼 굳어 있었다. 어떤 사람은 숨이 막 넘어가고 있었음을 분명히 알 수 있었고, 또 다른 사람들은 숨을 쉬고 있는지를 분간하기가 힘들 정도였다.

　우리는 숙박소 몇 곳을 살피고자 마을 안으로 가 보았다. 마을의 집을 접수하여 그곳 천정에 칸을 막아 놓았다. 이리하여 오래된 먼지투성이인 더러운 초가지붕 밑에 자그마한 공간이 생겨 징병된 사람들이 그곳에 자고 있었다. 왜 윗칸에 재우느냐고 물어보았더니 중국인 상사는 대답하기를, 윗칸에 두지 않으면 밤에 모두 도망가 버릴 것이라고 하였다. 그는 또 말하기를 『그들이 집 주위의 경비망을 뚫고 도망가지 못하도록 밤에는 옷을 모두 벗겨 버립니다. 그런데도 도망가는 자가 있읍니다』라고 말하였다. 그때가 2월이어서 나는 모직옷을 두껍게 입고서도 매일 추워하고 있었던 것이다. 밤에는 담요 녁장을 덮고 잤는데도 추워서 혼났었다. 이 불쌍한 사람들은 구멍이 여기저기 나 있는 천정방에서 발가벗고 자고 있었으며 40~50 명 가량의 사람이 대략 3 미터 × 1 미터 50센치 정도의 공간에 뭉쳐 있었던 것이다. 상사는 말하기를, 꽉 뭉쳐 있어야 추위가 좀 가셔 잠자기가 더 낫다고 하였다. [71]


비록 모든 징병소가 이렇게 형편없지는 않았지만 그것들이 전적으로 전형적이 아니라고 할 수 없는 것은 1940년대 말에 징병사무를 검열한 국부군 장교의 다음과 같은 보고를 보아서도 알 수 있다. 『더럽고 무질서한 숙박소에는 너무 많은 사람이 있었다. 병사들은 쇠약해 있으며, 깡말랐고, 그들이 걸친 것은 누더기였다. 그들은 꼭 거지떼와 같았다. 잠자는 곳의 그 더러움, 변소의 그 불결함, 환자의 신음소리, 도망병의 불만은 모두 극도에 달해 있었다. 사람들이 훈련소를 지옥이라고 하는 것은 당연하다. 그들은 전선에서 목숨을 바칠 각오는 되어 있으나 이곳에서 이렇게 시달리려고는 하지 않는다.』[72] 「훈련」이라는 것을 마치고 난 신병들은 전선부대에 배치된다. 수송수단이 부족하기 때문에 그들은 배치된 부대까지 걸어가야 하는 것이 보통이었는데, 수백 마일이나 멀어져 있는 경우가 많았다. 신병들이 군대생활을 시작하는 데 있어 이 배치부대로의 행군은 가장 혹독한 일 중의 일부였다. 신병들이 도망갈까 봐서 호송병은 그들을 죄수처럼 다루었으니, 진주목거리에 진주를 꿰듯 신병들을 묶어 엮는 일이 흔히 있었다. 징병업무를 맡은 고위 당국자는

이같은 짓을 개탄하였으나——신병들의 생각이 좁아서 병역의 중요성을
이해할 수 없게 된다고 하면서——비상수단이라 하여 눈감아 주었다. [73]
식사면에서 신병들은 쌀죽을 조금 얻어 먹었는데, 이는 한편으로는 정부
예산이 넉넉하지 못한 때문이나 보다 일반적으로는 담당장교들이 할당
양식을 빼돌리기 때문이었다. 식수로는 길가의 논두렁물을 먹어야 했을
것이니, 그것은 설사를 하게 되는 주요 원인이 되었다. [74] 신체적으로
쇠약해 있으므로 신병들은 질병에 쉽게 걸렸다. 의학적인 관심이 베풀어
지지 않았으므로 죽는 사람이 많았다. 장개석조차도 신병들이 병약하
여 견지를 못함으로써 호송병이 길가에서 사살하는 경우에 대해 언급하
고 있다. [75]

어떤 신병들은 이 지옥행 같은 행군을 운수좋게도 면제받을 수 있었
으니, 어떤 사람은 돈을 먹였고, 어떤 사람은 도망을 쳤다. 붙잡히면
의례 얻어맞았다. 웨드마이어 장군이 장개석에게 보낸 각서에 따르면,
그렇게 얻어맞은 병사는 『팔다리가 부러진 채 끌려가고, 부상한 상처가
악화되어 쉽게 패혈병에 걸리게 되고, 패혈병에 걸리면 쉽게 죽게』 되
었던 것이다. [76] 죽은 사람은 땅을 옅게 파고 묻는 경우도 있었으나 대
부분의 경우는 죽은 자리에 그대로 묻지도 않은 채 버려 두었다. [77]

정부는 이같은 형편을 개선하라는 명령을 누차 내렸다. 신병이 가는
길에 급수소와 보건시설을 설치하라고 하였고, 육체적인 벌과 그밖의
잔학한 행위를 금지하였다. [78] 1945년 한 징병소를 방문한 뒤 장개석은
그 상황에 충격을 받고 징병처장, 징병접수소 총국장 그리고 그밖의 하
급 장교들을 즉결처분하도록 명령했다. [79] 그러나 그같은 시정책은 별로
효과가 없었고, 많은 젊은이들이 징병관을 처음 만나고 나서 수주일 동
안에 끔찍스럽게 죽어 갔다. 장개석은 말하기를, 복건성에서 출발하여
귀주성으로 향한 행군에서 1,000명중 100명 미만의 신병이 살아 남았
다고 하고 있다. [80] 광동에서 운남까지의 500마일 행군에서 700명중
17명이 살아 남았다. [81] 물론 이것들은 극단적인 예들이었으나 1943년
에 징병된 167만 명중 거의 반수가——44퍼센트——배치부대로 가는

행군 도중 죽었거나 도망쳤던 것이다.[82] 8년 동안의 일본에 대한 항전 기간 동안 전선의 배치 부대에 도달하기 전에 죽은 신병의 총수는 약 140만이었으니, 10명의 신병 중 1명 꼴이었다.[83]

## 사병들에 대한 식량공급과 醫療

첫 단계의 훈련과 전선배치부대로의 그 위험스러운 행군에서 살아 남은 신병은 일본군보다 더 겁나는 또 다른 곤란을 겪어야 했다. 만약 규정대로 시행되었더라면 병사들에 대한 식사보급은 적절하였을 것이다. 예컨대 중앙군부대는 매일 24온스의 쌀과 매월 한 파운드의 돼지고기를 족히 살 수 있는 돈을 지급받았다(지방군에 대한 보급은 그보다 꽤 낮았다). 그러나 부대지휘계통의 위아래의 부패가 이들 양식과 급여의 일부를 규칙적으로 빨아먹었다. 그리하여 어떤 때는 몇 달 동안 육류, 소금, 기름이 병사의 식탁에서 자취를 감추기도 하였으니, 병사들은 그저 곡식 주식에다 맛과 영양을 내게 하기 위한 약간의 삶은 야채만을 먹게 되었다.[84]

군대에서의 주식보급이 이같으므로 병사들은 마을에 들어가기만 하면, 농부를 만나기만 하면 훔쳐대는 쓰레기뒤지군이 되는 경우가 많았다. 그러니 보통사람들은 국부군 병사를 전염병이나 어떤 자연재해를 보듯하여 병사가 가까이 오기만 하면 곧잘 도망쳐 버리곤 하였다.[85]

주식보급을 보충하려고 이같은 짓을 하였지만 항전 후반기에 가면 대부분의 국부군 병사는 병사로서의 능력에 심각한 타격을 줄 정도로 영양실조에 걸리게 되었다. 1941년 초 웅식휘(熊式輝) 장군의 보고에는 절강성의 병사들은 육류나 식용기름을 못먹기 때문에 체열이 거의 나지 않아 더운 여름인데도 겨울제복을 입고 있다고 하였다. 웨드마이어 장군은 1944년 10월 (聯合軍中國戰區統帥部 사령관으로서의) 장개석의 참모장으로 취임하자 먼저 우선적으로 군대이동과 배치를 살펴보았다. 그러나 한 달도 못되어 그는 병사들의 반기아상태가 주요인이 되어 너무 약해 행

군을 할 수가 없고, 효과적인 전투를 할 수 없다는 것을 알게 되었다.[86]

군대를 기막히게 쇠약하게 만든 (또 다른 요인은) 형편없는 위생상황과 의약치료가 말할 수 없을 정도로 부적절하다는 것이었다. 병사들은 겨우내 옷을 갈아입는 법이 없었으며 비누는 배급되지 않았다. 병영에는 목욕시설이 없었다. 변소 옆에 취사장이 있는 것이 보통이었으며 식수를 끓이는 법은 전혀 없었다. 그리고 전염가능한 병을 갖고 있는 경우가 많은 병사들도 의례 세균이 득실거리는 젓가락을 가지고 같은 그릇 음식을 집어 먹었다. 이렇듯 식사와 피복의 보급이 부적절하고 위생조건이 나쁜 생활환경에서 살았기 때문에 모든 병사들은 쉽게 병에 걸렸다. 그중 말라리아에 걸리는 일이 제일 많았다. 모기장이 사용되는 일은 거의 없었다. 전쟁 전에는 남부중국에서만 번졌던 이 병은 전쟁 동안의 인구이동에 따라 북부중국으로까지 번져갔다. 키니네(말라리아 특효약)가 모자랐기 때문에 당국은 그 사용을 제한하였다. 그리하여 사람들은, 어떤 경우에는 전 연대병력이 열 때문에 벌벌 떨고 있었다. 부대가 전투하러 가게 되었을 때만 키니네가 배급되었다. 그러나 어떤 때는 그런 경우에도 「비상용」이라 하여 유보되기도 했었다.[87] 그밖의 일반적인 골칫거리는 장(腸)관계 병과 피부병이었다. 부대의 다른 쇠약상황 때문에 널리 퍼진 이질은 무지와 의약품 부족으로 치명적인 경우가 많았다. 옴과 열대성 피부종기에 많이 걸렸으니, 병사들이 솜을 누빈 기다란 겨울 제복을 여름에 벗으면 다리에 난 종기가 곪아 있는 것을 볼 수 있었다. 눈병도 많이 번졌는데, 특히 서북지방에 심하였다. 난주(蘭州)에서는 군부대의 반 이상이 심한 눈병에 걸려(토라홈이나 임질성의 결막염 같은 것) 총을 제대로 조준할 수가 없었다. 폐병도 많이 걸렸다. 디오더 화이트는 병사들이 기력도 없고 성행위를 할 기회도 없었기 때문에 성병은 비교적 드물었다고 했지만, 성병도 폐병만큼 많이 걸렸다. 1939년에서 1940년까지 성병발생은 3배로 보고되고 있다. 난주지역에서는 부대병력의 90퍼센트가 임질에, 30퍼센트가 매독에 걸렸었다.[88]

질병과 영양실조는 중국군의 전투능력을 현저하게 감소시켰다. 1945

년 서남지방에서의 전투를 본 미국인들은 제 13군이 『대규모의 낙오병이 나고, 극심한 굶주림 때문에 많은 병사가 죽어』가서 짧은 거리조차도 행군하지 못한 것을 목격하였다. [89] 또 다른 미국장교 데이비드 바렛드 대령은 국부군병사가 『1 마일도 안된 거리를 행군을 하고 나서 쓰러지고 죽는 것을 보았다』고 보고하고 있다. [90] 환자와 쇠약자는 들것에 태워 가는 경우도 있으나 들것에 누은 사람이 죽거나 죽어 가면 길가에 버려지는 것은 드문 일이 아니다』라고 또 다른 미국인보고서는 말하고 있다. [91] 무게 있는 신문《대공보(大公報)》의 한 기자는 『군대가 지나간 뒤면 길가에 시체가 여기저기 버려져 있다』고 쓰고 있다. [92] 약간의 정예부대, 가장 두드러진 것으로는 미국군으로부터 훈련을 받은 청년군과 중국원정군 소속 사단들의 경우는 그래도 비교적 보급이 적절하였다. 그러나 국부군의 대부분이 제대로 걷지도 못하고, 짧은 거리의 행군을 하고서도 길가에 시체를 들것으로 버려야 한다면 국부군은 효과적인 전투력으로 평가될 수 없을 것이다.

　의무치료는 군의단(軍醫團)에서 하는 것으로 표면상으로는 되어 있다. 그러나, 중국적 (홍)십자의료단장인 임가승(林可勝)은 그의 일이 나이팅게일시대 이전의 것이라고 표현하였다. [93] 웨드마이어 장군이 장개석에게 보낸 각서는 군병원들을 나치스의 말살장과 비교하기까지 하고 있다. [94] 이렇게 비교하는 것은 사실상 근거가 있는 것이다. 문서상으로는 군의단의 조직은 특별히 다르지 않다──구급대가 있고, 응급치료소가 있고, 야전병원, 후송병원들이 있는 것으로 되어 있는 것이다. 그러나 이 조직은 적임자가 아니며 무능한 종사자들, 장비와 의약품의 부족, 태만과 부패 등으로 형편없게 되어 있었다. 전군에 겨우 1,000명에서 2,000명의 자격을 어느 정도 갖춘 군의관이 있었으므로 1,700명 또는 3,400명에 한 사람의 유자격 군의관이 있게 되는 셈이 된다──영국군에는 210명에 군의관 한 명이 있었으며, 미국군은 150명에 한 명의 군의관이 있었다. [95] 군의단에 약 28,000명의 「군의」라 불리는 사람이 추가로 배치되어 있었으나 이들 대부분은 능력이 크게 떨어지는 사람들이었으니,

공산군의 포로가 된 국민정부군 고위 장교들(太原에서)

민폐를 끼치지 않으려고 上海에서 노숙하는 공산군 (1949)

蔣介石부처와 美軍사령관 스틸웰 (1942. 4)

무창에서 열린 임시全國代表大會의 기념사진 (1938. 3. 29) (이 대회에서 三民主義靑年團 창설이 결의

물가폭등하의
上海의 월급날
풍경 (1948) →
　　　　↓

上海에서 통화개혁을 지휘하는 蔣經國

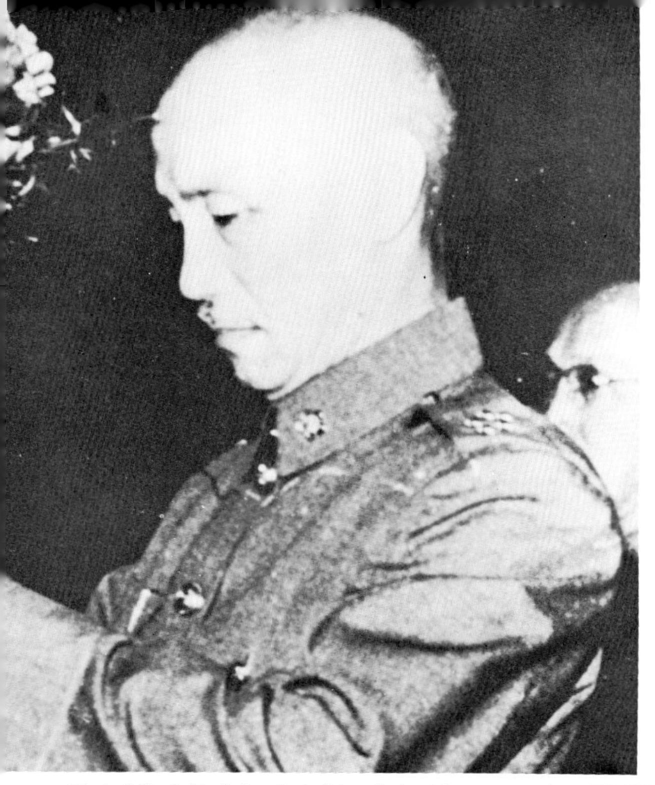

국민정부 총통직을 사임하는 蔣介石 (1949. 1. 21)

건국 선포식에서의 毛澤東 (1949. 10. 1)

그들은 들것 담당병의 경력이나 위생병의 경력만을 가지고 「군의」로 승진한 사람들이었기 때문이다. [96] 1944년에 로이드 파웰은 3개 사단으로 된 제46군단 전군에 자격 있는 내과 군의관이 한 사람도 없는 것을 보았다고 하고 있다. 수석군의관은 단기 군의학교의 경험이 미숙한 졸업생이었던 것이다. [97] 유능한 군의관이 있는 경우라 할지라도 장비와 의약품의 부족이 극심하여 치료를 제대로 할 수가 없었다. 파웰에 따르면 야전병원에는 『침대나 야전침대가 없고, 담요와, 홑이불은 거의 없으며, 붕대는 약간 있고 약은 거의 없으며, 소독약, 수술실 도구, 전등 수술대, 엑스레이기는 없었다.』[98] 게다가 없어지지 아니하는 문제의 하나는 부패한 장교가 〔어쩌다〕 입수된 의약품을 번번이 팔아먹는 일이었다. 그러니 실제로 사용된 의약품이라는 것은 대부분은 가짜나 물을 탄 것이었다. [99]

위생병들은 의사들의 경우보다 더 무능하였다. 의료에 대해 관심이 낮기 때문에 전형적인 단위지휘관은 가장 무식하거나 총을 들 수 없을 만큼 허약한 병사를 의무대에 근무하게 하였다. 들것담당병은 돈받고 고용된 민간인이거나 그 일을 하도록 징발된 사람들이었기 때문에 그들은 전투가 시작하자마자 도망하는 경우가 많았다. [100] 그 결과 부상병에 대해 응급치료를 할 수가 없게 된다고 한 군관계잡지에 실린 글에 보인다. 그 글은 이어서 전선에서는 살려 달라는 비명소리가 끔찍스럽다고 하고 있다. [101] 1938년에 나온 한 군의단 잡지조차 부상병이 철도역으로까지 스스로 기어가는데, 그곳에서 치료도 못받고 약도 없으므로 그들의 상처에는 이내 구더기가 끓게 된다고 비난하고 있다. [102] 소련고문관 칼리야긴은 응급치료소나 급식소가 없기 때문에 부상병은 『길가에서 바로 굶주림과 상처 때문에 죽는다』고 말하고 있다. [103] 부상이 심하면 그대로 죽게 전장에 내버려 두는 것이 보통이었다. 후송된다 해도 치료 비슷한 것이라도 제대로 받으려면 오랫동안 기다려야 한다. 군의단에는 운송수단이 형편없이 모자랐고, 병원은 군의관들이 안전하다고 생각할 수 있는 전선에서 멀리 떨어진 곳에 위치하고 있었기 때문이다. [104]

전쟁이 진행되는 동안 군의단 일은 거의 개선되지 않았다. 중국적 (홍) 십자구급단 같은 민간기구가 군의 의료업무의 결함을 보완하려고 시도하였다. 그러나 전 전쟁기간 동안에 걸쳐 중상자는 회복기회가 극히 적었으며 경상자들의 사망률조차 끔찍하게 높았다. 전쟁 초기 기간의 견문기에서 로즈 파마는 『중국에서는 불구자를 별로 볼 수 없다』고 하고 있다. [105]

식사보급이 열악하고 대우가 형편없는 중국군 병사는 전투의욕이 거의 없어 탈영하는 자가 많았다. 전쟁수행 기간중 실로 중국군대의 반——800만 명 가량——은 그저 행방불명이 되었는데, 그것을 설명할 수조차 없었다. [106] 그들중의 일부는 분명 병으로 죽었을 것이나 그들의 대부분은 도망하였을 것이다. 그 전형적인 예가 제 18 군 18 사단의 경우였다. 이 부대는 중앙군의 일부였으므로 대우는 비교적 나았다. 그러나 전투에 종사하지 않는 동안인데도 1942 년에 전원 11,000 명 중 6,000 명이 사망 또는 탈영으로 없어지고 있는 것이다. 북부중국의 공산군을 대적하기 위해 쓰인 호종남(胡宗南) 장군의 군대에서조차 1943 년에 약 1만 명으로 구성된 각 사단에서 600 명의 탈영병이 매달 발생하였다고 보고되고 있다. [107]

일본군과 싸운 8 년 항전의 후반 동안에 국민정부군은 상당히 붕괴된 상태에 놓여 있었다. 전쟁 초기의 대일항전 전적이 아무리 중요하다 하더라도, 적어도 1942 년 이후, 아니 그보다 더 일찍부터 국부군은 지속적이고 효과적인 군사작전을 할 수가 없었다. 하응흠 장군의 표현을 빌린다면, 전쟁 말기에 국부군은 「극도로 피폐」해 있었던 것이다. [108] 물론 예외는 있었다. 8 개 사단은 13 주 동안의 미군식 훈련을 갓 마쳤으며 다른 22 개 사단은 그 훈련의 여러 다른 단계에 있었고, 급식상태와 장비가 좋은 이들은 비교적 효과적인 전투단위였다. [109] 그러나 그밖의 300여 중국군 사단은 그대로였다. 국부군이 이렇게 피폐하였고 노후화하였다는 것은 매우 중요한 의미를 지니고 있었으니, 이들이 이내 공산군과의 내전에 참가하도록 되어 있었기 때문이다.

# 7. 國府軍의 共產軍과의 싸움

1945 년 8 월 일본이 항복하였을 당시 국부군은 지쳐 있고 타격은 입었지만 그래도 공산군보다는 우세한 것으로 보였다. [1] 실로, 전후 내전의 초기단계인 1946 년과 1947 년 초에는 국부군은 밀고 나아갔고 막아낼 수가 없는 듯 보였다. 그들은 장춘(長春)을 지나 하얼빈 가까이까지 동북지방[만주] 깊숙이 진출하였다. 산동성(山東省) 대부분의 지역을 차지하였으며 1947 년 3 월 19 일에는 승리의 환성과 함께 연안(延安)에 있는 모택동의 본거지를 점령하였다. 의기양양한 국부군은 「공비」에게 6 개월 안에 이긴다고 예언하였다. [2] 그러나 1947 년 후반기부터 무정하게도 전세는 공산군에게 유리하게 바뀌었다.

이 극적인 내전의 성격변화를 설명해 보려는 시도는 열띤——때로는 분격하는——논쟁을 불러일으켰다. 국민정부를 지지하는 사람들은 미국이 국부군에 적절한 무기와 탄약, 장비를 공급해 주지 않았기 때문이라고 미국을 비난하였다. 예컨대 그들은 비난하기를, 조지 마샬 장군이 1946 년 7 월부터 1947 년 5 월까지 10 개월 동안 미국으로부터 중국으로의 군수품 선적을 금하는 금수조치를 취하였다고 주장했다. 1948 년 4 월의 중국원조법에 의한 전쟁물자의 수송은 그 뒤 용서할 수 없는 오랜 지연 끝에 겨우 국부군 손에 들어왔다는 것이다. [3]

그런데 이상하게도 『중국 상실의 책임은 누구에게 있는가?』라는 물음에 대한 논의는 중국어 자료에 근거하지 않고 거의 전적으로 영문자료 특히 미국 국무성문서와 미국의회조사문서에 의거하고 있다. 그 문서들에 들어 있는 증언들을 보면, 어떤 학자들은 미국 내의 친공산주의분자가 중국에서의 공산주의혁명의 정치적 군사적 결말을 결정하였다고, 이와 반대되는 산적해 있는 증거들을 무시하고, 오늘날까지도 주장하고 있는, 비꼬는 투의 견해가 굉장히 많다. 그러나 많은 중국어자료를 보면, 국부군은 미국무성 내의 중국 공산당 동조자들의 행동과 미국정부의 중국에 대한 배반 이외의 이유들로 인해 패배하였음을 알 수 있다. 다음의 논술은 이들 중국어자료에 주로 의거할 터이거니와, 이들 자료중에는 국부군장군의 회고록과 국민정부(국민당)의 공식문서도 포함되어 있다. 후자중 가장 잘 알려진 것은 6권으로 된 《중요 공산군 토벌전투의 회고와 평가》(이하 《회고》로 표시함)라는 연구서이다. [4] 이 연구서는 대륙에서의 패주 바로 뒤인 1950년에 호종남과 탕은백(湯恩伯)을 포함한 17명의 고위 국부군 장교들이 만든 것이며, 출판도 아마 국방부에서 한 것 같다. 그것은 분명히 국민정부 지도자들에게 지난날의 교훈을 장래의 지침으로 삼게 하고자 편찬된 것이다. 이 자료는 다른 중국어 자료와 함께, 국부군이 패배한 것은 그 자체의 무능 및 훨씬 더 능률적인 병력과 싸워야 했기 때문임을 밝혀주고 있다.

## 무기와 장비의 需給

미국이 취한 국부군에 대한 무기금수조치는 1947년 5월까지 지속되었다. 만약 이 금수조치가 국부군의 작전에 심각한 영향을 주었다면 무기의 부족은 1947년 후반기에 분명히 나타나야 했을 것이다. 그러나 그해 9월 국방부의 보고를 보면, 1945년 8월 이래 제2선 군대의 무장을 적극적으로 진행시키고 있다. 그때부터 1947년 6월까지 제2선 부대에게 423,422 정의 총과 17,253 정의 경기관총 및 중기관총을 지급하였다. 이 기간 동안 모든 중요한 성의 군대에 대한 공급은 충분하였고 덜 중요한 성의 군대도 60 퍼센트 이상이 무기공급을 받고 있었다. 국방부는 전국의 모든 제2선 부대에 대한 무기공급이 1947년 말에 끝날 것이라고 덧붙이고 있다. [5] 제2선 부대에 대한 무기공급이 적절할 정도로 이루어졌었다면 제 1 선 부대에서의 무기부족은 그리 심각하지 않았을 것이라고 추론할 수 있다.

사실, 공산군의 양자강 도하 작전에 대비하고 있던 1949년 초까지는 어떤 반(反)공산군전투에서건 장비의 부족에 대한 언급을 《회고》에서 찾아볼 수는 없다.[6] 게다가, 1949년의 무기부족도 해외로부터의 무기수송이 적절하지 못한 때문이 아니라 그보다 앞서 만주와 북부중국에서의 참패 때문이었다. 공산군 주장에 따르면 그들은 1948년 9월에서 1949년 2월까지의 4개월 반 동안에 1,709,000 정의 소총류와 권총, 193,000 정의 자동소총, 37,000 문의 포, 12,000 량의 차량을 노획하였다고 한다.[7]

뿐만 아니라, 국방부는 탄약과 무기의 부족이 군사적 패주의 원인이 아니라고 분명하게 승인하고 있는 것이다. 국방부는 1950년의 한「극비」문서에서 미국의 원조가 넉넉하다고 언급하고 있는 바, 39개 사단이 미국제 무기로 완전히 무장하였고 그밖의 많은 사단이 미국잉여무기를 공급받았다. 그러니 문제는 미국원조가 모자랐다는 것이 아니었다. 국방부 보고의 결론은『우리는 최근의 우리의 군사적 패배가 탄약부족이나 그밖의 보급이 부족한 결과라는 말을 전혀 들은 일이 없다. 그보다 우리는 공비토벌과 반공의 이해가 적절하지 못했다고 해야 한다. 우리의 사기가 낮았고 우리의 행정, 경제, 계획방안은 공비토벌을 위한 군사적 노력을 긴밀하게 지원하지 못하였다. 이것이 우리 패배의 중요한 원인이다』라는 것이었다.[8]


## 전술과 전략의 착오


《회고》에 따르면 공산군과 싸운 국부군은 육박전을 두려워하였고, 야간전투를 하려 하지 않았으며, 사격훈련이 미숙하였고, 기동력이 없었다. 그들은 또한 자기들의 위치를 제대로 파악하지 못하였고 산악지대에서의 전투를 싫어하였다.[9] 이같은 비판이 심각한 것이기는 하나 국부군의 주된 패인은 전술적인 것이 아니라 전략적인 것이었다. 유기(劉斐) 장군은 회해전역(淮海戰役)에 관해 『전략적 착오가 전술적 착오보다 더 심각하였으며 전술적 착오가 (개별)전투에서의 착오보다 더 심각하였다』[10]고 언급하였다.

국공내전(國共內戰)의 당초부터 국부군 고위사령부는 병력을 너무 광범위하게 포진하였다. 너무 넓은 지역을 장악하고자 하였기 때문에 부대는 어디서든지 약세였다. 「선을 길게 장악하고 점을 장악한다」〔延綫佔點〕는 전략은 애초에는 「정치적 필요」 때문이었다고 《회고》에는 기록되어 있다(이는 아마 마샬 장군이 주선한 정(휴)전을 가리키는 것 같다). 그 결과 국부군은 스스로의 이점을 밀고 나가지 못하였고 공산군보다 결정적인 우세에 있을 때* 승리로 밀고 나가지 못하였다고 《회고》는 말하고 있다. [11]

점과 선에 엷게 배치된 국부군은 그 뒤 주도권이 공산군에게 넘어가게 되는 중대한 과오를 범하였다. 국부군 지휘관들은 공산군을 공격하는 것이 아니라 요새화된 주둔지 안에 머물러 있었다. —— 그곳은 대개 교통망을 따라 위치한 도시나 소읍에 있었는데, 그 지휘관들은 그곳에

---

* 1946년 마샬 장군이 주선한 정전만 없었더라면 국부군이 공산군을 쉽게 그리고 빨리 소탕할 수 있었을 것이라는 주장은 아직도 친국민당계 사람들 사이에는 널리 퍼져 있다. 그러나 그것은 전적으로 틀린 말이다. 적어도 1930년 이래로 국민정부 당국은 되풀이하여 공인하기를, 「공비」를 3개월 안에, 또는 6개월 안에, 또는 1년 안에 소탕한다고 했었다. 1947년과 그 이후에도 그들은 계속 그같은 소리를 하였었다. 물론 한번도 그렇게 된 일이 없었다. 그러므로 1946년 초에 그같은 약속을 달성하는 데 더 성공적이었을 것이라고 보기는 어려운 것이다.
　더우기 그들이 공산군을 소탕할 수 있을 것이라는 시기가 1946년 4월이 아니고 1월인 것은 그때는 아직 전혀 중대한 위협이 되고 있지 않은 공산군을 패배시키는 일이 불가능하였음을 실질적으로 승인하고 있는 것이나 같다. 왜냐하면 공산군이 4월에 4개월 전보다 얼마간 강력해졌다고 할지라도 모든 객관적 기준으로 볼 때 국부군보다 훨씬 약했던 것이다. 공산군의 군대는 수가 더 적었고 무장도 보다 덜 되어 있었다. 그들은 보다 좁고 가난한 땅을 지배하고 있었고, 국제적 지원을 국부군보다는 훨씬 덜 받고 있었다. 사실, 스티븐 레빈은 만주에서의 공산군의 움직임을 자세하게 연구한 결론으로서 공산군의 약체성을 지적하고 있다. 그에 따르면 『1947년 중기에 북부만주 대부분 지역의 공산군의 힘의 기초는 매우 허약하였다. 반대세력이 조금만 더 잘 조직되고 조금 더 잘 지도되었더라면 이 지역의 공산군과 최소한 교착상태는 만들 수 있었을 것』이라는 것이다. 〔레빈(Steven L. Levine) 〈전쟁수행——전쟁수단으로서의 만주지역 농촌혁명〉 (1978년 8월 14〜21일 미국 매사추세츠주 케임브리지에서 개최된 「중공의 농촌근거지 토론회」에서 발표한 논문) p. 5〕. 1946년의 정전이 공산군과의 싸움의 결과에 결정적인 역할을 하였다는 주장은 그러므로 전적으로 궤변이다.

서 적을 섬멸하는 것보다는 스스로의 안전을 더 걱정하였던 것이다.
『대부분의 지휘관은 지나치게 개인의 안전을 강조하였으므로 모든 사람
들이 소극적이 되고 공산군의 잔학성이라는 생각에 사로잡혀 있었다.
그리하여 전장에서의 주도권을 포기하게 되었고 공산군이 마음대로 드
나들게 되었다』라고 《회고》에는 기록되어 있다. [12]

이같은 전략적 소극성이 공산군의 공격정신 및 신속한 기동력과 맞부
딪치게 되면 국부군은 꼼짝 못하게 되고 말았던 것이다. 《회고》에는 다
음과 같은 기술이 있다.

아군은 점을 방어하고 선을 방위하였기 때문에 우리 병력은 움직이지를 못
하고 기동성을 상실하였으며 주도권을 장악하기가 어려웠다. 예컨대 공산군을
공격할 때 여러 요새에 주둔한 부대의 수를 줄이게 되면 공비는 우리의 주력
부대와 결정적 싸움을 하지 않고 아군 후방의 약한 점을 공격해 왔다. …… 우
리가 여러 곳의 안전에 신경을 쓰다 보면 공격력을 강화할 병력이 모자라게 되
었다. 이렇게 되면 효과가 적을 뿐 아니라 위태로웠다. 뿐만 아니라 공비의
주력부대가 우리 진지의 하나를 공격하게 되면——만약 아군의 증원부대가 제
때에 도착하지 않으면——우리의 진지는 (공비에게) 짓밟힐 위험에 처하게 되
었다. 만약 증원부대가 제때에 도착하면 공비는 방향을 바꾸어 다른 진지를
공격하였다. 그리하여 우리는 언제나 적보다 뒤떨어지고 어느새 수동적으로
되고 말았다. [13]


## 상호협조의 부족


중국사회나 중국정치에는 개인간의 관계와 파벌끼리의 제휴가 무거운
비중을 갖고 있었다. 그런데 군대에서는 그것들은 여러 단위부대의 여
러 가지 다른 성격으로 더 짙게 나타났다. 그 근원이 어떤 것이었든 간
에 옛날에 있었던 적대관계나 불신——특히 한편으로는 몇몇 지방군 지
휘관 사이에, 다른 한편으로는 지방군 지휘관과 중앙군 지휘관 사이에
있어서의——은 언제나 강하게 잔존해 있었다. 황포군관학교의 졸업생
들끼리조차도 시기와 원한이 지휘체계에 커다란 균열이 생기게 하였다.

공산군과의 내전기간 동안 모든 다른 파벌의 방향을 결정한 육군 내의 우세파벌은 진성(陳誠)계였는데, 처음엔 국방부장관(1945년 12월~1946년 6월), 다음에는 참모총장이 된(1946년 6월~1948년 4월) 진성은 인사면에서 강한 힘을 갖고 있었다. 진성인맥에 속하지 아니한 장군들은 진성이 자기 파벌에 속한 황포군관학교 졸업생을 육군 내의 중요 보직을 주었는데, 그들 대부분은 전투경험이 부족한 반면[14] 경험과 능력이 있는 지휘관은 행정이나 훈련 등 중요하지 않은 직책으로 밀려났다고 주장하였다. 예컨대 미국군이 훈련한 중국원정집단군 사령관이었던 송희렴(宋希濂) 장군은 신강성(新疆省)으로 밀려나 200명밖에 안되는 사관학교분교병력을 지휘해야 했었다.[15] 진명인(陳明仁) 장군은 국부군의 만주 전투에서의 주된 승리인 사평가(四平街)전투를 지휘한 사람인데도 진성이 시기하여 해임되었다고 한다.[16] 장개석 후임으로 중앙군관학교장이 되었던 관린징(關麟徵)은 자기가 공산군에게 패배하여 망신당하는 것을 바랐기 때문에 걸레쪼각같이 되고 사기가 땅에 떨어진 군대를 지휘하라고 하였다고 생각하였다.[17]

이같은 불화와 시샘은 전장에서는 참담한 결과를 가져온다. 예컨대 1948년의 유명한 회해전투에서 구청천(邱淸泉) 장군은 공산군에게 포위된 황백도(黃百韜)군을 구출하라는 명령을 받았다. 그러나 구청천군은 10일 동안 8마일을 나갔을 뿐이었으니, 황백도 장군이 자살하고 그가 거느린 부대의 대부분이 공산군에게 항복하였을 당시 아직도 황백도 부대로부터 12마일 멀어져 있었다. 황백도 장군이 장개석으로부터 특별한 영예를 받은 이래 구청천은 황백도를 시기하였었다고 한다. 황백도 부대가 항복했다는 말을 처음 들은 구청천은 이제 정말 그가 영예를 받을 만했는가가 밝혀졌다고 했다고 한다.[18]

전투를 함에 있어 『아군의 지휘관들은 흔히 스스로의 이해관계만을 생각하였기 때문에 전체적 상황이 손상되었다』고 《회고》에는 기술되어 있다.[19] 국부군 지휘관들이 전투에서 서로 협조하려 하지 않고, 작전상의 조정을 하려 들지 않으며, 혹은 다른 부대의 구원을 하려 하지 않았음이 공산군의 전력을 강화해 주었다. 그리하여 곧잘 국부군을 개별격파할 수 있었고 그럼으로써 국부군의 종국적 패배에 큰 영향을 끼쳤던 것이다.[20]

## 군대의 배반과 병력보충의 곤란

일본군이 항복한 뒤에 국부군부대가 공산군에 첫 투항을 한 것은 1945년 10월 31일에 일어났으니, 하북성에서 고수훈(高樹勛) 장군이 군부대 전부를 데리고 공산군에게 투항하였다. 그 뒤부터 부대의 투항수는 급속히 늘어났다.[21] 공산군의 주장으로는, 1946년 7월부터 1949년 1월까지 370만 명의 포로를 획득했다고 하나 이 포로들의 대부분은 실은 투항하였던 것이다. 투항은 흔히 전투진행중에 일어났으며, 많은 전투는 이같은 갑작스런 투항으로 결판이 났다.[22] 공산군의 유명한 「포로 친절히 대하기」는 국부군의 투항을 용이하게 하였다. 모든 포로들과 투항을 원한 자들은 공산군으로 편입되어 전선이나 또는 후방에 배치되었다. 너무 허약하거나 또는 그밖의 이유로 해서 쓸 수 없는 사람들은 통행증과 여비를 주어 석방하여 국부군지역으로 돌아갈 수 있게 하였다고 《회고》에는 기록되어 있다. 특별히 필요한 기능을 가진 장교들을 회유하기 위해 공산군은 그들에게 보다 높은 계급과 더 많은 봉급을 제공하였다. 《회고》를 집필한 국부군측 사람들은 말하기를, 포로들에 대한 이같은 대우방법은 자기들의 방법과 매우 다르며 공산군측에게 심리적으로 유리하게 작용하였다고 하였다. 이같은 방법은 또한 1948년을 지나면서 공산군으로 하여금 국부군과 수적으로 균형을 갖게 하였다.[23]

투항을 하는 부대의 거의 전부는 지방군이지 중앙군이 아니었다. 성(省)지방군의 투항이 잦았던 것은 그들이 차별을 받고 있다고 생각하였고, 중앙당국이 그들을 공산군과 싸우게 하여 그들을 쓸어 없애고자 본거지 성을 떠나 싸우게 하였다고 많은 사람이 믿고 있었기 때문이다. 그러므로 1946년 초반에 지방군들 사이에 내전에 대한 반대가 강했는데, 특히 광서성과 운남성의 군대의 경우 그러하였다. 이렇게 되니 중앙당국의 불신도 (더) 강해져 투항을 막기 위해 지방군부대 안에 밀정을 심어놓았다. 중앙당국은 또한 규모가 큰 지방군을 분해하여 사단급 또는 그 이하의 단위부대를 보다 더 중앙정부에 충성심을 갖고 있는 부대 안으로 섞어놓았다. 이런 조치로 하여 지방군들의 투항률을 줄이기는 했으나 그들의 전투정신을 강화하는 데는 아무 쓸모가 없었다. [24]

물론 국부군의 사기가 저하되고 있었다는 것이 대부분의 투항의 바닥에 깔려 있었는데, 사기가 가장 낮은 곳은 부대의 하위층이었다. 징병제도는 적어도 항전 동안만큼이나 부패해 있었기 때문에 보충병력을 적절하게 확보할 수가 없었다. 그러므로, 대부분의 단위부대 병력은 규정되어 있는 병력보다 적었다. 《회고》의 필자들은 공산군은 병력보충을 하는 데 있어 훨씬 어려움이 적었으며 이 차이가 전쟁의 결과에 큰 영향을 미쳤다고 불평을 하고 있다. [25] 억지로 군대에 끌려온 국부군 병사들은 그들이 싸우게 되어 있는 목적에 거의 관심이 없었다. 그들에 대한 식사보급은 항전시기보다 훨씬 나빴다. [26] 그러므로 공산군과의 내전 동안의 전투정신은 거의 전무하다시피 하였다. 하응흠(何應欽)은 이를 알고서 1948년 중반기에 국방부장관에 취임하면서 자기의 첫 과업은 군의 상(上)과 하(下)에 사기를 북돋는 일이라고 선언하였던 것이다. 『배고프고 헐벗고서는 싸울 수가 없다』고 그는 말하였다. [27]

공산군은 국부군의 불만을 교묘하게 이용하였다. 그들은 국부군의 심리적, 정치적 무장이 가장 약한 곳을 향해 집중적인 선전전을 폈다. 선전전단에서 국부군의 군대생활이 힘들다는 것을 강조하면서 정부가 백성들의 양곡을 빼앗아 가고, 기근과 홍수가 끊임없이 일어나고, 부자는 편하고 사치스럽게 지내고 있지만, 가난한 사람은 병역에 복무해야 한다고 지적하였다. 전단에는 또 국부군 병사들의 식량보급이 부족하고 장교들이 혹독하게 다룬다는 것도 지적하였다. 지방군에 대한 선전전단에는 장개석이 자기의 중앙군은 우대하고 보호하면서도 지방군은 고향을 멀리 떠난 전장에 투입하여 희생시킨다고 적었다. 선전책자에는 또 공산지역에는 정신이 화합되어 있고, 경제는 넉넉하며, 국부군지역에 있는 것 같은 거지, 도둑, 비적이 없다고 썼다. 그러므로 국부군 병사들은 동포를 죽이는 일을 그만두어야 하며, 투항해 오면 대우를 잘 해준다고 하였다. 어떤 선전책자에는 공산군은 장개석군이 선전한 것처럼 포로를 생매장하거나 살을 떠내는 일 따위를 하지 않는다고 확언하고 있다. [28]

## 첩보활동

《회고》에 일관되어 있는 불평은 공산군에 대한 정보의 부족이었다. 정보활동은 형식적이고 관료적이어서 『그저 종이 위에서 전쟁하는 것이나 다름없었다』고 《회고》에는 적혀 있다. [29] 국부군첩자는 공산군조직 속으로 침투할 수가 없고, 따라서 국부군은 곧잘 부지불식중에 공산군의 함정에 빠졌다. [30] 이와 대조적으로 공산군첩자들의 성공은 소문난 것이었다. 등문의(鄧文儀) 장군의 회고에 따르면, 『총사령관의 사무실에서부터 각급 사령부의 사무실에 이르기까지 전부 공산군의 첩자가 침투해 있어 비밀을 캐고 역정보를 뿌렸으므로 적은 우리의 형편을 마치 자기들의 일인 양 훤히 알고 있었으나 국부군은 스스로의 상황도, 적의 상황도 알지 못하였다. 아군이 포위되고 적에게 잡히는 것은 그러므로 의당한 일이었다』는 것이다. [31]

등문의가 다른 많은 국부군 당국자들처럼 공산당의 지하활동을 과장하고 있기는 하나 공산당의 첩자들은 정말로 공산군의 승리에 상당히 크게 공헌하였다. 많은 첩자들이 중요 직책을 갖고 있었다. 예컨대 1948년 산동성 유현(濰縣)의 중요한 전투 때 국부군의 제 96 군 참모장은 공산군 첩자였다. 1948 년 9 월 제남(濟南)전투 때 제 2 평정사령부〔綏區〕의 책임자는 국부군의 작전계획 전부를 적에게 알려주었다(이 사건은 결정적인 시기에 84 사단의 투항과 함께 국부군이 중국관내 지역에서 省의 수도를 처음으로 상실하는 데 큰 몫을 하였다). [32]

그러나 공산당 침투의 가장 극적인 예는 놀라운 유비(劉斐) 장군의 경우이다. 유비는 거의 전항전기간과 내전기간을 통해 국부군 전체의 참모차장(軍令部次長, 參謀處長)으로 있었는데, 그는 동시에 공산군의 첩자였다. [33] 군고위직에 있는 그는 공산군에게 국부군이 취할 사실상 거의 모든 중요한 움직임을 보고할 수 있었다. 그는 또한 또 다른 공산당 첩자인 곽여귀(郭汝瑰)를 작전계획처장의 중요한 자리로 앉히게 하였다. 1948년 11월에서 1949년 1월까지의 회해전역에서 국부군이 파멸적으로 대패할 때 이 두 장군은 의심을 받게 되었는데, 이 전투에서의 국부군의 최고지휘관인 유기(劉驥) 장군에 따르면 『아군의 모든 움직임을 사전에 공산군이 아는 경우가 많았기 때문이었다』[34]고 한다. 그러나 조사가 진행되지는 않았으니, 아마도 유비가 거드럭거리고, 관료적이고, 누구든지 (마구) 비판하는 것으로 이름나 있는 전형적인 국부군 고급장교였기 때문이었을 것이다. [35]

1949년 봄에 유비는 또 다른 중요한 직책을 맡게 되었다. 국민정부 고위직으로부터 아직 신임을 받고 있던 그는 1949년 4월 1일 북경으로 비행하여 공산군과 평화협상을 할 6인대표단의 한 사람이 된 것이다. 유비가 국민정부평화협상대표에 있었으므로 공산당측의 수석협상대표는 상대방의 모든 고려나 책략을 다 알고 있는 기막힌 입장에 있게 된 것이다. [36]

협상이 결렬된 다음 유비와 그밖의 대표단은 국부군쪽으로 돌아가지 않고 북경에 남아 있었다. 유비는 공산치하에서 편하게 상당한 대접을 받으며 지냈다. 실로, 유비가 1949년에 공산당의 정치협상회의의 한 대표로 특별히 임명된 뒤 모택동은 그를 공개적으로 『인민공화국의 건립에 훌륭한 공헌을 한 시민』이라고 칭찬함으로써 그의 지하활동을 지적하였다. [37]

내전의 마지막 단계에 가면 공산당 첩자는 아주 많아졌다. 특히 1949년 국부군이 만주에서 패퇴하고, 회해전역에서 패배하고, 금원권(金元券)화폐개혁에 실패한 뒤에는 국부군 지역의 사기는 땅에 떨어졌다.

『군과 정부 내에서조차 기회주의, 분열, 패배주의의 현상이 살며시 일어났다』고 《회고》에는 기록되어 있다. [38] 그러므로 공산당은 국부군간부 안에서 쉽게 첩자를 구할 수가 있었다. 그런 사람들 중의 한 사람이 황포군관학교 졸업생으로서 장개석의 지극한 신임을 크게 받았던 대웅광(戴戎光)이었다. 4월 20일 밤에 공산군이 양자강을 도하하는 수륙양면 공격을 개시하였을 때 戴는 상해와 남경 중간에 있는 강음(江陰)의 주된 요새에 배치된 부대에게 총부리를 공산군이 아니라 다른 국부군 수비대에게 향하도록 명령하였다. [39] 거대한 강을 건너려는 공산군의 공격은 불안스러운 것이었다. 웨드마이어는 『만약 국부군이 그렇게 할려고만 했더라면 빗자루몽당이를 가지고도 양자강을 지켜낼 수 있었을 것이다』라고 말한 바 있다. [40] 그러나 대웅광의 배신의 덕으로 공산군은 강을 건너 국민정부의 수도인 남경에 4월 23일 입성하였다. 이리하여 국민정부의 지배는 끝장이 난 것이다.

국민정부 안에 있던 공산군의 첩자는 내전을 결말내는 데 지극히 중요한 역할을 하였다. 그런데도 국민정부의 패배를 설명하려 하는 학자들은 역사의 이 측면을 전적으로 무시하고 있다. 그 대신 그들은 직접 또는 간접으로 1949년의 국민정부 패퇴를 가져왔을 미국의 중국정책에 미친 공산주의자의 영향을 조금이라도 찾아내려고 계속하여 애썼다. 역사학자의 작업을 왜곡시키는 데 작용하는, 현재의 정치적 관심(대만의 국민당의 입장을 말한다——역자)의 예로서 이보다 더 뚜렷한 것을 찾기란 쉬운 일이 아니다.

## 공산군의 우월성

《회고》의 필자들은 그들의 군대에 대해서 비판하고 있는 것과는 대조적으로, 그들의 반대자들에 대해서는 상당히 칭찬하고 있다. 공산군이 전장에서 자기들의 선수를 쳐서 이겨냈다고 그들은 분명히 말하고 있다. 《회고》에 따르면 공산군은 전투를 시작하기 전에 폭넓게 준비를 하였다. 그들은 『각자의 의견을 충분히 발표하고 그들의 뜻을 통일하였다. …… 지형을 조사하고 적의 상황을 파악하였다.』[41] 이같은 충분한 토론은 국부군의 기밀을 유지하려는 헛된 노력과 대조적이다. 《회고》는 말하기를, 『우리 편은 기밀유지를 해야 한다는 생각 때문에 전투시작 직전에 대비에 관해 아무것도 논의되는 일이 없었다. 그리고 이같은 내부적인 정보통제 때문에 모든 전투는 바보스럽게 치러졌다. 적의 상황을 조사하고 분석하는 데 있어 (공산군보다) 더 세밀하지 못하였다』라고 하였다.[42]

《회고》에 따르면 공산군은 자기들이 우세할 때만 전투를 하였다. 그리하여 (일단 전투에 나서면) 『곤란을 피하지 않고, 희생을 아끼지 않고, 우리를 분쇄한다는 그들의 목적이 달성되기까지 과감한 공격을 멈추지 않았다. 그러나 상황이 그들에게 불리하면 그들은 신속하게 거침없이 물러서서 다른 곳에서 우리를 공격하였다.』[43] 이렇게 하여 공산군은 언제나 기선을 잡아 국부군과의 균형을 깨고 국부군을 방어적으로 만들어 버렸다는 것이다.[44]

전술적인 면에서 공산군은 공격이 예상되지 않은 곳에서, 예상되지 않은 때에 기습하는 것을 중시하였다. 《회고》에는, 공산군이 『처음에는 기습을 가하고 다음에는 대규모의 집중공격〔强攻〕을 해왔다. …… 대규모의 집중공격 동안에도 기습기회를 만들었다』라고 하고 있다. 이어서 『그러나 우리는 언제나 정면공격만 했지 기습이나 대규모 집중공격을 준비한 일이 없다』고 국부군 장군들인 이들 《회고》의 집필자들은 말하고 있다.[45]

《회고》에 따르면 공산군의 특수한 강점은 전투지휘관에게 부여된 광범위한 결정권이었다. 그러나 만약 그들이 패배하게 되면 재빨리 철수하여 손실을 최소한으로 줄였다. 이와 대조적으로 국부군은 『(병사들이) 죽을 때까지 싸워야 하는 상황에 있게 되는 경우가 많았다. ……고위지휘관들도 독자적으로 행동하거나 돌발적인 순간에 계획을 변경할 권한을 갖고 있지 않았다』고 《회고》에는 기술되어 있다. 이 점은 특히 유감스러웠으니, 작전계획수립 고위참모들은 전선에서의 정확한 상황을 알지 못하고 있었기 때문이었다. 그런데도 그들은 토의나 수정을 할 수 없게 관료적인 투로 명령만 하달하는 경우가 많았다. [46] 이러한 대조적인 방법 때문에 공산군은 그들이 패하였을 경우라도 큰 손실을 면할 수가 있었고, 그들이 우세할 때는 그들의 승리는 결정적인 것이 되었으며, 국부군의 사상자수는 많게 되었다. 이것이 공산군으로 하여금 열세에서 우세로 전환할 수 있게 한 주된 원인이라고 《회고》는 말하고 있다. [47]

물론 군사적 승리의 요인은 복잡하므로 《회고》도 내전의 결말에 작용한 딴 요인들에 대해 지나가는 투로 언급하고 있다. 예컨대 공산군은 군대의 승급과 강등을 전적으로 전공(戰功)에 따라 하였다. 『그러나 우리의 승급의 기반은 학벌과 재력 그리고 사회적 정치적 배경이었고 전공은 둘째 문제였다』고 《회고》는 말하고 있다. [48] 또한 국부군의 군사행동은 관료주의 때문에 불구가 되었다고 《회고》는 지적하고 있다. 예를 들어 만주의 전투에서 공산군은 썰매나 말을 써서 이동하였다. 그러나 국부군은 수많은 회의 끝에야 겨우 이것들을 얻을 수 있었다. 공산군은 또한 눈 속에서 사용하는 삽과 위장물을 갖고 있었으나 회의와 재정부족으로 곤란을 겪고 있는 국부군은 환경의 필요에 적응할 수가 없었다는 것이다. [49]

끝으로 《회고》는 민간인의 공산군에 대한 협조를 칭찬하고 있다. 예컨대, 공산군은 노인과 젊은이를 망보는 데 동원하였고 주민 전부가 정보망 노릇을 하였다. 만약 식량이 떨어지면 민간인들과 함께 먹을 수가 있었다. 또한 대중의 동원을 고려하여 결코 부상자를 전장에 내버리는 일이 없었다. 그러나 국민정부지역에서는 [정치가 군사를 지원하지 않았으며] 그러므로 『전투를 하는 데 있어 순전히 군사력에 의지할 수밖에 없었다』고 《회고》는 말하고 있다. [50]

국방부 정훈국은 내전의 결판에 있어서의 민간인 지원의 중요성을 더 신랄하게 지적하고 있다. 1950년에 나온 정훈국의 한 출판물에는 『술

직히 말하면 백성들〔老百姓〕의 도움이 없이 정부와 군에만 의지하여 공비를 소멸시킬 수는 없다. 우리가 대륙에서 패퇴한 원인은 바로 우리가 백성들과 손을 맞잡지 못하였기 때문이다』라고 기술되어 있다.[51]

이에 다시금 군사적 및 정치적인 참패가 마치 선(禪)에서의 공안회답(公案回答)처럼 적어도 몇몇 국부군 지도자들에게 (무엇인가를) 깨닫게 하였다는 증거를 보게 된다. 「우리가 대륙에서 패퇴한 이유는 바로 우리가 백성들과 손을 맞잡지 못하였기 때문이다」라는 생각을 그들이 왜 진작 갖지 못하였을까? 물론 백성들과 손을 맞잡으려면 신체적인 힘이 아니라 정치적인 힘이 있어야 한다. 그려자면 근본적인 개혁이 있어야 했다. 여론을 받아들이는 정부, 백성들에게 이로운 정책, 광범위한 국민적 목표를 달성하기 위해 개인적 및 파벌상의 이해관계를 초월한 행정과 지도력 등이 있어야 했다. 그러나 이것들은 국민당이 거의 보여준 적이 없는 것들이다. 그리하여 일본과의 항전이 국부군을 형편없이 약화시켜 놓은 상황에서 패배의 참 원인이 그 정권의 기본적 성격 그 자체에 있었던 것이다.

# 8. 蔣經國과 金元券 통화개혁

1979년에 《傳記文學》지의 한 기고자는 국민정부가 금원권(金元券) 통화개혁을 하지 않았다면 아직도 국민정부가 남경에 그대로 있을 수 있었을 것으로 확신한다고 쓰고 있다.[1] 대만의 지도적 현대사연구자인 심운룡(沈雲龍)은 비슷한 투로 이렇게 쓰고 있다. 『겨우 40일만에 금원권(통화개혁으로 새로 발행한 통화)의 가치가 떨어지기 시작하여 종이조각이나 다름없이 되어 버렸다. 수천만인의 재산은 하루 아침에 한푼어치도 못되는 무(無)로 돌아가 버렸다. 이것이 사람들의 사기와 나라의 운명에 크게 영향을 주어 대륙을 상실하게 된 주된 이유가 되었다.』[2] 널리 믿어지고 있는 이같은 생각 때문에 그 통화개혁 당시의 재무부장관인 왕운오(王雲五)는 그가 1979년에 죽은 이래 국민정부 패배의 주된 원인조성자로 지목되었다.[3]

1948년 8월의 통화개혁 이후의 일들을 따라가 보면 이같은 해석이나 비난이 그럴 듯하다고 여겨진다. 왜냐하면 통화개혁 착수 후 3개월 이내에 경제는 완전무결하게 붕괴되었고 중앙정부군은 양자강까지 밀렸기 때문이다. 그로부터 꼭 2개월 뒤인 1949년 1월에 장개석은 국민정부의 총통자리를 내놓지 않을 수 없게 되었다. 그 이후 상황은 악화하여 전면적인 참패로 끝장이 났다.

그러나 국민정부의 패배를 금원권통화 개혁이나 한낱 각료 탓으로 돌리는 것은 원인과 결과를 혼동하는 것이다. 통화개혁은 1948년의 경제적 붕괴의 원인이 아니었다. 그것은 통화개혁이 착수되기 전에 시작된 붕괴를 막아보려는, 절망적이기는 하나, 하나의 도박이었던 것이다. 그

도박이 실패한 것은 사실이다. 그리고 통화개혁의 기도가 국민들의 상당한 부분을 환멸을 느끼게 하고 화를 내게 함으로써——특히 국민당정권의 주된 지지층이었던 중산계급이 그러하였다——국민당정권의 정치적 붕괴를 촉진한 것도 의심할 여지가 없다. 그러나 그것은 왕운오는 물론 장개석도 정당한 이유가 있다고 보았고, 적어도 약간의 성공할 가능성이 있다고 본 도박이었다.

## 통화개혁안의 채택과정

1947년과 1948년의 거의 대부분의 기간 동안 국민정부 지배하의 중국의 경제는 엉망이었다. 농촌사회의 구조는 분해되어 있었고, 공업생산은 비틀거렸으며, 교통체계는 지속적으로 파손되어 있었고(주로 공산당의 방해가 원인이 되어), 물가상승은 날마다 국가의 정식 통화인 법폐(法幣)의 가치를 갉아먹고 있었다(표 6참조).[4] 그러나 1948년 여름에 경제상황은 (더욱) 악화되었으며 나라가 막바지 붕괴로 치닫는 듯 보였다. 공산군과의 싸움으로 생긴 예산상의 적자 때문에 법폐발행고는 늘어가 1947년 12월의 34조원(元)에서 1948년 6월에는 250조원이 되었다. 그러더니 단 한 달 반만에 발행고는 600조원에서 700조원으로 늘어났다.[5] 전투지역이 확대되면서 법폐는 격류처럼 북부중국에서 중부 및 남부중국으로 밀려들어왔다.[6]

화폐발행고가 팽창함에 따라 정부와 법폐에 대한 공적 신뢰는 다같이 줄어들어 갔다. 그리하여 사람들은 그들의 돈이 그래도 아직 갖고 있는 가치를 잃기 전에 무엇이 되었건 앞다투어 사재기에 나섰다. 이같은 통화의 급속한 회전은 통화팽창에 부채질을 하였으며 물가는 정부의 법폐발행 속도보다 더 빨리 치솟았다(1947년 12월에 물가는 새 돈의 증가보다 3.5배나 더 빨리 올랐고, 1948년 6월에는 5배가 빨랐으며, 8월 초에는 11배나 더 빨랐다).[7] 이리하여 통화팽창은 전례 없는 율로 확대되었다. 5월 말에서 8월 중순의 단 두 달 반 동안에 상해의 물가는 약 10배가 뛰었다. 5월

**〈표 6〉** **1945. 9～1948. 8. 19 동안의 法幣의 가치하락 진행표**

(1945년 9월을 100으로 함)

| 연　　　　월 | 발　행　고 | 上海 도매물가지수 |
|---|---|---|
| 1945. 9 | 100 | 100 |
| 10 | 120 | 110 |
| 11 | 134 | 288 |
| 12 | 153 | 257 |
| 1946. 1 | 171 | 269 |
| 2 | 187 | 509 |
| 3 | 200 | 742 |
| 4 | 227 | 748 |
| 5 | 266 | 1,103 |
| 6 | 313 | 1,070 |
| 7 | 320 | 1,180 |
| 8 | 352 | 1,242 |
| 9 | 401 | 1,475 |
| 10 | 443 | 1,554 |
| 11 | 489 | 1,541 |
| 12 | 553 | 1,656 |
| 1947. 1 | 669 | 1,990 |
| 2 | 718 | 3,090 |
| 3 | 852 | 3,248 |
| 4 | 1,024 | 4,130 |
| 5 | 1,243 | 7,045 |
| 6 | 1,453 | 8,673 |
| 7 | 1,746 | 9,032 |
| 8 | 2,211 | 9,557 |
| 9 | 2,526 | 12,534 |
| 10 | 3,106 | 17,352 |
| 11 | 4,012 | 19,296 |
| 12 | 4,941 | 24,282 |
| 1948. 1 | 5,191 | 36,939 |
| 2 | — | 52,900 |
| 3 | 10,383 | 85,502 |
| 4 | — | 99,117 |
| 5 | 20,024 | 142,468 |
| 6 | — | 256,397 |

| | | |
|---|---|---|
| 1948. 7 | — | 755,165 |
| 8 | 296,648 | 1,368,049 |

〔자료출전 : Wu Yuan-li, 《An Economic Survey of Communist China》, New York, 1956, pp. 50~51〕

26일에 630만원이었던 분량의 쌀은 8월 18일에는 6,300만원으로 올랐고, 낙화생유는 같은 기간에 1,850만원에서 1억 9천 5백만원으로 뛰었으며, 비누는 700만원에서 8,350만원이 되었다(표 7 참조).

(이같은) 초인플레로 인한 경제적 붕괴의 증상은 6월에서 8월 중순 사이에 더욱 뚜렷해졌다. 6월 14일에 영파(寧波)에서 일어난 쌀폭동은 그 다음달에 신속하게 전국으로 번졌다. 다른 물건값도 너무 빨리 올랐기 때문에 가게주인은 물건값 표지를 하루에도 몇 번이나 바꾸어야 했다. 6월 25일과 그리고 다시 7월 10일에 단 하루 동안에 물가는 30배가 뛰었다. 물가와 생산비가 거의 시간마다 바뀌기 때문에 정상적인 가격계산은 할 수가 없게 되었다. 상점주인들은 가격이 얼마가 되었

〈표 7〉　　　　　품목별 上海物價, 1948.5~1948.8

〔단위 : 법폐 1,000元〕

| 시　　기 | 白　　米 | 밀 가 루 | 낙화생유 | 면사상품 | 면사하품 | 구판비누 |
|---|---|---|---|---|---|---|
| 5.26 | 6,300 | 2,050 | — | 305,000 | 204,000 | 7,000 |
| 6.2 | 6,700 | 1,950 | 18,500 | 302,000 | 194,000 | 7,030 |
| 6.9 | 8,000 | 2,530 | 22,500 | 442,000 | 262,000 | 9,100 |
| 6.16 | 10,000 | 3,310 | 31,000 | 500,000 | 298,000 | 17,000 |
| 6.23 | 13,900 | 4,280 | 40,500 | 6 55,000 | 450,000 | 20,100 |
| 6.30 | — | | — | 830,000 | 800,000 | 32,500 |
| 7.7 | 20,000 | — | — | 1,000,000 | 800,000 | 36,000 |
| 7.14 | 29,500 | 8,120 | 76,000 | 1,350,000 | — | — |
| 7.21 | 37,000 | 11,300 | 102,000 | 1,700,000 | 1,150,000 | 75,000 |
| 7.28 | 37,000 | 10,700 | 95,000 | 1,800,000 | 1,370,000 | 75,000 |
| 8.4 | 39,500 | 12,650 | 107,000 | 2,000,000 | 1,420,000 | 65,000 |
| 8.11 | 50,000 | 18,150 | 165,000 | 2,880,000 | 1,850,000 | 76,000 |
| 8.18 | 63,000 | 22,700 | 195,000 | 3,200,000 | 2,130,000 | 83,500 |

〔자료출전 :《China Weekly Review》의 〈This Week's Business〉, 1948.6.5~1948.8.21 의 자료로서 작성. 이 자료에는 품목별 단위를 기록하지 않고 있다.〕

건 법폐로 팔아 재고품을 축내기보다는 아예 문을 닫아 버리는 경우가 많아졌다. [8] 어떤 때는 상해와 남경간의 항공기운항이 취소되었는데, 정부의 허가를 받아야 하는 비행운임이 급등하는 연료값을 따라갈 수가 없었기 때문이다. [9] 정부의 인쇄소는 경제의 수요에 따라갈 만큼 빨리 지폐를 찍어내지를 못했다. 예를 들어 고용주는 봉급을 줄 돈을 둘 데가 없었다. 대부분의 법폐의 지폐는 10만원이나 그 이하 짜리의 단위를 늘린 것이었으므로 7월 말과 8월에 가서야 50만원 짜리에서 500만원 짜리까지의 해관단위금기본지폐(海關單位金基本紙幣)가 나타났다. ──그리 비싼 물건이 아닌 것을 사려 해도 엄청난 돈뭉치가 있어야 한다는 것이 〔또한〕 문제거리였다. [10]

경제상태가 악화되자 사람들은 불안해하고, 두려워하고, 절망하게 되었다. 8월 5일의 《대공보(大公報)》 사설은 『가장 심각한 것은 〔경제위기를〕 어찌할 도리가 없다고 누구나 믿고 있다는 점이다. 그리하여 사람들은 파멸의 시작을 기다리는 사람처럼 내일을 생각함이 없이 그날 그날 살아가고 있다』고 하였다. [11] 경제적 몰락을 저지하려는 모든 노력이 실패로 돌아가자 정부에 대한 백성들의 불신도 늘어갔다. (귀중품 보관) 대출금고를 봉인해 버리려 한다든가, 전국은행의 반을 문을 닫게 하려 한다든가 또는 금을 국유화한다든가 하는 헛소문들이 돌아다녔다. 장개석이 북부중국에서 억류되었다는 보도까지 있었다. [12] 사람들은 최악상태를 예상하지 않을 수 없게 되었다.

정부 안에서는 고위관리들이 오랫동안 경제실태의 심각성을 별로 중대시하지 않았다. [13] 그러나 6월에 사태가 악화된 뒤부터는 사태를 둘러낼 수가 없게 되었다. 중앙은행의 유력한 고문인 영국인 시릴 로저스는 7월 중순에 『사태의 심각성에 대한 인식이 마침내 〔정부의〕 최고위층에까지 번져나가 (신들만이 사는) 올림푸스산에 공포가 감돌게 되었다』고 말하고 있다. [14] 한 달 뒤인 8월 11일에 재정부장관 왕운오는 미국에 통지하기를, 『중국은 불과 수개월이 지나면 분명 파산하게 된다』고 하였다. [15] 재정적 붕괴가 임박하자 정부는 아마도 (공산군과의 싸움을 포기하는 것 외에는) **사용가능한 유일한 방법을** 취하였다. 즉, 사실상 가치가 없어진 법폐를 새 지폐인 금원권(金元券)으로 바꾼 것이다.

몇 년 내로, 여러 경제전문가나 비전문가들은 백성들의 심리상태——즉, 법폐에 대한 사람들의 불신감——가 걷잡을 수 없는 인플레의 주된 요인이라고 하면서 통화명목 변경을 주장해 왔었다.[16] 법폐를 대신할 새 단위의 지폐를 쓰기만 하면 인플레는 잡을 수 있다고 그들은 주장하였다. 이같은 생각은 그 손쉬움이 매력적이어서, 사실 다량의 새 지폐가 항전 기간 동안과 다시 1945년에 같은 명목변경을 할 경우를 대비하여 인쇄돼 있었다.[17] 그러나 조금 더 현명한 사람들은 지폐의 단위가 어떤 것이었든간에 정부가 예산수지의 균형을 맞추지 않는 한 인플레는 멈추게 할 수 없다고 주장하였다.

1948년 여름의 경제위기의 악화로 인해 정부는 이제는 사실상 수습할 수 없게 된 인플레 대책의 처방으로써 다시 화폐명목변경안을 생각하게 되었다. 국무총리(행정원장) 옹문호(翁文灝)는 (장개석의 동의를 얻었다고 한다) 7월 초에 화폐의 즉각적인 교환을 위한 위원회를 구성하였다. 1주일 뒤에 나온 이 위원회의 보고서는 국무총리에게 통화개혁(명목변경)에 관련된 장애요인과 위험을 지적하면서 그 시기에 통화개혁을 하는 것을 반대하였다. 옹문호는 이 보고서 내용을 장개석에게 전달하였고, 장개석은 그 시기에 법폐를 바꿔치는 생각을 포기하였다. 그러나 그는 『그렇지만 조속히 어떤 수를 써야 한다』고 하였던 것이다.[18]

8월 초가 되어 위기상황은 더욱 심각해졌으므로 어떤 위협이 따르더라도 통화개혁은 시도해 봐야 된다고 생각하게 되었다. (廬山의) 고령(牯嶺)에 있는 그의 별장에 정부의 주된 재정문제전문가들을 자문을 위해 불러들였다. 송자문(宋子文), 장가오(張嘉璈), 우흡경(虞洽卿)은 통화개혁에 반대하여 말하기를, 군사지출이 먼저 감축되지 않는 한 새 통화의 가치가 유지될 수 없다고 했다 한다. 그러나 翁 국무총리와 왕운오 재정부장관은 명목변경에 찬성하였다.[19] 자문받은 의견이 일치를 보지는 못했으나 통화개혁준비는 불안해 하면서도 빨리 진행되었다. 8월 초에

는 이미 중앙은행이 새 지폐를 전국의 지점에다 나누어 주기 시작하였
다. 8월 13일 밤 통화개혁을 실시한다는 결정이 임박하였으므로 상해
의 중앙은행은 개혁실시에 대비하여 비상대기하였다.[20] 그러나 계획과
정에 있어 아직도 할까말까 망설이고 있었다. 8월 16일에 중앙은행총
재 유홍균(兪鴻鈞)은 B계획이라 불리는 새 명목변경계획을 갖고 상해에
서 남경으로 왔다. 옹문호, 왕운오와 외무부장관 왕세걸(王世杰)은 이 B
안을 찬성하여, 이젠 A계획이라 불리게 된 이전의 계획안은 철회되고
翁과 兪는 장개석에게 새 안을 보고하기 위해 고령으로 비행해 갔다. 장
개석은 이 계획에 큰 수정을 가하여 새 지폐로 마음대로 금으로 바꿀
수 있게 하자고 한 안을 깎아 버렸다.[21] 새 안을 지지한 송자문과 상의
한 장개석은 8월 18일 갑자기 남경으로 비행해 왔다. 수도 남경에서 통
화개혁반대자들은 다시 장개석에게 그 계획의 허점과 적절치 못한 점을
지적하였다. 그러나 장개석 총통은 위기가 너무도 심각하니 더 이상 주
저하거나 반대하거나 할 수 없다고 믿게 되었다. 조치에 대한 검토는
이미 몇 번이고 해봤으니 즉각 실시해야 한다고 그는 주장하였다. 만약
어떤 결함이 정말 있다면 나중에 교정할 수도 있다고 하였다.[22] 중앙정
치회의와 국무회의(행정원)의 동의를 얻고 나서 공산군과의 싸움을 위해
총통에게 부여된 비상권을 발동하여 재정경제긴급처분명령(財政經濟緊急
處分命令)을 1948년 8월 16일 밤에 공포하였다.[23]

이 긴급처분은 인플레를 겨우 5주 동안만 늦추었다. 뿐만 아니라 이
조치가 발표된 70일 후에는 정부는 개혁이 실패하였음을 자인해야 했
다. 이는 통화명목변경계획안이 처음부터 성공가망성이 없었다는 증거
가 아니었을까?

통화개혁을 실시함에 있어 장개석의 계산에는 다음과 같은 사실이 분
명 작용하였을 것이다.——8월의 물가상승은 완전히 걷잡을 수 없게
되었다. 그리고 경제가 전부 붕괴해 가고 있었다. 만약 경제가 붕괴되면
정치적 군사적인 붕괴가 곧 그 뒤를 따르게 된다. 통화개혁은 다른 어떤
방법으로도 절망적인 상황에 최소한 어렴풋하기는 하나 희망을 주었다.

폭발적인 물가상승은 법폐에 대한 사람들의 불신 때문이라는 통화개혁
옹호론자들의 말은 상당한 정도로 맞는 말이다──그 증거로는 새 돈을
찍어내는 것보다 더 빨리 물가는 올랐던 것이다. 장개석, 옹문호, 왕운
오는 이제 새 돈이 적어도 잠정적으로나마──겨우 6개월 정도만이라
도──사람들의 신임을 받을 수 있기를 바랐던 것이다. 이 단기간 동안
이나마 경제적 붕괴를 피할 수 있다면 정부는 그 사이에 통화위기를 해
결할 수 있는 보다 항구적인 방안을 마련할 수 있었을 것이다.

　정부지도자들이 생각한 근본적이고 항구적인 해결방법은 정부의 수입
지출에 균형을 맞추는 일이었다. 예컨대 옹문호도 왕운오도 인플레 문제
의 근본은 바로 예산상의 적자이며 그에 따라 새 돈을 끊임없이 찍어내
야 할 필요라는 점을 모르지 않았다. [24] 그러므로 그들은 적자가 전지출
의 30퍼센트를 초과해서는 안된다고──그때 당시 66퍼센트 이상의 적
자와 비교하여──하였다. [25] 따라서 긴급처분명령에는 세입을 늘이고
(주로 예컨대 수입물자에 대한 40퍼센트의 부과세 등을 포함한 증세를 통하여)
지출을 줄인다고(예컨대 과도한 군부 및 정부 인원을 줄이고 국영기업체와 교
통기관이 자체적으로 채산이 맞게 함으로써) 규정하고 있다. 국방부장관 하
응흠은 장차의 물가수준이 안정된다면 군사지출을 상당히 줄이겠다고
약속하였다. [26]

　남경정부 지도자들이 생각한 해결책의 두번째 것은 미국으로부터 통
화안정차관을 얻는 것이었다. 그 차관을 얻어가지고 금원(金元)을 미화
(美貨)나 황금으로 바꿀 수 있게 하는 데 충분한 준비기금으로 삼아 새
통화에 대한 사람들의 신임을 지탱해 준다는 것이었다. 그해 초, 1948
년 4월의 중국원조법의 통과에 앞선 협상과정에서 미국당국은 중국의
안정차관 요청을 거절하였으니, 이유는 그것에 소요되는 막대한 금액이
전쟁과 인플레가 지속되는 현재의 상황하에서는 그저 낭비되어 버릴 것
이라는 것이었다. 그러나 8월에 가서 국민정부 지도자들은 그러한 결
정이 바꾸어질 수도 있다고 생각할 수 있는 두 가지 이유가 있었다. 첫
째로 만약 통화개혁이 인플레를 몇 달 동안만이라도 멈추게 할 수 있다

면 그것은 미국정부가 앞으로의 더 많은 원조의 선행조건으로서 요구하는「스스로 돕는 노력」에 대한 중국정부의 능력을 나타내는 것이 될 것이다. 그리고 둘째는 11월의 미국선거에서는 ①민주당정부가 보인 것보다는 더 국민정부에 동정적일 듯싶은 공화당이 행정부와 의회를 장악할 것이라는 (기대)였다.[27] 미국대사 존 레이튼 스튜아트는 8월 23일에 다음과 같이 적고 있다.『관변측에는 정부의 관심이 1월에 〔생길〕 보다 동정적인 공화당 우세 의회의 (출현에) 열심히 쏠리고 있음을 놀라울 정도로 솔직하게 인정하고 있다. 그리고 이번 (통화개혁) 방안은 (그러한) 모험을 걸고 실시된 것이다.』[28] 국민정부는 이 두 가지에 다같이 실망해야 했다. 통화개혁의 긍정적 효과는 수개월 동안 지속되지를 못하였고, 미국공화당은 선거에서 졌다.

## 上海에서의  蔣經國

긴급처분명령은 국민정부가 지배하고 있는 모든 지역에 다 적용되었다. 그러나 실제에 있어서 정부는 대도시 특히 상해, 광주, 천진(天津) 등 해안지방 대도시에 특별한 관심을 가졌다. 이 세 도시마다에 경제독도원(經濟督導員)을 두어 통화개혁을 실시하는 모든 단계를 조종하고 실시하게 하였다. 광주의 독도원은 광동성장(廣東省長) 송자문이었고, 천진의 독도원은 중앙정부의 부총리인 장려생(張厲生)이었고, 상해에서는 유홍균(兪鴻鈞)이었다.[29]

송자문과 장려생은 긴급처분명령을 집행하는 데 약간 덜 적극적이었음이 곧 드러났고, 9월 말에 가면 그들 책임지구에서의 물가는 8월 19일 수준의 2배 정도가 되었다. 다른 곳의 물가도 빨리 올랐다[30]. 그리하여 상해가 통화개혁 전체의 시금석이 되었다. 전국의 금융, 상업, 공업생산의 중심지이며 물자의 사재기와 투기가 매우 부유하고 영향력 있는 기업가들의 생활방식이 되어 있는 이곳 상해에서는 통화개혁은 다른 곳에서는 볼 수 없는 열성을 가지고 엄격하게 실시되었다. 그렇게 된 것은 경제독도보조원인 장경국(蔣經國) 한 사람의 헌신적 노력 덕분이었다.

장경국은 아주 특이한 관료였다. 1948년 당시 39살밖에 안된 그는 장개석의 장남인데, 소련에서 11년간이나 생활하였다. 1937년에 중국으로 돌아오자 그의 아버지는 아들이 중국의 정치를 배우도록 하기 위해 강서성에서 중급정도 자리의 일부터 하게 하였다. 강서성에서의 그에 대한 평판은 매우 권위주의적이지만 효율적인 행정가라는 것이었다. 그는 삼민주의청년단의 한 간부가 되었는데, 그곳에서 젊고 헌신적인 추종자들을 거느리게 되었다. 그들은 그 뒤 계속하여 장경국과 밀접한 관계를 유지하였다. 이 시기에 장경국은 간곡한 효성과 아울러 행정가로서의 능력으로 하여 아버지의 마음에 들었다.[31] 그러니 장개석이 장경국에게 상해에서의 일을 맡긴 것은 모험적인 것은 아니었다. 이제 장개석은 믿을 사람이 별로 없었으므로 그의 사명감을 이해하고, 부패하지 않고, 비판이나 반대를 두려워 않고, 용기 있게 행동할 수 있는 사람이 필요하였다. 장경국은 이러한 요건에 맞는 사람이었다. 이에 그는 갑작스럽게 상해에서 유력인물이 되었다.

유홍균이 경제독도원의 직책을 맡고 있기는 하였으나 통화개혁에 있어서의 그의 역할은 부차적인 것이고 별로 뚜렷한 것이 아니었다. 사실, 당시 상해시장이었고 경제독도서(經濟督導署)의 일원이었던 오국정(吳國楨)의 말로는 「兪는 경국(經國)이 하라고 하는 것은 무엇이든지 하는 그러한 유의 사람」이었다.[32] 장경국의 힘의 제도적인 뒷받침은 8월 26일 상해경제독도서에서 있은 회의에서 확정되었으니, 장경국은 상해에서의 모든 경제적인 감독과 조사 전반에 걸쳐 책임지며 이를 위해 정치, 군사 및 그밖의 정부기관을 조절할 수 있는 권한을 갖게 된 것이다.[33] 장경국이 상해에서 보인 것은 중국의 보통사람들에 대한 깊은 관심, 뒤집어 말하면 강력한 반특권층적(反特權層的)인 정치철학이었다. 그는 상해의 대부분 사람들이 가난에 시달리고 있는데도 소수 사람들은 사치스럽게 차려 입고, 고급차를 타고 다니며, 호화스런 저택에서 살고 있는 것을 보고 당혹함을 나타냈다. 『대부분의 사람들이 움막이나 비둘

기집 같은 데서 살고 있고, 더 나아가 수천, 수만의 사람들이 집이 없이 거리나 골목을 떠돌아다니고 있고, 들판과 토굴에서 괴로워하고 있다. 그들은 정말로 짚신 한 짝 얻어 신는 것도 사치스러운 거지떼가 된 것이다』라고 그는 말한 적이 있다. [34] 통화개혁 기간 동안 그가 쓴 일기에는 단순하면서도 오랫동안 괴로움을 견디어 살아온 일반백성들의 성품에 대한 얘기가 자주 나온다. 예컨대, 8월 31일 일기에는 『오후에 40여 명의 대중들을 만났다. 그들이 말하는 것은 매우 평범한 것들이다. 나는 백성들이 매우 사랑스러운 존재라는 것을 알게 되었다』[35]고 기록되어 있고, 9월 10일에는 『중국의 보통백성은 정말 선량하다. 장차 내가 조금만이라도 힘을 갖게 된다면 나는 그들을 위해 무엇인가를 해야 한다』[36]고 씌어 있다.

장경국의 생각으로는 일반백성들은 동정과 연민의 대상일 뿐 아니라 그들은 정치적 힘의 원천이기도 하였다. 그는 말하기를, 『무슨 일을 하든지 백성들과 함께 있기만 하면…… 패배할 수가 없다』고 하였다. 그는 또 『이 세상에 백성의 힘보다 더 큰 힘은 없고 백성의 말보다 더 진실된 말은 없다』고 하였다. [37]

이와는 대조적으로, 장경국은 상해의 부호들을 일반백성들의 괴로움의 원인을 만드는, 속임수를 쓰는 나쁜 사람들로 보았다. 그는 말하기를 『그들의 재부와 서양식 집들은 백성들의 해골 위에 지어놓은 것이다. 그들이 하는 짓은 무장강도와 무엇이 다르겠는가?』라고 하였다. [38] 『(부자들을 위해) 외국에서 수입해 들여오는 자동차, 냉장고, 향수, 나이론양말 등은 이 가난한 민족에 기생하여 번식하는 세포와 같거나 나라의 경제를 파괴하는 아편과 같다. 왜냐하면 고급사치품을 갖기 위해 외화를 사용한다는 것은 나라를 위해 자살적인 행동과 같은 것이기 때문이다』라고도 하였다. [39]

이같은 사회관을 가진 장경국이니만치 통화개혁과 가격통제라는 일을 착수함에 있어 그저 또 다른 정부규칙을 시행한다고 생각하는, 피곤하고 지친 관료들과 같지는 않았다. (관료들의 그러한 방식은) 지난날의 잘못이었고, 그러기에 경제위기를 해결하려는 지난날의 시도는 계속하여 실패하였던 것이라고 그는 생각하였다. 그래서는 안되는 것이니, 상해에서의 이번 과업은 「혁명적 방법을 동원한」 일종의 사회혁명적 운동으로서 추진되어야 한다고 본 것이다. 『오늘날 가격을 묶어두는 정책은 기술적인 문제에 불과하지만, 진정한 목적은 사회의 경제적 불평등의 모든 표상을 파괴하는 것이다』라고 그는 말하였다. [40]

그의 사회혁명의 대상은 거부(巨富)인 「반역적인 상인들」이었다. 상해에서 사흘째 되는 날 장경국은 『경제시장을 교란하는 사람은 소상인이 아니라 대자본가와 대상인이다. 그러므로 엄벌을 해야 한다면 악당두목들부터 시작해야 한다』고 하였다. [41] 그는 재계(財界) 거물들과의 모임을 가졌으나 보통백성들과의 모임에서 얻은 것과는 완전히 다른 인상을 가졌다. 그는 말하기를, 자본가들은 개인적으로는 그에게 우호적이었으나 『안 보는 데서는 그들이 저지르지 않는 악이란 없다』고 하였다. [42]

상해에서의 긴급경제처분 실시기간 동안 장경국은 그곳의 기존 행정 및 경찰기관과 손잡고 일하지 않으면 안되었다. 그러나 그러한 기관의 고위직들과의 관계는 원활하지 않은 경우가 많았으니, 그의 생각으로는 그들이 그의 「혁명적인」 방법과 목표를 지지하는 열성이 대단치 않기 때문에서였다. [43] 그러므로 그는 자기와 긴밀한 개인적 관계로 연결된 두 조직에 크게 의존하게 되었다. 그 중 첫번째 것은 「난을 평정하고 나라를 건설하는 대대〔戡亂建國大隊〕」라는 준군대조직으로서, 전선에 가까운 곳 또는 공산군으로부터 갓 수복한 지방의 행정을 돕기 위해 아마도 1947년 초에 조직된 것이다. 그러한 지역에는 공산당의 지하조직이 활발하였고, 통반〔保甲〕조직은 부패되어 있었으며, 중앙정부군과 주민들과의 관계는 좋지 않은 것이 보통이었다. 이같은 결함을 바로하기 위해 새로운 조직의 간부를 중앙훈련원에서 훈련하였는데, 장려생을 위원장으로 하고 장경국을 부원장으로하는 위원회가 훈련을 감독하였었다. 「난을 평정하고 나라를 건설하는 대대」의 장(長)은 황포군관학교 3기생이며 장경국의 측근자문단의 한 사람인 호궤(胡軌) 장군이었다. [44]

그러나 상해에서의 이 대대간부중 가장 저명한 사람은 장경국의 오랜 친구인 왕승(王昇)이었다(그들의 친교는 항일전쟁중 두 사람 다 삼민청년단에서 일할 때 맺어진 것으로 보인다). 왕승은 상해로 파견된 제6대대의 대대장이었다. 10월 말에 여섯 개의 대대중 4개 대대가 이미 상해에 투입되었고 나머지 2개 대대는 장경국의 일에 참여하기 위해 전방을 떠날 준비를 하고 있었다. 전인원은 아마도 약 3만 명 가량 되었을 것이다. [45]

이 대대가 할 일은 긴급명령을 시행하는 데 있어 기존의 경찰과 수비대를 돕는 것이었다. 예를 들어 그들은 감추어 놓은 물자를 찾아내기 위해 창고를 뒤지는 데 참가하였다. 또한 긴급명령의 위반을 당국에 고발하는 민성함을 구역마다 설치하였다. 그러나 대대원은 정규 사법관이 하도록 되어 있는 구속 같은 것을 독자적으로 할 수는 없게 되어 있었다. [46]

장경국을 도운 두번째의 조직은 「대상해청년봉사총단〔大上海靑年服務總隊〕」이었다. 그것은 여러 모로 국민당의 삼민주의청년단과 비슷한 일종의 대중정치조직이었다. 이것은 실은 「난을 평정하고 나라를 건설하는 대대」를 확대한 것과 같았으니, 그 대장은 왕승이었고 왕 휘하의 대대원이 훈련을 맡았던 것이다. 「봉사총단」의 결성은 1948년 9월 9일이었는데, 그 선언문은 『정의감에 불타고, 용기 있고, 앞을 내다보며, 장래가 촉망되고, 이상주의적인 상해의 젊은이들에게 대상해청년봉사총단에 참가하여 통일된 공동의 노력으로 현대의 찌꺼기를 깨끗이 씻어내고 삼민주의의 신중국을 건설하자』고 호소하였다. 9월 25일의 공식 성립대회에는 12,000명 이상이 가입하였다. [47]

장경국은 이 새 조직에 큰 기대를 걸고 그것을 가지고 상해에서의——실은 전중국에서——그의 궁극적인 정치적, 경제적 목표를 달성하는 도구로 보았다. [48] 왕승에 의하면 이 봉사총단의 목적은

(1) 국가와 민족의 복리를 파괴하는 나쁜 세력을 제거하고 (2) 특권욕에 사

로잡히지 않고 입법원 의원이나 국민대회 대표가 되려는 생각이 없이 남이 하기 싫어하는 일을 하고 남이 감수하려 하지 않는 고통을 감수하고 (3) 우리의 가난하고 고통받는 동포를 돕고 (4) 국가를 위한 최고의 의무를 수행하는 무명영웅이 된다는 것이었다. 요컨대 우리는 두 가지 세력을 늘 제거하고자 하였으니, 하나는 공산당인 나쁜 세력이고, 다른 하나는 부패한 관료와 반역적인 상인으로 된 퇴폐적인 세력이다. [49]

자기 희생적이고 헌신적인 청년들이 인민대중의 운명을 개선하려 노력하고 공산당과 사회의 퇴폐적인 분자의 음모를 저지 반대한다는 것은 고상하고 야심적인 일이었을 것이다. 그러나 그것은 상해에서의 봉사총단이나 상해의 실제 상황에 대해서보다는——왜냐하면 통화개혁은 곧 끝장이 났고 봉사총단의 업적은 현재 볼 수 있는 자료로서 보는 한, 부정적이기 때문에—— 장경국의 목적의식과 더 관계가 있다.

## 통화개혁의 실시

상해에서의 금원권개혁의 첫 단계는, 즉 옛 법폐를 새 금원권으로 바꾸는 일은 순조롭게 진행되었다. 긴급명령공포 이후 은행은 사흘 동안 문을 닫고 계좌를 금원(金元) 단위로 바꾸었다. 8월 23일 월요일에 은행은 다시 문을 열고 금원권 1원에 옛 법폐 300만원 비율로 옛 돈과 새 돈을 바꾸기 시작하였다. 사람들은 대부분 놀라울 정도로 점잖게 협력을 잘하여 그들이 몇 개의 광주리나 가방 등에 가득히 채운 법폐를 노랗게 갈색나는 새 금원권지폐로 바꿀 차례를 기다리고자 몇 시간 동안이나 서 있었다. 새 지폐에 익숙해지기 위해서는 어느 정도의 심리적 노력이 필요하였으니, 전차표 한 장은 30만원이 아닌 10전밖에 안했고 영자신문인 《노드 차이나 데일리 뉴스》 한 부 사는 데는 전날 80만원하던 것과는 달리 25전이면 되었다. 그리고 이 신문의 월정구독료는 1,900만원에서 6원으로 떨어졌다[50] 여태까지 중국의 모든 사람들은 백만장자였으나 대부분은 이 거창하게 들리는 높은 지위를 화폐교환으로 잃어 버렸다. 그러나 그들은 반대하지 않고 새 돈을 받아들였다. 왜냐하면 아무도 값이 떨어진 옛 돈을 미더워하지 않았기 때문이다.

통화개혁의 다른 측면에서 보면 실시하기가 더 어려웠다. 비록 하층 및 중산층은 그들의 금과 은을 정부에 내놓으라는 명령에 대체적으로 따랐지만 귀금속과 외환을 많이 갖고 있는 자들——민간은행과 대호 (大戶)라 불린 돈 많고 영향력 있는 사람들——은 이제 어떤 종류의 지폐도 불신하게 되어 번번이 저항하였다. 그들은 감추어 놓은 것 중 조금만을 새 돈과 바꿔 규정에 따랐다는 것을 보이고자 제시할 증명서를 얻었다. 그러나 그들이 갖고 있는 것 대부분을 숨기거나 광주나 홍콩으로 빼냈다. [51]

장경국은 부자들이 그들의 소유를 내어놓도록 압력을 가하고자 일관된 노력을 하였다. 마이크를 장치한 트럭은 거리를 누비며 부자집 앞에 서서 그들이 갖고 있는 금을 내어놓도록 촉구하였다. 정부는 또한 규정을 지키지 않는 사람을 경찰에 익명으로 고발하게 하였다. [52] 억지로 내놓게 하는 방식을 사용하기도 하였다. 9월 18일에 장경국은 시내의 주된 네 민간은행의 영업을 정지하였으니, 그 은행들이 소장하고 있는 금을 새 돈으로 바꾸지 않기 때문이다. [53] 그는 또한 유명한 호랑이표 약용유를 만든 거부 호문호(胡文虎)의 아들 호호(胡好) 바로 그 사람을 금과 외환의 밀수를 한 죄로 체포하게 하였다. [54] 이같은 강력한 방법 때문에 상해시민들은 9월 말에 가서 정부가 전국에서 거두어들인 금, 은, 외환 전량중 64퍼센트를 내놓았다. [55]

이같은 노력에도 불구하고 통화개혁의 규정을 전국의 부유계급을 상대로 집행하지 못한 것은 언론과 일반인들이 통화개혁에 대해 가한 가장 심한 비판의 대상이 되었다. 예컨대 정부는 모든 시민이 미화 3,000달러 이상 값의 모든 재외(在外)자산을 신고하도록 한 규정을 집행하는 데 완전히 실패하였으니, 미국정부가 미국에 있는 그같은 재산소재를 밝히는 것을 거부한 것도 부분적인 이유였다. [56] 국민당관계의 신문보도에 따르면 마감날인 9월 30일까지 국내에 있는 금, 은, 외환의 20~30

퍼센트 정도밖에 새 돈으로 교환되지 않았다. [57] 또한 교환된 것의 대부분은 부호들이 아닌 중산층들의 것이었다. [58]

상해에서의 장경국의 활동으로서 가장 잘 알려진 것은 물가를 8월 19일선으로 묶어두기 위해 힘을 발동하거나 발동위협을 한 일이다. 이것 때문에 그는 칭찬도 받고 욕도 먹었다.——칭찬을 받았다는 것은 다른 곳보다 상해에서는 더 오래 물가가 묶여져 있었기 때문이고, 욕을 먹었다는 것은 경제적인 힘을 억제하는 데 정치적 방법을 사용하는 시도가 결국 실패하였기 때문이다.

긴급명령이 실시된 70일 동안 상해에서 수백 명이 구속되고 한 명의 민간인이 경제범죄 때문에 처형되었다. 구속된 사람들의 대부분의 죄목은 가격을 올려받았거나, 이윤을 (너무) 남겼거나, (물건을 두고도) 안 팔거나 했다는 것이었다. [59] 예를 들어 새 조치가 시행된 이틀 후인 8월 25일에 경제경찰은 야채와 육류를 8월 19일 값보다 비싸게 받은 행상인 20명을 구속하였다. 그 다음 주일에 수십 명이 더 붙잡혔다. 가장 중대한 위반자는 특별형사법정에 넘겼으나 대부분은 이틀에서 이레 동안 구류하였다가 석방하였다. [60]

그러나 장경국은 돼지고기 한 덩어리나 담배 한 갑에 몇 푼 더 받은 소상인들에 대해서는 조금밖에 관심을 갖지 않았다. 그가 보기에 물자 부족을 낳고 인플레를 악화시키는 것은 대규모의 물자 퇴장자, 투기꾼, 시장조작인들이었다. 그곳의 말투로 하면 이들은 「큰 호랑이들」이었으니, 장경국은 이내 겁없고 단호한 「큰 호랑이 사냥꾼」이란 말을 듣게 되었다.  9월 1일부터 쓰기 시작한 일기에서 장경국은 그의 첫 사냥의 준비에 대해 이렇게 쓰고 있다. 『오후에 대규모 퇴장자명단을 제시하기로 하고 행동하기 시작하였다.』 다음날 일기에는 『엊저녁 경제법 위반자들의 처리를 신속히 하기를 바라고 또한 대규모 투기자들을 엄격히 다스리기를 촉구하는 전화가 남경에서 〔그의 아버지로 부터?〕 걸려왔다. ……오늘 나는 반역적인 상인들을 엄히 다루기로 작정하였다』라고 씌어 있었다. [61] 다음날 즉, 9월 3일에 상해에서 가장 유명한 몇 사람을 포함한 일곱 명의 「큰 호랑이들」이 체포되었다. (상해의 암흑가 지배자이며 거부인) 유명한 두월생(杜月笙)의 아들인 두유병(杜維屛)은 상해 증권거래소가 문을 닫은 뒤 증권을 암거래한 죄로, 광범하게 면직물 공장과 밀가루공장을 경영하는 영(榮)씨 일족의 우두머리이며 국민대회대표인 영홍원(榮鴻元)은 불법으로 외환을 송금한 죄로, 그밖에 담배회사지배인 황이충(黃以總)과 지물업조합장인 첨패림(詹沛霖)은 물건을 쌓아두고도 정부가 정한 가격으로 팔지 않은 죄로 각각 구속되었다. [62] 같은 날, 대규모의 외환투기로 두 달 전에 구속된 왕춘철(王春哲)이라는 사람은 사형선고를 받았다. [63] 『이같은 일은 상해 사람들의 심리를 바꾸게 하는 데 매우 중요하다』고 장경국은 일기에 적고 있다. [64]

8월 말과 9월 한 달 동안 상해의 물가는 대체로 안정되어 있었다. (그러나) 실에 있어서는 암거래가 싹트고 있었으니, 식품도 매상은 그들이 원하는 물건을 정부지정가격보다 비싼 값으로 뒷구멍으로 팔았고, 정부지정가격으로 파는 물건의 질은 떨어졌다(고객들은 이제 육류는 뼈가 더 많아졌고 닭은 보통 크기의 알은 낳지를 않게 되었다고 불평하였다). [65] 그러나 인도대사(印度大使) 파니카가 지적했듯이 『4주 동안 상해는 사실상 착한 일을 하라고 폭력위협을 받고』 있었다. [66]

장경국이 물가를 대략 8월 19일선으로 묶어두는 데 성공한 것은 역설적으로는 가장 골치아픈 일거리의 원인이 되었다. 왜냐하면 전국 다른 곳의 물가가 올라감으로써 물자는 그의 통제구역 밖으로 빠져나갔기 때문이다. 그리하여 물자부족은 점점 더 심각해져서 소비자와 생산자에게 다같이 어려움을 가져다 주었다. 물자부족은 물가상승 압박을 지속적으로 가하였다. 예컨대 쌀의 부족은 9월 4일에 벌써 나타났고 그 이후부터 심각한 문제거리가 되었다. 야채와 육류는 매일 아침 재빨리 시장에서 자취를 감추었고 가물가물한 석탄공급은 추운 겨울이 곧 닥쳐올 것이기에 걱정거리가 되었다. 공업면에서는 제조자의 경우 원료와 연료가 다같이 점점 귀해졌다. 그러나 그들에게 있어 가장 심각한 것은 고정된 제조품 값과 그들이 물가통제가 제대로 되어 있지 않은 상해 밖에서 구한 원료값과의 불균형이었다. 예컨대 10월 초 면사 한 근의 생산비는 780 금원이었으나 정부지정가격은 겨우 707 금원이었다.[67] 그러니 제조자들은 생산을 줄이고 현재 보유한 것을 그저 쌓아두겠다고 위협하기에 이르렀다. 만약 그렇게 하게 내버려 둔다면 시내의 실업이 늘어날 것이고 소비품 부족은 더 심각해질 것이다. 이것이 장경국이 9월 24일의 일기에서 썼듯이, 「긴급하게 바로잡아져야」 할 상황이었던 것이다.[68]

공급문제를 해결하려는 시도는 여러 가지였다. 물자퇴장자는 강력하게 처벌되었고 장경국이 거느리는 두 조직과 상해의 경제조직은 계속하여 전 시내를 돌며 창고, 공장, 심지어 주택까지 뒤져 3개월 이상 저장되어 있는 물자를 (물자퇴장의 공식 규정) 끌어내려 하였다. 이런 방법을 씀에 따라 약간의 물자는 시장으로 흘러나왔으나 소비자들의 수요를 반짝 채웠을 뿐이었다. 시내에 물자가 돌게 하기 위해 식량, 의류, 연료 그리고 비누, 신발, 종이 같은 그밖의 물자의 수출에 엄격한 제한을 가하였다. 그리고 원면의 심각한 부족을 해결하기 위해 국영 및 민간 방직공장들은 오지에서 면화를 사서 모든 공장에 분배하기 위해 9월 중순에 합동구매기구를 설치하였다. 이같은 모든 조치에도 불구하고 물자가 상해로 적절하게 흘러들어오지는 않았다. 상해는 인플레가 심화되어 가는 바다 한 가운데에 있는, 물가통제의 작은 섬이 되어 버렸다.[69] 형세는 분명 어렵게 되어 갔다. 9월 30일에 정부는 상해 경제독도서(經濟督導署)의 관할지역을 확대함으로써 이 문제를 해결하려 하였다. 그 이후부터 장경국은 상해 외에 남경과 강소(江蘇), 절강, 안휘(安徽)의 3성에 가격통제를 할 수 있는 권한을 갖게 되었다.[70] 그러나 이 방법은 효과가 없음이 드러났다. 또한 그 방법은 너무 늦었으니, 이내 상해에서조차 인플레는 걷잡을 수 없게 되었던 것이다.

상해에서의 전환점은 중앙정부가 결정적인 잘못을 저지른 10월 2일에 생겼다. 재정적자를 줄이기 위해서는 있을 법한 일이기는 하나——그리고 다른 상황에서라면 칭찬받을 만한 시도이겠지만——정부는 담배,

주류, 주석박(箔), 제지(祭紙)의 세금을 올렸고, 따라서 이들 물품의 판매값을 상향조정할 수 있게 허가하였다. 담배가게는 새 값으로 조정하기 위해 이틀 동안 문을 닫았다. 가게문이 다시 열리자 담배 값은 100퍼센트에서 120퍼센트로 올라 있었다. 이것은 상해당국이 8월 19일선 이상으로 값을 올려도 좋다고 허가한 최초의 경우였고, 사람들은 어처구니가 없었다. 인플레의 조짐에 대해 오랫동안 민감했던 일반사람들은 비슷한 세가 다른 물건에도 부과될 것이고, 그러면 값이 오르고, 그러면 일용품에도 곧 영향을 줄 것이라고 추측하였다. [71]

그 결과 사람들은 정신없이 사재기에 나서 예상되는 가격인상 이전에 물건을 사들였다. 모직물, 견직물, 구두, 기성복, 통조림, 그리고 수입물품이면 어떤 것이건 우선 사들였다. 그러나 모든 물건은 이내 자취를 감추기 시작하였다. 가게주인으로서는 팔면 팔수록 손해였다. 왜냐하면 판매값은 새로 들여올 값보다 분명 낮을 것이기 때문이다. 그러니 그들은 갖고 있는 물건을 감추었고, 가게문을 늦게 열었고, 점심때는 판매를 중지하고, 저녁 일찍 가게 문을 닫음으로써 영업시간을 단축하였다. 이리하여 소비자의 공포심리는 격화되었다. 10월 7일이 되면 물가부족은 심각한 상태가 되었다. 공장은 새 물건을 제한된 수량만 생산하였다. 상해로 들어오는 식량과 원료는 물방울 정도로 줄어들었다. 가게의 상품진열장은 텅비고 거리의 식품노점조차——서당국이 이것을 없애려고 해도 성공 못했던 것인데——팔 것이 없어 마침내 자취를 감추었다. [72]

3주 안에 사재기광란은 사실상 살 것이 없기 때문에 시들었다. 그리고 상해는 마치 포위된 도시처럼 되었으니, 물자부족은 항일전시기를 포함하여 기억해낼 수 있는 어느 시기보다 더 심각하였다. 가난한 사람들은 몇 주일 동안이나 쌀, 고기, 식용유를 구하지 못하였다. 시장에서는 약간의 야채만을 살 수 있었다. 사려는 사람은 많고 값은 지정가격보다 훨씬 비쌌다. 병원 사람들은 식량을 구할 수가 없어 병원문을 닫을 생각을 하게 되었다. 환자는 약을 구할 수 없고, 유아용 분유는 사라졌다. 죽은 사람을 위한 관조차 구할 수 없었다——사람들이 예상되는 인플레의 폭발로부터 보호받기 위해 정신없이 물건을 사들였기 때문에 모든 것이 가게에서 자취를 감추어 버린 것이다. [73]

부유한 사람들은 근로자들보다는 잘 위기를 넘겼으나 그들조차도 비교적 어려운 처지에 있었다. 그들의 하인들은 이른 아침 3시부터 식료품시장에 가서 줄을 서서 날마다 오르는 값으로 시장에 나오는 약간의 육류나 쌀을 사야 했다. 보다더 넉넉한 사람들은 식당에 가서 식사를 했는데, 식당은 식료품공급자들과의 오랜 관계 때문에 그래도 육류나 야채를 (물론 웃돈을 얹어서) 살 수가 있었기 때문이다. 그러나 손님들이 식당에 몰리자 식사량은 줄어들어갔고 10월 말에 가면 식당조차도 문을 닫았다. 댄스홀이나 캬바레는 돈은 있으나 살 것이 없는 시민들에게 번진 향락주의 때문에 마찬가지로 만원이 되었다. 항주(抗州)나 소주(蘇州)로 가는 기차는 마찬가지 이유로 놀러가는 사람들로 가득찼다. [74] 이런 일들과 기막힌 대조를 이루는 것은 수천 명의 실직자와 굶주린 공장노동자들 그리고 대병(大餅：식용빵의 일종)을 구워 먹을 밀가루가 없어 자살한 행상인들, 상해의 대은행들이 늘어선 강변 거리의 나무 껍질을 벗겨 먹는 야윈 맹인 등의 군상이었다. [75]

장경국은 경제상황이 악화되자 고민하였다. 그의 생각으로는 자기 아버지의 정권의 운명은 자신의 과업의 성공과 실패가 달려 있기도 한 이 긴급경제명령의 결과에 달려 있었다. [76] 그러므로 그는 공급위기를 해결하고자 애를 썼다. 예컨대 10월에 쌀의 부족은 시장조작인들과 양곡퇴장자들 때문이라고 생각한 그는 미곡상조직의 우두머리와 두 사람의 대미곡상인에게 만약 쌀 공급이 한 달에 20만 시석(市石)에 못 미치면 엄중한 처벌을 할 것이라고 경고하였다. [77] 그러나 실제로는 쌀은 상해로 들어오지 않았다. 생산지의 값과 상해의 값이 다르기 때문이었다. 게다가 쌀 생산지의 지방행정관서에서는 쌀이 자기 고을을 빠져나가는 것을 아예 금지하였다. [78] 그리하여 장경국은 보다 적극적인 방안을 생각해 냈으니, 상해의 면직물과 설탕을 미곡생산지로 보내어 쌀이나 다른 식료품과 교환한다는 것이었다. [79] 그는 또한 11월부터 쌀, 식용유, 면

포, 석탄, 설탕을 전 상해에 고루 적절하게 배급하는 안도 마련하였다. 80)

　그러나 이같은 몇 가지 방안중 그 어느 것도 효과적인 것이 못 되었다. 그리하여 10월 말에 가면 모든 생활필수품은 사실상 시장에서 자취를 감추었고 공업생산은 거의 완전히 정지상태에 들어갔다. 81) 사태의 성격이 절망적이 되어감에 따라 10월 27일과 28일에 정부의 고위행정관들이 남경에 모여 경제정책을 재평가하였다(장경국은 군사상황을 시찰하기 위해 북부중국에 갔기 때문에 참석 못했다). 대부분의 참석자들은 이제 긴급조치에 대해 신랄하게 반대하였으며 장경국은 혹독한 비판의 대상이 되었다. 천진(天津)의 경제독도원이었던 장려생(張厲生)만이 장경국과 함께 경제통제를 계속할 것을 주장하였다. 82) 사흘 뒤인 10월 31일에 정부는 물가통제책을 철회하였다. 같은 날 옹문호(翁文灝)와 왕운오(王雲五)는 사표를 장개석 총통에게 제출하였다. 83) 장경국은 공개적으로 상해시민에게 사과하기를 『나는 나의 계획과 책임을 완수하는 데 실패하였을 뿐 아니라 어떤 경우에는……상해시민의 고통을 가중시켰다』고 하였다. 그리하여 그는 이같은 시민들의 고통을 책임질 사람은 자기라는 것을 분명히 하기 위해 자기를 처벌해 줄 것을 중앙정부에 요청하였다. 그러나 그는 동시에 사람들이 『반역적인 상인―투기꾼, 관료적 정치가, 그리고 흉악한 악당들이 다시 나타나 상해를 지배하도록 내버려두지 않기를 바란다』고 하였다. 84)

　곧 정부는 몰수된 퇴장물자를 원주인에게 돌려주었고 경제범으로 구속된 사람들을 보석하였다. 더 나아가 11월 11일에는, 시민들이 금, 은, 외환을 소지할 것을 허용하고 새 경제현실을 반영하여 미화 1달러당 환율을 새 돈으로 20원(경제조치기간 동안은 4원이었다)으로 조정하는 데까지 후퇴하였다. 85) 이리하여 인플레는 날마다 진행되었다. 8월 19일의 금원권개혁은 재빨리 완전한 실패로 돌아가고 말았다.

## 金元券개혁의 발자취

10월 31일 물가통제의 철폐는 대륙에서 국민정부의 최종적인 붕괴의 시작을 의미하였다. 그러므로 관찰자들이 금원권개혁이 붕괴의 「원인」이라고 하는 것은 의당한 일이다. 대체로는 우연의 일치이었지만 전선에서 국부군의 대패의 전모도 거의 정확하게 분명하게 드러났다. 9월 12일에 공산군은 만주에서 결정적인 공세를 취하여 연전연승하였다. —— 10월 20일에 장춘(長春)이 함락되고 10월 30일에는 심양(瀋陽 : 奉天)이, 11월 5일에는 장성(長城) 이북에 있는 국부군 최후의 보루인 영구(營口)가 함락되었다. 같은 무렵 장성 이남의 국부군 방위도 무너지기 시작하였다. 9월 25일에 제남(濟南)이 함락됨으로써 정부의 위신과 국민의 사기를 심하게 떨어뜨렸다. 6주 뒤인 11월 8일에는 양자강과 중부중국 도시들인 남경과 상해로의 공산군의 접근을 막는 마지막 보루로 여겨졌던 서주(徐州)를 공산군이 공격하였다. 서주회전 (徐州會戰 : 淮海會戰이라고도 함)은 65일 동안이나 끌었으나 국부군의 대패로 끝났다. 그러나 국부군에 대한 사람들의 신뢰가 극히 허약하였기 때문에 (공산군의 공격개시 다음날인) 11월 9일에 벌써 서주의 함락이 임박하였다는 소문이 상해에 파다하게 퍼졌다. [86]

10월 31일에 물가통제가 해제되자 경제는 군사정세만큼이나 빨리 악화되어 갔다. 물론 물가는 올랐으며 그것도 예상한 것보다 훨씬 급속도로 올랐다. 꼭 2주일만에 도매물가지수는 16배나 올랐다. 상점주인이 물가통제기간 동안 숨겨놨던 물자가 이제 다시 나타나 진열되었으나 손님은 적었는데, 그 까닭은——또는 그 설명은——상해 사람들이 10월의 광란의 사재기 때 돈을 다 써 버렸기 때문이었다. 분명 같은 이유였겠지만 식당을 찾는 사람도 줄어들었고 댄스홀이나 그밖의 환락가도 사실상 텅텅 비었다. [87] 아주 부유한 사람들을 제외하고 모든 사람들에게 있어 가장 긴급한 것은 여전히 식량을 구하는 일이었다. 가격통제가 해

제되었다고 해서 쌀과 그밖의 생필품의 상해유입이 크게 회복되지는 않
았다. 상해 근처의 농민들은 풍성한 수확을 갓 거두었지만 팔려고 들자
않았다. 그들은 금원권을 가지려 하지 않았고 그들이 살 물자도 없었다.
그리하여 그들은 쌀을 쌓아 두었고 돼지를 잡아 팔기보다는 그대로 계
속 길렀다.[88] 이리하여 상해의 식료품 값은 치솟았고 식료품 부족은 광
범위한 현상이 되었다. 이같은 상황이 또 다른 혼란의 파동을 몰고 왔다.
싸전에서 값을 10 배나 올리자 굶주리고 놀란 사람들이 가게로 들이닥
쳐 쌀을 약탈해간 것이다. 이러한 상해의 쌀폭동 중 첫번째 것은 11 월
4 일에 일어났고, 11 월 8 일에 최고조에 달했다. 싸전이 텅텅 비자 11 월
10 일에는 밀가루가게와 밀가루공장으로 약탈이 번졌다. 이런 소동 동
안 어떤 사람들은 물가통제를 다시 하라는 표어를 내걸었으니, 『왜 장
경국은 물가억제를 포기했는가?』, 『왜 그는 상해를 떠났는가?』, 또는
『모든 상해의 노동자들은 장경국이 복직하기를 원한다』는 것등이 그것
들이었다. 폭동에 놀란 쌀상인들은 쌀을 시내로 갖고 들어오려고조차
하지 않았다. 11 월 12 일에 가서야 위기는 진정되었다. 그때가 되면 정
부가 특별히 홍콩과 강서(江西)에서 쌀을 급히 상해로 실어왔다. ——비행
기로 실어 나른 경우도 있었다. 길게 보아 보다 중요한 것은 농부들이
꿈에도 생각 못할 값을 받을 수 있게 된 것에 분명히 자극받아 퇴장시
켰던 쌀을 팔기 시작한 사실이다.[89]

11 월의 후반기 동안 경제는 비틀거렸다. 11 월과 12 월의 상해의 공업
생산은 그해 상반기의 50〜60 퍼센트로 감소되었다. 담배, 견직물, 종
이공장들은 대개 조업을 중단하였다. 공업용 전력소비는 급격히 줄어들
었고 노동자들의 불만은 널리 퍼졌다. 이자율은 월 500 퍼센트나 하였
다. 돈을 구하기가 이렇게 어려워지니, 그저 지폐를 만지기만 하는 데
20 퍼센트를 더 얹어줘야 했다.[90]

인플레를 억제하려는 마지막 수단으로써 새로 재정부장관에 취임한
서감(徐堪)은 11 월 23 일에 금과 은을 공매하기 시작하였다. 인플레를
불티일으키는 금원권의 발행량을 줄이고 금원권에 대한 신용을 회복하

기 위해서였다. 금 1 온스의 값은 1,000 원으로 정해졌다. 그러나 금을 사려면 1 년 2 퍼센트라는 명목적인 이율로 금값 외에 1,000 원을 더 중앙은행에 1 년 동안 예치해야 했다. 그러니 금 1 온스는 사실상 2,000 원으로 팔렸다.[91] 그러나 일반사람들의 눈으로 볼 때는 이는 기막히게 얄궂은 일이었으니, 불과 석달 전에 정부는 같은 무게의 금을 단지 200 원으로 사들였던 것이다. 그러나 2,000 원이라는 값에도 불구하고 수만 명의 사람들이 귀금속을 사고자 은행에 몰려들어 밤을 새웠다. 이 대혼란 때문에 귀금속 판매는 45 명이 부상하고 일곱 명이 압살되고 나서야 적어도 두 번은 중단되었다.[92] 1949 년 초가 되면 금원권의 값은 걷잡을 수 없이 떨어졌다. 11 월 말에 2,199 이었던 상해의 물가지수는 1949 년 1 월 초에 3,483 으로 뛰었고, 2 월 초에는 35,774 로 치솟았다. 4 월에는 300 만이었고, 이제 광주로 피난을 간 국민정부는 필사적으로 금원권 대신 새로운 은원권(銀元券)으로 바꾸는 또 다른 통화명목 변경을 시도하였다. 그러므로 8 개월 뒤 금원권은 전의 법폐처럼 사실상 그 값을 완전히 상실하였다.[93]

그러나 경제가 붕괴되고 공산군의 남경과 상해로의 진입이 임박하자 1948 년 12 월에 이미 공포에 떤 피난이 시작되었다. 저명한 정치지도자들이나 부유한 상인들은 가족을 데리고 빠져나갔다. 왕운오, 장정문(蔣鼎文), 이석증(李石曾)과 그리고 송자문과 공상희의 가족 등 홍콩, 대만, 광주, 하문(廈門), 산두(汕頭), 계림(桂林) 등으로 빠져나간 사람들의 명단은 중국인명사전을 베껴논 것 같았다. 11 월중에 31,000 명 가량의 피난민이 기륭(基隆)과 대북(臺北) 비행장을 통해 대만으로 피난하였고, 그 달의 단 한 주일 동안에 5 만 명이 홍콩에 도착하였다. 이들 수자는 그 다음달에 계속 증가하였다. 정부는 이 피난행렬을 독촉하였으니, 12 월 1 일에 공무원에게 가족의 피난을 위해 두 달 봉급을 가불해준다고 통보하였던 것이다. (공무원 자신들은 직장에 남아 있게 되어 있기는 하였으나) 상해를 떠나는 선편예약은 꽉 찼다. 중국상선해운회사(中國商船海運會社 : 輪船招商局)는 12 월 초에 더 이상 12 월분의 예약을 받지 않는다고 발

표하였다. 상해의 부동산 값은 통상가격의 반으로 떨어졌으니, 소유자
들이 피난가기 전에 (얼마간이라도) 건지려고 서둘렀기 때문이다. 살 사람
을 못 구한 소유주는 외국인——되도록 소련 또는 체코슬로바키아 사람
——에게 명의를 이전하였다. 그러므로 금원권개혁 동안에 비관론, 절
망, 패배주의가 이 중부중국에 위치한 도시에 팽배하게 되었다. [94]

　　〔당시의 상해시장 오국정(吳國楨)은 1953년에 이렇게 말했다〕금원권개혁
으로 인한 말썽의 전부는 그것이 중국의 모든 종류, 모든 부류의 사람들이 정
부에 대해 분격하게 되었다는 것입니다. 지식인들은 물론 그것이 실패할 것이
라는 사실을 알았고, 그것은 그저 미련한 짓일 뿐이라고 생각하였읍니다. 이
명(李銘)〔상해 금융계의 거물, 절강재벌실력자——역주〕같은 실업인들도 정
부에 대해 분격하여 미워하게 되었고, 중산충은 그들의 적은 저축을 전부 신
고하여 바쳤으므로 완전히 망해 버렸고, 상점주들은 그들의 물건을 일정하게
정해진 금원(金元) 값으로 팔아야 했으므로 그들의 재산을 잃어 버렸읍니다. 가
난한 사람들까지도 그러하였읍니다. 중국의 가난한 사람들은 언제나 약간의
금으로 된 장신구 따위를 갖고 있다는 걸 당신은 알지요. 그런데 그들은 이것
들조차도 내놓아야 했는데, 그들이 (그 대가로 받은) 지폐는 쓸모없는 것이 되
고 말았읍니다. 그러니 이 금원권개혁은 치명적인 타격이었던 것입니다. [95]

이 견해는 금원권개혁 시기를 겪은 사람들의 대표적인 것이다. 그들에
게는 그것은 악몽 같은 경험으로서 정치적으로 그리고 개인적으로 비통
한 결과를 가져왔다. 그로부터 모든 사람들은 경제적 부흥의 가능성에
대한 모든 희망을 포기하였다. 통화개혁의 실패는 국민정부가 전적으로
인플레를 통제할 수 없다는 것을 나타냈다. 사람들은 또한 정부가 그들
의 값진 금, 은, 미화를 쓸모없는 종이돈으로 매수해 갔다고 화를 내게
되었다. 이같은 일반인들의 원망은 우선 옹문호와 왕운오에게 돌아갔
다. 그러나 장개석은 이 통화개혁에 너무 밀접하게 관계되어 있어 그
실패의 결함의 〔책임을〕 면할 수가 없었다. 가톨릭계의 《익세보(益世報)》
가 지적한 대로 옹문호의 내각(행정원)은 「(장개석)총통의 비서실」에 불과
하였다. 그리고 『모든 문제에 관한 결정은 장개석 총통에게서 나왔다.』

《익세보》는 주장하기를, 장개석의 「위대한 인격」은 믿는 바이지만 그가 너무 많은 책임을 지고 있다고 생각한다고 하였다.[96] 통화개혁 실패 후 장개석에 대한 일반인들의 신뢰가 시들었다는 것이 1949년 1월 21일에 총통자리에서 물러나기로 그가 결심하게 된 중요한 요인이었을 것임이 분명하다.

역사적인 관점에서 본다면 금원권개혁이 대륙에서 국민정부의 정치적 지배의 몰락을 재촉하였다는 것은 분명한 사실이다. 그러나 국민정부는 통화개혁을 시도했다는 점에 있어서는 잘못한 점이 없었다. 이 통화개혁을 비판하는 사람들은 경제가 1948년 8월 초에 이미 엉망진창으로 붕괴의 길을 향해 달음질치고 있었으며 정부 자체의 몰락은 이미 예견되어 있었다는 사실을 왕왕 무시하고 있다.[97] 이러한 상황하에서 개혁을 시도하지 않는다는 것은 그것을 시도해 보고 실패한 것보다도 더 책망받을 만한 일인 것이다. 왜냐하면 앞에 이미 언급한 바와 같이 8월 중순 당시의 몇 가지 요인은 적어도 성공의 기회를 약속하는 것으로 보였던 것이다. 그런데 왜 통화개혁은 실패했는가?

가장 주된 원인은 금원권을 너무 많이 발행함으로써 인플레의 재생을 자극한 것이다. 이는 그 자체로서는 놀라운 일이 못된다. 그러나 두드러진 사실은 9월 30일 현재로 발행된 새 금원권의 23퍼센트만이 정부의 비용과 군사작전을 위해 지출되고, 반면에 적어도 63퍼센트는 중앙은행에 신고 제출된 금, 은, 그리고 외환의 대금으로 나갔다는 것이다 (표 8 참조). 그러므로 인플레를 촉진한 주된 작용은 이들 물건을 국유화하려 한 정부의 정책에서 연유한 것이었다. 이 정책이 아니었다면 8월 19일 이후의 인플레는 실제 진행된 것보다는 상당히 더 천천히 진행되었을 것이다. 군사지출이나 그밖의 정부지출의 적자운영도 따라서 9월 30일 현재로 지출된 2억 2천만 금원보다 적었을 것이다. 여기서 문제가 되는 것은, 금, 은 그리고 외환의 가치는 여태까지는 원형 그대로 소장되어 인플레의 촉진역할을 하지 않았다는 사실이다. 실로, 1946년과 1947년에 정부는 지폐유통을 줄이고 인플레를 둔화시키기 위해 대

〈표 8〉　　　　　金元券총발행고(1948. 8. 23〜10. 31)

〔단위 : 백만金元〕

| 발　행　목　적 | 8월 31일 현재 | 9월 30일 현재 | 10월 31일 현재 |
|---|---|---|---|
| 금, 은, 외환의 매입을 위해 | 108. 8 | 600. 0 | 760. 0 |
| 법폐와 東北화폐와 바꾸기 위해 | | 50. 0 | |
| 군사비와 정부지출에 충당하고자 | | 220. 0 | |
| 총　발　행　고 | 296. 8 | 958. 8 | 1, 594. 4 |
| 1948. 8. 23 이후의 증가액 | 50% | 500% | 800% |

〔자료출전 : 〈總決之七十天〉(《經濟評論》, 7〜19. 1948. 11. 11)〕

량의 금을 의도적으로 「매각」한 바 있다. 8월 19일 이후에는 반대의 정책을 썼다. 이제 정부는 귀금속을 사들여서 고액의 지폐를 유통하게 한 것이다. 이는 정부의 본 뜻은 아니었다. 금, 은, 외환을 신고 제출하는 사람은 세 가지 방법을 택할 수가 있었으니, 귀금속에 해당하는 금원 금액을 중앙은행에 저축하거나, 정부가 보증하는 미화(美貨)채권을 사거나, 또는 현금으로 금원권을 받거나 하는 것이었다.[98] 그러나 옹총리(행정원장)가 10월 말에 설명하였듯이, 예상한 것보다 훨씬 많은 사람들이 세번째 방법을 택하였다.――그리하여 정부가 본래 바랐거나 예상했던 것보다 많은 지폐를 발행하지 않을 수 없게 한 것이다.[99] 아마도 정부에 대한 사람들의 신뢰가 매우 낮았으므로――이 경우는 중앙은행이나 정부발행채권으로 대표된다――사람들이 종이쪽지로 된 현금증서보다는(비록 그것의 가치가 쉬 떨어지리라는 것을 두려워하면서도) 현찰받기를 원하였던 것이다. 하여간, 결과적으로 아직까지 시장으로 나오지 않았던 미화 1억 9천만달러 상당의 금, 은, 외환이 갑작스럽게 화폐로 바뀌어 인플레요소로 활발하게 작용하게 된 것이다. 또는 그 당시의 표현을 빌린다면 그것이 구매와 투자의 대상을 노리는 「유자(遊資)」가 되었던 것이다.

이같은 과다한 통화를 회수하기 위해 정부는 종전의 적산(敵産)과 주된 정부의 국영기업체주식(中國紡織公司, 中國商運(招商局)公司, 臺灣糖業公司, 臺灣紙業公司, 天津紙業公司)을 팔려고 하였다. 그러나 사람들은 이들에 투자하는 것에 대해 별로 관심을 나타내지 않았다. 한 달 동안 팔았는데도 400만원(5억 6천 4백만원을 예정한 것과는 대조적이다)밖에 팔리지 않았다.[100] 동시에, 상업과 공업이 침체되고 놀고 있는 자본의 상당량을 정상적인 투자시장이 끌어들이지를 못하였다. 그리하여 시장에 돈이 남아돌게 되었으니, 상해 암시장의 금리는 9월 26일에 월 5퍼센트로 떨어졌다(8월 19일 이전에 평균 월 55퍼센트였던 것과 비교하여).[101] 물론 돈이 이렇게 남아돌게 됨으로써 인플레가 다시 불붙는 데 기름역할을 하게 되었다.

긴급경제조치 실패의 두번째 이유는 국민정부의 행정력이 약하였고 지역적으로 한정되어 있었다는 점이다. 만약 물가통제가 상해에서 그러하였던 것처럼 전국적으로 강력하게 시행됐었다면 인플레는 적어도 6개월 동안은 누그러뜨릴 수 있다는 소망을 달성하였을 것이다. 그러나 상해의 경제독도서 관할 권한이 10월 1일에 확대되어 장경국이 상해에서 성취한 바를 강소성, 절강성, 안휘성에서도 성취할 수 있는 권한이 이론적으로는 주어진 뒤에도, 변한 것은 아무것도 없었다. 국민정부는 넓은 전국 내지의 경제적 통제권을 행사할 강력한 행정력을 갖고 있지 못했던 것이다. 그러한 힘이 없이는 인플레를 잡으려는 정치적 시도는 실패할 수밖에 없었던 것이다.

끝으로, 긴급조치가 실패한 것은 사람들이 금원권을 신뢰하지 않았기 때문이다. 기본적으로 이 불신은 지난 10년 동안에 걸친 치폐에 관련된 좋지 못한 경험 때문이었다. 그러나 그래도 얼마간 남아 있었을 지폐에 대한 신뢰를 (완전히) 깨버린 두 가지 요인이 있었다. 그 첫째는 만주와 북부중국에서의 군사적인 상황의 악화였다. 9월 12일부터 전쟁보도는 무정할이만큼 씁쓸한 것이었다. 전에 없이 사람들은 공산군이 내전에서 이길 수도 있다는 것을 심각하게 생각하기 시작하였던 것이다. 따라서 국민정부의 통화에 대한 국민들의 신뢰도 그만큼 줄어들었다. 둘째 요

인은 10월 2일의 증세(增稅)였으니, 이는 통화에 대한 사람들의 신뢰에
막대한 타격을 주었다. 새 세금(新稅)을 부과한 것은 (그뒤 곧 명백히 드
러났듯이) 분명 잘못된 것이었다. 이들 새 세금에 담겨져 있는 의의에 대
한 국민들의 반응은 엄청난 것이어서 금원권에 대한 사람들의 신뢰가
얼마나 허약한 것인가를 잘 보여주었다.

만약 8월 19일 이후의 인플레를 주로 자극한 것이 금, 은, 외환을
국유화한 것이었고, 새 통화에 대한 국민들의 신뢰가 낮았다는 것이었
다면, 장개석이 새 통화를 갖고 돈을 마음대로 바꿀 수 없도록 B안을
수정한 것은 잘못이 아니었을까? 이같은 문제들에 관한 판단이 매우
중요하다고 보아야 할 장가오(張嘉璈)는 「그렇다」고 하고 있다. 그는 『만
약 정부가 통화공급을 더 이상 확대하지 않을 수 있었다면 새 통화를 마
음대로 금으로 바꿀 수 있었고 통화에 대한 신뢰도 회복되었을 것이
다』[102]고 말하고 있다.

그러나 생각해 보면, 장개석도 그렇게 생각했지만, 정부의 정금(正金)
과 외환의 보유가 대규모의 일반수요 때문에 위협을 받고 있는데, 새
통화와 그것들을 교환할 수 있게 하는 것은 무모하고 무책임한 일이었
을 것이다. 1947년 초에 정부의 재정기초를 흔들었던 금공황을 장개석
은 경험하고 있는 것이다.[103] 다시 1948년에 (새 통화로 금을 마음대로 살
수 있게 함으로써) 또 다른 금공황을 감수한다는 것은 전년의 공황과 금보
유고가 매우 적다는 것을 감안하면——비록 새 통화로 금을 교환하는
일이 새 통화에 대한 사람들의 신뢰를 높이는 데 도움을 주었을 것은
분명하지만——새 통화로 금을 마음대로 살 수 있게 하지 않은 (현실의)
금원권개혁보다 더 위태로운 모험이었을 것이다.

금원권개혁의 실패에 대한, 앞에 열거한 경제적 원인 이외에, 장경국
은 정치적 설명을 하고 있다. 그도 금원권의 과다한 발행의 영향과 담
배와 주류세를 올린 불행한 결정을 알고는 있었지만 그는 줏대 없고 비
협조적인 정부관료들에게 책임의 대부분을 돌리고 있다. 개혁이 갓 시
작된 8월 22일에 벌써 그는 『대부분의 공무원은 이중태도를 취하고 있

다』고 불평을 하고 있는 것이다. [104] 9월 초에 가서 그는 『오늘날 가장 걱정되는 일은 최고위공직자들이 이 정책에 대해 관망하고, 의구심을 갖고, 반대하고 있다는 일이다. 그들은 평화로운 생활을 열심히 추구하고 이 정책의 성공을 성심성의껏 지지하는 대부분의 사람들과는 다르다. 그렇기 때문에 나는 나의 일을 추진하는 데 있어 고립되었고, 고위공직자 어느 한 사람도 나를 도우려 하지 않았다』라고 하고 있다. [105] 어떤 공무원들은 장경국의 방책이 공장주들로 하여금 공장문을 닫도록 공포에 떨게 하였다고 주장하면서 장경국의 가혹한 개혁추진책을 비판하였다. 다른 고위공직자들은 신념도 없이 말하고 그리고 (일부러) 꾸물거리면서 개혁의 추진에 종사할 뿐이라고 장경국은 보았던 것이다. [106] 이런 사람들 가운데 가장 못된 자라고 장경국이 생각한 것은 상해시장 오국정이었다. 장경국은 吳의 어리석은 관료주의를 경멸하였다. 오국정으로서는——장개석이 번번이 반려는 했으나——누차에 걸쳐 사의를 표하였던 것이다. [107] 장경국으로서는 상해의 공직자와 마찬가지로 골치아픈 것은 중앙정부의 고위공직자들이었다. 예컨대 국무총리(행정원장) 옹문호와 그 각원들은 계속 흔들렸다. 그들은 대국적인 정책개념을 갖고 있지 않았으며 물가통제에 대해 신념이 없었다고 장경국은 번번이 불평하였다. [108] 그의 좌절감이 깊어갈수록 그의 분노도 커갔으니, 그는 10월 26일의 일기에 『상인들은 가증스럽다. 그러나 국민당 내의 정치가들은 더 가증스럽다』고 적고 있다. [109] 물가통제를 포기한 뒤에도 그는 『문제는 물가통제가 있었느냐 없었느냐가 아니라 (물가통제정지)가 정부의 무능, 역경에 대한 두려움, 신념의 결핍을 나타냈다는 것이다』라고 되뇌이고 있다. [110]

실에 있어서는 정치가와 관료들이 장경국이 말한 것처럼 아마 악질은 아니었을 것이다. 예컨대 옹문호나 오국정 같은 고위공직자들에게는 정부가 공산군과의 전쟁비용을 조달하기 위해 적자재정을 계속 감행하는 한 인플레를 멎게 한다는 것은 불가능하다는 것이 명백한 일이었다. 그러므로 그들이 젊은 장경국에게 협조하지 않았다면 그 부분적인 이유는 도덕적인 결심이나 정치적 위압을 통해 경제적 기적을 이루려는 장경국의 노력에 대해 고작해야 동키호테적이라고 그들이 생각하였기 때문일 것이다. 그러므로 금원권개혁을 둘러싸고서는 진정한 악한은 없었던 것이니, 혁명의 이 단계에서는 그에 관여된 모든 사람들은 달콤한 연극중의 악한이나 영웅이기보다는 비극중의 희생자처럼 되는 것이기 때문이다. 역사에 악한이라는 것이 있을 수 있다고 한다면, 10년이나 20년 전에 공산주의자들에 의한 정치적 사회적 혁명의 필요를 미연에 방지할 수 있는 정부형태를 만들어내는 데 실패한 사람들이 바로 그런 사람들일 것이다.

# 9. 누가 中國을 상실하였는가?
## ——蔣介石의 증언


『솔직이 말해 중국에서나 외국에서나 오늘날의 우리(즉 국민당)처럼 노후하고 퇴폐한 혁명정당이란 있어 본 일이 없다. 얼이 빠져 있고 기율이 없으며 더 나아가 오늘의 우리처럼 옳고 그른 기준이 없는 정당도 있어 본 적이 없다. 이따위 당은 오래 전에 부서져 쓸어버려야 했다.』[1] 이 말을 한 사람은 장개석이고 이 말을 한 때는 1948년 1월이었다. 1947년에서 1950년 사이 중국대륙의 지배권을 놓고서 공산군과의 싸움이 절정에 다달았을 무렵, 장개석은 빈번히 이 비슷한 통렬한 말투로 휘하의 군사지휘관들이나 민간인 간부들에게 연설하였다. 그렇게 한 목적은 국민당정권의 잘못의 원인과 약점을 밝혀서「패배를 승리로 전환시키기 위해」서였다고 그는 말하였다. 이 무렵 장개석의 연설은——이것들은 오랫동안 출판물 속에서 찾을 수 있으나 오늘날까지 모든 사람들로부터 무시되어 왔다——왜 국민당정권이 공산군에게 패하였는가를 설명하는 아마도 가장 절실한 증언이 될 것이다.

내전 기간에 전략적인 우세가 공산군 쪽으로 기울어 연전연패하자 장개석은 놀라고 분해했다. 1947년 6월 그는 말하기를『어떤 면을 놓고 말하더라도 우리가 압도적으로 우세하다. 군대의 장비, 전투기술, 경험이라는 점에서 보아도 공산군은 우리와 비교할 수가 없다. 식량, 사료, 탄약 등의 군사적 공급과 보충이라는 점에서도 우리는 공산군보다 10배나 풍부하다』라고 하였다.[2] 7개월 뒤인 1948년 1월에 가서도 장개석은 아직도『물자면에서는 우리가 좋은 장비와 우수한 무기를 갖고 있다. 승리를 위해 필요한 모든 조건을 우리가 갖추고 있다고 할 수 있다』고 하고 있다.[3] 『그러나 왜 우리의 공산군토벌(작전)은 계속 패배하고 실패하는가?』[4] 1947년과 1948년에 장개석은 이 의문을 자주 그리고 여러 가지 각도에서 검토하고 있다. 그의 생각으로는 군사적인 주된 약점은 장교들의 경우 기량과 지식이 부족하고, 병사들의 경우 대우조건이 열악하고, 그리고 양쪽에 다 관계되는 것은 정신적인 결함이었다. 장교들은 직업적인 능력을 전혀 갖고 있지 않았다고 그는 보았다. 고하를 막론하고 모든 지휘관들은「주먹구구식 싸움」을 하였다. 『아무도 이론이나 (작전) 전법(典範) 등을 연구하지 않는다. 적정(敵情)이나 적진 지형을 정찰하는 데는 더 무관심하다. (작전) 계획을 아무렇게나 세우고 명령을 되는대로 내린다. 그들은 세심하게 검토하지도 않고 준비를 철저하게 하지도 않는다』고 그는 말하였다.[5] 1948년 1월 그는 불평하기를, 자기 부하장교들이『머리를 쓰지 않고 연구를 하려하지 않는다. 어떤 문제건 언제나 건성건성으로 보고 철저한 이해를 하려들지 않는다. 행정면의 경우 (관리들은) 보다더 되는 대로이고 피상적이어서 철저하게 하려하지 않는다. ……우리 병사들의 무리는 대부분 잠자고 있다』[6]고 하였다. 그의 고위장교들이 군사적 기량을 갖지 못한 것에 대해 그가 얼마나 넌더리났는가 하는 것은 다음과 같은 그의 통렬한 욕설에 잘 나타나 있다. 『오늘날 군사령관이나 사단장 노릇을 하고 있는 너희들이 만약 외국에서 정말로 너희들의 지식과 능력에만 의지해야 한다면 연대장 노릇도 못할 것이라는 것을 알아야 한다. 우리 중국에서는 모든 면이 낙후되어 있고 인재가 없기 때문에 너희들은 쥐꼬리만한 능력을 가지고 그런 큰 책임을 맡고 있는 것이다.』[7]

장개석은 또한 그의 장교들이 부하의 상태에 대해 무관심하다고 꾸짖었다. 장교들은 훈련에 있어서 조준, 발사, 정찰, 연락 같은 기본적인 일을 무시함으로써『병사들의 전투기술은 아주 빈약하여 싸울 수가 없다』는 것이다.[8] 장교들은 병사들에게 식량, 피복, 의료혜택 등을 적절하게 공여하지 못하고 그들 부하에게 배당된 보급품을 착복하기까지 한다. 장개석이 보는 장교가 취해야할 방안은『병사와 같은 것을 먹고 같은 것을 입고 병사들의 병영에서 기거하는 일』이었다. 『공산군의 군사 간부들은 이미 이 일을 철저하게 실시하고 있다고 볼 수 있다. 그들의 경우 병사와 장교 간에는 기능의 차이밖에 없으며 생활형편에 차등은 없다』고 그는 말하고 있다. [9] 이와는 대조적으로 국부군의 경우 병사들의 대우로 봐서는 『반란을 일으키거나 도망가지 않는 것만도 다행』이라는 것이다. [10]

1947년 6월 장개석은 『대부분의 지휘관들의 정신은 무너져 있고 그들의 도덕성은 야비하다』고 하였다. 자기 자리에 안주하고 있는 고위장교들은 집안일 걱정이나 하며 군벌처럼 행동하게 된다. 『그 결과 그들의 혁명정신은 거의 완전히 시들었고 그들은 그들의 실력을 보존하는 데만 급급하게 된다.』[11] 장개석은 자기의 부하장군들이 서로 협력하지 못하는 것에 대해 특히 비판적이었다. [12] 『모든 사람들이 자기 자신만 아는 나쁜 버릇을 버리지 못하고 있으며 자기 부대에 유리한 것만을 생각한다. 다른 부대의 위험이나 곤란 또는 전투 전체의 성패에 대해서는 거의 아무 고려도 하지 않는다. ……우리 군대의 기강이 이렇게 해이해 있고 사기가 이렇게 떨어져 있으므로 완강하고 교활한 공산군과 싸우게 되면 요행으로나마 패배를 모면 할 것은 절대로 생각할 수가 없다』고 그는 말하였다. [13] 존 케네디가 피그만(灣)의 대실패(쿠바침공의 실패) 뒤에 말한 『승리에는 아버지를 자처하는 사람이 백명이나 나타지만 실패는 고아일 뿐이다』라는 말보다 앞서서 장개석도 역시 그의 부하지휘관들이 명예는 노리나 책망은 피하려는 이기성에 대해 개탄하고 있다. 『만약 패전하면 자기 자신의 패전에 대한 책임은 전적으로 내놓고 서로 원망하고 비난을 하나 자기의 과오는 숨긴다.』 그러나 『만약 승전하게 되면 영예를 (차지하려고) 서로 다툰다』는 것이다. [14]

게다가, 지휘관들은 부패해 있어 자기 부대인원을 불려 보고하여 그 병사들 몫의 양곡과 돈을 착복하였다. [15] 그들은 또한 명령에 복종하지 않았으니 『이제 각급 지휘관들은 상관의 명령에 따르는 척만 하였고 어떤 때는 전혀 실행을 하지 않아 명령의 가치가 완전히 상실되었다.』[16]

장개석은 그의 부하지휘관들이 전투보고에서 자기를 속였다고 믿고 있었다. 그러한 속임수중 가장 심각한 것중의 하나는 전선에 도착하면서 시작되었다고 장개석은 말하였다. 적과 실질적인 접전을 하기도 전에 『이러 이러한 적군부대가 자기들이 있는 전선에 나타났고 이러 이러한 부대가 옆에 나타났다고 보고하니 사태는 매우 심각한 것처럼 생각된다. 그러나 직접 가서 실상을 조사해보면 그들의 전선에는 겨우 적군 약간이 있거나 아예 없거나 한다. 그리고 접전을 한 다음에는 수천 수만의 적을 사살하였다고 승리를 과장하는 것이 일쑤이다. 공산군의 전투원칙은 아군 주력과의 결정적인 전투를 피하도록 되어 있으므로 수천 수만의 적을 사살하기는 실질적으로 불가능한 것이다. 이같은 과장된 보고를 보면 그것이 불확실한 것이라는 사실을 알 수 있다』는 것이다. [17]

1947년 6월 장개석은 말하였다. 『만약 아군 장교들의 정신과 도덕성, 지식, 능력, 그리고 자기를 알고 남을 아는 정도를 갖고 말한다면 우리는 오래 전에 공비들에게 패배하였을 것이다.』[18]

장개석은 그의 정권의 민간인들에 대해서도 군인들의 경우보다 더 실망하였다. 그는 1947년 7월에 말하기를 혁명에 종사하기 40년 동안에 혁명의 앞날에 대해 그 당시보다 더 상심하고 비관적인 적이 없다고 하였다. 그 까닭은 경제가 위기에 처해 있었거나, 또는 정치가 곤경에 처해 있었거나, 공산당의 힘이 날로 성장해가거나 해서가 아니었다. 그 까닭은 국민당과 삼민청년단의 슬픈 상황이었다. 『우리의 힘은 실상은 완전히 겉보기이다. 극단적으로 말하면 존재하지 않는다. 우리의 국민당과 삼민청년단은 기층조직이 없다. 그들에게는 새 피가 없다. 국민당과 청년단의 구성원은 사회나 대중들 사이에서 아무런 기능도 하지 못한다. 전 국민당의 존재는 거의 전적으로 눈에 보이는 군사력에 의지하고 있다. 이것이야말로 우리의 진정한 위기이다. 이것이 나의 유일한 걱정거리이다!』라고 그는 말하고 있는 것이다. [19] 두 달 뒤 국민당과 삼민청년단이 합병하였을 때 그는 다시 그들에게 조직, 훈련, 기율이 없다고 말하고 있다. 그들은 『아무 힘도 없는 빈껍데기라고 할 수 있다』고 그는

말하였다. [20]

  그러나 두 조직의 합병으로 이렇다할 결과가 나타난 것은 아니었다. 그리하여 1948년 1월에 蔣은 아직도 『우리의 혁명과업은 되는 대로 아무렇게나 행해지고 있으니 진보가 전혀 없다』라고 하고 있다. 그는 또 말하기를 국민당의 잘못 때문에 『사회의 여러 사람들은 당을 가차없이 공격하여 당원을 국가와 민족을 해치는 사람이라고까지 하고 있다』고 하였다. [21]

  놀랍게도 장개석은 공산당을 태연하게 칭찬하고 있다. 공산당은 그가 갖기를 원하는 모든 것과 국민당이 갖고 있지 않은 모든 것을 대표하였으니 조직, 기율, 도덕성이 그것이었다. 그는 말하기를, 공산당은 문제를 철저하게 연구하고 토론할 뿐 아니라 계획을 완전히 실행한다고 하였다. 그는 또 『그들은 주먹구구식이나 애매한 생각은 조금도 용서하지 않았으며……형식적이거나 중도에 그쳐버리는 일이란 있을 수가 없다』고 하였다. (그들의 이같은 행동과) 대조적으로 『그들과 같은 방법이나 행동은 우리에게는 전혀 없다』는 것이다. 『우리들 기간요원들의 대부분은 머리를 쓰지 않고, 연구를 하려하지 않으며, 조심스럽지도 믿음직스럽지도 않다.……그러니 우리는 패배해버리고 마는 것이다』라고 그는 말하고 있다. [22]

  차이는 공산당은 「과학적인 방법」을 쓰는 데 있다. 그의 생각으로는 이같은 방식은 주로 「당개혁 정풍(整風)」을 통해 익혀지게 되는 것이었다. 그는 자기의 추종자들에게 국민당의 조직을 강화하고 국부군의 전력을 강화하기 위해 그(공산당의 당개혁) 운동을 열심히 따라배우라고 촉구하였던 것이다. [23]

  1947년~48년 당시 국민당의 상황과 그의 군대에 대한 비관에도 불구하고 장개석은 모택동에게 지배권을 내놓으려고 하지는 않았다. 1947년 9월에 말하기를 『비록(공산당의 조직, 훈련, 선전술이) 우리의 그것보다 우수하다고 해도 그래도 우리의 이념, 사상, 그리고 (정치)노선은 확실히 그들의 것보다 옳을 뿐 아니라 더 나아가 민족의 필요에 더 적합한 것이다. 그러므로 그들의 모든 것을 연구하고 그들의 모든 것을 터득하기만 하면 그들을 소멸시킬 수가 있는 것이다』라고 하였다. [24]

그러나 연속되는 사건들은 국민당 사람들로 하여금 「저들(공산당)의 모든 것을 연구하고 터득하는」 여유를 주지 않았다. 1949년 1월 21일에——경제는 전면적으로 파멸되어가고, 사람들은 남경정부에 환멸을 느끼거나 또는 멸시까지 하게 되는데——장개석은 총통의 자리를 물러났다. 절강성 북부 계구(溪口)에 있는 그의 고향으로 물러난 장개석은 정치정세의 전개를 주시하면서도 그 지방의 명승을 찾아다니며 가족들과 즐겼다. [25] 이것은 목가적인 은퇴생활일 수도 있었다. 그러나 장개석에게는——그의 행동을 기록한 조성분(曹聖芬)의 말을 빌리면——『그의 생애중 가장 걱정스럽고 격한 자기성찰의 시기』였다. [26] 그가 20년 넘게 이끌어 온 운동은 수라장 속에 있었다. 그는 굴욕을 느꼈다. 패배한 이유가 무엇이었던가를 그는 생각하였다. 계구로 그를 줄이어 찾아오는 방문자들——진립부, 왕세걸, 장도번(張道藩), 도희성(陶希聖), 곡정강(谷正綱), 장군, 오례경(吳禮卿), 장기윤(張其昀) 등——과 더불어 그 물음을 생각하였다. 조성분에 따르면, 3개월 뒤에 장개석이 얻은 회답은 『군과 행정부가 다같이 지난날의 패배에 책임을 져야 한다. 그러나 부인할 수 없는 주된 이유는 당의 마비상태에서 찾아야 한다. 당원자격, 조직상의 구조 그리고 지도의 방법이 모두 문제거리였다. 그리하여 당은 생명 없는 껍데기가 되었고 행정부와 군도 또한 얼이 빠져버렸다. 그 결과 군대는 붕괴되고 사회는 분해되었다』는 것이었다. [27]

1949년 여름 동안 장개석은 다시 중국정치의 소용돌이 속으로 뛰어들어갔다. 국민당총재라는 자리(정부의 총통은 그만두어도 이 자리는 유지하고 있었다)와 그가 상해에서 대북으로 운반해 온 정부보유금의 지배권을 주된 무기로 하여 그는 총통대행 이종인(李宗仁)과 격렬한 권력투쟁을 벌였다. 마침내 공산군이 대륙에서의 지배를 확고히 하자 이종인은 1949년 12월에 미국으로 갔고 대만으로 피난간 장개석은 1950년 3월에 국민정부의 총통자리로 되돌아갔다.

1949년 4월 말에 정치무대로 되돌아간 장개석은 그의 짧은 은퇴생활에서 얻은 결론 즉, 국민당의 「마비」가 국민당권력 패망의 궁극적인 원인이라는 생각에 따라 행동을 개시하였다. 7월에 광주에서 열린 국민당 중앙집행위원회에서 그는 당개혁안을 제출하였다. 대륙에서의 군사적 파멸이 불러일으킨 수많은 사건들 때문에 1년 뒤에 가서야 이 제안에 따른 행동이 시작되었다. 그리하여 장개석은 대만에서 진성(陳誠)을 위원장으로 하는 고위급 중앙개혁위원회를 당의 총재로서 발족시켰다. 이는 공산당과 타협한 당원 또는 안전을 위해 해외로 도망간 당원의 추방을 포함한 근본적인 당의 정비를 계획하고 관장하는 것이었다.[28] 동시에 불운한 그의 잔여군대에 집중적인 군사훈련과 정치교육을 통해 활력을 불어넣고자 하였다.

이 재건기간에 장개석은 그의 주요 막료들과 함께 최근에 겪은 패배에 관해 자주 논의하였다. 그는 『오늘 내가 가슴아프게 지적해야 할 것은 항일전의 후기부터 오늘에 이르기까지 우리 군대 안에 도사린 타락과 부패가 실로 기가 막히다는 것이다. 단적으로 말해 상상할 수가 없는 정도였다』라고 말하였다. 군대는 전투정신도 기율도 없는 얼빠진 것이었고 무능하고 비협조적인 지휘관으로 병들었었다. 그러한 군대는 『패배의 길을 갈 수밖에 없는 것이다』라고 그는 말하였다.[29] 이렇듯, 1949년 말기와 1950년 동안의 장개석의 군·정부·당에 대한 비판은 1947년과 1948년에 한 것과 본질적으로는 비슷한 것이었다. 그러나 전반적으로 정권과 사회의 허약하고 결함투성이의 조직이 어떻게 패망에 중요하게 작용하였는가를 전보다 더 강조하였다. 그는 말하기를, 주된 조직상의 결함은 군대의 모든 단위에 정치위원을 두는 제도가 없었다는 것이라고 하였다. 그러한 제도는 1920년대에는 있었으나 군사지휘권을 통일하기 위해 북벌(北伐) 뒤에는 없앴던 것이다. 장개석은 말하기를, 정치위원이 없었기 때문에 군사지휘관에 대한 감사나 견제가 적절하게 행하여지지 않았다고 하였다. 그 결과 『전과(戰果) (보고)의 정확성을 판단할 방법이 거의 없었고……모든 형태의 부패하고 퇴폐한 현상이 성하게 된 것』이라고 하였다. [30] 또한 정치위원이 없기 때문에 군대에 대한 정치교육이 경시되어 『적과 싸울 전의가 약해지고 전투정신은 완전히 상실되게 되었다. 그리고 특히 병사는 백성을 보호하고 백성과 단합해야 하는 필요를 몰랐기 때문에 백성들을 되는 대로 해치기까지 하여 군대의 기율은 완전히 상실되었다.』[31]

또한 조직이 해이되었기 때문에 공산당의 첩자나 공작원들이 아무데로나 침투하여 『그들이 들어가지 않는 구멍이란 없게 되었다.』 그들은 특히 정부와 군의 중요 기관에 침투하여 정확한 정보를 얻는 동시에 허위소문을 퍼뜨렸다. 그리하여 대륙에서의 붕괴는 적의 군사행동 때문에 된 것이라기보다는 차라리 이들 공산당 첩자에 의해 국부군 내에서 조성된 혼란, 두려움, 말썽 때문이었다』(『우리의 수백만 명의 군대는 치열한 전투를 겪지도 않고 적에게 분쇄되고. 무수한 우수한 무기가 공산군에게 진상되어 우리를 도살하는 데 사용될 정도까지 되었다』)고 장개석은 말하였다. [32]

장개석은 그의 패전분석에서 국부군 군대는 기술적으로는 공산군보다 우월하였다는 것을 번번이 지적하고 있다. 그는 미국원조의 부적절성 또는 지연으로 인한 무기나 탄약의 부족을 결코 불평하지 않았다. 그러나 어쩌다가 미국에 대해 짜증을 내기도 하였다. 예컨대 『우리 정부가 마샬 장군의 조정을 믿은 것이 잘못이었다』고 말하였었다. 그 결과 국부군은 만주에 정예부대를 투입하였으므로 만리장성 이남의 땅에서 공산군의 공격에 잘 대처하기 어렵게 된 전략적인 착오를 저지르게 되었다는 것이다[33] (이 불평은 1945년 11월에 웨드마이어 장군이, 국부군은 먼저 장성 이남의 땅을 공고히 해야 한다고 하면서 만주에 대규모 군대를 파견하지 말도록 장개석에게 건의한 사실을 간과하고 있다). [34]

장개석은 또한 미국과의 동맹관계가 그의 추종자들에게 끼친 심리적 영향에 대해서도 아쉬워하였다. 군대는 미군과 접촉함으로써 온유하게 되고 사치를 좋아하게 되는 등 많은 퇴폐적인 경향을 갖게 되었다고 그는 말하였다. [35] 사회적으로는 일반적으로 전통적인 자립성을 버리고 미국원조에 의지하게 되었다. 그러므로 1949년 8월에 미국 국무성의 중국백서(中國白書)가 발표되어 미국이 원조를 중단한다고 하자 모든 사람들이 공산당에게 이길 희망은 사실상 사라졌다고 믿게 되었다고 장개석은 말하였다. [36]

그로부터 장개석이 한 때의 맹방이었던 미국과 썩 좋은 관계에 있지는 않게 되었다. 그래도 그의 연설문집에는 미국을 책망하는 글은 거의 수록되지 않고 있다. 그의 발언의 무게를 전체적으로 보면 그는 대륙에서의 국민정부의 패퇴가 외국으로부터의 영향보다는 국민당 사람 스스로의 약점과 잘못 때문이라는 것을 분명히 지적하고 있다. 장개석의 증언이 국민당의 실제 상황을 어느 정도 정확하게 반영하고 있을까? 그의 비판은 그의 추종자들이 보다 더 분발하도록 하기 위한 그저 해보는 소리인가? 이렇게 생각할 만한 근거가 약간은 있다. 왜냐하면 장개석은 20년 이상이나 1940년대 말에 한 것과 같은 말투로 국민당이 혁명투쟁을 포기하였다고 꾸짖어왔기 때문이다. 예컨대 그는 1928년에 『(국민)당원은 (손문의) 주의나 대중을 위해 노력하지 않는다. ……그 이유는 혁명가가 타락하였고 혁명정신과 혁명의 용기를 잃었기 때문이다』라고 호통치고 있는 것이다. [37] 또한 이미 제4장에서도 그가 삼민청년단을 조직하였을 때 국민당을 꾸짖은 말을 인용한 바 있다. 자기의 부하들을 꾸짖고 국민당이 혁명적인 열정이 없다고 개탄하는, 습관성이라고도 보일 이같은 꾸지람은 그러나 정권 내의 일반적인 상황을 정확하게 반영하고 있는 것이 보통이다. 그가 1928년에 혁명정신의 상실을 개탄한 것은 정말로 사실이었다. 1940년대의 그의 (국민당) 공격내용도 또한 「혁신」운동론자들의 글 같은, 다른 사람들의 글과 충분히 합치하는 것이었다. 내전기간 동안 그가 군장교들을 비난한 내용도 미국의 군사고문단장이던 데이비드 바 장군의 관찰과 아주 비슷한 것이다. 바장군은 1948년 11월 워싱턴당국에 보고하기를, 『나의 도입 이래 탄약이나 장비가 없어 패전한 적은 없다. (국민당의) 군사적 대패는 나의 생각으로는 세계에서 가장 졸렬한 지휘와 전의를 완전히 상실하게 하는 많은 사기저하요인들 때문이다. 고위 군사지휘관들의 자질은 전적으로 적절하지 않으며……군대 내에 부패와 부정직이 만연하고 있다』고 하였던 것이다. [38] 그전 같으면 외국인에 의한 이같은 얕보는 판단은 필시 의심을 받았을 것이다. 그러나 바 장군과 장개석의 평가는 서로 맞아떨어지고 있는 것이다.

장개석의 연설들이 단순한 훈계가 아니라, 패배를 거듭한 이 시기의 국민당의 행동에 대한 심사숙고한 끝의 평가라는 것은 1956년에 발행된 그의 저서 《중국 안의 소련》에서도 더 적절히 증명되고 있다. 이 책에서는 대륙에서의 패배를 설명하는 데 있어 그가 1947～50년 사이에 행한 연설보다는 경제적 요인과 공산주의자들의 표리부동에 대해 더 강조하고 있다. 그러나 이 책에서조차 그의 결론은 그가 그 이전에 내린 평가와 일치하고 있는 것이다. 그는 주장하기를, 『우리들의 패배의 원인은 여러 가지로 볼 수 있다. 그러나 우리가 아직 대륙에 있을 때의 우리의 반공투쟁에 대한 치명적인 타격은 행정적인 결함에서만 오는 것이 아니었다.……치명적인 타격은 조직, 방법, 정치와 전략에서의 중대한 착오 그리고 무엇보다도 우리의 민족적 의지력이 가장 강화되어야 했던 때에 약화된 데에 연유한 것이었다』고 하였다. [39]

그러니 장개석은 그의 정권의 패배원인을 미국정부의 배반, 탄약의 부족, 심지어는 공산군의 힘에서도 구하지 아니하였던 것이다. 그가 보기에는 패배의 원인은 국민당정권 그 자체 안에 있었던 것이니, 내전기간 동안의 국민당정권은 단지 부패하고 비능률적이었을 뿐 아니라 사실상 죽어가고 있었다고 그는 믿었던 것이다. 장개석은 여러 해 동안 국민당의 활동정신을 좀먹고 있던 노후, 부패, 기율부재 등을 제거하려고 시도해 보았었다. 예컨대 1932년에 그는 「청셔츠단」을 설립하였고 1938년에는 삼민주의청년단을 만들었는데, 그것들은 비틀거리는 정권의 혁명적인 활력을 회복하려 한 것이었다. 1946년에도 그는 필요한 혁명적 정열과 덕성이 결여된 사람들을 제거하는 숙정작업을 벌인 일이 있었다. 이같은 교정책의 시도는 어느 하나도 성공하지 못하였으니, 부하에 대한 그의 꾸지람이 아무 효과가 없는 것이나 같았다. 그 꾸지람의 어떤 것은 파벌 간의 반목을 조장함으로써 사태를 더 나쁘게 만들기까지 하였다.
　무능하고 부패한 부하들을 제거한다는 장개석의 노력은 적어도 부분적으로는 그 자리를 대신할 만한 유능한 사람들이 없다는 그의 생각 때문에 시들해져버렸다. 클레어 쳰노트 장군은 중국 공군의 비능률성과 공군사령관들의 무능을 장개석에게 기다랗게 늘어놓은 일이 있었다. 쳰노트 장군은 이 일을 뒤에 다음과 같이 회상하였다.

　　그(장개석)는 부인(장개석 부인)의 통역을 30분 동안 잠자코 들었다. 그러며니 어깨를 으쓱하고 퉁명스럽게 짧은 몇 마디를 가지고 내 말을 무지르고는 무뚝뚝하게 방을 나가버렸다. 부인은 『그는 당신이 말한 일을 다 알고 있다고 합니다. 그리고 당신이 말한 그 사람들이 좋지 않다는 것도 알고 있다고 합니다』라고 통역하였다. 『만약 그가 그것들에 대해 다 알고 있다면 왜 아무런 조치도 취하지 않는 것입니까?』라고 나는 쏘아붙쳤다. 부인은 대답하였다. 『그는 말하기를, 그가 데리고 일 할 사람들로서 중국인들은 그들밖에 없는데, 만약 잘못한 그들 모두를 내쫓으면 남을 사람이 있겠는가라고 합니다.』몇 해 뒤 중국에서 미국공군을 구성하려고 애쓰게 되었을 때 나는 장총통의 곤경을 정말 이해할 수 있었다. 정직하고 기술적인 능력이 있고 충성스런 부하가 없다는 것이 그의 가장 심각한 문제였다. 그는 부하들 서로를 반목시켜 (견제시켜) 이용할 것은 이용하여 그럭저럭 해나갔다. 그리고 언제나 약간 명을 해직시켜 그의 인내에 한계가 있다는 경고로 삼았다.[40]

　공군 같은 기술적으로 수준이 높은 조직의 경우 중국에는 썩 적절한 인재가 부족하였다는 것은 사실 놀라운 일은 아니다. 문제가 되는 것은 장개석과 그의 측근들이 모든 활동분야——군사, 정치, 행정에 능숙하고 믿을 만한 인재가 부족하다고 생각하고 있었다는 점이다. 1941 년에서 1948 년 동안 국민당의 사무국장(비서장)이라는 요직에 있던 오철성(吳鐵城)은 임종의 마당에서 『당 안에는 인재가 많지 않다. 당 밖에 있는 인재는 편견을 버리고 [정부를 위해] 같이 일하려 들지 않는다. 그 결과 대륙을 상실하였다』라고 개탄하고 있는 것이다.[41] 오랫동안 장개석의 친근한 자문자이며 보조자였던 진포뢰(陳布雷)도 마찬가지로 중국에 이기

심을 버리고 국가에 봉사하려고 하는 숙련되고 유식한 사람이 없는 것을 슬퍼하였다. [42]

장개석은 유능한 인재가 부족하다고 생각하였으므로 정말 첸노트가 말한 것처럼 (이러지도 저러지도 못하는) 곤경에 처해 있게 되었다. 예컨대 만약 그가 능력이 매우 모자라는 지휘관들 모두를 면직시킨다면 어떤 사람들을 그 자리에 앉힐 것인가? 그렇게 대량 면직시킨다면 그렇지 않아도 심각한 상황을 더 악화시킬 뿐이라고 장개석은 분명 생각하였을 것이다. 이같은 추론은 「혁신」운동그룹들이 부패하고 무능하다는 정학계 (政學系) 사람들의 제거를 요구한 데 대해 장개석 자신이 그들이 부패하고 무능하다는 것을 인정하면서도 받아들이지 않은 까닭을 설명할 수도 있다. 그는 만약 「혁신」운동그룹 사람들을 정부의 고위직에 등용하면 보다 덜 믿음직스러운 행동을 할 것이라고 아마도 생각하였을 것이다.

그러나 장개석이 그의 정권의 결점들을 바로잡지 못한 주된 이유는 그가 문제의 본질을 이해하지 못하였다는 점이다. 이 점은 아마도 국가적 지도자로서 주된, 어쩌면 치명적인 결점이었다. 정치적인 문제나 행동상의 문제, 심지어 경제상의 문제까지도 본질적으로 도덕적인 것으로 본 장개석은 정치제도라는 것이 창조되는 것이라는 점을 이해하지 못하였다. 또한 그가 채택한 정책들은 그의 정권의 약점들의 진정한 원천이었다. 그의 관료들이 그가 만든 정치제도하에서 부패해지고 비능률적으로 되는 것은 대부분이 외부의 비판과 압력으로부터 격리되어 있었기 때문이라는 사실을 장개석은 알지 못하였던 것이다. 또한 병사가 싸우지 않고 농민들이 자제들을 군대로 보내거나 조세를 내는 데 협력하지 않은 것은 그들이 싸우고 협력할 수 있는 얼마간의 유인동기를 줄 수 있는 정책을 그가 실천하지 못하였기 때문임도 이해하지 못하였다. 사실, 1949년과 1950년에는 그는 민생주의를 실시하지 않은 것이 공산당에게 패배한 원인이라고 반성하는 경우도 있었다. [43] 그러나 그는 이 문제에 대해 곰곰히 생각하지를 않은 듯싶다. 그리고 그것은 주된 이유라고 그가 간주하는 것이 분명 아니었다. 1956년에까지도 그의 《중국 안의 소련》에서 대륙에서의 패배의 원인을 여전히 주로 도덕적, 심리적인 용어로 설명하고 있는 것이다. 백성에게 정부와 동질적 소속감을 줄 수 있는 정치제도 또는 백성들의 복리를 증진하는 데 공헌할 수 있는 사회적, 경제적 제도가 공산군과의 투쟁에서 상이한 결과를 가져왔을 가능성에 대해 결코 깊이 생각해본 적이 없었다.

# 결　론 : 폭풍과 혁명들

한 건물이 폭풍으로 붕괴하였다면 그 붕괴원인은 무엇일까? 과학적인 해답이 되려면 첫째, 그 건물의 구조상 특징과 둘째, 풍속을 세밀하게 고려해야 할 것이다. 만약 그 건물이 구조적 결함을 이미 갖고 있었다면 폭풍이 없었다 하여 무너지지 않고 견딜 수 있었는가를 검토해야 할 것이다. 그러나 폭풍은 불고 건물은 무너졌다. 그렇다면 폭풍 때문에 그 건물은 무너졌을까? 이 질문에는 철학적으로 미묘한 점이 없지 않다. 그 어느것도 왜 국민정부(국민당정권)가 1949년에 공산혁명에 굴복했는가 하는 물음은 안되는 것이다.

국민정부는 건전하고 튼튼한 정치적 구조를 만들어내지 못하였다. 1927년에 국민당이 정권을 장악했을 때 그들은 한 세기 이상에 걸쳐 분해되어가고 있던, 그리고 군벌통치시대(1916~27)에는 전혀 (정부로서) 기능을 하지 못했던 정치제도를 물려받았다. 국민당이 이 분해되어가는 과정을 역전시켰다는 것은 확실히 그들의 공이지만 그럼에도 불구하고 지방에 군벌들이 아직도 존재하고 있고 촌락에서 지방유력자들이 저항함으로써 국민정부의 권위는 제한되어 있었다.

국민당정권의 구조가 더욱 약화된 것은 대중의 욕구에 민감하게 스스로 공언한 정치적, 경제적 개혁방안을 실행하지 못하였기 때문이었다. 국민당이 정권을 장악한 지 얼마 안되어 왕정위(汪精衛)와 진공박(陳公博)을 영수로 하는 국민당좌파는 국민당으로 하여금 그들의 정치구조를 지탱해널 수 있도록 제도적인 면에서의, 그리고 정책적인 면에서의 대안을 내놓은 바 있다. 장개석이 1 인독재를 시작했다고 비난한 좌파들은 국민당에 대해 1924 년 손문이 혁명을 영도하였을 무렵 국민혁명운동을 활력있게 하였던 정책과 정신을 부활할 것을 요구하였다. 그들은 토지개혁, 반혁명분자의 처벌, 국민당 안에서의 보다 활발한 민주주의 등을 주장하였다. 그들은 또한 국민당은 자립농민과 노동자들을 고무하고 그밖의 대중조직을 활발히 함으로써 일반민중과의 관계를 강화해야 한다고 생각하였다. 그같은 대중적 기반이 있어야만 혁명이 관료나 군인들의 노리개가 되는 것을 막을 수 있다고――그 뒤 사실상 그렇게 되어버렸지만――그들은 주장하였다. 장개석이 이 좌파들을 그의 영도권에 대한 도전으로 본 것은 정확하였다. 그리하여 1928 년에 그는 피는 흘리지는 않았지만 철저하게 좌파를 탄압하였다. 좌파 일반구성원의 대부분을 차지하였던 청년들은 정치에서 손을 떼고 공부에 전념하도록 분명히 명령받았다. 다른 좌파분자들은 권력에서 효과적으로 제거되었는데, 왕정위는 견책을 받았고 진공박은 당에서「영원히」제명되었다. 따라서 장개석은 1929 년부터는 자기 스스로의 혁명의 개념을 당과 정부에 강요할 수 있게 되었던 것이다.

　손문이 생존하고 있는 동안 군인들은 국민당정권 안에서 비교적 경시된 존재였다. 그러나 장개석 통치하에서는 손문의 상대적 서열――당이 첫째요, 다음이 정부이고, 마지막이 군임――은 거꾸로 뒤집어졌다. 남경에 수도를 정한 뒤로 장개석이 영도하는 군은 국민혁명운동의 가장 지배적인 부분이 되었고 장개석 자신은 정권 내에서 가장 우월한 존재가 되었다.[1] 한 때 장개석의 고문이었던 하렴(何廉)의 회상에 따르면, 『정부의 진짜 권위는 어디가 되었건 총통이 있는 곳에 있었다. 권위라는 면에서 말하면 그는 모든 것의 우두머리였다.』[2] 장개석 자신도 후일 1940 년에 에드가 스노우에게 『내가 가는 곳에 정부, 국무원, 항일(抗日)의 중심이 있다』라고 한 바 있다.[3]

　장개석이 정권을 이렇게 장악하고 있었기 때문에 국민당정권의 성격을 결정하는 데 있어 장개석의 정치관이 매우 중요하다. 정치과정에 대한 그의 견해를 보면 그는 매우 전통적이었다. 청(淸)대의 황제처럼 그에게 있어 정치는 우세(엘리트) 분자들끼리의 경쟁이었다. 그러므로 자기의 힘을 근대화하기 위해 그는 한 우세분자집단의 지지를 다른 경쟁적인 우세분자집단의 그것과 경쟁시켜 조종하거나 결합하거나 하였다. 당시의 강대국은 전국민의 중요한 부분을 성공적으로 동원하였지 우세집단만을 동원하지 않았다는 것을 그는 깨닫지 못한 듯싶다. 우세집단 이외에서 지지를 얻어냄으로써 새로운 힘을 만들어 낼 수 있다는 것——모택동이 그러한 것처럼——을 이해하지를 못하였다. 물론, 그도 민주주의에 대해 자주 말하였고 대중적 지지를 얻기를 원하였다. 그러나 민주주의와 대중적 지지에 대한 그의 개념은, 대중은 병사가 장교의 명령에 복종하듯이 무조건 지도자를 따라야 한다는 것이었다. 이 개념은 그가 대중정치의 심리적 구조에 대한 인식이 얼마나 부족한가를 보여주는 것이다. 또한 그 개념 때문에 그의 정권에 확고한 사회적 기반을 제공할 수도 있었을 정치적 참여와 경제방안 같은 것을 개발하지 못하였다. 이렇게 해서 그는 우세분자들을 주로 한 정치를 떠날 수가 없었고 약한 자들끼리의 균형을 통해 지배한다는 방식에 함몰되어버리고 말았다.

　위에서 말한 것은, 만약 왕정위와 국민당의 좌파가 1928∼29년의 정권투쟁에 장개석 대신에 성공하였더라면 국가가 강해지고 번영해지는 길이 틀림없이 순탄하였을 것이라는 뜻을 말하고자 한 것은 결코 아니다. 실은 그들도 또한 장개석정권에게 있어 파멸적인 것이었음이 드러난 것과 같은 관료주의, 부패, 파벌싸움, 권력에 대한 질시에 감염되었을 것이라고 추측할 만한 이유가 있다.[4] 그러나 분명한 것은 장개석은 자립적인 대중조직, 토지개혁, 당내의 민주적 절차, 당에 의한 정부와 군의 지배 등에 대한 (좌파들의) 주장을 침묵시킴으로써 대중적 지지가 있고 유능한 정부가 되기 위한 건전한 기반을 만들 수도 있었을 방안을 배척해버렸다는 것이다.

　20여 년간 중국을 지배하고 있는 동안 국민당을 엄습한 폭풍중 일본과의 전쟁처럼 그렇게 격렬한 것은 없었으며 그렇게 혹독한 긴장을 강요한 것은 없었다. 이 전쟁으로 인해 국민당정권이 입은 가장 직접적이며 분명한 피해는 장개석군대의 약화이다. 전쟁의 첫 해에 중앙군이 입은 전면적인 손실은 비록 대단한 것은 아닐지라도 그때까지의 10년 동안에 이룩한 인원과 장비면에서의 개선을 대부분 망가뜨려버렸다. 그 뒤 계속된 전투와 보충원의 감소, 장기화된 교착상태 또한 장개석의 군대에 막대한 타격을 주었다. 군대의 약화가 준 정치적 영향은 막심한 것이었다. 더다 스콕폴의 말대로『정통성이 크게 약화된 뒤에도 국가는 상당히 안정되게——대중에 기반을 둔 내부의 반란에도 흔들리지 않은 것은 확실하다——남아 있을 수 있다. 특히 그 강제력조직의 결합성이 아직 남아 있고 효율적으로 작용할 경우에는 그러하다.』[5] 그러나 국민당정권의 주된 강제력조직 즉, 군대는 결합력도 없어지고 효율성도 없어졌다.

국민당정권은 또한 불가피한 서부중국으로의 (오지로) 후퇴로 인해 약화되었다. 동부의 해안지역이나 도시들에서는 확실한 수입원, 안정의 방편을 부여하는 확립된 행정기구(지방단위로 내려가면 결코 강하지는 못했으나), 국내외의 보급원에 대한 용이한 접근 등을 갖고 있었다. 이와는 대조적으로 서부중국의 지방에서 국민정부가 발견한 것은 낯선, 거의 외국이나 다름없는 세계였다. 전국 면적의 4분의 3 가량되는 서부중국을 전부 합하여도 전국 전력(電力)의 4퍼센트밖에 안되었고 공장수는 6퍼센트밖에 안되었다.[6] 경제는 압도적으로 농업중심이었고 주민들은 아랫녘에서 온 도시화된 관리들과의 일체감을 거의 갖지 않았다. 지방사회는 비밀결사와 농촌의 유력자들이 지배하고 있었는데, 그들은 그들이 오랫동안 유지해온 정치적, 군사적, 경제적 우월성을 빼앗길까봐 경계하였으며 국민당정권의 간섭과 경쟁을 원망하였다. 그러니 국민정부는 어렵사리 서부중국의 자원을 동원하였으며 그 수입은 63퍼센트나 격감하였다.[7] 국민정부는 그들의 지배방식과 전투방식을 서부중국의 새로운 환경의 서먹함에 적응하는 데 실패함으로써 중요한 잘못을 저질렀다. 항일전쟁 전에는 도시구역의 경제원이 정부를 지탱하기에 족하였으므로 농촌의 문제는 무시할 수가 있었다. 군대는 서양식의 정통적인 전술과 기술을 강조할 수 있었으니, 동부중국의 공장이나 외국에서 쉽게 무기와 물자를 구할 수 있었기 때문이다.

서부중국의 사정이 동부 해안지방의 그것과 현저하게 다른데도 국민당은 그 정치적, 경제적, 군사적 정책을 서부의 원시적 자원에 적용하려는 노력을 거의 하지 않았다. 예컨대 그렇게 하기보다는 사천과 운남에 정말로 갑작스럽게 근대적 공업기지를 만들고자 하였던 것이다. 그리하여 막대한 돈을 경제에 쏟아 해안지방의 공장을 서부로 옮겼고, 서양에서 값비싼 장비와 원자재를 수입해왔으며, 새로운 자동차길과 철도를 만들었다. 국민정부는 이같은 지출을 감당할 만한 조세원을 갖고 있지 않았기 때문에 인플레의 소용돌이가 다시 꿈틀거리기 시작하였다. 다른 대안(代案)으로서는 서부중국에 전부터 내려오는 훌륭한 수공업 전통을 살려 보다 단순하고 값싼 생산형태를 권장할 수 있었을 것이다. 1938년 7월에 발족한 중국공업협동조합(합작사)은 사실상은 공업제품의 공급을 이같은 대안방식으로 공급해보려고 사적으로 시작된 시도였다. 그러나 공업협동조합(운동)의 잠재력이 전부 현실화되지는 못하였으니, 정부지도자들은 자기들의 고도로 관료적인 방식과는 너무도 다른 이 대중운동이 공산당에 의해 조종되는 것으로 의심하였기 때문이었다.[8]

도시 아닌 농촌이 전시에 필요한 양곡, 돈, 인력의 주된 공급원이었으므로 국민정부는 농촌지역에서 최대한의 지원을 끌어내면서도 생산대중의 선의와 협력을 유지하는 방책을 발전시킬 필요가 있었다. 그러나 이같은 목적을 달성하도록 그들의 정책을 조정하기보다는 부패하고 비능률적인 농촌유력분자와 어줍지 않은 연결을 갖고 지배를 하는 불안전하고 비용이 많이 드는 관료체제를 그냥 운용하였다. 국부군은 일본군과의 싸움에서 유격전을 할 수도 있었을 것이다. 그러나 유격전은 군과 민간인들과의 밀접한 협력이 필요한데, 그같은 협력은 군대의 기율을 개선하고 군작전의 성공을 위해 공헌하는 유인동기를 가질 수 있도록 정부의 사회적, 경제적 정책이 개선되어야만 가능한 것이었다.

공산당은 원시적이고 가난한 오지에서 유력한 정치적, 군사적 운동을 확실히 지탱해갈 수 있다는 것을 그들의 근거지에서 보여주었다. 유격전과 대중동원을 발전시켜 나가고 소규모의 공업생산을 발전시켜 나가는 방책을 사용함으로써 공산당은 전쟁이 진행될수록 강화되어갔다. 이와는 대조적으로 국민당은 전전(戰前)에 그들이 갖고 있던 지배 및 전투방식을 유지한 채 경제적, 정치적, 군사적으로 약화되어 갔다.

오지의 달라진 상황에 적응하지 못한 가장 심각한 결과와 그리고 전쟁이 국민당정권에 끼친 가장 광범하게 작용한 파괴적인 영향은 인플레였다. 동부의 해안지대로부터 철수함으로써 국민정부는 주된 수입원을 거의 잃었으니, 그중 가장 두드러진 것은 관세, 염세(鹽稅), 제조세(製造稅) 등이었다. 오지에서의 정치적 통제가――횡적으로는 각 지방에 걸쳐, 종적으로는 농촌의 유력자층과 도시의 부유층에 대해――약하였으므로 적절한 대체 수입원을 개발하지 못하였고, 그러기 때문에 지나치게 적자재정에 의지해야 했다. 인플레는 그리하여 생겼다. 처음에는 항전의 첫 해에 겨우 40 퍼센트 정도만 올라 물가상승은 완만한 것이었다. 그러나 1941 년의 후반기와 1944 년을 통해 물가는 매년 두 배 이상 뛰었다. 그 이후부터는 물가상승률은 더 급히 높아져 1945 년의 1 월에서 8 월까지의 꼭 7 개월 동안에 251 퍼센트나 올랐다. 그 결과는 파멸적인 것이었으니, 통치구조 전반, 즉 군, 정부, 경제, 일반사회를 약화시켰다. 부패가 왜 전에 없이 극도에 달했는가, 왜 주민대중들이 지독한 빈곤에 허덕여야 했는가, 왜 군대가 얼이 빠지고 무능하게 되었는가 하는 주된 원인은 인플레에서 찾을 수 있다.[9]

전쟁이 공산군을 성장하게 하고 강하게 만들었으므로 이 점에서도 국민당에 타격을 주었다. 항일전의 10 년 동안 국부군은 공산군을 몰아세워 상당한 손실을 가함으로써 규모가 큰 안정된 작전근거지 획득을 불가능하게 하였다. 그러나 1937 년 이후부터 국부군의 압력은 줄어들었으며, 공산군은 형식상으로만 일본군이 점령한 지역에서의 유격활동을 통해 전전에는 상상도 할 수 없을 정도의 혁명 조직망을 확대할 수 있게 되었다. 또한 전쟁 동안에 공산당은 조직기술을 발전시켰으며 그 다음의 내전기간 동안에 그들에게 도움이 된 군사경험을 획득하였다. [10]

이렇듯 항일전은 국민당정권에 타격을 가하였다. 그러나 국민당정권은 1944년이나 1945년에 무너지지는 않고 항일전이 끝난 뒤 4년이나 더 지탱하였다. 무엇이 그렇게 버틸 수 있게 하였는가? 앞의 여러 장에서 기술한 것 같은 광범하게 퍼진 허약성에도 불구하고 어떻게 그동안 버티어낼 수 있었던가? 이같은 물음에 대한 몇 가지 해답으로는 중국인 대부분의 정치의식이 낮았다는 것, 국민정부 통제구역 안에서 반정부활동을 전개할 겁없는 소수를 침묵시키기 위한 정치적 탄압에 크게 의존하였다는 것 등을 들 수 있다. 이들 문제는 앞으로 더 연구되어야 할 것들이다. 실제로는 정권을 약하게 만든 제도적 특징들이 역설적으로 정권을 연명시키는 데 공헌하였다. 예를 들어 사회적 기반이 없고, 국민들을 정치과정 속으로 흡수하는 제도적 수단이 없으므로 정권은 소극적이고 적극적인 잘못에 대해 직접적으로 책임을 지지 않았던 것이다. 만약 의회민주체제하에서라면 정권담당기간은 정말 짧았을 것이다. 그러나 국민당정권은 군에 의해 지지되는 것이었으므로 여론이 정치적으로 장수하는 데 직접적인 영향을 끼치지는 못했던 것이다. 당시에 있어 군사력이야말로 정치력이 나오는 주된 근원이었으니, 정권이 무너진다면 그것은 군사적인 힘을 통한 반대의 결과였을 것이다. 1944년에 지방의 군사세력가들이 중경에 있는 장개석정권에 대해 반대하는 연합을 형성하였을 때 그같은 일이 일어날 수도 있었다. 그러나 장개석은 경쟁상대를 조종하는 명수였다. 1920년대와 1930년대에 무수하게 한 것처럼 그는 그의 경쟁자들이 전쟁중에 강력한 연합조직을 형성하는 것을 저지하는 데 성공하였다. 예컨대, 제1장에서 이미 살폈듯이 그는 지방적인 문제에서 양보를 얻어내는 대신 재정적으로 보상을 함으로써 몇 번이나 용운(龍雲)과 운남 사람들을 진정시켰던 것이다. 또한 일본군의 「1호작전」 때도 그는 반란계획을 포기하는 대가로 무기를 지원하였던 것이다.

국민당정권이 지탱할 수 있었던 또 다른 이유는 기성질서에 도전하기보다는 순응하였다는 것이다. 만약 국민당이 그들이 선포한 바 있는 토지개혁을 실행하려 하였다면, 또는 만약 그들이 전시중에 현물세 징수나 징병제 집행과정을 지방 유력자층의 손에서 빼앗아 가려고 시도하였었다면, 지방(省)의 군사실력자들에게 그들의 군대를 해체토록 명하였더라면 국민당정권은 대규모의 반란을 겪었을 것이다. 그러나 국민당정권은 구사회의 유력자층을 가만 놓아두었기 때문에 그들 지방유력자층도 국민당정권을 가만 놓아 두었던 것이다. 이러한 방식으로는 진보적 개혁이나 강력한 정부가 나올 수가 없지만, 짧게 보면 국민당이 정권을 유지할 수 있게 해준 것이었다.

그러나 만약 항일전쟁 후 소련의 만주진공(進攻)이 없었다면 국민정부는 실제보다는 더 오래 지탱했을 것이다. 1945 년 2 월의 얄타협정을 근거로 하여 소련은 8 월 8 일에——광도(廣島)에 첫 원자탄이 떨어진 이틀 뒤——일본에 선전포고를 하고 만주 전역을 재빨리 장악하였다. 일단 그 지역을 장악하고 나서 소련은 중국 공산군이 동북(만주)의 여러 성에 침투하는 것을 도와주었고 항복한 일본군이 남긴 대량의 군수물자를 넘겨주었다. 소련은 또한 국민정부가 그곳에서 군사적 행정적인 힘을 확보하려는 노력을 지연시켰고 많은 만주의 공업시설을 떼어갔다. 이런 일들에 대해 논한 글은 많다. 이 일들의 대부분은 중국의 주권을 뻔히 침해하는 것이었으며 미국이 반대하는 것이었다. 그러나 이 일들이 국민당정권의 운명에 끼친 영향을 날카롭게 추구한 글은 아직 없다. [11]

예를 들어, 소련이 만주에 들어오지 않았었다면, 그리하여 공산군에게 장성 이남의 땅을 정복할 도약대를 제공하지 않았었다면, 국민당은 그들의 관심과 자원을 전면적인 내전에 쏟는 대신 전후의 건설에 집중하였을 것이라는 점을 논증할 수 있을 것이다. 물론 중국공산당은 장성 이남의 중국에서 아직도 위협적인 존재였을 것이다. 그러나 교전규모는 아마도 보다 적었을 것이며 반란세력(공산군)은 일본군의 무기와 장비를 가지고 강화되어 있지는 않았을 것이다.

이같은 과정을 겪었다면 그 결과는 국민당정권으로서는 막대한 것이었을 것이다. 경제적으로는 만주의 풍부한 자원이 장성 이남의 중국경제로 통합되었을 것이다. 대량의 식량과 곡물을 동북(만주)지방의 국부군에게 보냄으로써 장성 이남의 중국 농민들을 빈곤화하고 분노하게 하기보다는 만주의 대량의 잉여식량을 갖고와 북부중국의 고질적인 식량부족을 해결할 수 있었을 것이다. 일본인이 만들어 놓은 상당한 규모의 공업시설은, 중공업생산품을 가지고는 장성 이남 중국의 공업재건을 촉진하였을 것이고, 경공업품을 가지고는 전후의 막대한 소비물자 수요를 경감할 수 있었을 것이다. 만주가 중국의 경제적 재건에 소용될 잠재력을 갖고 있다는 것은 예컨대 다음과 같은 사실로 짐작할 수 있다. 1944년에서 45년 사이에 만주는 장성 이남에서 1년 동안에 생산된 선철보다 8.5배를 더 많이 생산하였고, 전력은 2.5배를, 시멘트도 2.5배를 각각 더 많이 생산하였다. 1944년에 만주는 콩을 354만 9천 톤을 수확하였는데, 만약 전후에 그만한 양의 콩을 국민정부가 가졌다면 그것을 수출하여 1년에 6천만달러에서 9천만달러의 외환을 벌어들일 수 있었을 것이다. 그리고 만주에 있는 144개의 제재소(製材所)는 외국목재 수입의 필요를 크게 감소시켰을 것이다. [12]

뿐만 아니라, 장성 이남 지역의 공업부문은 전후에 원료와 연료(그 대부분은 만주에서 들어왔었다)의 부족을 포함한 많은 문제 때문에 병들어 있어 8년 동안의 항전 끝에 절대적으로 필요한 소비재를 생산할 수가 없었다. 이 수요를 어느 정도 채우고 그렇게 함으로써 인플레압력을 완화하기 위해 국민정부는 해외로부터의 수입을 권장하지 않을 수 없었는데, 이에 따라 수입품이 물밀듯 들어왔다. 이 정책의 직접적인 결과로 1947년 2월에 가서 중국의 외환보유는 고갈되어 버렸다. 수입은 또한 중국의 토착산업을 저해하였으니, 원면, 미곡, 기타 농업생산품의 수입은 중국 농산품의 값을 떨어뜨려 농민에게 피해를 입히고 농촌지역의 재건

을 지연시켰다. [13]

그러나 만주에서 일어난 일로 인한 영향중 가장 타격이 큰 것은 인플레의 앙등이었다. 1945년에서 1949년 사이에 정부지출의 65～70퍼센트 전부가 군비지출이었고, 그 대부분은 만주에서의 전투에 소요되었다. 정부는 내전의 비용을 충당하기 위해 항일전 당시 했던 것과 같이 지폐를 찍어냈다. 1945년 이후의 적자지출액——65퍼센트——이 군사비 지출액과 대략 맞먹었다는 것은 의미심장한 일이다. 그러므로 대규모의 군사예산이 없었다면 국민정부는 조세수입과 그밖의 비인플레적 방법으로 총지출을 거의 감당할 수 있었을 것이다. 그리하여 정부와 백성에게 너무 비싼 대가가 되었던 초인플레를 막을 수가 있었을 것이다. [14] 앞에 말한 것들은, 만약 국민정부가 전후에 만주에서 주권을 다시 행사할 수 있었다면 중국에서 일어난 일들이 어떻게 되었을까 하는 그저 몇 가지의 시사일 뿐이다. 국민정부가 전후시기의 위태로움을 통과해나가는 데는 많은 어려움이 따랐을 것이나 그러나 그 어려움의 정도는 훨씬 덜했을 것이고, 소련의 만주점령으로 하여 생긴 일련의 일들이 아니었다면 국민정부는 그것을 감당해나갈 수 있었을 것이라고 따져볼 수도 있는 것이다.

그렇다고 하더라도 소련의 만주점령은 잘해야 국민정부 붕괴의 직접적 원인의 하나일 뿐이다. 기본적인 원인은 보다 깊은 데 있었으니, 그것은 사회적 기반을 상실한 군사독재적 지향이라는 구조적 취약성과 일본과의 전쟁이 가져온 약화요인에 있었다. 이 두 가지 요인 때문에 국민정부는 1945년 당시에 엄청나게 약화되어 있었고, 그 약체성은 국민정부의 정치적 지배권이 제한적으로밖에 행사될 수 없었던 점, 행정의 부패와 무능, 몇 개 파벌끼리의 파멸적인 다툼, 군대에 널리 퍼진 무능과 사기저하 등에 잘 나타나 있었다. 이같은 전면적인 분해과정을 통해서 보면 국민정부가 동북(만주)지방을 완전히 장악하였었다 하더라도. 전국에 대한 효과적인 지배를 확고히 해나갈 수 있었을 것으로 보기는 매우 어렵다. 그러므로 소련의 만주진공은 이미 썩어 있는 구조물을 넘어뜨리는 데 영향을 준 한 가닥 돌풍일 뿐이었다. 그 돌풍이 없었더라면 그 건물은 조금은 더 오래 서 있었을지도 모르겠으나 (결국은)——가까운 시일 내에——무너졌으리라는 것은 확실하다. 왜냐하면 이 결론의 앞에서 제시한 비유의 경우, 비바람을 맞지 않는 진공상태에 있는 건물이란 존재할 수 없는 것과 마찬가지로 문제가 없는 정부는 존재하지 않기 때문이다.

# 註

〔일러두기〕
1. 원서에는 문헌목록이 따로 있으나 이 역서(譯書)에서는 주(註) 속으로 통합하였다.
2. 저자명과 저서명, 논문명은 처음 나올 때 원문을 표기하였다. 그러나 본서에 인용된 자료들의 대부분이 매우 특수하고 희귀한 탓으로 원서, 원논문을 대조하기가 어려워 필(저)자 원명(原名)의 경우 확인하지 못한 것이 많다. 단 그런 경우에도 저서나 논문명만은 그 뜻으로 보아 원문으로 복원하였다.

# 서 론

1) 헌팅톤(Huntington), 《변화하는 사회의 정치질서》(Political Order in Changing Socie-ties, New Haven, Conn., 1968) p. 323.
2) 셰리단(Sheridan), 《중국의 군벌, 馮玉祥의 생애》(Chinese Warlord; The Career of Feng Yū-hsiang, Stanford, Calif., 1966) pp. 14~16.

# 1.

1) 웨드마이어(Wedmeyer), 《웨드마이어는 보고한다 !》(Wedmeyer Reports! New York, 1958) p. 323.
2) 캅(Kapp), 《四川省과 中華民國》(Szechwan and the Chinese Rupublic; Provincial Militarism and Central Power, 1911~1938, New Haven, Conn., 1973) pp. 121~41.
3) 美國戰略處(OSS) 文書 40—24905, 1945, 10. 29. 《新民報》(重慶), 1945, 10. 18. 《中國의 報道》(China Press Review, Shanghai 1945. 10. 29). 서비스(Service)저, 애세릭(Esherick)편, 《中國에서 놓친 기회》(Lost Chance in China), New York 1974. pp. 57~61. 《아메라시어 페이퍼즈》(The Amerasia Papers) 제 1 권, pp. 767~75.
4) 《퍼킨스(Perkins)의 국무성에의 보고》(U.S. State Dept.) 893.00 피·알(P.R.), 雲

南/162, 1942. 8.31, p. 8.

5) 부어만 편, 《民國時代人名錄》(Biographical Dictionary of Republican China, New York 1967~70) 제 2 권, pp. 457~59. 제 3 권, pp. 223~25. 힐(Hall), 《雲南派閥》(The Yunnam Provincial Faction, 1927~1937, Canberra, 1976) pp. 56~61. 나는 힐씨가 이 제 1 장이 처음 발표되었을 때 깊은 통찰을 가지고 논평해 준 데 감사한다.

6) 힐, pp. 119~69.

7) 사천성은 1924 년에 사천성과 西康省으로 분리되기 전까지는 중국본토지방에서 가장 넓은 성이었다. 운남성이 크기는 하나 전 성의 인구는 1934 년 당시 1 천 200 만에 불파했다. 장 샤오 메이, 《雲南經濟》(重慶, 1941) p. A29 참조.

8) 《1937 년 12 월의 정치보고》〈미국무성문서, 893.00 피·알, 雲南/111) p. 4. 또한 《퍼킨스의 국무성에의 보고》(주 4 참조), p. 22 및 힐, pp. 179~80을 볼 것.

9) 《1935 년 9 월의 정치보고》(미국무성문서, 893.00 피·알, 雲南/84), p. 5. 《1935 년 8월의 정치보고》(미국무성문서, 893.00, 피·알, 雲南/83), p. 3. 도로와 철도의 발달에 대해서는 장 샤오메이의 앞에 든 책 7~9장을 볼 것. 힐의 책, pp. 170~80 에는 공산당의 長征 뒤와 중일전쟁 발발 전까지의 운남성과 중앙의 관계를 더 자세히 論하고 있다.

10) 《1936 년 4 월의 정치보고》(미국무성문서, 893.00 피·알, 雲南/91), p. 7.

11) 《퍼킨스의 국무성에의 보고》(미국무성문서, 893.00 피·알, 雲南/162, 1942. 8. 31), p. 23.

12) 친텐퉁, 〈西南老將劉震寰傳記〉, 제8~9편, 《春秋》 173호(1964. 9. 16) 및 174호(1964. 10. 1). 차오 자차이, 《鐵血書忠傳》(臺北, 1978), pp. 112~15. 퉁테강·리쫑렌(唐德剛, 李宗仁), 《李宗仁回憶錄》(The Memoirs of Li Tsung-jen, Boulder, Col. 1979), pp. 321~22. 張文石, 《雲南內幕》, 香港, 1949, p. 62.

13) 《1938 년 1 월의 정치보고》(미국무성문서, 893.00 피·알, 雲南/112), p. 5. 《메이야(Meyer)의 국무성에의 보고》(미국무성문서 893.00/14218, 1938. 1. 29. 부록문서, p. 1 및 부록문서 2, p. 1.).

14) 《퍼킨스의 국무성에의 보고》(미국무성문서, 893.00 피·알, 雲南/162, 1942. 8. 31). 昆明의 인구수는 장 샤오메이 책 P. E12. 첸다, 《현대중국의 인구》(Population in Modern China, Chicago, 1946) p. 51도 참조할 것.

15) 《퍼킨스의 국무성에의 보고》(미국무성문서, 893.00 피·알, 雲南/162, 1942. 8. 31), pp. 4~5. 장 샤오메이 책 제15장. 〈蔣介石의 雲南中央化計劃〉(蔣介石の雲南中央化計劃), 《東亞》 13~3(1940. 3. 1), pp. 35~36.

16) 《퍼킨스의 국무성에의 보고》(미국무성문서, 893.00 피·알, 雲南/111), p. 6.

17) 《마이어의 존슨(Johnson)에의 보고》(미국무성문서, 893.00/14218, 1938. 1. 29), p. 2. 《1939 년의 정치보고》(미국무성문서, 893.00 피·알, 雲南/126), p. 4.

18) 《퍼킨스의 국무성에의 보고》(미국무성문서, 893.00 피·알, 雲南/162, 1942. 8. 31), p. 9. 그러나 운남성 변두리 지방의 어떤 곳에서는 성 발행 지폐가 1944 년에도 일반적으로 통용되고 있었다. 《美國의 對外關係》(Foreign Relations of the United States), 1944, 제 6 권, p. 375 참조.

19) 《사우자드(Southard)의 국무성에의 보고》 (미국무성문서, 893.00 피·알, 雲南/162, 1942. 8. 31), p. 8. 《퍼킨스의 국무성에의 보고》(미국무성문서, 893.00, 피·알, 雲南/162, 1942. 8. 31), p. 8도 참조할 것.

20) 《퍼킨스의 국무성에의 보고》(미국무성문서, 893.00 피·알, 雲南/162, 1942. 8. 31), pp. 7~8.

21) 위의 문서 pp. 11~14. (중앙정부로서 볼 때는) 전적으로 불법인 운남성의 특별소비세에 대해서도 비슷하나 보다더 날카로운 분규가 있었다. 그것은 중앙정부가 남경에 있을 당시 중앙정부로부터 금지된 釐金을 말만 바꾼 것이었다. 이 분규는——1942 년까지 가야 했으나——중경의 중앙정부가 그 세수액과 비슷한 만큼의 보조를 지급하기로 함으로써 비슷한 방법으로 해결되었다.

22) 汪精衛의 탈주에 대해서는, 보일(Boyle), 《中國과 日本》(China and Japan at War, 1937~1945; The Politics of Collaboration, Stanford, Calif., 1972)과 번커(Bunker), 《平和의 陰謀》(The Peace Conspiracy; Wang Ching-wei and the China War, 1937~1941, Cambridge, Mass., 1972)를 참조할 것.

23) 劉健群, 《銀河憶往》, 臺北, 1966.

24) 《1939 년 2 월의 정치보고》(미국무성문서, 893.00 피·알, 雲南/123) pp. 6~7. 보일의 앞의 책, p. 225.

25) 《1939 년 2 월의 정치보고》(미국무성문서, 893.00 피·알, 雲南/123), p. 7. 《1939년 5월의 정치보고》(미국무성문서, 893.00 피·알, 雲南/126), p. 4.

26) 장 샤오메이의 책, pp. U. 32~33, U. 48~49. 《퍼킨스의 국무성에의 보고》(미국무성문서 893.51/7060, 1940.2.12), p. 3. 주 21도 참조할 것.

27) 《퍼킨스의 국무성에의 보고》(미국무성문서, 893.00 피·알, 雲南/162, 1942.8.31) p. 10.

28) 위와 같음.

29) 《펙(Peck)의 국무성에의 보고》(미국무성문서, 893.00/14381, 1939,6.3), pp. 1~2.

30) 《마이어의 존슨에의 보고》(미국무성문서, 893.00/14457, 1939.10.19), p. 5. 《퍼킨스의 국무성에의 보고》(미국무성문서, 893.00 피·알, 雲南/162, 1942.8.31), p. 10.

31) 《퍼킨스의 국무성에의 보고》(미국무성문서, 893.00 피·알, 雲南/162, 1942.8.31), pp. 1~5, 9~11.

32) 《1939 년 10 월의 정치보고》(미국무성문서, 893.00, 피·알 雲南/131), pp. 4~5.

33) 《마이어의 존슨에의 보고》(미국무성문서, 893.00/11457, 1939,10.19), p. 4.

34) 〈蔣介石의 雲南中央化計劃〉, pp. 36~37.

35) 윗 글, pp. 32~41. 〈雲南省의 政治經濟的 地位〉(雲南の政治經濟的 地位), 《東亞》15~7.(1942.7.1) pp. 27~30. 《퍼킨스의 국무성에의 보고》(미국무성문서, 893.00 피·알, 雲南/162, 1942.8.31), p. 20. 《東亞日誌》(東京, 1940) 1940, 1~6, 제 1 권, 제 5 편, p. 84.

36) 《1940 년 8 월의 정치보고》(미국무성문서, 893.00 피·알, 雲南/141), p. 4. 《퍼킨스의 국무성에의 보고》(미국무성문서, 피·알, 893.00, 雲南/162, 1942, 8.31) pp. 20~21.

37) 《퍼킨스의 국무성에의 보고》(미국무성문서, 893.00 피·알, 雲南/162, 1942.8.31) pp. 20~21. 《루덴(Ludden)이 가우스(Gauss)에게》, (美國戰略處(OSS) 文書), 34044. 룽 차이, 《金陵舊夢》(香港, 1968), pp. 121~22.

38) 《스프라우즈(Sprouse)의 비망록》(미국무성문서, 893.00/2~2745, 1945.2.27), p. 2.

39) 슈(Shyu), 《중국의 전시의회; 국민참정회, 1938~1945》(China's Wartime Parliament: The People's Political Council, 1938~1945), 〔시(Shih)편, 《中日戰爭期의 國民政府中國》(Nationalist China During the Sino-Japanese War, 1937~1945, Hicksvill, N.Y., 1977)에 수록됨〕 p. 149. 및 앞에 나온 張文石의 책, pp. 16, 42 참조.

40) 《1939 년 9 월의 정치보고》(미국무성문서, 893.00 피·알, 雲南130), p. 4.

41) 《東亞日誌》, 1940. 1~6, 제 1 권, 제 5 편, p. 85.

42) 《랭돈(Langdon)의 국무성에의 보고》(미국무성문서, 893.00/7~1444, 1944.7.14) p. 2.

262

《美國戰略處文書, 355. 2/AX1231S/c. 2), p. 3. 《그래함 팩의 비망록》(미국무성문서, 893. 00/15319, 부록문서 1), pp. 4~5.

43) 《스프라우즈의 비망록》(미국무성문서, 893. 00/2~2745, 1945, 2. 27), pp. 1~3.

44) 李宗黃, 《李宗黃回憶錄》, 제 4 권, p. 215.

45) 《가우스의 국무성에의 보고》(미국무성문서, 893. 00/15214, 1943. 12. 10, 제 2 부), p. 2. 《美國의 對外關係》, 1944, 제 6 권, p. 493도 참조할 것.

46) CC계의 득세는 1944년 5월에 특히 현저해졌으니 CC계 사람들이 국민당 중앙집행위원회 12차 전체회의의 진행을 완전히 장악하였던 것이다. 《가우스의 국무성에의 보고》(미국무성문서, 893. 00/6~844, 1944, 6. 8)를 참조할 것.

47) 《드럼라이트(Drumright)의 빈센트(Vincent)에의 보고》(미국무성문서, 893. 105/93, 1943. 4. 26), p. 2.

48) 服部拓四郎, 《大東亞戰爭全史》(東京, 1965), pp. 617~29. 로마누스(Romanus) 및 선더란드(Sunderland), 《스틸웰장군의 지휘권문제》(Stilwell's Command Problems, Washington, D.C., 1956), pp. 316~20. 같은 사람들의 《시간은 다 되어 간다 》(Time Runs Out in C.B I., Washington D.C. 1959), pp. 169~76.

49) 《美國의 對外關係》, 1944, p. 492. 《랭돈(Langdon)의 국무성에의 보고》(미국무성문서, 893. 00/7-1444, 1944. 7. 14), pp. 3, 5.

50) 《링월트(Ringwalt)의 가우스에의 보고》(미국무성문서, 893. 00/7—644, 1944, 7. 6. 부록문서), p. 2.

51) 李濟深의 傳記資料에 대해서는 부어만의 《民國時代人名錄》, 제 2 권, pp. 292~95 참조. 《現代中國人名辭典》(東京, 1966), p. 1029와 《링월트의 가우스에의 보고》(미국무성문서 893. 00/8—2844, 1944. 8. 28), pp. 2~4 를 참조할 것.

52) 《1944년 7월 21일의 린제이(Lindsey)의 헌(Hearn)께의 보고》, 《스틸웰문서》(Stilwell Papers), 제 4 箱, 문서번호 # 2703의 래디오(Rad#CCA), 71. 龍雲은 1944년 초에 일본군과도 협상을 하고 있다. 일본군은 그에게 중경정부에 반란을 하도록 설득하고자 하였다. 龍雲은 자기의 연락인을 통해 그리고 무전으로 일본군과의 접촉을 하고 있었다. 이 접촉의 성과는 없었다. 《일본군장교들의 진술,제 2 차대전편》(의 진술 제516, 워싱턴), p. 2.

53) 《서비스의 애치슨에의 보고》(미국무성문서, 893. 00/4—545, 1945. 3. 23. 부속문서), 《링월트의 가우스에의 보고》(미국무성문서, 893. 00/7—644, 1944. 7. 6.), 《링월트의 가우스에의 보고》(미국무성문서, 893. 00/8—2844. 1944. 8. 28), p. 8.

54) 민주동맹의 구성원 모두가 이 운동을 지지한 것은 아니었다. 《링월트의 가우스에의 보고》(미국무성문서, 893. 00/8-2844, 1944, 8. 28), p. 5. 《랭던의 국무성에의 보고》(미국외교문서, 893. 00/7—1444, 1944. 7. 14), p. 5. 이 운동에 온밀히 간여하였다고 전해졌으며, 아마도 정말 관여하였을 사람은 張君勵, 左舜生, 沈鈞儒, 章伯釣 등이었다. 《가우스의 국무성에의 보고》(1944. 10. 30, 부속문서 1, pp. 1~2) 및 《美國戰略處文書》, 102284 를 볼 것.

55) 《가우스의 국무성에의 보고》, 1944. 10. 30, 부속문서 1, p. 1. 《美國戰略處文書》102284. 《스프라우즈의 국무성에의 보고》(미국무성문서, 893. 00/7—1444. 7. 14.), p. 3. 및 《스프라우즈의 가우스에의 보고》(미국무성문서, 893. 00/8-2344, 1944. 8. 14., 부속문서 1), p. 1 도 참조할 것.

56) 《링월트의 가우스에의 보고》(미국무성문서, 893. 00/15—420, 1944. 5. 8), p. 3.

57) 《스프라우즈의 가우스에의 보고》(미국무성문서, 893. 00/8—2344, 1944. 8. 14, 부속문서 1), p. 3.

58) 위 문서를 볼 것. 아울러 《스프라우즈의 국무성에의 보고》(미국무성 문서,  893.00/7—1444, 1944.7.14), p.4. 《서비스의 헐리(Hurley) 대사에의 보고》(미국무성문서,  893.00/1—345, 1945.1.23), p.2.

59) 《링월트의 국무성에의 보고》(미국무성문서, 893.00/7—1444, 1944.7.14), p.4. 《스프라우즈의 가우스에의 보고》(미국무성문서, 893.00/8—2344, 1944.8.14, 부속문서 1) p.2.

60) 《링월트의 가우스에의 보고》(미국무성문서, 893.00/8—2844, 1944.8.28) p.8.

61) 《스프라우즈의 비망록》(미국무성문서, 893.00/2—2745, 1945.2.27), p.1. 《美國戰略處文書》(108069, 1944.11.25).

62) 《스프라우즈의 비망록》(미국무성문서, 893.00/2—2745, 1945.2.27), pp.1~2.

63) 앞 자료를 볼 것. 또한 《美國의 對外關係》, 1944, 제6권, pp.175~76.

64) 《서비스의 헐리 대사에의 보고》(미국무성문서, 740.0011, 피·다블류/1—2045, 1945.1.20), p.2.

65) 앞 자료의 pp.2~3을 볼 것.

66) 劉健群의 앞에 든 책, pp.125~26,128.

67) 《스프라우즈의 비망록》(미국무성문서, 893.00/2—2745, 1945.2.27).

68) 李宗黃, 《回憶錄》, 제4권, p.210.

69) 龍雲에 대한 무력탈권의 공모자는 중국어와 서양어의 자료에 다 언급되어 있다. 그러나 그것들에 확정적인 근거는 찾아볼 수 없었다.  푸랜크 도온(Frank Dorn)은 『미국이 못된 군벌인 省主席 龍雲을 내몰기 위해……미국이 계획하고 지원한……』이라고 하였다. 룽 차이의 책, pp.122~23을 볼 것.

70) 룽 차이의 책, pp.93~95.

71) 李宗黃, 《回憶錄》, 제4권, pp.204—208. 《스프라우즈의 국무성에의 보고》(미국무성문서, 893.00/10—2945, 1945.10.29). 룽 차이의 책 pp.95,105—6. 李宗黃에게는 省부주석의 자리를 주었다. 盧漢은 그 뒤 성주석의 자리를 차지하였다.

72) 《스프라우즈의 국무성에의 보고》(미국무성문서, 893.00/10—2045, 1945.10.20), p.8.

73) 부어만의 《인명록》, 제2권, p.446. 民兵에 대해서는 李宗黃의 《回憶錄》, 제4권, p.211. 룽 차이의 책, p.108.

74) 李宗黃의 《回憶錄》, 제4권, p.210. 《스프라우즈의 국무성에의 보고》(미국무성문서, 893.00/10—2045, 1945.10.20), p.3. 이 사건 전체에 대해서는 수투니잉,〈龍雲, 雲南을 떠나다〉(龍雲離開雲南), 《新開天地》, 21호(1947,3.1).

75) 《스프라우즈의 국무성에의 보고》(미국무성문서, 893.00/10—2045, 1945,10.20). 《戰時情報處文書》(378箱 C, 中國 0.1—C, 1945.10.11).

76) 진 티엔퉁의 책 제9부, p.8.

77) 李宗黃, 《回憶錄》, 제4권, p.209.

78) 룽 차이의 책, pp.93~95, 115~16. 李宗黃의 앞 책, 제4권, pp.207~8도 참조할 것.

79) 《戰時情報處文書》(378箱 C, 中國 : 0.1—C, 1945.10.11.) pp.1—11. 이 보고(p.2)는 이 무력탈권에서의 사상자는 약 600명으로 추산하고 있다. 페인(Payne), 《中國은 잠깬다》(China Awake, New York, 1947), pp.183~92를 참조할 것. 그러나 국민정부측의 공식 자료에 따르면 사상자는 소문보다는 적다고 하였으며, 3일 동안의 전투에서와 「부상자」의 합계는 겨우 236명이라고 하였다.  李宗黃, 《雲南省主席시절의 회고록》(主滇回憶錄, 南京, 1947), pp.4~7.

80) 룽 차이의 책, p.109. 李宗黃의 《回憶錄》, 제4권, pp.211.217.

81) 룽 차이의 책, p.108, 페인의 책, p.188.

82) 李宗黄, 《回憶錄》, 제 4 권, pp. 216～17. 《스프라우즈의 국무성에의 보고》(미국무성문서, 893.00/10—2045, 1945. 10. 20), p. 4.
83) 《世界日報》(重慶) 《中國報道》(重慶)에 수록, 1945, 10. 5, p. 1.
84) 진 티엔퉁의 책, 제 9 편, p. 9.
85) 《스프라우즈의 국무성에의 보고》(미국무성문서, 893. 00/11—1745, 1945. 11. 17), pp. 1 ～5. 《스프라우즈의 국무성에의 보고》(미국무성문서, 893. 00/12—2045, 1945. 12. 20) pp. 1～18.
86) 12月 1日 사건에 대해서는 중국어로나 영어로 수많이 기술되어 있다. 예컨대, 《十二月 一日 慘事特輯》(十二一慘案特輯, 발행연도, 발행지 不明) 또 페퍼 《中國의 內戰(1945 ～1949) ; 정치적 투쟁》(Pepper, Civil War in China; The Political Struggle, 1945～19 49, Berkley, Calif., 1978), pp. 42～52를 볼 것. 李와 聞의 암살에 대해서는 쉬 카이유 《聞一多》(Wen I-to, Boston 1979) pp. 169～75 및 페퍼의 책, pp. 143～45를 볼 것.
87) 張文石의 책, p. 25.
88) 위의 책, p. 58.
89) 위의 책, pp. 22～25, 56～63.
90) 위의 책, pp. 64～67. 부어만 편의 《人名錄》, 제 2 권, pp. 458～59. 펑 유다, 〈龍雲은 도망쳤다〉(龍雲逃到了), 《新聞天地》 54호(1948. 12. 16).
91) 부어만 편의 《人名錄》, 제 2 권, pp. 446～47.
92) 우 치위안, 《戰時經濟에서 平和經濟로》(由戰時經濟到平時經濟, 上海 1946), pp. 17～18. 로마누스와 선더란드, 《시간은 다 되어 간다》, p. 10.
93) 왕 유추안, 《山東南部의 전형적 유격지역의 조직》(The Organization of a Typical Guerrilla Area in South Shantung in Evans Fordyce Carlson, The Chinese Army ; Its Organization and Military Efficiency, New York, 1940) p. 88.
94) 예컨대 찹, 《항일전시기의 국민당과 中國農村》(The Kuomintang and Rural China in the War of Resistance, 1937～1945, in Gilbert Chan ed., China at the Crossroads; Nationalists and Communists, 1927～1949, Boulder, Cal., 1980), pp. 165～73.
95) 저자의 《이율배반적인 관계의 양상》(Facets of an Ambivalent Relationship; Smuggling, Puppets, and Atrocities During the War 1937～1945, in Akira Iriye, ed., The Chinese and the Japanese: Essays in Political and Cultural Interactions, Princeton, N. J., 1980), pp. 298～300.
96) 국민참정회에 대해서는 앞에 나온 슈의 《中國의 戰時議會》, pp. 273～313 참조.
97) 康德剛·李宗仁의 《회억록》, pp. 435～38, 470. 리앙 생전, 《장개석과 이종인의 싸움의 내막》(蔣李爭內幕, 香港 1954), p. 22. 장 간핑, 《抗日名將開麟徵》, 香港, 1969, pp. 183～ 84.

2.

1) 항일전 초기 농민들의 실상에 대한 당시의 보고들은 서로 같지 않고 서로 모순되는 경 우도 많다. 프라인의 《자유중국의 새로운 방책》(Freyn, Free China's New Deal, New York, 1943, p. 131)은 1940 년 말까지의 「농촌의 불경기」에 대하여 말하고 있는데, 그 뒤

부터 농민의 생활수준이 향상되었다고 하고 있다. 이와는 대조적으로, 한 미국무성의 관리는 1941년 중반기에 서부 四川省을 두루 돌아보고는 이렇게 썼다.『평균적인 농민은 썩 잘 살고 있는 것으로 보였다. 정부발행의 지폐가치가 떨어져 재미를 본 것은 분명한 듯하다. 이 농민이 물건값을 올려받을 수 있어 오래 끈 빚을 갚을 수 있게 되었다. 그리고 인플레 때문에, 그리고 정부의 세무당국이 인플레되는 만큼 세금부담을 올릴 수 없기 때문에 세금은 전쟁 전 부담의 10분의 1일 정도였다. ……실로, 중일전쟁이 가져온 가장 중요한 발전의 하나는 평균적인 농민이 해방되고 빚의 족쇄와 궁핍의 끊임없는 부담에서 벗어난 것으로 생각된다.』(드럼라이트),《서부사천지방과 동부서강지방의 6주일간에 걸친 여행에서 얻은 관찰의 보고, 1941년 9월 16일》(Drumright, Report Concerning Some Observations of a  Six-Weeks Trip to Western  Szechwan and Eastern Sikang)(미국무성 문서, 893.00/14800,《가우스의 국무성에의 보고》, 1941.9.18) 또 董時進의〈抗日戰以來의 四川農業〉(抗戰以來 四川之農業),《四川經濟季刊》1~1, 1943.12.15), p. 48 및 陳達《10년 동안의 방황》,(上海, 1946) p. 288을 볼 것. 사람들이 농민의 생활수준이 전쟁 초기에 낮아지기 시작하였다고 주장하는 관찰자들은 농촌실상의 직접적인 관찰로 그러한 결론을 얻은 것이 아니고 농산품의 값이 비교적 쌌었다는 것에 근거를 두고 있다.

2) 吳相湘,《第二次中日戰爭史》, 第 2 卷, p. 631. 張嘉璈,《중국의 인플레선풍》(The Inflationary Sprial; The Experience in China, 1939~1950, Cambridge, M.A, 1958) p. 34. 장 페이강,〈통화팽창 하의 농업과 농민〉(通貨膨漲下的 農業和農民),《政治評論》1~2(1947.4.12) p. 13.

3) 沈宗瀚,〈戰時의 食糧生産과 民用, 軍用供給, 1937~1945〉(Food Production and Distribution for Civilian and Military Needs in Wartime China, 1939~1945), in Paul K. Sih, ed.,《Nationalist China During the Sino-Japanese War》pp. 182, 187. 첸 유산 및 첸 쑤더,《田賦徵收制度》, 重慶, 1945, p. 11. 徐·堪,〈抗戰時期糧政紀要〉,《四川文獻月刊》, 11/12 (1963.7.1) p. 10. 역시 徐堪,《徐可亭先生文存》, 臺北, 1970, pp. 110~11.

4) 로드(Roth),〈四川, 中國의 抗戰의 관건〉(Szechwan: The Key to China's Resistance),《Amerasia》5, No. 8. (1941.10) p. 365.

5) 吳相湘,《第二次中日戰爭史》, 제 2 권, p. 631. 張嘉璈의 앞에 든 책, pp. 344~45. 良雄《戴笠傳》(臺北, 1980), 第一冊 pp. 252~53.

6) 로드, 앞에 든 글, p. 364. 또한《大公報》(重慶), 1943.10.31, p. 2와 장 시차오,〈抗戰五年과 農村經濟〉(抗戰五年與農村經濟),《中國農村》8~5/6(1942)을 참조할 것. 농민들은 약간의 기타 작물——감자·콩 같은 것——을 판매할 수 있을 것이나 그것은 그들의 긴박한 상황을 별로 개선하지는 못했다.

7) 예컨대 사천성의 澎縣에서는 농민들은 상품작물의 90%를 수확 후 2개월 안에 팔았다. 판 홍센,〈四川省 澎縣에 있어서의 농산품의 시장판매〉(Marketing of Agricultural Products in Penghsien, Szechwan),《Economic Facts》, 26, 1943.11, p. 295.

8) 첸 광,《四川省, 陝西省, 甘肅省의 農村經濟 개관》(川陝甘農村經濟略觀),《經濟周報》2, 70. 3, 1946. 1. 17, p. 10. 中國農民銀行편,《四川省經濟調査報告》, p. 143. 장 시창 등,《戰時의 中國經濟》(戰時的 中國經濟), 桂林, 1943, pp. 110~11. 소작료가 얼마나 올랐는가를 알 수 있는 자료는 없다.《國民日報》, 1942. 4. 25(《農業調査》, 제 2 권 所收)와 첸 훙진,〈三十二年之四川農業〉《四川經濟季刊》, 1~2, 1944.3.15, pp. 254~255를 볼 것. 陳伯達도 전시중 소작료가 인상되었다고《해방전의 地租》(Land Rent in Pre-liberation China, Peking, 1958)에서 말하고 있으나 陳伯達의 글은 신빙성이 적다.

266

9) 장 시창의 앞에 든 책, p.111. 칭셩, 《戰時中國經濟論》, 발행지 미상, 1944, p.132. 《大後方農村經濟慘狀》(출판연대, 출판지 미상, 臺北 법무부 조사국 소장 289/843 호 자료) pp.1~5. 앞에 든 첸 홍진의 글, p.254. 《大公報》(重慶版), 1943.10.31, p.2.

10) 《大公報》(重慶版), 1942.10.19, p.2. 위에 든 《大後方農村經濟慘狀》, pp.1.5.

11) 陳翰笙, 《物價와 中國村落》(物價與 中村, 《中國農村》 8~5/6, 1942), p.3. 《大公報》(重慶版), 1944.4.10. p.3. 앞에 든 첸 홍진의 글, pp.254~55. 소작료나 소작인 문제는 山西省이나 甘肅省 같은 곳에서는 별로 문제가 안됐으나, 그러나 그 지방농민의 생활 또한 더욱 어렵게 됐다. 첸 광의 앞에 든 글, pp.11~12 참조.

12) 許道夫, 〈江西糧價狂漲原因之研究〉, 《糧政月刊》 1~4(1941.4) p.13. 장시창의 앞에 든 책, p.112. 첸 광의 앞에 든 글, p.11. 후 펑, 〈戰時浙江農村經濟的回顧〉, 《經濟周報》 2~12 (1946.3.28), p.13.

13) 왕 인유엔(Wang Yin-Yūan), 〈四川의 농촌임금의 변화〉(Changes in Farm Wages in Szechwan, Economic Facts), 43 (1945.4), pp.63~66. 同人, 〈四川戰時農工問題〉, 《四川經濟委刊》, 2~3. (1945.7.1), p.106.

14) 註 8 所引, 《國民日報》, 1942.4.25. 첸 홍진의 앞에 든 글, p.254.

15) 첸 유산 및 첸 수더의 앞에 든 책, p.3. 宋同福, 〈田賦의 현물징수와 軍民關係〉(田賦徵實與軍糈民食), 吳相湘 등 편, 《中國近代史論叢》, 第1輯 第9册, 臺北, 1956, pp.167~70.

16) 첸 유산 및 첸 수더의 앞에 든 책, p.3.

17) 張嘉璈의 앞에 든 책, pp.15~16. 이 자료는 1939년의 것이다.

18) 첸 유산 및 첸 수더의 앞에 든 글, pp.11~14. 마화, 〈四川省의 田賦現物徵收와 양식강제구입(차용)문제〉(四川田賦徵實與糧食徵購(借) 問題), 《四川經濟季刊》, 1~2 (1944, 5.15), p.141.

19) 첸 유산 및 첸 수더의 앞에 든 책, pp.16~30. 사천성, 운남성, 광서성, 귀주성 같은 몇몇 성에서는 1943년 말까지 이 조직상의 변화가 완성되지 않았다. 《湖北省政府報告》(田糧部分), 1942.11~1943.9, 발행지, 발행연도 미상, 1942.4~10, p.33을 볼 것.

20) 첸 유산 및 첸 수더의 앞에 든 책, p.14. 마화, 《四川田賦……》, p.144.

21) 첸 유샨·첸 수더의 책, p.41.

22) 위와 같은 책, pp.34, 36~43. 그러나 湖北의 면화생산지역에서는 늦어도 1942년 초에는 성 당국이 주동한 듯 현물징수를 목화로 징수하였다. 《湖北省政府 報告》, 1942/4~10, p.30을 볼 것.

23) 첸 유산 및 첸 수더의 책, p.31.

24) 財政部 財政年鑑編纂處編, 《財政年鑑, 三編》(南京, 1948), 5部, p.15. 첸 유산 및 첸 수더의 책의 表 2(p.33 다음). 徐堪, 《抗戰時期糧政紀要》, p.16. 徐堪, 《徐可亭文存》, p.128.

25) 주 쓰 수왕, 《中國國民黨糧食政策》, 重慶, 1944, pp.97~98. 《湖北省政府施政報告 田糧部分》, 1942.11~1943.9, pp.11~13. 호북성에서는 1942년과 1943년에 田賦 평액 1元에 4 市升을 할당징수하였다. 이 징수는 빌린 것이었을 것이다. 왜냐하면 호남성에서는 전후에 중앙정부가 이 징수액을 이자를 붙여 상환하고 있기 때문이다. 그러나 이 상환은 농민에게 돌아가지 않고 지방행정당국이 농업건설공사를 하는 데 사용하였다. 〈湖南農政公司糾紛內幕〉《經濟周報》 7~8 (1948.11.4), p.354.를 볼 것.

26) 마화, 〈四川田賦徵實與糧食徵購(借)問題〉, pp.143~44.

27) 몇몇 省——사천성, 호북성, 서강성——에서는 극빈농가는 강제구매나 강제차용을 면제받았다. 더우기 호북성에서는 규모가 큰 소작인(30畝 이상 경작자)은 대지주(20畝 이상)

와 마찬가지로 이 징수에 응해야 했다. 첸 유산 및 첸 수더의 앞의 책의 표 2(p. 33 다음)
와 《湖北省政府報告》, 1942. 4~10, pp. 79~80.

28) 프라이언의 책, p. 110. 호북성에서는 미가의 41%, 밀의 경우 그 값의 30%만이 현금으
로 지급되었다.《湖北省政府報告》, 1942. 4~10, p. 80 참조.  약속조건은 年利 5%를 지급
하고, 5년이 지나면 완전 상환하는 것으로 되어 있다. 徐堪, 《中國戰時的糧政》 p. 7 참조
할 것.

29) 張嘉璈 책, p. 141. 《西洋人이 본 戰時中國》(Wartime China as Seen by Westerners,
重慶, 1942년 서문이 있음), p. 50. 行政院秘書處편, 《中央政務機關 三十年度 工作成績考
察報告》(筆寫本複寫, 사법부 조사국 소장자료, 573/806), 제1편, p. 110a.

30) 《中國手冊》(China Handbook), 1937~1945, p. 196.

31) 《大公報》(上海版), 1947, 6. 18, p. 7. 및 1948, 10. 20, p. 3. 《新聞報》, 1946, 6. 6(中國
新聞報道 1946. 6. 13) pp. 10~11.

32) 첸 유산 및 첸 수더의 책, p. 28. 리 티첸, 〈田賦는 마땅히 法幣로 징수되어야 한다〉(田賦
應折徵法幣), 《社會評論》 24 (1946. 8. 16), p. 7.

33) 《新民報》(中國新聞報道, 重慶版, 1946. 2. 5), p. 7. 徐堪, 《徐可亭文存》, p. 130.

34) 〈全國田糧會議紀要〉,《財政評論》 17-2, 1947. 8, p. 82. 조세부담을  납부하는 데 드는
비용에 관한 비슷한 평가는 앞에 든 리 티첸의 글 p. 7에도 보이고 있다.

35) 張嘉璈의 책, p. 142. 리 티첸의 글 p. 7. 첸 창차오, 〈농민의 현재  필요〉(當前農民的
需要, 《農工月刊》, 4, 1947. 7. 15), p. 6.

36) 영(Young),《중국의 전시재정과 인플레이션》(China's Wartime Finance and Inflation,
1937~1945, Cambridge M. A., 1965) p. 36. 호 위에생, 〈사회의 잘못된 경향을 빨리 바
로 잡자〉(赶快矯正社會的偏向, 《社會評論》, 3, 1945. 9. 16) p. 9.

37) 첸 유산 및 첸 수더의 책, pp. 58~65.《中國手冊》, 1937~1945, p. 202. 구해볼 수 있었
던 자료를 통해 보면 사실상 지방정부에는 이들보다 적은 퍼센트가 할당된 것으로  보인
다. 앞에 든 영의 책 pp. 16, 29를 참조할 것. 늦어도 1944년 중반기까지 이들  할당은 현
물(곡물)보다 현금으로 하였다. 그 결과 인플레로의 압력역할을 하게 되었다.

38) 관치유, 《中國稅制》, 발행지 미상, 1945, pp. 222~25. 수 다우린(Hsu Dau-lin), 《국민
정부시대의 중국의  지방행정, 민주주의와  지방자치 대 전통적  중앙집권정책》(Chinese
Local Administration Under the National Government; Democracy and Self-
Government Versus Traditional Centralism)(미간원고), 第 3 장,  pp. 60~61. 예컨대
호북성에서는 1943년에 屠畜(宰)稅는 육류가의 6%로 정하여졌으며 省정부의  가장 중요
한 단일 수입원이  되었다. 《湖北省政府施政報告》, 1943. 10~1944. 9.(발행연도 발행지
미상), p. 43. 貴州의 실상에 대하여는 吳鼎昌, 《華谿聞筆續集》, 貴陽, 1943, pp. 47a, 48a.
수 다우린의 원고에 적힌 바에 따르면(3장, p. 61) 屠宰稅는 1942년의  모든 省政府收入
44%를 점하였다 한다.

39) 우탄거, 〈四川省地方攤派〉, 《四川經濟季刊》 1~2, 1944. 3. 15, p. 176.

40) 조사에는 616종의 攤派가 있는 것으로 되어 있으나 그것들의 대부분은 명목만 다를 뿐
같은 형태의 것이었다.

41) 우탄거의 앞의 글, pp. 176, 177.

42) 吳鼎昌의 앞의 책, pp. 6a~b.

43) 군당국에서는 징발된 물자의 대가를 지불하는 경우도 때로 있었다. ──이 경우 여전히
攤派로 불린다. 그러나 그 값은 언제나 시장가격의 극히 적은 일부에 불과하였다. 《東南
日報》 1944년 6월 25일자를 볼 것(이 신문은 中國土地經濟研究所所藏의 《農村經濟》, 第

268

5冊에 수록되어 있다).

44) 徐堪, 《抗戰時期糧政紀要》, p. 13. 《順報》, 1946. 11. 23(《中國報道》, 1947. 2. 25에 수록). 앞에 든 《東南日報》, 1944. 6. 25.

45) 위에 든 徐堪의 글, p. 13.

46) 蕭壯, 《西部四川省의 농지와 농촌의 전망》(透視西川的 農地與農村), 《觀察》 5-4, 1948. 9. 18.

47) 《湖北省政府報告》, 1942. 4~10, p. 80.

48) 《胡上將宗南年譜》, 臺北, 발행연도 미상, p. 233.

49) 《中國手册》, 1937~1945, p. 220.

50) 판 광생, 《抗戰時期四川特種工程紀實》, 《四川文獻》 81(1969. 5. 1), p. 11.

51) 江上淸, 《政海秘聞》, 香港, 1966, p. 157. 미국무성문서, 893. 00/15251, 부록문서 1, 1944. 1. 18, p. 1.

52) 《湖北省政府報告》, 1942. 4~10. p. 82.

53) 李品仙, 《李品仙回憶錄》, 臺北, 1975, pp. 195~96.

54) 판 광생의 앞의 글 pp. 11~12.

55) 앞에 든 《西洋人이 본 戰時中國》, p. 44.

56) 첸 잉룽, 〈抗戰期間我的 生活片斷〉, 《藝文志》, 148호, 1978. 1, p. 34.

57) 徐堪, 《抗戰時期糧政紀要》, p. 18.

58) 臺北에서의 宋廣人 대령과의 면담(1981. 8. 27).

59) 위 창허, 〈我國戰時勞動政策〉, 《新中華副刊》 2—9, 1944. 9, pp. 39~41.

60) 위와 같음.

61) 《湖北省政府報告》, 1942. 4~10, p. 18.

62) 이 문제는 아직도 매우 심각한 감정적인 문제라는 것을 내가 이 제 2장의 초고를 臺北에서 열린(1981. 8. 26) 中華民國建國史國際硏討會에서 발표하였을 때 발견하였다.

63) 5 배라는 수의 근거는 (1) 現物稅는 1941년에 戰前의 田賦(土地稅) 및 그에 관련된 부가세의 율에 따라 부과되었다. (2) 그 비율은 1942년에 2 배가 되었다. (3) 1942년의 강제구매는 그 해의 現物稅징수액의 약 2 배가 되었다. (4) 縣단위의 공용양곡징수(현물세의 30%)와 비축용양곡부과(현물세의 13%)가 합하여 전전 세율의 86%가 되었다.

64) 첸 유산 및 첸 수더의 책의 표 2(p. 33 뒤).

65) 위의 책, p. 31.

66) 마화, 《四川田賦徵實與糧食徵購(借)》, pp. 148~49. 《財政年鑑三編》, 제5편, pp. 72, 78. 張嘉璈의 앞에 든 책, p. 142.

67) 《財政年鑑三編》, p. 71. 뒤의 여러 표. 《湖北省政府施政報告, 田糧部分》, 1942. 11~1943. 9, pp. 3~4. 마화의 앞에 든 글, p. 144. 영의 앞에 든 책, p. 22. 《中國手册》, 1937~1945, p. 197. 그러나 토지조사를 했다고 해서 田賦가 공평하게 징수되었다고 보장할 수는 없다. 《大公報》(重慶版) 1947. 8. 21, p. 2. 및 1945. 2. 26. p. 3. 참조.

68) 주 66에 든 마화의 글, p. 147. 浙江省昌化縣政府편, 《田賦改徵事務的 經驗和心得(複寫本》, 1941. 12. 25.(中國土地經濟硏究所所藏 〈全國田賦開始徵實〉, 《政治周報》 3—6, 1946. 8. 8에 보임).

69) 첸 유산 및 첸 수더의 책의 표 2(p. 33 다음). 마화의 앞에 든 《四川田賦徵實與糧食徵購(借)》, p. 147. 구파오, 〈雲南田賦徵實與農民負擔〉, 《新經濟》 6~11 (1942. 3. 1), p. 283.

70) 張嘉璈의 책, p. 142. 첸 창차오의 책, p. 6. (註 68에 든)《田賦改徵事務的經驗和心得》 p. 2. 두번째 자료에는 糧食部에서 1946년 8월 3일에 내린 바로잡아야 할 現物徵收의 결

함을 열거하고 있다.

71) 루 리차이, 〈關於田賦徵實〉, 《經濟周報》 2—23 (1946.3.13), p.13. 《大公報》(重慶), 19 43.10.16, p.3.

72) 陳正謨, 〈政治革新與行政效率〉, 《革新周刊》 1—5 (1946.8.24)

73) 吳相湘, 《第二次中日戰爭史》 제 2 권, p.625. 자오 샤오이, 〈發揚重慶精神〉, 《中外雜誌》 10—6, 1971.12.1, p.17.

74) 《大公報》(重慶), 1944.9.7, p.2.

75) 《大公報》(重慶), 1944.9.11, p.3.

76) 陳正謨, 〈田賦徵實與糧食徵借之檢討〉, 《四川經濟季刊》 1—2, 1944. 3.15, p.320. 張嘉璈의 책, p.142에서는 부패의 결과는 5%의 손실뿐이라 추정하였으나 이 수자는 너무 낮다.

77) 이 문제는 정부가 1941년에 전부를 국유화하였을 때, 그리고 다시 1945~46년에 日本軍에게 점령당했던 지역에서 田賦가 운송되어 왔을 때 생긴 문제들에 나타나 있다. 徐堪, 《徐可亭文存》, pp.128, 218.

78) 우탄거의 앞에 든 글, p.175. 註 43에 든 《東南日報》, 1944.6.25. 《大公報》(上海版), 1947.8.21, p.2. 첸 창차오, 〈당장 농민이 필요한 것〉(當前農民的需要), 《農工月刊》 4(19 47.7.15) p.6. 註 36에 든 호 위에생의 글 p.9.

79) 앞에 든 우탄거의 글, pp.191~92.

80) 위와 같은 글, pp.189~90. 관변문서인 《財政年鑑三編》, 제 5부, p.3에는 大地主는 왕왕 자기들의 조세납부를 지연시키는데, 중소지주는 납기를 지켰다고 하였다.

81) 장개석의 1942년 발언은 그의 《蔣總統思想演言論集》(臺北 1966). 제17권, pp.137에 보인다. 1947년의 발언은 《全國田糧會議紀要》 p.82에 보인다.

82) 費孝通(Fei Hsiao-tung), 《中國의 紳士》(China's Gentry: Essay's in Rural-Urban Relations, Chicago, 1953) p.27.

83) 위와 같은 책, pp.196~97.

84) 우탄거의 앞에 든 글, p.196.

85) 첸 창차오의 앞에 든 글, p.6.

86) 《財政年鑑》 三編, 제 5부, p.34.

87) 《大公報》(重慶), 1945.2.3. p.2(社論).

88) 《東南日報》, 1944.6.25(註 43에 인용한 것). 서비스의 책, p.13. 《링월트의 애치슨에의 보고》, 1943.8.24. (미국무성문서, 893.00/1544, 1943.9.18. 부록문서 1, p.4). 《新聞報》, 1946.6.6(《中國報道》, 1946.6.13, p.10). 《中國經濟年鑑》, 香港, 1947. 제 2부, pp. 61~62.

89) 스코트(Scott), 《농민의 도덕성경제, 東南亞에 있어서의 반란과 생존》(The Moral Economy of the Peasant; Rebellion and Subsistence in Southeast Asia, New Haven, Conn., 1976), pp.29~34.

90) 마화, 〈三十三年四川之 田賦徵實與徵借〉, 《四川經濟季刊》 2—2, 1945.4.2, p.116.

91) 《中國手册》, 1937~1945, p.55.

92) 周開慶, 《四川與對日抗戰》, 臺北, 1971, pp.274~75. 《大公報》(重慶), 1945. 4.26, p.2. 徐堪, 《徐可亭文存》, p.153. 비슷한 방식인 累進徵借가 1944년에 몇몇 省에서 시행되었다. 《財政年鑑》 三編, 제 5部, pp.2, 11~13을 볼 것.

93) 《新華日報》, 1944.4.24.(《農村經濟》, 第 5册 所收). 앞에 든 陳伯達의 책, p.65.

94) 《中央日報》(重慶版), 1942.8.1~2 및 1944.2.27.《大公報》(重慶版), 1942, 10.16, p.3.

왕 인위안, 〈限價與田地限租〉, 《新經濟》 8—9 (1943. 3. 1), pp. 165—67과 첸 훙진의 앞에 든 글, p. 257 및 류쥬, 〈戰時四川糧食生產〉, 《四川經濟期刊》 2—4, (1945. 10. 1), pp. 153 ~54도 참조할 것.

95) 밍 센창, 《中國近代經濟史敎程》, 上海, 1951, p. 228.

96) 벅(John Lossing Buck)과 옌 종찬(Chong-Chan Yien)의 관찰에 따르면, 土地集中이 급속히 진행되었을 成都에 가까운 彭縣에서의 1937~1942년간의 土地所有의 변화는 0.4% 뿐이었다. 한 마을의 경우 0.7%의 토지가 소토지소유자로부터 대토지소유자에게로—— 대개는 지주들——소유가 바뀌었다. 〈四川 彭縣의 農民에의 戰爭의 경제적 영향〉(Economic Effects of War upon Farmers in Peng-hsien, Szechwan), 《Economic Facts》, 19 (1943. 4) p. 112. 한편 국민정부의 농림부에서 편찬한 일련의 자료에 의하면 四川과 雲南에서 「自耕農」이 1937년에서 1946년 사이에 8%가 증가하였다고 하였다. 自耕農은 반드시 지주는 아니다. 따라서 이 자료는 토지집중이 상당히 진행되었다는 것을 확실하게 해 주는 것은 아니다. 楊家駱편, 《大陸淪陷前之中華民國》, 제4책(臺北, 1974), pp. 1240~ 41.

97) 張嘉璈의 책, p. 60.

98) 벅 및 옌의 앞에 든 글, p. 111.

99) 조우 융데, 《중국에서의 사회이동 ; 중국사회의 유력자층의 경력》(Social Mobility in China; Status Careers Among Gentry in a Chinese Community, New York, 1966), p. 17. 또한 《雲南日報》, 1945. 4. 13(《農村經濟》, 제 5책 所收). 이 《雲南日報》에는 운남성의 농부들이 1945년 당시, 「상상할 수도 없는」 상황에 놓여 있다고 하였다. 반수만이 가을 추수 이후 6개월 동안 식구를 먹여살릴 만한 쌀을 갖고 있으므로(나머지는) 콩, 감자, 옥수수, 호박 등으로 연명하고 있다고 하였다.

100) 吳鼎昌의 앞에 든 책, p. 42b. 또 후 평의 앞에 든 책, pp. 12~13을 참조할 것.

101) 《大公報》(重慶), 1943. 2. 1., p. 2. 서비스의 앞에 든 책, pp. 9~19. 《東南日報》, 1944. 6. 25(주 43에 인용한 것). 미국무성문서, 893. 00/15251, 부록문서 1, 1944. 1. 18, p. 1. 화이트(White) 및 제코비(gacoby). 《중국의 우뢰소리》(Thunder Out of China, New York, 1946), pp. 166~78. 화이트, 《역사의 탐구, 한 개인적인 모험》 (In Search of Histroy: A Personal Adventure), New York, 1978, pp. 144~53.

102) 《孫廣人 大領과의 면담》(1981. 8. 27. 臺北).

103) 화이트의 앞에 든 책, p. 152.

104) 《胡上將宗南年譜》, pp. 118~21.

105) 《湖北省政府施政報告》, 1943. 10~1944. 9, p. 132.

106) 위와 같음.

107) (渝商務日報), 1945. 11. 30.(《農業調查》, 제 3책, 中國土地經濟硏究所소장). 《甘肅省의 폭동》(미국무성문서, 893. 00/15033, 1943. 3. 5. 19, p. 1). 《貴州省의 실정》, 《자유중국에서의 불온한 상황》(미국무성문서, 893. 00/15095, 1943. 7. 27, pp. 1~2). 《吳文津과의 대화》.

108) 《가우스의 국무성에의 보고》, 1943. 11. 30, 《美國의 對外關係》, 1943, 중국편, p. 169.

109) 吳鼎昌의 앞에 든 책, pp. 94b~95a.

110) 칼드웰(Caldwell), 《福建省에 관한 一般報告》(미국무성문서, 893. 00/15300).

111) 《드럼라이트의 빈센트(Vincent)에의 보고》, 1943. 5. 31, 부속문서 893. 00/15037.

## 3.

1) 우드브릿지(Woodbridge),《국제연합 구제 및 회향주선기구》(UNRRA: The History of the United Nations Relief and Rehabilitation Administration, New York 1950) 제 2 권, p. 406.

2) 〈중국 구제 및 회향주선기구(CNRRA) 지역별 현장책임자 전국대회에서의 蔣廷黻(CNRRA)총재의 개회사〉, 1946. 9. 5(전국자원위원회 문서실 소장). 리 쑹잉, 〈善後工作檢討〉,《行總周刊》, 22(1946. 9. 14), p. 19.《中國經濟年鑑》, 1947, 제 1부, p. 107.

3) 전시중의 파피에 관한 자료는 전혀 신용할 수 없는 것이다. 〔吳景超,《약탈 뒤의 재난》(劫後災罹), 上海, 1947 p. 19 참조〕. 다음 표를 보면 호남성, 광서성에서의 전시중 피해에 대한 대체적인 상황을 아는 데 도움되는 증거를 발견할 수 있다. 이 두 省은 일본군의 「1 號作戰」에 짓밟힌 곳이다. 이는 〈운라(UNRRA) 湖南지역사무소의 역사〉(UNRRA Regional Office, Hunan History) 운라자료실, 중국 1221, 2781상자, p. 70. 레이 친, 廣西善後救災問題芻議),《嶺表論壇》, 1—1(1945. 12. 15), p. 28. 廣西省의 死者항에는 행방불명자도 포함하였고 호남성의 가옥파피항에는 가옥손실도 포함되어 있다.

| 항　　　　　　　　　　　　목 | 湖　　　　南 | 廣　　　　西 |
|---|---|---|
| 사　망　자 | 577, 510 | 115, 159 |
| 부　상　자 | 1, 676, 000 | 163, 446 |
| 피　난　민 | — | 2, 443, 964 |
| 가옥파피 | 945, 000 | 391, 963 |
| 살생된 水牛 | — | 200, 000 |
| 못 먹게된 곡식(石) | — | 14, 000, 000 |

4) 농촌실정과 아울러 기근지역에 대한 가장 잘된 기술은 吳景超의 앞의 책에 보인다.《大公報》(上海版) 1946. 5. 10, p. 2. 및 《蔣幹區眞正實錄》 발행지, 발행연도(1946?) 미상, (사법부 조사국 자료, 281/811), p. 2도 참조할 것.

5) 주 3에 인용한 「운라」관계문서. 코트렐(Cottrell), 〈湖南饑荒的 慘狀〉,《經濟周報》3—6 (1946. 8. 8), p. 12. 하남성의 식품생산도 전전수준의 4분의 1로 보도되고 있다. 〈하남성지역사무소, 1947년 3월 31일 현재의 역사〉(Honan Regional office; History as of 31 March 1941), 국제연합구제회양주선기구문서—하남—중국 119호, 부속문서 II, p. 2.

6)《救災事業調査, 零陵地域, 湖南省》(Welfare Survey: Ling-ling Area, Hunan Province),「국제연합구제회양주선기구문서—기근지역」, 문서상자번호 80, 008, pp. 2〜3. 비슷한 기술로는, (救災事業調査, 衡陽地域, 湖南省, 中國), 위의 문서, 상자 번호, p. 6에도 보인다.

7) 吳景超의 앞에 든 책, pp. 20〜31. 〈營養調査—衡陽—零陵지역〉, 주 6에 든 문서, 제2부 pp. 1〜3. 및 《국제연합지역사무소, 湖南—歷史》, p. 8.《구제사업조사, 零陵지역, 湖南省》 p. 3.

8)《中國廣西省 營養調査》.

9)《廣西省全縣營養調査》, 주 6에 든 문서, p. 1.《河南地域事務所—歷史》, 부록 III, p. 1. 같은 문서의 「건강」부문, p. 3. 같은 문서의 부록 IV, p. 7.《구제사업조사—零陵縣》 p. 5.

10) 위에 든 《河南省문서》, p. 1, p. 7, p. 3.

11) 위의 문서의 부속문서 IV, p. 7. 같은 문서의 부속문서 III, p. 2.

12)《財政年鑑》, 제 5편, pp. 57〜58, 루 이차이의 앞에 든 글, p. 13.

13) 徐堪, 《徐可亭文存》, pp. 217~18.

14) 《江蘇省政府 34/35年 政情述要, 財政》(발행지 미상, 1946년 서문 있음, 臺北 中央研究
院 近代史研究所소장도서, 번호 927. 214/089).

15) 위와 같은 책, p. 8.

16) 위와 같은 책, pp. 8, 10. 산동에서는 강제차용도 농민의 부담이 되었다. 《中國周報》
(China Weekly Review, Shanghai) 105—13(1947. 5. 24), p. 350.

17) 주 14에 든 자료, pp. 8, 16. 지방행정당국이 攤派를 징수해야 하는 필요를 없애기 위해
중앙정부는 1946년에 정하기를 토지세(田賦)의 일부는 지방행정당국에 할당하기로 하였
다. 이리하여 田賦의 50%는 縣政府로 돌아가고 20%는 省政府로, 30%만이 중앙정부로
돌아가게 되었다. 루 리차이의 앞에 든 글, p. 13. 주, 〈糧食徵折與糧價〉, 《經濟評論》
1—19 (1947. 8. 9) p. 3.

18) 《文滙報》(《中國報道》 1946. 5. 14, p. 1. )

19) 徐堪, 《抗戰時期糧政紀要》, p. 14.

20) 《大公報》(上海版) 1946. 3. 30, p. 3. 《中央日報》(上海), 1946. 5. 13, p. 2 (社論).

21) 《中國手册》, 1937~1945, p. 779.

22) 주 14에 든 책, p. 7.

23) 주 5에 든 《河南省관계 문서》. 국제연합구제회향주선기구의 「절망적」, 「심각한」 등의
용어정의는 앞에 든 우드브릿지의 책, p. 406을 볼 것.

24) 《大公報》(上海版), 1946. 5. 19. 《文滙報》(中國報道) 1946. 5. 14, p. 1. 주 5에 든 《河南
省관계문서》, p. 9.

25) 우드브릿지의 앞에 든 책, p. 408.

26) 吳景超의 앞에 든 책, p. 111. 《蔣幹區眞正實錄》, pp. 2~3.

27) 《大公報》(重慶), 1946, 3. 27, p. 2. 국민당의 중앙집행위원회위원조차도 軍糧徵收를 맹
렬히 비난하였다. 하남성출신 7명의 위원이 1946년 3월의 제 2 차 전체회의에 제출한 결
의문에 『백성들은 그 어려움을 감당할 수가 없다』고 하였다. 《第六屆中央執行委員會第二
次全體會議提案文》, 제 1권, pp. 85, 102~3.

28) 《中國經濟年鑑》, 1947, 1部, p. 32.

29) 農産品의 省別 부족액에 대해서(1946년도 것)는 行政院新聞局편, 《全國糧食槪況》, 발행
지 미상, 1947(사법부 조사국소장자료, 554. 6/716), pp. 11~15를 볼 것. 1947년도 것은
張奇英, 〈三十六年中國經濟槪況〉, 《東方雜誌》 44—7 (1948. 7), pp. 10~12(p. 12에는 곡물
수입 수자가 있다).

30) 張奇英의 위에 든 글, p. 13.

31) 張嘉璈의 책, p. 231. 《中國手册》, 1950, pp. 442~43. 《中國經濟年鑑》, 1947, 제 1편,
p. 21.

32) 張奇英, 〈쌀 폭동의 분석〉(米潮的分析), 《政治評論》 1—9(1947, 5. 30), p. 15. 王仲武,
〈現階段之物價問題〉, 《東方雜誌》 44—8, (1948. 8) p. 8(표 8).

33) 《中國經濟年鑑》, 1947, 제 1편, p. 21.

34) 엔 린, 〈農林破産與當前經濟問題〉, 《經濟周報》 3—24(1946., 12. 12) p. 19. 《大公報》(上
海版), 1947. 6. 6, p. 2. 《中國經濟年鑑》, 1947, 제 1부, pp. 5, 107.

35) 위의 《中國經濟年鑑》, pp. 21~22. 《中國周報》 102—10(1946. 8. 3) p. 234.

36) 張奇英, 〈三十五年度的中國經濟〉, 《東方雜誌》 43—11 (1947. 6. 15), p. 49. 王仲武, 〈現
階段之物價問題〉, 《東方雜誌》, 43—16 (1947. 10), p. 5.

37) 앞에 든 張奇英, 〈三十六年中國經濟槪況〉, p. 12. 《大公報》(上海版), 1947. 7. 30. p. 6.

　　張嘉璈의 책, pp. 230～34.

38) 《大公報》(上海版), 1947. 4. 24. p. 2.

39) 앞에 든 《全國田糧會議紀要》, p. 82.

40) 위와 같음, p. 83.

41) 《中央日報》(上海版), 1947. 8. 1. p. 2(社論).

42) 註 39와 같음.

43) 위와 같음. 또한 앞에 나온 리 티첸의 글, p. 7.

44) 註 39와 같음.

45) 張群의 추정으로는 정부는 4천 50만 石에서 4천5백만 石의 양곡을 필요로 하였다. 그러나 1948년 1월 당시, 그 소요량의 약 반 가량이 1947년 동안에 複合田賦로써 징수되었다. 그밖에 약 1300만 石을 지방정부로부터 구매하였다. 이는 양곡부족이 심각하였음을 말해준다. 앞에 든 《全國田糧會議紀要》 p. 82. 《中國周報》(China Weekly Review, 1948. 1. 10). p. 177. 1948년의 보다 심각한 양곡부족에 대해서는, 《노드 차이나 데일리 뉴스》(North China Daily News) 1948. 11. 3, p. 1 : 2. 《大公報》(上海版), 1948, 10. 13, p. 2(社論). 《뉴욕타임즈》, 1948. 11. 3, p. 24 : 5.

46) 《大公報》(上海版), 1948. 10. 13, p. 2 (社論).

47) 《大公報》(上海版), 1948, 5. 12, p. 7. 《大全報》(上海版), 1948. 5. 18, p. 6. 《申報》(《中國報道》, 1948. 6. 15. p. 5).

48) 《大公報》(上海版), 1946. 5. 14, p. 5, 14, p. 5. 《大公報》(上海版), 1948. 1. 31, p. 7.

49) 후 파펑, 〈江西農村在苦難中〉, 《政治周報》 7—18, 1948. 11. 4.

50) 도크 바네트(Doak Barnett), 《공산군 장악 직전의 중국》(China on the Eve of Communist Takeover), p. 122 참조.

51) 《大公報》(上海版), 1948. 2. 18, p. 7; 1948. 8. 13, p. 122.

52) 《經濟周報》 5～6, 1947. 8. 7, pp. 6, 18. 《大公報》, 1948. 4. 16, p. 3.

53) 《大公報》(上海版), 1948. 9. 30, p. 2. 《經濟周報》 5—6, 1947. 8. 7. p. 18.

54) 《大公報》(上海版), 1948. 9. 30. p. 2.

55) 王仲武, 〈換救當前經濟危機之對策〉, 《東方雜誌》, 44—8, 1948. 8, p. 5. 社會部의 보고에는 1948년 6월 현재로 5천 5백만 명이 內戰과 홍수로 집을 잃었다고 되어 있다(《노드 차이나 데일리 뉴스》, 1948. 9. 14, p. 1 : 4 참조).

56) 《大公報》(上海版), 1946. 5. 3. p. 5. 〈全國田賦開始徵實〉, 《政治周報》, 3—6, 1946. 8. 8, p. 2.

57) 《大公報》(上海版), 1947. 9. 30, p. 2.

58) 그러한 주장을 한 사람은 蕭錚이었다. 그의 회고록인 《土地改革五十年》, 臺北 1980을 볼 것.

59) 장 이판, 〈經濟改革方案之批評與國民黨經濟政策之轉變〉, 《經濟周報》 4—19, 1947. 58, pp. 9～10.

60) 《大公報》(上海版), 1948, 4. 23, p. 6; 1948, 5. 6, p. 2; 1948. 8, 1, p. 2.

61) 《大公報》(上海版), 1948, 9, 22, p. 2; 1948. 10. 4, p. 2 (社論). 《中國手册》, 1950, pp. 589～90.

62) 왕 페이, 〈論綏靖區土地債券的發行準備〉, 《政治評論》 3—10, 1948, 6, 12, p. 7. 《順報》(《中國報道》, 1948. 10. 21, p. 7).

63) 《和平日報》(《中國報道》, 1948. 10. 1, p. 9).

64) 《新聞報》, 1949. 1. 1. (《中國報道》, 1949, 1. 4. p. 9). 《大公報》(上海版), 1948, 6. 19,

pp. 2, 6; 1948. 6. 26, p. 6. 蕭錚의 앞에 든 책, pp. 305~6.

65) 앞에 든 蕭錚의 책, pp. 304~6. 《大公報》, 1948, 9. 22, p. 2. 《大公報》, 1948. 9. 29, p. 2.

66) 둥 시친, 〈土地分配問題〉,《政治評論》3—10, 1948, 6, 12, pp. pp. 3~7. 費孝通, 〈評晏陽初開發民力建設鄉村〉,《視察》5—10, 1948. 8. 28, pp. 4~7.

67)《大公報》(上海版), 1948. 9. 22, p. 2; 1948. 9. 29, p. 2. 蕭錚의 책, 304~5.

68) 沈宗瀚,《農業復興中美委員會》(The Sino-American Joint Commission on Rural Reconstruction; Twenty years of Cooperation for Agricultural Development, Ithaea, N. Y. 1970.

69) 예컨대 르페르(Lefevre)의 《1789년의 커다란 두려움》(The Great Fear of 1789; Rural Panic in Revolutionary France, New York, 1973)와 길 (Gill)의 《러시아혁명에서의 농민과 정부》(Peasants and Government in the Russian Revolution, New York, 1979)를 볼 것. 여기서 나는 프랑스와 러시아의 혁명에 있어서의 농민의 역할과 중국의 혁명에 있어서의 농민의 역할을 구분하고 있다. 나는 여 장의 글을 처음에 일리노이 대학 아시아연구소의 중국연구담화회에서 발표하였었다. 그 뒤 나는 스콕폴(Skocpol)의 《국가와 사회혁명》(States and Social Revolutions; A Cooperative Analysis of France, Russia and China, Cambridge, Eng., 1979)을 읽었는데, 이에도 본질적으로 나의 견해와 같은 분석을 하고 있었다. 그러나 스콕폴은 나보다 한 발짝 더 나아가서 서로 다른 사회구조하에서 농민은 세 혁명에서의 서로 다른 역할을 하였다고 하였다.

70)《中國經濟年鑑》(1947, 제 1 편, pp. 81, 109).《大公報》(上海版), 1947. 8. 21. 옌 링, 〈經濟總動員 以後〉,《經濟周報》5—3, 1947, 7. 17, p. 20.

71) 애크슈타인(Eckstein), 〈內戰原因論에 대하여〉, 파이어아벤트(Feierabend) 등 편, 《분노, 폭력, 정치 ; 이론과 조사》(On the Etiology of Internal Wars, in Ivo Feierabend et al eds., Anger, Violence, and Politics; Theories and Research, Englewood Cliffs, N. J., 1972)에 수록된 것, p. 18.

72) 국무총리(행정원장) 翁文灝는 1948년에 농민의 부담이 도시인의 부담보다 훨씬 많다는 것을 인정하고 있다. 다 이친, 〈七個月來的中國經濟情勢〉,《觀察》, 4—23/24(1948. 8. 7), p. 11. 을 참조하라.

73) 張嘉璈의 책, p. 158.

74)《大公報》(上海版), 1947. 9. 16, p. 1.

75)《前線日報》(《中國報道》, 1948, 10. 22. p. 3).

76) 장 자모 등, 《扳變附匪份子謬論》, 발행지 발행연도 미상, 사법부조사국소장자료 213. 52/369, 참조.

77)《東南日報》(《中國報道》, 1948. 9. 22. p. 1).

78) 지방에서의 地主와 관리의 대표들과의 긴밀한 연결관계에 대해서는 《大公報》(上海版), 1948. 5. 25, p. 2(社論) ; 1948. 9. 30, p. 2.

4.

1) 張其昀,《黨史概要》(臺北 제 1951), 제 3 권, pp. 1236~37.

2) 陳布雷,《陳布雷回憶錄》, 香港, 1962, p. 101. 張其昀의 앞에 든 책, 제 3 권, pp. 1236~

37.

**2)** 國民參政會에 대해서는, 슈(Shyu)의 앞에 든 글, pp. 273~313. 또 같은 사람의 《국민 참정회와 중국의 전시문제, 1937~1945》(The People's Political Council and China's Wartime Problems, 1937~1945, Ph. D. diss., Columbia University, 1972. 참조.

**4)** 주 쓰수앙, 《中國國民黨歷次全國代表大會要覽》, p. 70.

**5)** 위와 같은 책, p. 71.

**6)** 위와 같은 책, p. 74.

**7)** 張其昀 앞에 든 책, 제 3 권, pp. 1224~25. 이 인용문은 張其昀이 문장화한 것이나 분명 원문에 가까운 것일 것이다. 위의 주 쓰앙의 책, pp. 71~72와 비교해 볼 것.

**8)** 중국국민당 당사위원회편,《革命文獻》제62권(臺北, 1973), p. 25.

**9)** 《張其昀》앞에 든 책, 제 3 권, p. 1229. 앞에 든 《蔣介石의 전집》, 제14권, p. 199도 참 조할 것.

**10)** 《革命文獻》제62권, pp. 1~4. 《三民靑年團團史資料第一集初稿》(발행지미상, 1946)(孫 中山 도서관 소장, 038. 19/01/1) pp. 1~77. 쥐 와이렌,〈記當年傳說中的十三太保〉, 제 7 부, 《春秋》 95—118, 1961. 6. 16~1962. 6. 1, p. 11. 첸 샤오샤오, 《黑網錄》, 香港, 1966, p. 68.

**11)** 《革命文獻》제62권, p. 3.

**12)** 《蕭錚과의 면담》(1981. 8. 14. 臺北). 註 10에 인용한 《團史資料》, p. 20.

**13)** 《革命文獻》제62권, pp. 17, 19.

**14)** 위와 같은 자료, pp. 16~17.

**15)** 三民主義靑年團中央團部편, 《黨與團的關係》, 발행지미상, 1940, p. 15.

**16)** 《革命文獻》제62권, p. 22. (강조 표시는 저자가 하였음). 이 자료의 pp. 33. 39도 참조할 것. 나중이 되어서야 삼민청년단은 단원들을 국민당의 「새로운 血球」라고 부르고 있다. 이는 국민당의 영속을 분명히 전제하는 말이다. 이 자료의 p. 50을 참조할 것.

**17)** 위와 같은 자료 p. 5.

**18)** 주 15에 든 자료, p. 17.

**19)** 위와 같은 자료, p. 16.

**20)** 위와 같은 자료, p. 18. 이 陳誠의 연설에 보이는 國民黨이 삼민청년단의 우위에 있다 는 지적은 연설 전체의 뜻과는 어울리지 않는 대목이다. 아마도 이것은 이 자료의 편자 가 뒤에 첨가한 부분일 가능성이 있다.

**21)** 《革命文獻》제62권, p. 2. 주 101에 든 자료 p. 1. 길린(Gillin),〈中華民國에 있어서의 中央化의 문제 ; 陳誠과 국민당의 관계의 경우〉(Problems of Centralization in Republican China; The Case of Ch'en Ch'eng and the Kuomintang,《Journal of Asian Studies》, 29—4, 1970. 8), p. 843.

**22)** 위의 《革命文獻》, p. 2. 주 10에 든 자료, p. 1.

**23)** 주 10에 든 자료, p. 175.

**24)** 주 15에 든 자료, p. 8. 1943년 삼민주의청년단의 제 1 차 전국대회에서 단의 규정이 개 정되었을 때 연령제한은 다시 16세에서 30세로 바뀌었다. 張其昀의 책, 제 4 권, p. 1734 참조.

**25)** 《革命文獻》제62권, pp. 23~25, 39~40, 49, 62.

**26)** 위의 자료, p. 49. 앞에 든 《蔣介石의 전집》제25권, p. 161. 주 15에 든 자료, p. 28.

**27)** 주 15에 든 자료, pp. 3~4.

**28)** 주 10에 든 자료, p. 56.

276

29) 〈國民黨黨團合併前後〉,《觀察》3—5, (1947, 9. 27) p. 17.《臺灣의 人物과 정치기구；個人回顧들을 중심으로》(The Personalities and Political Machinery of Formosa; From Personal Recollections), Camb. M. A. 1945, p. 9. 주 10에 든 쥐 와이렌의 글, 제 6 부 p. 24.

30) 왕 청, 〈국민당 타락의 사회학적 연구〉(Kuomintang; A Sociological Study of Demoralization), 스탠포드 대학 1953년도 미간 박사학위논문, p. 42.

31) 앞에 든 쥐 와이렌의 글, 제 6 부, p. 24. 주 29에 든《대만의 인물과 정치기구》, p. 89. 康澤은 처음에는 조직부장이있으나 1939 년경에 공식적으로 책임자의 자리에 앉았다.

32)《任卓宣과의 면담》(1978. 7. 6. 臺北).《黃季陸과의 면담》(1978. 6. 14. 臺北).

33) 주 10의 든 자료, pp. 20, 56.

34)《革命文獻》, 제 62 권, pp. 60～110; 제 63 권, pp. 1～286. 鄧文儀,《冒險泛難記》, 臺北, 1973, pp. 131～34.《中國手册》, 1937～1945, p. 65.

35)《革命文獻》, 제 63 권, pp. 35～36.

36)《中國手册》, 1937～1945, p. 65.

37) 張其昀, 제 4 권, p. 1757.《빈센트(Vincent)의 국무성에의 보고；三民主義靑年團 四川代表와의 만남》(미국무성 문서, 893. 408/1, 1943. 5. 17) p. 1.《퍼킨스(Perkins)의 국무성에의 보고；雲南省의 中國(中央)化》(미국무성문서, 893. 00, 디·알. 雲南/162, 1942. 8. 13) p. 25.

38)《中國手册》, 1937～1945, p. 65.《미국전략처문서》, 60/33752, 1945. 11. 5. p. 1. 앞에든 왕 청의 학위논문, p. 76.《빈센트의 국무성에의 보고》(미국무성문서, 893. 00/15019, 부속문서, 〈스푸라우즈의 北平地域의 상황〉, 1943. 5. 3) p. 1.《革命文獻》, 제 62 권, pp. 127～28, 제 63 권, p. 43.〈三民主義靑年團の性格と任務〉,《東亞》14—5, 1941. 5. 1, p. 29.

39)《泰獄三靑團修正反共工作手册》, 山東軍區政治部印,《國民黨的特務政策》(발행지 미상, 1944)에 수록, (사법부 조사국자료, 276/803), p. 28.《防諜鋤奸須知》, 발행지와 발행연도 미상, 〔1943?〕, (사법부조사국 소장자료, 276. 2/804), p. 22.《三靑團的 産生與目的和性質》, 발행지와 발행연도 미상, 필사본복사판(사법부조사국 소장자료, 282/804).

40)《防諜鋤奸須知》, p. 22.

41)《국민당적특무정책》序, pp. 1～3.《스프라우즈의 국무성에의 보고；北平지역의 상황》(주 38에 인용), p. 10.

42)《三靑團的産生與目的和性質》, p. 8.《中國手册》, 1937～1945, p. 65. 吳相湘,《第二次中日戰爭史》, 제 2 권, p. 694. 삼민단 구성원의 분석은 康澤, 〈本團組織工作槪況與三十一年度幾件重要工作〉,《靑年通迅》, 3—1(1943. 1. 31), p. 9에 의거함. 1946년의 구성원을 비슷하게 분석해 보면 아주 근사한 비율이 된다. 吳相湘의 앞에 든 책, 제 2 권 p. 694를 볼 것.

43)《三民主義靑年團第一次全國代表大會提案彙錄》발행지미상, 1943(孫中山 도서관 자료, 038. 16/1:04) 제 5 권, pp. 2. 95.

44)《革命文獻》, 제 62 권, p. 127. 張其昀의 책, 제 4 권, pp. 1760, 1764. 친 다카이, 〈中國靑年的覺醒〉,《民主評論》, 2—4, 1950. 8. 20, p. 16.

45) 楊立奎, 〈靑年訓練與統制〉,《靑年》1, (1944. 4), p. 2.

46)《革命文獻》, 제 62 권, p. 129.

47) 위와 같은 자료, pp. 128～219.

48)《가우스의 국무성에의 보고；三民主義靑年團의 現在의 目的과 方法에 관한 孫科박사의 비판》(미국무성문서, 893, 00/15366, 1944. 4. 25. 부속문서) p. 2.

49) 주 15에 든 문서, pp. 41〜42. 《團務活動守則》, 발행지 미상, 1944(사법부조사국 소장자료, 167. 43/811), p. 18.

50) 주 15에 든 자료, p. 5.

51) 《蔣介石全集》, 제16권, p. 245. 《李品仙回憶錄》, pp. 181〜83.

52) 《三民主義靑年團第一次全國代表大會提案彙錄》, 제 2 책, p. 5.

53) 陳敦正, 《動亂的回憶》, 臺北, 1979, p. 82.

54) 위와 같음.

55) 江上淸, 《往昔今談》, 3 版, 香港, 1972, p. 97. 〔譯註 ; 三民主義靑年團의 대표는 團方에서만 나온 것이 아닐 터인데, 그들이 黨方 즉 CC 계와 대립하였다고 한 것은 설명이 미흡하다.〕

56) 위에 든 자료, pp. 101〜2. 《新官場現形記》, 발행지 미상, 1946 도 참조할 것. 이 자료는 공식적인 기록이 아니고 자세한 부분에서는 정확하지 않을 것이다. 그러나 그 자료에서 볼 수 있는 일반적 분위기는 臺北에서 1978년 6월 16일 李雲漢과의 담화에서 확증하였다. 《吳鐵城回憶錄》, 臺北, 1949, pp. 226〜27도 참조할 것.

57) 국민당원과 삼민청년단원간의 상호비판의 한 예외는 제 5 장에서 논급하겠다.

58) 張香譜, 〈金山憶舊〉, 《中外雜誌》 12—5, 1972. 11. p. 49. 주 29에 든 《國民黨黨團合併前後》, pp. 17〜18. 모 슈안유안, 〈黨政革新的途程〉, 《革新月刊》 2, 1946. 9. 7, p. 6. 《力報》 1947, 10. 7(《中國報道》 1947. 10. 13, pp. 9〜10). 앞에 든 왕 청의 논문, p. 25에는 『청년단에 가입한 사람들은 대개가 때가 오면 새 청년단이 노후한 국민당을 대치할 것으로 보고 있었다』라고 하였다.

59) 《大公報》(上海版), 1946. 9. 5, p. 2.

60) 張香譜, p. 49. 이 자료에 黃의 발언은 인용괄호가 붙지 않고 있다.

61) 위의 자료와 같음. 《大公報》, 1946. 9. 7. p. 2도 볼 것.

62) 吳相湘, 《第二次中日戰爭史》, 제 2 책, p. 694. 《大公報》(上海版), 1946. 6. 5, p. 2.

63) 《劉建群의 회고록》, pp. 136〜37. 린 첸, 《中國內幕》, 上海. 1948, p. 34도 참조할 것.

64) 우 샨, 〈湖南的黨團 互鬪〉, 《思與文》, 2—7, 1947. 10. 24, p. 174. 앞에 든 《國民黨黨團合併前後》, p. 18.

65) 《黨團統一組織重要文獻》(발행지, 발행연도 미상) p. 26. 蕭錚의 책, p. 296.

66) 《黨團統一組織重要文獻》, p. 25.

67) 위와 같은 자료. 蕭錚의 책 p. 296도 참조할 것.

68) 蕭錚의 책, p. 296. 《中央日報》(上海), 1947. 7. 1. p. 2. 장개석의 상임위원회에서의 연설은 《大公報》(上海版), 1947. 9. 11, p. 20.

69) 蕭錚의 책, p. 296.

70) 린첸의 글, p. 35. 《中央日報》(上海版), 1947. 9. 6, p. 2.

71) 《美國의 對外關係》, 1947, 제 7 권, p. 282.

72) 싸이 젠 윈, 《蔣經國在上海》, 南京, 1948. pp. 16〜17.

73) 《中央日報》(上海版), 1947. 9. 9, p. 2: 1947. 9. 10, p. 2.

74) 《大公報》(上海版), 1947. 9. 11, p. 2.

75) 《大公報》(上海版), 1947. 9. 10, p. 2. 《美國의 對外關係》, 1947, 제 7 권, pp. 284〜85도 참조할 것.

76) 《大公報》(上海版), 1947. 9. 13, p. 2.

77) 위와 같음.

78) 〈黨團統一以後〉, 《革新周刊》, 16(1947. 12. 5), p. 3. 이 글은 싸움은 해결됐으나 사실에

있어서는 갈등이 계속 심화되었다고 하였다.


79) 《中國周報》, 1948.8.8, p.278.
80) 《新希望週刊》(《中國新聞報道》, 1949.3.25), p.14.
81) 시에(Shieh), 《국민당사자료선집》(Kuomintang; Selected Historical Documents, 1894 ~1969, New York), p.210.


# 5.


1) 《中國白書》(United States Relations With China), p.688.
2) 翰斯, 《看! 政學系》, 香港, 1947, p.43.
3) 蕭錚의 책, p.252.
4) 위와 같은 자료, pp.252~53.
5) 위와 같은 자료, pp.253.
6) 위와 같은 자료, p.254.
7) 위와 같은 자료.
8) 《大公報》(重慶), 1945.1.10. 《大公報》는 1945년의 1,2,3월에 개혁을 촉구하는 수많은 사설을 발표하였다.
9) 蕭錚의 책, p.254.
10) 위와 같은 자료, p.254.
11) 翰斯의 앞에 든 책, pp.12.15. 江上淸, 《往事今談》, pp.98~100.
12) 첸 유, 〈爲革新運動〉, 《革新周刊》, 1—7.(1946.9.7), p.8. 阮華國, 〈革新生中第一砲, 黨員總淸査〉, 《革新周刊》 1—13, p.6.
13) 蕭錚의 책, p.270. 레빈(Levine), 《梁敬敦의 1945년 中소友好同盟條約의 內幕》(Comments an Chin-tung Liang, The Sino-Soviet Treaty of Friendship and Alliance of 1945: The Inside Story in Paul Sih, ed., Nationalist China During the Sino-Japanese War), p.400.
14) 蕭錚의 책, p.271.
15) 위와 같음, pp.271~72.
16) 錢端升, 《中國의 政府와 政治》, Camb. M.A., 1961, p.376. 쑤 탕, 《中國에서의 美國의 失敗》 1941~1950. (Tang Tsou, America's Failure in China, 1941~1950, Chicago, 1963), p.296. 《中國手册》, 1950, p.267.
17) 《中國手册》, 1950, pp.267~269. 로 룽치(羅隆基), 〈政治協商會議 以後의 中國의 政治 狀況〉(China's Political Situation After the P.C.C.), 《文滙報》, 1946.5.11~12(《中國報道》, 1946.5.31, pp.12~16, 1946.6.1, pp.8~9).
18) 야오 청민, 〈陪都學生運動之回顧〉, 《四川文獻月刊》, 124.(1972.12.1). p.6, 강조는 저자가 가한 것이다. 駁塲口사건의 경과의 기술은 《中國勞工運動史》, 臺北, 1959, 제4권, pp.1585~87 그리고 《大公報》(上海版), 1946.2.11, p.2에 보인다.
19) 中國國民黨雲南省執行委員會 편, 《黨政革新運動》, 발행지, 발행연도 미상(國立中央圖書舘臺灣分舘도서, 005.28/1490), p.10. 루신, 〈中國國民黨中央執行委員會 第6次 全體會談前後〉, 《文滙報》, 1946.3.23(《中國報道》 1946.4.3, p.8). 《中央日報》(上海版), 1946.3.4, p.2; 1946,3.5, p.2.

20)《우리들의 부르짖음》(我們的呼聲),《黨政革新運動》pp. 1~9.

21)《評二中全會》(발행지, 발행연도[1946?] 미상) pp. 19~21. 앞에 든 루신의 글, pp. 8~
    10.《大公報》(上海版), 1946. 3. 7, p. 3.

22)《美國의 對外關係》, 1946, 제 9 권, pp. 154, 158, 161.

23) 판 후이, 〈중요한 이 두 달간을 보라〉(看這嚴重的兩個月),《周報》, 30(1946. 5. 30), p. 5.
    《文滙報》, 1946. 3. 17(《中國報道》, 1946. 3. 23, p. 8).

24)《文滙報》, 1946. 3. 17(《中國報道》, 1946. 3. 23, p. 8).

25) 앞에 든 판 후이의 글, p. 5.

26)《臺北에서의 面談》.이 정보를 제공한 사람은 그 모임에서의  11인중의 한 사람인데,그
    의 이름을 숨길 것을 완강히 고집하였다.

27) 앞에 든 루신의 글, p. 10.《中國手册》, 1950, p. 269.

28)《中國手册》, 1950, p. 269.

29)《中國白書》, p. 144. 周恩來, 〈評國民黨二中全會決議〉,《新籌安會》, 발행지 미상, 1946,
    pp. 1~5. 앞에 든《評二中全會》, p. 7. 판 후이의 글, pp. 4~5. 二中全會의  말썽많은 결
    의에는 中央政治會議를 다시 만든다는 것이 있었는데, 이는 분명히 그것을 國務院보다 우
    위에 놓으려는 의도하에서였다.  그렇게 되면, 정부가 헌법반포 이전에 정부에 여러 당
    이 참여해야 한다는 주장을 쓸모없는 것으로 만들게 된다.  二中全會에서는 또한 정부를
    內閣制로 한다는 생각, 각 省을 위한 聯邦主義的 原則 등을 반대하고 국민대회의 권한에
    관한 전부터의 주장을 다시 확인하였다. 또한  政治協商會議  결의중  軍隊整備案도 반대
    하고 백만 명 이상의 예비군을 창설할 것을 주장하였다.《中國手册》, 1950, pp. 762~63.
    《中央日報》(上海版), 1946. 3. 19, p. 2. 판 후이의 글, p. 4.

30)《中國白書》, p. 144. 탕 쑤의 책, pp. 409~10.

31) 렌창, 〈爲革新運動答辯〉,《革新周刊》, 1—2(1946. 8. 3) p. 6. 〈中國國民黨黨員黨政革新
    運動初期工作方案〉,《革新月刊》2 (1946. 9. 1), pp. 21~23.《黨政革新運動》도 참조할 것.

32)《革新月刊》, 1 (1946. 8. 1), pp. 14~16, 19; 2 (1946. 9. 1), pp. 18, 20.

33)《革新月刊》, 1 (1946. 8. 1), p. 15; 2 (1946. 9. 1) p. 18.「革新」운동의 많은 간행물 중에
    도 내가 찾을 수 있었던 것은《革新周刊》(南京),《革新月刊》(長沙),《黨政革新運動》(雲
    南)이다.

34)《黨政革新運動》, p. 26.

35) 청 유안 첸, 〈革新運動 只是 成功 不是失敗〉,《革新周刊》, 1~5 (1949. 8. 24), p. 4.

36) 梁寒操, 〈發刊詞〉,《革新周刊》, 1—1 (1946. 7. 27), p. 1.

37) 賀玉生, 〈黨的病弊原因之 分析〉,《革新周刊》, 1—3 (1946. 8. 10), p. 8.

38) 李達, 〈革新運動的 三大精神〉,《革新周刊》, 1—6(1946. 8. 31), p. 5.

39) 가오 슈캉, 〈革新運動的 同志們行動起來！〉,《革新周刊》1~5 (1946. 8. 24). 첸 정모,
    〈政治革新與行政效率〉,《革新周刊》1—5, (1946. 8. 24), p. 10.《革新月刊》5 (1946, 12.
    10) p. 4.

40) 梁寒操의 앞의 글, p. 2.

41) 예컨대 錢建夫, 〈革新的 基本願望〉,《革新周刊》, 1~1 (1946. 7. 27), p. 6. 예 풍춘.〈我
    們要求展開革新運動〉,《革新周刊》, 1—2 (1946, 8. 3). pp. 2~4. 주 35에 든 청 유안 첸의
    글, pp. 3~5 등을 참조할 것.

42) 賀玉生, 〈黨的  腐敗原因  分析〉,《革新周刊》1—4 (1946. 8. 17). 같은 사람의 〈如何
    推進黨的 革新運動〉,《革新周刊》, 1—5 (1946. 8. 24). p. 6. 葉靑, 〈實行黨內民主〉,《革新
    月刊》7 (1946. 9. 7) pp. 1~3. 〔친〕 슈창, 〈實行黨內民主〉,《革新月刊》1, (1946. 8. 1),

p. 3.

43) 劉不同, 〈論國民黨之復興〉, 《革新周刊》 1—6 (1946.8.31), p. 2. (친) 슈창,〈實行 黨內 民主〉, 《革新月刊》 1 (1946.8.1), p. 3.

44) 옌 청우, 〈怎樣團結 革命同志〉, 《革新周刊》 1—4(1946.8.17) p. 3. 앞에 든 〈黨政革新運 動〉, p. 2도 참조할 것.

45) 주 35에 든 청 유안 첸의 글, p. 5.

46) 주 43에 든 류 푸퉁의 글, p. 1. 주 31에 든 렌 창의 글, p. 3.과 모 쉬안 유안, 〈黨政革 新運動之 要義〉, 《革新月刊》 1 (1946.8.1), pp. 9〜10도 참조할 것.

47) 《우리들의 부르짖음》, p. 2. 官僚主義에 대해서는 葉靑, 〈肅淸官僚主義〉, 《革新周刊》 1 —12, pp. 1〜4. 친 슈창, 〈官僚政治的剖析〉, 《革新月刊》 6(1947.1.10), pp. 17〜19.

48) 葉靑, 〈革新運動的 第一個 基本原則〉, 《革新周刊》, 1—4(1946, 8. 17), p. 1.

49) 양 유 치웅, 〈我們要求 改變政治風氣〉, 《革新周刊》 1—1 (1946.7.27) p. 7. 주 46에 든 모 쉬안 유안의 글 p. 8.

50) 〔진〕 슈창, 〈實行黨內民主〉, p. 3.

51) 《우리들의 부르짖음》, p. 2.

52) 葉靑, 〈打倒官僚資本〉, 《革新周刊》 1〜15(1946.11.2) 〔이는 첸 충민의 《官僚資本批判》 (南京, 1948)에 再錄되었다〕, pp. 124〜35. 〈黨政革新運動的 經過要義〉(앞에 든 《黨政革新 運動》 p. 12에 수록됨) p. 12.

53) 웨이 민, 〈革新的 重點〉, 《革新月刊》, 2 (1946.9.1) p. 3.

54) 〈新局面前夕的 派系爭鬪之人事布置〉, 《觀察》 2〜8(1947.4.19), p. 17. 「革新」운동 참여 자의 宋子文에 대한 태도는 복잡한 것이었을 듯하다. 이 운동의 영도자였던 어떤 사람 은 그들이 宋子文에 반대하지 않았다고 하였다. 왜냐하면 宋은 「새」 官僚資本家——이는 宋이 일반 백성의 경제생활을 걱정하고 있었다는 뜻이다——이었기 때문이라 하였다. 아 와는 대조적으로 孔祥熙는 「옛」관료자본가이며 그같은 관심이 없었다는 것이다. 臺北에 서의 面談에 의거.

55) 黨政革新運動暫定綱領(《黨政革新運動》에 수록됨) p. 8.

56) 葉靑, 〈黨員總淸査與革新運動〉, 《革新周刊》 1—13, p. 5.

57) 阮華國의 앞에 든 글 p. 6.

58) 위와 같음.

59) 《新民晩報》, 1947.2.21(《中國報道》, 1947.3.4, pp. 10〜13). 《中華時報》(《中國報道》, 19 47.3.4, p. 2). 《CC豪門資本內幕》, 발행지 미상(香港?), 1947, pp. 41〜42.

60) 《新聞天地》, 1947.5.1, pp. 13〜15. 푸 시슈, 〈國民黨 三中全會記〉, 《觀察》 2—6(1947. 4.5), p. 16.

61) 《大公報》(上海版), 1947.3.24. 《經濟周報》 4—13 (1947.3) pp. 2〜3.

62) 〈立法院(議會)의 파벌로부터 國民黨의 改造까지를 論함〉(從立法院的派系 說到國民黨的 改造), 《觀察》, 4—22 (1948.7.31) p. 11.

63) 《臺北에서의 면담》.

64) 《大公報》 1948.11.10, p. 2. 앞에 든 주 와이렌의 글, 제 6부, p. 23. 이 클럽은 아직도 (대만의) 立法院에 남아 있다.

65) 《力報》, 1948.12.27(《中國報道》, 1948.12.28, p. 13).

66) 葉靑, 〈革新運動 第一個 基本原則〉, pp. 2〜3. 錢建夫의 글 p. 6도 참조할 것.

67) 위와 같음.

68) 阮華國의 글, p. 6.

69) 陳立夫, 〈建國之道〉, 《革新月刊》 1 (1946.8.1), pp.5~7. 陳立夫는 특히 자기와 썩 원
만한 관계를 유지하고 있는 孔祥熙와 翁文灝에 대한 공격에 반대하였다. 陳立夫의 일반
적인 경향은 인간관계에 있어 조화적이었다고 한 면담자는 말하였다. 《臺北에서의 면담》.

70) 앞의 든 푸 시슈의 글, p.16.

71) 앞에 든 웨이 민의 글, p.3.

72) 《臺北에서의 면담》.


# 6.

1) 이하에서 논하는 바와 같이 장개석은 그의 정권이 군에 의존하고 있음을 승인하였다.
(흥마오 텐이 규정한 바와 마찬가지로) 「政治와 行政의 군사화」는 南京時代에 아주 뚜렷
해졌었는데, 1937년 이후의 시기에는 더 증가하였다. 흥마오 텐(Hung-mao Tien), 《國民黨
時期 중국의 정부와 정치》(Government and Politics in Kuomintang China, 1927~1937,
Stanford, Calif. 1972) pp.39~44. 나의 글, 《국민당지배하의 중국》(China Under Na-
tionalist Rule; Two Essays, Urbana, Ill., 1981), pp.12, 98~100.

2) 국민당과 마찬가지로 공산당도 항일전에 참여하였고 이 양자의 (전쟁에의) 공헌정도는
논쟁거리가 되어 왔었다. 예컨대 何應欽, 〈記念七七抗戰再駁中共的 盧僞宣傳〉, 《自由鐘》,
3~3(1972.9.20) p.26. 리 이예, 《中國人民乍樣打敗日本帝國主義》, 北京, 1951, p.66. 같
은 것이 그렇다.

3) 도온(Dorn), 《中日戰爭; 盧溝橋事件에서부터　眞珠灣攻擊까지》(The　Sino-Japanese
War, 1937~41; From Marco Polo Bridge to Pearl Harbour, New York, 1974), p.7.

4) 리유(Liu), 《中國現代軍事史》(A Military History of Modern China, 1924~1949,
Princeton, N.J., 1956) p.112. 전쟁 초기의 국민정부의 상비군 병력은 175만 명이었다.
陳誠, 《八年抗戰經過概要》, 발행지・발행연도 미상, 국방부 발행, pp.2~3을 볼 것.

5) 위에 든 리유의 책, pp.99~101. 칼손(Carlson), 《中國의 軍隊; 그 組織과 軍事的 能
力》(The Chinese Army; Its Organization and Military Efficiency, New York, 1940)
p.30. 커비(Kirby), 《外國의 模範과 中國의 近代化; 獨逸과 中華民國》, 1921~1941(Fo-
reign Model and Chinese Modernization: Germany and Republican China, 1921~1941,
하바드대학 학위논문, 1981.) pp.385~88.

6) 칼리야긴(Kalyagin), 《낯선 길을 따라서》(Along Alien Roads), 《Po Neznakomym
dorogam》, Moscow, 1969의 未刊飜譯. 譯者는 스티븐 레빈(Steven I. Levine). 나는 레
빈 교수가 이 귀중한 번역을 이용하게 해 준 것을 지극히 고맙게 여긴다.

7) 吳相湘, 《중일전쟁(1937~1945)에 있어서의 中國의 全面戰略과 몇몇 중요한 전투》(To-
tal Strategy Used by China and Some Major Engagements in the Sino-Japanese War
of 1937~1945, in Paul Sih, ed., Nationalist China During the Sino-Japanese War),
p.48. 사실에 있어서 장개석은 1932년경에 벌써 日本과 전쟁이 벌어지면 수도를 四川省
에 옮길 것을 시사한 바 있다. 張其昀의 앞에 든 책, 제 2 권, pp.913~14.

8) 위에 든 吳相湘의 글, pp.37~72에는 전쟁중에 일관된 국민정부 사람들의 전략적 사
고의 대표적인 기술이 있다. 장개석의 《항전과 건국》(Resistance and Reconstruction:
Messages During China's Six Years of War, 1937~1943. New York, 1943)에 보이는
그의 연설들을 참조할 것. 국민정부군의 고위 지휘부에서 왜 上海에서 강력하게 저항하

였는가 하는 이유에 대해서는 註 1에 든 나의 글, pp. 86∼87과 치 시성, 《戰爭을 겪는 國民黨支配中國；軍事的 敗北와 政治的 崩壞 1937∼1945》(Nationalist China at War; Military Defeats and Political Collapse, 1937∼1945, Ann Arbor, Mich., 1982) pp. 43∼49에 논의되고 있다.

9) 똥(Tong) 《中國과 世界言論》(China and The World Press, Nanking, 1948년부의 序文이 있다) p. 72.

10) 주 8에 든 장개석의 책, p. 108.

11) 가다오까, 《中國에서의 抗戰과 革命；공산당과 第 2 次統一戰線》(Resistance and Revolution in China; The Communists and the Second United Front, Berkely, Calif., 1974) p. 152.

12) 吳相湘, 《第二次中日戰爭史》, 제 2 권, pp. 587∼88.

13) 버토우(Butow), 《東條와 戰爭의 到來》(Tojo and the Coming of the War, Princeton, N. J., 1961) p. 153. 후지와라(藤原), 《日本軍의 역할》(The Role of the Japanese Army, in Borg and Okamoto, ed.), 《Pearl Harbor as History；Japanese-American Relations》, (1931∼1941, New York), p. 191. 보일(Boyle), 《交戰하는 中國과 日本(1937∼1945)；「제휴」의 정치적 성격》(China and Japan at War, 1937∼1945: The Politics of Collaboration, Stanford, Calif., 1972) p. 300.

14) 첸노트(Chennaut), 《한 전투기 조종사의 길》(Way of a Fighter, New York, 1949), p. 263. 앞에 든 로마노스와 선더란드의 책 p. 168.

15) 영(Young), 《中國과 원조자》(China and the Helping Hand, 1937∼1945, Cambridge, M. A., 1963), pp. 125∼53. 같은 저자의 《中國의 戰時 財政과 인플레》(China's Wartime Finance and Inflation, 1937∼1945, Cambridge, M. A., 1965), pp. 97∼122. 주 1에 든 나의 글, pp. 150∼68.

16) 앞에 든 영의 《中國의 戰時 財政》, p. 16, 표 3. 이 표의 수자는 인플레로 수정되어야 한다. 위의 책, p. 351. 표 5)를 참조할 것.

17) 1978년 6월 23일의 면담에서 국민당의 당사위원회 주임 秦孝儀는 전쟁의 대부분의 기간 동안 국민정부는 두 가지 적과 대결해야 했다고 강력하게 주장하였다. 中央調査統計局의 한 자료는 명백히 1941년에 기록하기를, 국민당의 정책은 新四軍사건 이후부터 소극적인 대비로부터 적극적인 억제로 바뀌었다고 하였다. 후자의 정책에 따라, 安徽, 江西, 山東, 河南과 몇몇 도시는 소탕구역(淸剿區)으로 구분되었다(中央調査統計局편, 《全國各單位特情槪況》, 필사본, 1941년경, 사법부조사국 소장자료, 276/815를 볼 것). 또한 앞에 든 가다오까의 책, pp. 143∼82와 존슨(Johnson)의 《農民的 民族主義와 共產黨의 힘》(Peasant Nationalism and Communist Power: The Emergence of Revolutionary China, 1937∼1945, Stanford, Calif., 1962), pp. 115∼40도 참조할 것.

18) 〈兵役制度之 三平原則〉, 《兵役旬刊》 2 (1939. 11. 25), p. 34.

19) 《장총통집(장개석전집)》, 제25권, pp. 254, 272∼80, 291, 330∼32.

20) 앞에 든 치 시성의 책, p. 63.

21) 위에 든 치 시성의 책, pp. 91∼92에서는 1939∼40년의 참담한 동계공세의 결과로 장개석은 결정적으로 국부군이 공격작전은 할 수 없음을 믿게 되었다고 주장하고 있다. 그러나 그 공세 뒤에 장개석은 자기의 부하장군들에게 되풀이하여 말하면서 현재의 방어자세는 잠정적인 것이고 나중에 공세를 취할 것이라고 하고 있다. 《장개석전집》, 제15권 pp. 319, 323, 325를 볼 것. 장개석의 참의도는 알아낼 수가 없다. ──적어도 우리가 지금 볼 수 있는 자료에 근거하는 한에 있어서는 그렇다.

22) 許郎軒 등  편, 《中日戰爭史(1937~1945)》(History  of  the  Sino-Japanese  War, Taipei, 1971) 제 2 권, p.694. 가우스의 국무성에의 보고, 《1945년 5월의 湖北戰鬪 이후 西部湖北의 湖水地區의 狀況에 대한 中國新聞記者의 관찰》(미국무성문서, 740.0011 太平洋戰爭/3559/ 1943.11.5, p.1. 앞에 든 애프슈타인(Epstein)의 《The Uninished Revolution in China》,   p.311.

23) 《湖北省政府報告》, 1942/4~10, p.111.

24) 위와 같은 자료, p.110, 《湖北省 政府施政報告》, 1942/11~1943/9, pp.70~71; 1943/10~1944/9, pp.131~32.

25) 《장개석전집》, 제18권, pp.159~69.

26) 앞에 든 로마누스 및 선더란드, 《스틸웰의 지휘권문제》(Stillwell's Command Problem, Washington D.C., 1956), p.308.

27) 위와 같음.

28) 防衛硏究所戰史室, 《河南의 會戰》(河南の會戰), 東京, 1967, pp.23~27. 앞에 든 로마누스 및 선더란드의 책, pp.316~28, 399~422. 로마누스 및 선더란드, 《시간은 다 되어 간다》, pp.142~79. 앞에 든 웨드마이어의 책, pp.290, 328. 앞에 든 화이트와 자코비, 《중국의 천둥》, pp.177~98.

29) 로마누스 및 선더란드의 《스틸웰의 지휘권문제》, pp.319~27. 위에 든 화이트와 자코비, p.178.

30) 《湯恩伯先生記念集》, 발행지 미상, 1964, p.101. 다음에 제시한 자료는 위 자료에 보이는 湯의 연설에서 딴 것이다(pp.88~102). 인용괄호를 한 곳 말고는 湯의 연설을 번역하기보다는 문장화하였다.

31) 《할의 도노반에의 보고서 ; 중국에서의 최근의 여러 사건과 흐름》(미국전략처문서 60—2032, 1944.9.4), pp.1~2. 《라이스의 애치슨에의 보고 ; 山東—江蘇—河南—安徽경계지역에서의 中央政府軍의 징병, 대우, 훈련, 행동》(미국전략처문서, 116311), p.2. 화이트와 자코비의 앞에 든 책, p.178. 《장개석전집》, 제18권, pp.161~62.

32) 《湯恩伯先生記念集》, pp.97~100.

33) 길레스피(Gillespie), 《黃埔時代와 南京時代(1924~1936)》〔Whampoa and the Nanking Decade(1924~1936), 아메리칸大學 1971년 학위논문〕, pp.37~53, 102~24, 313~14, 앞에 든 리우의 《中國現代軍事史》 p.151.

34) 앞에 든 길린(Gillin), 《中華民國에 있어서의 中央化의 문제》, pp.844~47. 웨드마이어의 책, p.325. 로마누스와 선더란드, 《시간은 다 되어 간다》, p.167. 또 같은 저자들의 《스틸웰의 지휘권문제》, pp.411, 437. 스노우(Snow), 《아시아를 위한 싸움》(Battle for Asia, New York 1941, ) pp.184~85.

35) 앞에 든 치 시성의 책, pp.86~87. 커비(Kirby)의 책, pp.388~89.

36) 로마누스와 선더란드의 《스틸웰의 중국에서의 임무》(Stilwell's Mission to China, Washington, D.C., 1959), p.35. 리우의 《中國現代軍事史》, p.112.

37) 앞에 든 칼리야긴의 책, pp.3,337. 《에치슨의 국무성에의 보고 ; 중국의 일반적 상황》(미국무성 문서 893.00/15144, 1943.9.18, 부속문서), p.5.

38) 앞에 든 로마노스와 선더란드의 《스틸웰의 지휘권문제》, p.372.

39) 앞에 든 칼리야긴의 책, pp.88, 337. 앞에 든 치 시성의 책, pp.89~93.

40) 앞에 든 치 시성의 책, p.87. 앞에 든 칼리야긴도 그의 책, p.92.에서도 국부군의 다루기 힘든 성격이 매우 중대한 「문제」라고 논평하면서 『무엇보다도 「나의 군대」, 「나의 省」의 원칙에 근거하고 있는 중국의 군사 유력자들의 술법을 알아야 했다』고 하였다.

284

41) 리우의 《中國現代軍事史》 p.147.

42) 위와 같은 책, p.149.

43) 앞에 든 로마누스와 선더란드의 《시간은 다 되어 간다》, p.233(생략은 원문에 있는 그 대로이다). 앞에 든 웨드마이어의 책도 참조할 것.

44) 위에 든 로마누스와 선더란드의 책, p.52.

45) 위와 같은 자료, pp.72, 154. 칼리야긴의 책, p.234.

46) 칼리야긴의 책, p.352. 《장개석전집》, 제15권, pp.274, 277. 위에 든 로마누스와 선더 란드의 책, p.267.

47) 로마누스와 선더란드의 《스틸웰의 지휘권문제》, pp.346, 348. 또한 리우의 《中國現代 軍事史》, pp.143~45.

48) 리우의 《中國現代軍事史》, p.145.

49) 로마누스와 선더란드의 《스틸웰의 지휘권문제》, p.351. 칼리야긴의 책, p.191.

50) 칼리야긴, p.194.

51) 위와 같은 자료, p.318.

52) 劉峙, 《我的回憶》, 臺北, 1966, p.147. 로마누스와 선더란드의 《스틸웰의 임무》, pp. 434~35. 唐德剛·李宗仁의 《李宗仁回憶錄》, p.428.

53) 스틸웰, 《스틸웰 문서》(Stilwell Papers, Arr. and ed. by Theodore White, New York, 1972) p.117. 또한 위에 든 로마누스와 선더란드의 책, pp.156~57. 앞에 든 쳄노 트의 책, p.77. 장개석은 전후시기에도 군사작전에 여전히 간섭하였다. 리우의 《中國現 代軍事史》, p.258. 앞에 든 吳國楨의 회고. 唐·李의 《李宗仁回憶錄》 pp. 473~77. 雷震 의 책, p.16.

54) 《미국전략처문서》, 104822, 1944. 10. 26, pp. 1~2. 로마누스와 선더란드의 《시간은 다 되어 간다》, p.165, 298.

55) 리우, 《中國現代軍事史》, p.179. 칼리야긴의 책, p.266도 참조할 것.

56) 징병법은 1933년에 공포됐으나 1936년까지는 실행되지 않았다. 1942년에 새 징병법이 공포되었으나 즉각 시행되지는 않았다. 징병제도는 몇 번 개정되었다. 《抗戰八年來 兵役 行政工作總報告》(발행지 미상, 1945)를 참조할 것. 린 쳄융, 《兵役制改論》 발행지 미상, 1940. 청 써문, 《現階段的 兵役問題》, (발행지 불명, 1942, 사법부조사국문서, N.P. 590. 1107/440) pp. 5~8. 옹 꿔께이, 〈三十四年度 役政之展望〉, 《役政月刊》 1~1(1945. 4).

57) 쳄 워이 후아, 〈辦理役政的 幾個重要階段〉, 《政訓月刊》 1—2/3 (1941. 3. 23).

58) 《장개석전집》, 제18권, p.165.

59) 정 자오 치우, 〈兵役巡視所知〉, 《政訓月刊》, 1—2/3, 1941. 3. 23. 슈 충, 〈推行兵役之錫 論〉, 《兵役旬刊》, 34(1940. 11. 30). 《大公報》(重慶版), 1942. 10. 19, p. 2.

60) 다이 가오샹, 〈抗戰時期之 四川役政〉, 《四川文獻月刊》, 11—12 (1963. 7. 1), p.24. 《湖 北省政府報告》, 1942/4~10, p. 118.

61) 린 젠융, 《兵役制概論》, 발행장소 미상, 1940, pp.236~40. 왕 쑤화, 〈兼全兵役的 幾 個先決問題〉, 《役政》 1~1 (1945. 4), pp. 28~29.

62) 리 이웨이, 〈辦理醴陵役政之概述〉, 《政訓月刊》 1—4(1941. 8. 30). p. 20~21. 다이 꿔샹 의 앞에 든 글, p.24도 참조할 것.

63) 위에 든 리 이웨이의 글, p.21. 후 치루, 〈딩판현을 순시하여 區·保·甲의 長과 各界 에 한 講詞〉, 《兵役旬刊》 2, (1939. 11. 25), p. 15.

64) 秦德純, 《秦德純回憶錄》, 臺北, 1967, p.193. 앞에 든 린 쳄융의 책, pp.240~44. 《宋 廣人 大領과의 면담》(1981. 8. 27, 臺北).

65) 앞에 든 따이 까오샹의 글, p. 24. 1943년에 湖北省에서는 할당된 징병인원의 반을 채우지 못하였다. 《湖北省政府施政報告》, 1942/11~1943/9, pp. 77~78. 앞에 든 리 이웨이의 글도 참조할 것.

66) 로마누스와 선더란드의 《시간은 다 되어 간다》, p. 369.

67) 마일스(Miles), 《이상한 형태의 전쟁》(A Different Kind of War, Garden City, N. Y., 1967), p. 348.

68) 주 싱, 〈過去辦理徵兵制一般癥結〉, p. 24.

69) 레이 자오 유안, 〈零縣의 지난해의 兵務行政의 검토〉, 〈零一年來 役政之檢討〉, 《政訓月刊》, 1—2/3(1941. 3. 23), p. 24. 李宗黃, 앞에 든 《主滇回憶錄》, p. 53. 왕 쑤화, 〈改善役政法的 幾個切要問題〉, 《役政月刊》, 1—2(1945. 5), p. 17.

70) 〈如何改進今後的兵役〉, 《兵役旬刊》, 7(1940. 1. 15), p. 14.

71) 파웰(Powell), 《戰時中國의 한 外科醫》(A Surgeon in Wartime China, Lawrence, Kans., 1946), pp. 204~6.

72) 앞에 든 정 자오추의 글, pp. 5, 7~8.

73) 첸 웨이하, 〈辦理役政的 幾個重要階段〉, 《政訓月刊》, 1~2/3 (1941. 3. 23), p. 22. 앞에 든 秦德純의 《회억록》, p. 193. 앞에 든 리 젠웅의 글, p. 245.

74) 위에 든 첸 웨이하의 글, p. 22. 馮玉祥, 《내가 아는 蔣介石》(我所認識的蔣介石), 香港, 1949, p. 111. 앞에 든 써비스의 책, pp. 33~37. 《링월트의 애치슨에의 보고 ; 중국의 兵士》(美國務省文書, 893. 22/50, 1943. 8. 14, 부속문서), p. 2.

75) 《장개석전집》, 제18권, p. 165.

76) 로마누스와 선더란드의 《시간은 다 되어 간다》, p. 370. 또한 포웰의 책, pp. 206~7도 볼 것.

77) 蔣夢麟, 〈新潮〉, 《傳記文學》, 11~2(1967. 8), p. 90. 랭돈(Langdon)의 국무성에의 보고 《昆明에 있어서의 徵兵노력 ; 徵兵에 관련된 非行과 兵士의 대우》(미국무성문서, 893. 2222 /7—14, 1944. 7. 1). pp. 2~3. 앞에 든 첸 웨이하의 글, p. 22.

78) 앞에 든 정 써룬의 글, p. 7. 1944년에 장개석은 말하기를, 자기는 5년 동안이나 徵兵業務의 개혁을 지시하였으나 아무런 진전이 없다고 하였다 (《장개석전집》, 제18권, p. 165).

79) 《大公晩報》, 1945. 7. 10(《中國報道》(重慶版) 1945. 7. 11, p. 5). 시신 ; 〈委員長侍從室服務紀往〉, 《春秋》, 125(1962. 10. 16).

80) 《장개석전집》, 제18권, p. 165.

81) 앞에 나온 蔣夢麟의 글, p. 90.

82) 리우의 《中國現代軍事史》, p. 137.

83) 징병된 신병 중 얼마가 죽었는가의 정확한 수자는 결코 알 수 없을 것이다. 한 공신기록에는 1,867,283명의 신병이 전쟁중에 실종되었다고 하였다(이는 대만의 국방부의 史政—戰史局長이 《抗戰史料叢編初集》 p. 295에 근거하여 1978년 7월에 나에게 가르켜 준 수자이다). 그러나 이 수자를 사망자와 도망자로 나누어 분석한 것은 없다. 국민정부의 강력한 지지자이며 장개석의 신임이 두터웠던 蔣夢麟은 비밀문서를 근거로 推計하여 적어도 1,400만명의 징병된 신병이 부대에 배치되기 전에 죽었다고 하였다. 이 수자는 너무 방대하여 믿을 수 없다. 이는 아마도 140만의 뜻인 듯하다(앞에 든 蔣夢麟의 글, p. 91). 징병된 신병의 사망률이 이렇듯 엄청났다는 것은 徐復觀의 〈是誰擊毀了中國社會反共力量？〉, 《民主評論》, 1—7(1949. 9. 16), pp. 6~7에도 언급되고 있다.

84) 로마누스와 선더란드의 《시간은 다 되어 간다》, pp. 242~44. 《湖北省政府報告》, 1942/

4～10, p. 113. 왕 쯔량, 《浙西抗戰紀略》, 臺北, 1966, pp. 77～78. 앞에 나온 첸 다 《浪
灜十年》, p. 198. 장개석은 1944년에 개탄해 말하기를, 장교들이 할당식량을 축내어 그들
의 가족생계를 유지하고 기타 비용을 쓰는 것은 누구나 하는 일이 되어 버렸다고 하고 있
다(《장개석전집》, 제18권, p. 164).

85) 장개석은 군대와 민간인의 관계에 대해 깊은 관심을 가졌다. 《장개석전집》, 제14권
　　P. 267; 제17권, P. 8; 제18권, P. 162를 보라. 첸노트의 책, p. 208에는 군대중 가장 못된
　　자들은 「약탈폭도」로 타락하였다고 하였다.

86) 앞에 든 왕쯔량의 글, pp. 77～78. 로마누스와 선더란드의 《시간은 다 되어 간다》, pp.
　　64～65. 《가우스의 국무성에의 보고；중국군대의 보건상태》(미국무성 문서 893.22/47,
　　1942.9.14, 부속문서), p. 2. 그리고 《가우스의 국무성에의 보고：1943년 5월의 湖北전투
　　이후의 西部湖北의 湖水地區의 상황에 관한 중국인 기자의 관찰》(미국무성문서, 740.0011,
　　태평양전쟁/3559, 1943.11.5, 부속문서), pp. 4～5.

87) 위에 든 로마누스와 선더란드의 책, p. 242. 앞에 든 화이트와 자코비의 책, pp. 136～
　　38. 《가우스의 국무성에의 보고》(주 86에 든 것).

88) 주 86에 든 《가우스의 보고》. 주 74에 든 링월트의 보고. 《라이스의 가우스에의 보고；
　　蘭州에서 본 中國軍隊의 保健狀態》(미국무성문서, 893.22/52, 1943.12.4). 앞에 든 화이
　　트와 자코비의 책, pp. 153～37.

89) 주 86에 든 로마누스와 선더란드의 책, p. 245.

90) 바렛트(Barrett), 《딕시 사절단；延安의 美軍事視察團》(Dixie Mission: The United
　　States Army Observer Group in Yenan, 1944, Berkeley, Calif., 1970), p. 60.

91) 앞에 든 주 86의 로마누스와 선더란드의 책, p. 242.

92) 주 86에 든 《가우스의 국무성에의 보고》.

93) 위에 든 《가우스의 보고》.

94) 주 86에 든 로마누스와 선더란드의 책, p. 371.

95) 쩨(Sze), 《중국의 보건문제》(China's Health Problems, Washington. D.C., 1944),
　　p. 44. 핸선(Hanson), 《인정어린 노력》(Humane Endeavor: The Story of the China
　　War, New York, 1939), p. 326. 로버트 림(Robert Lim) 박사는 『능력의 차가 여러 가지
　　로 나는 군의관이 겨우 1,000명이었다』고 1942년에 추정하고 있다(주 86에 든 《가우스의
　　보고》).

96) 위에 든 핸선의 책, p. 326. 앞에 든 파웰의 책, pp. 56～57.

97) 위에 든 파웰의 책, p. 56.

98) 위에 든 파웰의 책, p. 94. 장 샤오성, 〈如何解決士兵逃亡問題〉, 《政工周報》, 4～3(1941.
　　8.8), p. 15. 어트리(Utley), 《싸우는 中國》(China at War, New York, 1939), pp. 125～
　　26.

99) 《大公報》(重慶版), 1945.5.18, p. 2 (社論). 앞에 든 핸선의 책, p. 236. 《애치슨의 국
　　무성에의 보고；中國의 일반정세》(미국무성문서, 893.00/15144, 부속문서), p. 5.

100) 앞에 든 어트리의 책, pp. 122～23. 파웰의 책, p. 57. 장 샤오성의 글, p. 15.

101) 위에 든 장 샤오성의 글.

102) 칭린, 〈傷兵을 병원으로 수송하는 데 대한 감상〉, 《戰時醫政》, 9(1938.5.21), p. 2. 왕
　　충웬, 〈將兵을 위한 호소 및 부상 응급치료에 대한 의견〉, 《戰時醫政》, 16(1938.8.1)P. 1.

103) 앞에 든 칼리야긴의 책, p. 227. 《장개석의 전집》 제14권, pp. 271～72도 참조할 것.

104) 앞에 든 파웰의 책, p. 57. 앞에 든 어트리의 책, pp. 123～24.

105) 파마(Farmer), 《上海의 수확；中國戰爭從軍三年의 日記》(Shanghai Harvest: A Diary

of Three years in the China War, London, 1945.) p. 137.

106) 이 결론은 전쟁 동안에는 사병이 군에서 나오는 수가 별로 많지 않고 1937년 7월 현재 군에 들어가 있는 170만 명의 병사 이외에 1937년에서 1945년 사이에 1천 4백 5만 3천 9백 88명이 징집되었다는 사실에 근거하고 있다. 그런데 1945년 8월 현재의 국부군 총수는 (중국측이 주장하는 수자) 350만 또는(미국측의 추계에 따르면) 270만밖에 안된다. 부상자 총수 (1,761,335 명의 부상병을 포함하나 그중의 얼마간은, 필시 원대복귀하였을 것이다)는 3,211,419 명이다. 그밖에 50만 명 정도는 일본군에 투항하였다. 일본군이 포로로 한 中國兵 수가 얼마인지 나는 그 수자를 본 일이 없으나 그 수자는 이 50만을 초과할 정도는 아니었을 것이 틀림없다. 쉽게 계산해 보아도 적어도 8백만 또는 9백만 정도가 계산되지 않은 것을(행방불명된 것을) 알 수 있다(정부가 인정하는 1,867,283 명의 징집병중의 행방불명자 수를 포함하였다. 주 83을 참조할 것). 이들 수자의 출처로서는 《中國手冊》, 1950, PP. 182, 185를 볼 것. 군대의 규모에 관한 수자는 앞에 든 陳誠의 책 표 9와 주 86에 든 로마누스와 선더란드의 책, p. 182를 볼 것. 위의 수자는 국부군 자신의 수자를 근거로 한 것이다. 그러나 이는 그들이 공표한 전시도망병 수(598,107)와 병사자 수(422,479)와 맞지 않는다. 陳誠의 책 표 10을 볼 것. 공식자료에 나타나는 이같은 모순은 군대에 관한 국부군의 수자를 신용할 수 없음을 나타낸다. 실로, 臺灣에 거주하는 한 전 국부군 장군은 나의 질문에 대답하기를 中國軍은 사상자의 정확한 산술적 수자에 대해서는 중요시하지 않았다고 하였었다.

107) 주 86에 든 《가우스의 국무성에의 보고》.

108) 何應欽, 〈記念七七抗戰再駁中共的 虛僞宣傳〉, 《自由鐘》, 3—3(1972.9.20) pp. 29~30.

109) 로마누스와 선더란드의 《시간은 다 되어 간다》, PP. 285~86, 368, 372~73.

# 7.

1) 채씬(Chassin), 《공산당의 중국정복 ; 內戰(1945~1949)의 역사》(The Communist Conquest of China: A History of the Civil War, 1945~1949, Cambridge, M.A., 1965) p. 177.

2) 《中國白書》, p. 238.

3) 《中國白書》, PP. 354~57.

4) 《剿匪重要戰役之追述與檢討》, 발행지 미상, 1950 (사법부 조사국소장자료, 592.8/741) (이하 《追述》로 표기).

5) 國防部 편, 《中央執行委員會第六屆第四次全體會議軍事報告》, 발행지 미상, 1947 (사법부 조사국소장자료, 166.517/741), p. 29.

6) 《追述》, 제 6 권, PP. 104, 123. 國防部 史政局 편,《戡亂簡史》, 제 4 책, PP. 407~8도 참조할 것. 여기엔 군사적 패배의 주된 원인으로 생각한 것을 열거하였으나 무기부족은 말하지 않았다.

7) 앞에 든 채씬의 책, P. 208. 장 간핑의 앞에 든 책, P. 222도 참조할 것. 中國주재 미국무관은 1948년 12월에 보고하기를 미국이 국부군에 보낸 장비의 75%가 공산군에 노획되었다고 하였다. (《中國白書》, P. 357.)

8) 國防部總政治部, 《各軍 政治工作指導要點》, 발행지 미상, 1950(사법부 조사국 소장자료, 596.72/741.)

9) 《追述》, 제 4 권, p. 128.

10) 앞에 든 劉峙의 책, p. 173.

11) 《追述》, 제 4 권, p. 77.

12) 《追述》, p. 133.

13) 위와 같음, p. 78. 또한 《追述》, 제 6 권, pp. 71~72도 참조할 것.

14) 陳誠은 杜聿明, 王耀武, 范漢傑, 胡宗南을 특히 총애하였는데, 그중 胡宗南만이 상당한 정도의 전투경험이 있었다(장 간핑의 앞에 든 책, p. 202).

15) 장 간핑의 책, p. 200. 《노드차이나 메일리 뉴스》紙도 또한 지적하기를, 정부는 버마 戰役에서 능력을 나타낸 젊은 장군들은 주로 행정직이나 훈련담당직으로 배치하면서 구식의, 능력을 아직 모르는 장군들에게 야전지휘의 우선권을 계속 주어 왔다고 논평하였다 (《노드차이나 메일리 뉴스》, 1948. 9. 7. p. 2 : 2.).

16) 앞에 든 장 간핑의 책, p. 224. 唐·李의 《李宗仁回憶錄》, pp. 471~72. 陳明仁은 그 뒤 마침내 1949년 5월에 반란을 일으켜 공산당에 투항하였다.

17) 장 간핑의 책, pp. 29~11.

18) 펑 이두, 《徐蚌戰役見聞錄》, 香港, 1949, pp. 65~67. 클럽(Clubb), 〈장개석의 워터루 ; 准海戰鬪〉(Chiang Kai-shek's Waterloo; The Battle of Hwai-Hai), 《Pacific Historical Journal》, 25—4. (1956. 11), pp. 392~93. 唐·李의 《李宗仁回憶錄》, pp. 476~77에는 邱淸泉의 이 사건에서의 동기를 달리 설명하고 있다.

19) 《追述》, 제 6 권, pp. 94~95. 같은 자료의 제 4 권, pp. 79, 132; 제 6 권, p. 72도 참조할 것.

20) 앞에 든 鄧文儀의 책, 제 2 책, p. 230. 앞에 든 劉峙의 책, p. 171도 참조할 것.

21) 주 위에 샨 編, 《襄寃記》, 발행지 미상, 1946(사법부 조사국소장자료, 281/940). 唐·李의 《李宗仁回憶錄》, pp. 444~45. 벨덴(Belden), 《중국은 세계를 흔든다》(China Shakes the World, New York 1949), pp. 325~29. 高의 부대보다 더 소규모부대는 10월 12일과 25일 투항하였다. 《攘寃記》, p. 7. 〈國民黨軍隊申明大義光榮壯擧〉(장 쟈머 등의 《叛變腐敗份子謬論》에 수록)를 볼 것.

22) 채썬의 책, p. 208. 劉驥의 책, p. 172.

23) 《追述》, 제 4 권, pp. 124~25. 內戰 동안의 國共兩軍의 규모에 대해서는 (사람에 따라) 크게 다르다. 제롬·첸(Jerome Ch'en), 《毛와 中國革命》(Mao and Chinese Revolution, London, 1965), p. 374. 부록 E를 볼 것.

24) 唐·李, 《李宗仁回憶錄》, pp. 472, 477. 地下鬪爭路線綱領, 《共匪與民盟之間》, 발행지 미상, 1947(사법부조사국 소장자료, 263. 31/817)에 수록됨. 地方軍에 있어서의 反戰感의 좋은 예는 雲南의 제184사단장이 공산군에 투항한 뒤의 성명에 잘 나타나 있다.(張文石, 雲南內幕, pp. 23~24를 볼 것).

25) 《追述》, 제 4 권, pp. 122~23; 제 6 권, p. 77.

26) 〈胡上將宗南年譜〉 p. 233.

27) 《中國周報》(China Weekly Review), 1948, 6. 5. p. 29. 國防部는 1962년에 士氣低下가 軍의 弱體化에 미친 영향에 대해 지적하고 있다(앞에 든 《戡亂簡史》 제 4 권, pp. 4011~8을 참조할 것).

28) 〈陝保六團全體官兵開座談會 ; 國民黨軍官兵們起來！〉(앞에 든 《叛變腐敗份子謬論》에 수록).

29) 《追述》, 제 4 권, pp. 122~23.

30) 《追述》, 제 4 권, p. 122; 제 6 권, pp. 71, 95.

31) 鄧文儀의 책, 제 2 책, p. 230. 《追述》, 제 4 권, p. 122도 참조할 것.

32) 《觀察》 5—9(1948. 10. 23), p. 8. 《中國周報》, 111～1(1948. 9. 4), p. 11, 111～5(1948. 10. 2), p. 116.

33) 沙學浚, 〈中共浸透國防部導及大陸變色〉, 《東方雜誌》 7～8 (1974. 2. 1).

34) 劉峙의 책, p. 171.

35) 凌云, 〈傷心往時話和談〉, 《藝文志》 87(1972. 12).   羅敦偉, 《五十年回憶錄》, 臺北, 1952. 스틸웰은 그의 일기에 공산당의 간첩이 된 이 사람의 잊을 수 없는 사람됨에 대하여 다음과 같이 기록해 두고 있다(《스틸웰문서》, pp. 144～46), 1942. 9. 9; 『劉斐가 나를(中國語) 가르치러 왔다. 2시간 반 동안 순전한 잡담만 했다. 그를  보내고 싶다. 지쳤다…… 作戰局의 제 2 인자인, 머리를 깎았으면 싶은 깡마른 새, 劉斐의 값진 생각들. 자기 처신을 아주 진실되게 한다. 분수에 맞지 않는 일은 안한다. 언제나 영리한 참모고문관. 언제나 깊은 생각에 잠겨 있다. 깊이 곰곰이 생각한 끝에 생각해낸다. 모든 것을 다 알고 있다. 그 이외의 사람은 아무것도 모른다.……劉斐의 새롭고 귀중한 생각 ; 일본의  廣州점령은 하나의 점이다. 그들은 바다를 장악하였다. 그러니 우리는 그들을 공격할 수가 없다. 일본군의 양자강점령은 線이다. 그들은 배와 비행기가 있다. 그러니 우리가 끊을 수가 없다. 일본의 북방점령은 면적이다. 그것은 널리 퍼져 있다. 그러니 우리는 그것도 공격할 수가 없다.』

36) 앞에 든 羅敦偉의 책, p. 181. 앞에 든 샤 쉐진의 글, p. 48.

37) 《傳記文學》, 253 (1983. 6), p. 148. 劉紹唐씨가 고맙게도 이 문구를 가르쳐 주었다.

38) 《追述》, 제 6 권, pp. 93～94.

39) 羅敦偉의 책, pp. 191～92. 唐・李의 《李宗仁回憶錄》, pp. 511～14. 인 안, 《江南秘史》, 香港, 1952, p. 43. 첸 샤오샤오, 《金陵殘照記》, 香港, 1963, pp. 142～52.

40) 앞에 든 쑤(Tsou)의 책, p. 495.

41) 《追述》, 제 4 권, p. 124.

42) 《追述》, 제 4 권, p. 125.

43) 위와 같은 자료, p. 78.

44) 위와 같은 자료, 제 6 권, p. 71.

45) 위와 같은 자료, pp. 71～72.

46) 위와 같은 자료, 제 4 권, pp. 124～25. 讀者들은 《追述》에서 공산당의 장점으로 말하고 있는 공산군지휘관의 전선에서의 비교적 독자적인 권한에 대하여 칼리야긴은 그것이 국민정부군에게는 불리한 점이 된다고(p. 145) 하고 있음에 주의하게 될 것이다. 모순되는 것으로 보이는 이 점에 대한 설명은 지휘관의 동기에 있다고 나는 본다. 공산군지휘관은 다른 곳에서 보다 효과적으로 다시 싸우기 위해 후퇴하지만 국부군 내의 지방군의 지휘관들은 아예 전투를 피하고자 후퇴하였다. 그리하여 군사력과 정치적 힘을 보존하고자 하였던 것이다.

47) 위와 같은 자료, p. 77. 또 위와 같은 자료의 p. 124; 제 6 권, p. 72도 참조할 것.

48) 위와 같은 자료, 제 4 권, p. 123.

49) 위와 같은 자료, p. 122.

50) 위와 같은 자료, 제 6 권, pp. 126～27.

51) 치 티엔, 《政治講話》(國防部發行), 臺北, 1950.

## 8.

1) 趙世洵, 〈王雲五與金圓券案質疑之補充〉, 《傳記文學》, 211(1979. 12), p. 46. 대륙에서의 패배의 원인은 金元券案보다 더 깊은 곳에 있다는 상반된 주장에 대해서는 朱文長, 〈我對「王雲老與金圓則」的看法〉, 《傳記文學》 213, p. 51을 볼 것.

2) 沈雲龍, 〈王雲五與金圓券質疑〉, 《傳記文學》, 209(1979. 10), p. 42.

3) 吳相湘, 〈王雲五與金圓券的發行〉, 《傳記文學》 213(1980. 2), PP. 44〜50. 沈雲龍, 〈對金圓券案應進一步追蹤研究〉, 《傳記文學》, 214 (1980. 3), PP. 40〜42.

4) 戰後의 경제에 관한 상세한 기술과 분석이 필요하다. 1947〜48년의 경제사정에 대해서는 《大公報》(上海版), 1948. 4. 13, p. 2; 1948. 4, 16, p. 3. 지 매이, 〈當前紡織業的 危機〉 《經濟周報》, 13(1948, 9. 25), PP. 12〜5. 다 이진, 〈幾個月來的 中國經濟情勢〉, 《觀察》, 4 —23/24(1948. 8. 7), PP. 10〜12. 張奇英, 〈三十六年中國經濟概況〉, 《東方雜誌》 44—7(19 48. 7), PP. 1〜21.

5) 정 유꿰이(Yu-Kwei Cheng), 《中國의 對外貿易과 공업발전》(Foreign Trade and Industrial Development of China, Washington, D.C., 1956), p. 160. 張嘉璈의 책, p. 270도 볼 것.

6) 주 5에 든 장치잉의 글, p. 7,

7) 주 5에 든 정의 책, p. 160. 張嘉璈의 책, p. 270도 참조할 것.

8) 《大公報》(上海版), 1948. 6. 17, p. 6; 1948. 7. 1, p. 6; 1948. 7. 13, p. 6. 《中國周報》, 1948. 7. 24, p. 235. 《뉴욕타임즈》, 1948. 7. 11, p. 28 : 1.

9) 《美國의 對外關係》, 1948, 제 8 권, p. 377. 《中國周報》, 1948. 7. 10, p. 173도 참조할 것.

10) 《뉴욕타임즈》, 1948. 8. 14, p. 5 : 2. 姚崧齡, 〈敬悼張公權(嘉璈)先生〉, 《傳記文學》, 211 (1979. 12), p. 67.

11) 《大公報》(上海版), 1948. 8. 5, p. 2(社論).

12) 《順報》(《中國報道》, 1948. 8. 4, p. 1). 《正言報》, 1948. 8. 29. (《中國報道》 1948. 8. 27〜 30, PP. 3〜4). 《中國周報》, 1948. 8. 7, p. 285. 《美國의 對外關係》, 1948, 제 8 권, PP. 368, 373.

13) 《美國의 對外關係》, 제 8 권, PP. 368, 373.

14) 위와 같은 자료, p. 373.

15) 위와 같은 자료, p. 380.

16) 다 이진, 〈爭議中的幣制問題〉, 《經濟周報》, 5—7(1947. 8. 14), p. 6. 옌 렌징, 〈經濟乎? 政治乎?〉, 《經濟評論》, 1—12(1947. 6. 21), PP. 9〜12. 앞에 든 영(Young), 《中國과 원조자》 PP. 386〜87.

17) 《美國의 對外關係》, 1948. 제 8 권, PP. 373〜74.

18) 위와 같은 자료, PP. 374〜75.

19) 앞에 든 蕭錚의 책, p. 304.

20) 《美國의 對外關係》 1948, 제 8 권, PP. 384, 387.

21) 위와 같은 자료, p. 390. 로저스(Cyril Rogers)가 B案을 작성하였다 한다. 위의 자료, p. 386을 볼 것.

22) 위와 같은 자료, p. 386. 蕭錚의 책, p. 304.

23) 《中央日報》, 1948年 8月 20日 第 2 面에  실린, 財政經濟緊急措置의  주된 규정은 다음과 같다. 첫째로, 金元(圓)으로 불리는 새 통화를 300만대 1의 비율로 法幣와 교환한다. 金元券은 兌換은 불가능하지만 100% 준비금——40%는 金, 銀, 外換으로, 60%는 판매가능한 증권과 정부기업체의 주식으로써 보증한다. 法幣상환의 마감은 1948년 11월 20일이다. 둘째로, 金元券에 대한 公信力을 기르기 위해 새 통화의 총발행고는 20억元으로 한다. 셋째, 각 지방의 물가는 8월 19일의 수준에서 동결한다. 임금은 8월 상반기의 수준을 초과할 수 없다. 넷째, 금화, 은화, 地金은 물론 외환은 국유화된다. 전국민은 9월 30일까지 그들이 소유한 外換, 貴金屬을 제출하여 美貨 1달러는 4金元, 금 1온스는 200金元(1온스는 31.25 그람 무게의 中國의 표준단위이다), 은 1온스는 3金元의 비율로 교환받는다. 장식용 금, 은 제품은 소유와 이전이 가능하나 그같은 귀중품의 매매는 공정가격을 넘을 수 없고 2온스 이상을 초과할 수 없다(外換과 金제출의 마감은 그 뒤 10월 31일로 연기됐으며 은의 제출마감은 11월 30일로 연기되었다). 《美國의 對外關係》, 1948, 제 8 권, P.416을 보라. 다섯째, 중국인은 외국에 소유한 美貨 3,000달러 이상의 모든 재산을 9월 30일까지 신고해야 한다.

24) 《大公報》(上海版), 1948.8.20, P.2. 《美國의 對外關係》, 1948, 제 8 권, p,380.〈總結這七十天〉, 《經濟評論》, 7—19 (1948. 11.11), p.360.

25) 《뉴욕타임즈》, 1948.8.20, P.1:6. 張嘉璈의 책, pp.80. 154.

26) 《大公報》, 1948.8.20. P.2. 《美國의 對外關係》, 1948, 제 8 권, P.386.

27) 《美國의 對外關係》, 1948, 제 8 권, pp.387~88, 390, 396, 398~99. 《뉴욕타임즈》, 1948.8.21, P.3:8. 그러나 南京政府당국은 미국에게 정식으로 이 차관을 요청하지 않았다. 특히 미국의 전 주소련대사인 불리트(William C. Bullit)가 중국인들로 하여금 공화당정권이(들어서면) 더 적극적으로 국민정부를 지원할 것으로 생각토록 하였다. 불리트는 중국을 방문하여 중국의 관리들에게 말하기를, 마샬 장군(국·공간의 화해를 조성하는 미국 트루만 대통령의 특사)는 反中國的인 사람이고 다가오는 대통령 선거에서 (민주당의) 트루만은 패배할 것이고 공화당은 공산당과 싸우는 데 아낌없는 지원을 할 것이라고 하였다. (《美國의 對外關係》, 1948, 제 8 권, pp.237~39).

28) 《美國의 對外關係》, 1948, 제 8 권, P.390. 또한 《노드 차이나 데일리 뉴스》, 1948년 8월 25일자 P.1:7~8도 참조할 것. 외무부장관(외교부장) 王世杰도 미국무장관 마샬(Marshall)에게 (美國援助中國法을 실행하기 위한 것이며, 中國이 『강력한 自救方案을 실천』해야 한다고 강조한 1946년 7월 3일에 체결된) 美國의 中國원조에 관한 中美쌍무협정의 체결이 그같은 경제 개혁조치를 추진하게 한 주된 요인의 하나였다고 하였다(《美國의 對外關係》, 1948, 제 8 권, P.394). 이 협정의 원문은 《中國周報》(China Weekly Review) 1948년 7월 17일자(P.207~9)에 보인다. 미국국회의 당시 會期에서 통화안정차관은 승인되지 못할 것이라는 것을 이해해야 했던 중국인들의 통화안정차관에 대한 이전의 관심은 烏有로 돌아갔다(《中國白書》, pp.367~69).

29) 《大公報》(上海版), 1948. 8. 22, P.2.

30) 《大公報》(上海版) 1948. 9.24, P.2(社論) ; 1948.10.2(廣東의 狀況에 대하여), 《美國의 對外關係》, 1948, 제 8 권, P.414. 張屬生의 집행방법 생각은 蔣經國의 그것과 달랐다는 것은 《大公報》(上海版), 1948.9.11, P.2에 보인다.

31) 吳相湘, 《民國百人傳》(臺北, 1971), 제 4 권, pp.367~75. 페스라(Fesler), 《蔣經國은 누구인가? 臺灣은 무엇인가?》(Who is CCK? What is Taiwan?)(아메리칸 大學 현지연구보고, 제28(제 2 부) 및 제29(제 3 부), 1978〉. 부어만 편, 《民國人名錄》, 제 1 권, pp.306~12.

292

32) 吳國楨, 《페퍼(Peffer)교수에게 말한 1946∼53년 기간에 대한 吳國楨의 회고》(컬럼비아
    대학교 버트라 도서관의 中國關係收藏도서관 소장의 未刊 原稿), p.89.
33) 《大公報》(上海版), 1948.8.27, p.4. 《노드 차이나 데일리 뉴스》, 1948.8.27, p.3：7.
34) 蔣은 9월 12일에 행한 〈上海는 어디로 가나？〉라는 공개연설에서 이렇게 지적하여 말
    했다. 여기에서 사용한 원문은 싸이 쳰윤의 《蔣經國在上海》(南京, 1948, pp.45∼62)이다.
    이 공개연설의 英譯은 《中國報道》(1948.9.16, pp.i∼vii)에 보인다.
35) 蔣經國, 《滬濱(上海)日記》, p.95.
36) 위와 같음.
37) 위에 든 《蔣經國在上海》, pp.39∼40.
38) 위와 같은 자료, p.54.
39) 위와 같은 자료, p.45.
40) 위와 같은 자료, p.49.
41) 《滬濱日記》, p.90. 여기에 번역하여 인용한 日記의 원문은 실은 蔣經國의 《點滴在心頭》
    (臺北, 1978) p.81에 있는 것이다. 여기에 실린 귀절은 1955년 판의 것을 손본 것이다. 내
    가 뒤에 손본 것을 인용한 것은 1955년판의 것보다 덜 암시적이기 때문이다.
42) 《滬濱日記》, p.96.
43) 위와 같은 자료, pp.98, 117, 121. 둥 자무, 〈蔣經國寂莫煩惱〉, 《新聞天地》, 50(1948.10.
    16). p.3.
44) 《中國報道》(1948.10.1) pp.6∼7.
45) 《新聞報》, 1948.10.25(《中國報道》, 1948.10.23∼25, p, 10). 《涩報》(《中國報道》, 1948.
    10.26, p.8). 3만 명이라는 추정숫자는 두 大隊가 합하여 10,000명 이상 된다는 신문보
    도를 근거로 한 것이다.
46) 《大公報》(上海版), 1948.8.28, p.4; 1948.8.30, p.4; 1948.9.1, p.4. 《益世報》(《中國
    報道》, 1948.9.25∼27).
47) 《前線日報》(《中國報道》, 1948.9.1, p.5). 《大公報》, 1948.9.26. p.4.
48) 앞에 든 싸이 쳰윤의 책, pp.41∼42. 《前線日報》(《中國報道》, 1948.9.23, pp.6∼7).
49) 《大公報》, 1948.9.26, p.4. 싸이 쳰윤의 책, pp.39∼44도 볼 것.
50) 《노드 차이나 데일리 뉴스》, 1948.8.22, p.1; 1948.8.23, p.1.
51) 《美國의 對外關係, 1948》, 제8권, pp.401, 412. 《大公報》, 1948.9.17, p.2. 《商報》,
    1948.9.27(《中國報道》, 1948.9.25∼27, p.10). 〈投機家的新樂園〉, 《世紀評論》, 4—14(19
    48.10.2), p.12.
52) 캐리(Carey), 《上海에서의 戰爭》(The War at Shanghai, 1941—45—48, New York,
    1963), p.280. 《大公報》(上海版), 1948.8.28, p.4.
53) 《大公報》(上海版), 1948.9.18, p.4.
54) 胡好는 아주 때맞추어 홍콩으로 피신하여 체포를 면했다. 《大公報》(上海版), 1948.9,
    27. p.4; 9.28, p.4; 9.29, p.4를 볼 것. 장경국은 胡好의 도망을 매우 난처해 하였다.
    《滬濱日記》, p.111.
55) 이 비율은 장경국의 연설에 보인다. 《大公報》(上海版), 1948.10.7, p.2를 볼 것. 그러
    나 《大公報》(上海版)에 발표된 8월 23∼9월 30일 사이의 비율은 실제로는 71%를 초과하
    였음을 시사하고 있다. 《大公報》(上海版), 1948.10.2, p.5를 볼 것.
56) 《美國의 對外關係, 1948》, 제8권, pp.392∼93, 404.
57) 《東南日報》(《中國報道》, 1948.10.6, p.3).
58) 이 정보는 王雲五에게서 나온 것이다. 《美國의 對外關係, 1948》, 제8권, p.42를 볼 것.

美國大使 스튜아트(John Leighton Stuart)는 정말 부유한 사람은 이 규정에 따르는 것을 드러내 놓고 회피하였다고 하였다(스튜아트, 《中國生活五十年》, 1954, New York, p. 194).

59) 페퍼(Pepper), 《中國의 內戰 ; 政治的 싸움, 1945~1949》(Civil War in China; The Political Struggle, 1945~1949, Berkely, Calif., 1954) p. 123에서는 ―근거를 밝힘이 없이―약 3,000 명의 투기군과 謀利輩들이 검거되었다고 하였다. 나는 검거된 사람들의 숫자에 대한 공식 기록을 보지 못했다. 그러나 검거자를 전부 보도하지 않았을《大公報》(上海版)를 자세히 읽어보면 겨우 약 200 명이 검거됐을 것이라고 추측할 수 있다. 대규모 검거의 두 경우가 《大公報》(上海版), 1948년 8월 26일자 p. 4 (20명의 상인)와 1948년 9월 24일자, p. 4(약 40 명의 行商人)에 보도되고 있다. 《大公報》(上海版), 8월 28일자, p. 4; 8월 29일자, p. 4도 참조할 것. 한편, 《美國의 對外關係》, 제 8 권, pp. 394~95에는 8월 23~24일에만 100명 이상이 검거되었다고 하였다. 그러나 이 숫자를 뒷받침할 만한 신문보도를 찾지 못하였다. 《뉴욕타임즈》9월 13일자 p. 2 : 3에는 『백명 이상의 은행가와 실업가가 검거되었다』고 보도하고 있다. 이 통화개혁 때 2 명의 군장교가 上海에서 金品强要罪로 처형되었다. 이 처형은 장경국이 아니라 南京의 中央政府의 지시에 의한 것이다. 《大公報》(上海版), 9월 6일자, p. 4; 9월 22일자, p. 4를 볼 것.

60) 《大公報》(上海版), 1948. 8. 26, p. 4; 8. 29, p. 4.

61) 《滬濱日記》, p. 96.

62) 《大公報》(上海版), 1948. 9. 4, p. 4. 앞에 든 싸이 젠윤의 책, pp. 28~30.

63) 《大公報》(上海版), 1948. 9. 4, p. 4. 王은 9월 24일에 처형되었다. 《大公報》(上海版), 9. 25, p. 4를 볼 것.

64) 《滬濱日記》, p. 97. 큰 호랑이(大虎)로 지목됐다는 한 사람이 장경국의 손아귀에서 빠져 나갔다. 그는 孔祥熙의 아들이며 蔣介石부인 宋美齡의 조카인 데이비드 쿵(David Kung)이었다. 그는 揚子發展公司의 총지배인이었는데 9월 29일 그의 집안에서 退藏(寶惜)物資로 보이는 대량의 물품이 발견되었다. 그는 그 물자는 정부에 합법적으로 보고되었으므로 퇴장한 것이 아니라고 주장하였다. 12월 말에 가서야 監察院에서 孔에 대한 고발장을 再發하였으나 그때는 이미 그가 미국으로 가버린 뒤였다. 장경국은 그의 일기에서 그가 무혐의하다는 유력한 주장을 하였으므로 어떤 행동을 취할 수가 없었다고 하고 있다. 그러나 일반대중들은 孔이 그의 정치적 연줄 때문에 비호되었다고 믿었다. 그리하여 이 사건은 국민정부뿐 아니라 장경국의 위신을 손상한 소문난 사건이 되었었다. 《大公報》(上海版) 10월 3일자, p. 4; 12월 22일자, p. 1. 《滬濱日記》, pp. 116, 119~20, 123. 《中國報道》11. 5, pp. 9~10; 11. 9, pp. 10~12. 金元券改革이 결국 실패한 것은 그 「大虎」들이 장경국의 강력한 규정준수책을 정치적으로 반대하였기 때문이라고 보는 견해도 있다. 이 견해에 대해서는 파니카(Panikkar), 《두 개의 中國에서 ; 한 外交官의 회상》(In Two China: Memoirs of a Diplomat, London, 1955), pp. 32~33을 볼 것. 나는 이 견해를 지지할 만한 근거를 알지 못한다.

65) 《大公報》(上海版), 1948. 9. 7, p. 4. 《노드 차이나 메일리 뉴스》, 9. 10, p. 2 : 5; 9. 11, p. 5 : 1. 《中國報道》9. 18, p. 66.

66) 앞에 든 파니카의 책, p. 32. 이것은 분명히 과장은 아니다. 《時事新報》(中國報道, 1948, 9. 22, p. 20), 『지난달 동안 모든 사람들은, 매우 긴장하며 살았으니, 그들이 하는 어떤 일이 법에 위배되는가를 두려워 하였다. 상인들은 장사를 하려 하지 않았으므로 시장에는 불경기 상태가 널리 퍼졌고, 경제활동의 일부는 정지해 버렸다』. 또한 《中國周報》, 1948. 9. 18, p. 5도 참조할 것.

67) 《大公報》(上海版), 1948. 10. 4 p. 5.

294

68) 《滬濱日記》, p. 107.

69) 物資退藏과 투기를 금하도록 한 규정은, 《大公報》(上海版), 1948. 9. 11, p. 2를 볼것. 수출금지규정은 《大公報》 9월 11일자, p. 5와 9월 30일자, p. 4에 보인다. 이 금지는 나중에는 완화되었다. 《大公報》(上海版), 10. 9. p. 4를 볼 것. 조달 기구에 대해서는 《大公報》 9. 15, p. 5를 9. 16, p. 5볼 것.

70) 《大公報》(上海版), 1948. 10. 1, p. 2. 다른 두 智導(員)署의 관할도 마찬가지로 확대되었고 漢口에 본부를 둔 그와 같은 또 하나의 기구가 네번째로 개설되었다.

71) 《大公報》(上海版), 1948. 10. 3, p. 4; 10. 4, p. 4; 10. 7, p. 2(사론). 《노드 차이나 혜랄드》, 10월 4일자, p. 3 : 7도 볼 것. 稅의 증가는 궐련의 경우 76%, 만 담배는 11배가 되었다.

72) 《大公報》(上海版), 1948. 10. 4, p. 4; 10. 7, p. 2(사론). 그 다음은 모두 《노드 차이나 메일리 뉴스》, 1948. 10. 29, p. 3 : 4; 10. 30, p. 1 : 4; 10. 31, p. 3 : 4.

73) 《뉴욕타임즈》, 1948. 10. 23, p. 5 : 3. 《노드 차이나 메일리 뉴스》, 10. 22. p. 3 : 2. 《大公報》(上海版), 10. 9, p. 4; 10. 13, p. 4; 10. 28, p. 2(사론)도 볼 것.

74) 《노드 차이나 메일리 뉴스》, 10. 16, p. 3 : 4. 《東南日報》(《中國報道》, 1948. 10. 28, p. 10). 시 푸량, 〈論當前的 經管情形〉, 《觀察》 5—10(1948. 10. 30) p. 2. 《益世報》(《中國報道》, 1948. 10. 5, p. 5). 《大公報》(上海版), 1948. 10. 6, p. 4.

75) 《大公報》(上海版), 1948. 10. 6, p. 4. 《노드 차이나 메일리 뉴스》, 10. 16, p. 3 : 1.

76) 《大公報》(上海版), 1948. 9. 4. p. 4.

77) 《大公報》(上海版), 1948. 10. 7. p. 4. 《滬濱日記》, p. 114.

78) 《大公報》(上海版), 1948. 10. 14, p. 4. 《滬濱日記》, pp. 124~25.

79) 《大公報》(上海版), 10. 13, p. 4. 《노도 차이나 메일리 뉴스》, 10. 18, p. 3 : 5; 10. 31. p. 3 : 1. 한 미국무성 관리에 따르면, 물물교환제는 『문서상으로도……전혀 충분히 발전되지 못하였다』고 한다(《美國의 對外關係, 1948》, 제 8 권, p. 427).

80) 《大公報》, 1948. 10. 14, p. 4.

81) 신문들은 공업에 매우 심각한 위기가 있다고 지적하고 있다. 《노드 차이나 메일리 뉴스》(1948. 11. 1, p. 1 : 3)는 『상해의 경제활동업무는 (전면)붕괴 직전의 위험한 상태에 있다고 보도하였다. 《中國周報》(10. 30, p. 235)는 『공업생산은 거의 정지하게 되었다』고 하였다. 半官的인 《中國手册, 1950》의 그 뒤의 평가(pp. 471~72)도 비슷하니, 『…完製品과 원료의 수요는 공급보다 훨씬 많았다. 그리하여 이윽고 도매·소매물가의 값이 생산실비보다 싸게 되어버렸다. 상점들은 물건을 사서 가게를 채울 수가 없었다. …대부분의 영업활동은 정지되었다』고 하였다. 위의 평가가 정확하다면, 10월에 상해의 공업용 전력소비(보통 공업생산의 좋은 지표가 된다)가 1948년 7월량보다 18%밖에 줄지 않은 것은 기묘한 일이다. 《大公報》(上海版), 1948. 12. 18, p. 3.

82) 《滬濱日記》, p. 125. 《前線日報》(《中國報道》, 1948. 10. 29, pp. 5 및 12).

83) 《大公報》(上海版), 1948. 11. 2. 《商報》, 1948. 11. 1. (《中國報道》, 1948. 10. 30~11. 1, p. 9).

84) 《大公報》(上海版), 1948. 11. 2, p. 4. 《滬濱日記》, p. 128.

85) 《大公報》(上海版), 1948. 11. 5, p. 4; 11. 12, p. 2.

86) 《滬濱日記》, 《和平日報》(《中國報道》, 1948. 11. 9, p. 2), 전반적인 군사정세에 관해서는 앞에 든 채선의 책, pp. 183~99를 볼 것.

87) 《大公報》(上海版), 1948. 11. 11, p. 4. 의 買氣不振을 설명하는 기사에 대해 나는 약간 회의적이다. 왜냐하면 몇 주일이 지나 정부가 금을 팔기 시작하자 시민들이 돈을 상당히 갖

고 있었음을 보여 주었기 때문이다. 뒤의 기술을 참조할 것.

88) 《大公報》(上海版), 1948.11.10, p.2(사론).

89) 다음의 모든 《大公報》에 보이는 기사를 참조할 것. 《大公報》(上海版), 1948.11.5, p.2
(사론) ; 11.12, pp.4~5; 11.13, p.4; 11.17, p.2(사론). 《中國報道》, 11.6~8, pp.12~
13도 참조할 것.

90) 《大公報》(上海版), 1948.12.18, p.3. 《中國의 對外關係, 1948》, 제 8 권, pp.432, 439.
《노드 차이나 데일리 뉴스》, 11.10, p.1 : 2.

91) 《美國의 對外關係》, 1948, 제 8 권 p.436. 《大公報》(上海版), 11.24, p.5.

92) 《大公報》(上海版), 1948.12.24, p.4엔 12월 23일의 소동을 보도하고 있다.

93) 우 유안리(Yuan-li Wu), 《공산 중국의 경제 槪況》(An Economic Survey of Com-
munist China, New York, 1956), p.55. 張嘉璈의 책, p.373.

94) 《大公報》(上海版), 1948.12.2, p.1; 12.10, p.5(廣告), 《中國報道》, 11.20~22, p.12;
1.25~26, p.9; 11.30~12.1, p.10; 12.2, p.6. 《美國의 對外關係, 1948》, 제 8 권, p.439.

95) 《吳國楨의 회고록》, pp.88~89.

96) 《益世報》(《中國報道》, 12.15; p.2). 《新聞報》 12.27(《中國報道》 12.27~29). 《노드 차
이나 데일리 뉴스》, 1948.12.24, p.1 : 4.

97) 예컨대, 로저스는 7월 중순에 3~6개월 버틸 것이라고 보았다. 《美國의 對外關係, 19
48》, 제18권, p.373.

98) 《노드 차이나 데일리 뉴스》, 1948.8.21, p, 1 ; 3.

99) 《新民晚報》, 1948.10.26(《中國報道》, 1948. 10.27, p.10).

100) 《大公報》(上海版), 1648, 10.7, p.5. 시엔, 〈국영기업체 주식을 판매하기 시작했다〉(國
營事業股票開始出售), 《經濟評論》 3—23 (1948.9.18), p.1~2. 《노드 차이나 메일리 뉴
스》, 8.24. p.1 : 3에는 판매예상량을 아주 많이 잡고 있다. 주식판매회사 중 가장 인기가
있는 것은 中國紡織振興公司여서 2백 86만원어치를 팔았고 臺灣糖業公司의 것은 두번째
로서 1백 3만 5천 200元어치를 팔았다. 天津製紙公司는 이와는 달리 겨우 4,000원어치를
팔았다.

101) 《美國의 對外關係, 1948》, 제 8 권, p.415. 《中國周報》, 1948.8.21, p.333.

102) 張嘉璈의 책, p.81.

103) 정부는 保有外換 2억 미국달러를 가지고 새 통화의 신용을 뒷받침한다고 공표하였다.
(《노드 차이나 데일리 뉴스》, 1948.8.24, p.1 : 3). 그러나 연구자는 통화개혁발족 당시의
외환보유고는 그 수자를 훨씬 밑돌았다고 지적하고 있다. 張嘉璈의 책, p.81에는 외환
보유고를 약 1억 3천만달러로 잡고 있으며, 주순신(Chou Shun-hsin)의 《中國의 인플레
이션》(The Chinese Inflation, 1937~1949, New York, 1963)에서는(pp.170~71) 겨우
3천 6백 60만달러로 잡고 있다. 왜 이렇게 서로 숫자가 다른지 설명할 수가 없다. 1947년
2월의 金危機에 관해서는 첸 자취, 《中國經濟現勢講話》(香港, 1947), pp.31~71을 볼 것.

104) 《滬濱日記》, p.90.

105) 위와 같은 자료, p.97.

106) 위와 같은 자료, pp.99, 117, 118, 121.

107) 위와 같은 자료, p.98. 《大公報》(上海版), 1948.9 : 22, p.4.

108) 《滬濱日記》, pp.120, 122.

109) 위와 같은 자료, p.124.

110) 위와 같은 자료, p.126.

# 9.


1) 《蔣介石全集》, 제19권, p. 291.
2) 위와 같은 책, pp. 241, 261.
3) 위와 같은 책, pp. 304~5.
4) 위와 같은 책, p. 305.
5) 위와 같은 책, p. 243, p. 254도 볼 것.
6) 위와 같은 책, p. 305.
7) 위와 같은 책, p. 253.
8) 위와 같은 책, p. 243.
9) 위와 같은 책, p. 305.
10) 위와 같은 책, p. 243. (강조점은 저자가 붙인 것임).
11) 위와 같은 책, pp. 240, 242.
12) 위와 같은 책, p. 264.
13) 위와 같은 책, p. 240.
14) 위와 같은 책, p. 252.
15) 위와 같은 책, pp. 258, 306.
16) 위와 같은 책, p. 262.
17) 위와 같은 책, p. 258.
18) 위와 같은 책, p. 253.
19) 앞에 든 《黨團統一組織重要文獻》, pp. 17~18.
20) 《장개석전집》, 제19권, p. 281.
21) 위와 같은 책, pp. 290~91.
22) 위와 같은 책, pp. 292, 303. 같은 책, p. 253~54도 볼 것. 앞에 든 《黨團統一組織重要文獻》, p. 20.
23) 《장개석전집》, 제19권, pp. 283. 302~3.
24) 위와 같은 책, p. 283.
25) 曹聖芬, 〈從溪口到成都〉, 《中外雜誌》 2—5(1967. 11), pp. 9~10. 蔣經國, 《폭풍의 눈 안에서의 고요》(Calm in the Eye of a Storm, Taipei, 1978), pp. 154~208.
26) 曹聖芬의 위의 글, p. 10.
27) 위와 같은 자료.
28) 李守孔, 《中國現代史》, 4판(臺北, 1967), pp. 282~93.
29) 《장개석전집》, 제19권, pp. 370, 397; 제20권, p. 102.
30) 위와 같은 책, 제19권, p. 378. 군대의 조직이 형편없었던 것에 대해서는 같은 책, p. 379를 볼 것.
31) 위와 같은 책, p. 379.
32) 위와 같은 책, 제20권, p. 7. 또한 같은 책, 제19권, pp. 282, 380~81; 제26권, p. 35.
33) 위와 같은 자료, 제19권, p. 398.
34) 《中國白書》, p. 131. 앞에 든 쑤(Tsou)의 책, pp. 341~42. 그러나 미국정부는 만주에서의 주권을 재확인하겠다는 장개석의 열성에 져서 할 수 없이 중국군을 만주의 항구로

수송하는 데 동의하였다. 《中國白書》, p. 607과 페이스(Feis), 《中國紛糾 ; 眞珠灣사건에서
마샬 사절단 파견까지의 美國의 노력》(The China Tangle: The American Ffort in
China from Pearl Harbor to the Marshall Mission, Princeton N. J. 1953), pp. 420
～21.

35) 《장개석전집》, 제19권, p. 388.

36) 위와 같은 책, p. 400.

37) 나의 저서, 《死産된 革命, 국민당 치하의 中國(1927～1937)(The Abortive Revolution:
China Under Nationalist Rule, 1927～1937, Cambridge, M. A., 1974), pp. 4～5.

38) 《中國白書》, p. 358.

39) 장개석, 《中國 안의 소련》(Soviet Russia in China: A Summing Up at Seventy, Tai-
pei, 1969, 원본은 1956), p. 256(강조점은 저자가 붙였다). 1950년 7월, 장개석이 준비하
고 國民黨中央常務委員會가 채택한 〈國民黨改革方案〉에서 그로서는 특이하게 패퇴의 경제
적 원인을 강조하여 다음과 같이 말하였다. 『지난 4년 동안의 反共戰의 실패는 우리가 민
생주의를 실행하지 않았다는 사실 때문이다』. 시에(Shieh), 《國民黨 ; 歷史資料選輯》, 18
94～1969, (The Kuomintang: Selected Historical Documents, 1894～1969, New York,
1972), p. 215를 볼 것.

40) 쳰노트의 책, p. 77(강조점은 저자가 붙였다).

41) 《吳鐵城의 회고록》, p. 200.

42) 《陳布雷의 회고록》, p. 99.

43) 위에 든 시에의 자료집, p. 215. 앞에 든 蔣經國의 《폭풍의 눈 안에서의 고요》, p. 155.

# 결 론

1) 南京에 수도를 두었던 시기의 국민당(政府)과 자세한 참고서에 대해서는 앞에 든 나의
저서 《死産된 革命》, pp. 1～82를 참조할 것.

2) 프랭크린 호(何廉), 《크리스탈 로치에게 말한 何廉의 회고》(後記가 1966년으로 되어 있
다. 컬럼비아대학, 버트라 도서관의 中國特別資料收藏에 소장된 未刊 원고), p. 160.

3) 스노우(Snow), 〈총통〉(The Generalissimo), 《아시아》(Asia), 1940—12, p. 646.

4) 앞에 든 나의 저서 《死産된 革命》, p. 326.

5) 앞에 든 스콕폴(Skocpol)의 저서, p. 32.

6) 리 쯔샹, 〈抗戰以來四川之工業〉, 《四川經濟季刊》 1—1(1943. 12. 15), p. 23. 吳相湘.《第
二次中日戰爭》, 제2권, p. 659.

7) 앞에 든 캅(Kapp), 《四川과 中國革命》, pp. 156～57. 張嘉璈의 책, pp. 15～16.

8) 工業合作社운동에 대해서는, 레이놀즈(Reynolds), 《中國의 工業合作運動과 戰時中國
(1938～1945)의 政治的 兩極化》(The Chinese Industrial Cooperative Movement and the
Political Polarization of Wartime China, 1938～1945. 컬럼비아대학 학위논문, 1975)
를 볼 것.

9) 앞에 든 나의 글 《국민당 치하의 중국》, pp. 136～50.

10) 이것이 앞에 든 가다오까의 중국에서의 저서 《저항과 혁명》의 주된 문제의식이다.

11) 예컨대 쭈(Tsou)의 책, pp. 237～87, 324～40.

12) 張嘉璈의 책, pp. 222, 235. 앞에 든 유꿰이 청(Yu-kwei Cheng)의 책, p. 193.

298

13) 張嘉璈의 책, pp. 223~24.
14) 유페이 청의 책, p. 158.

# 찾 아 보 기


## ㄱ

가우스, 클래런스　44
戡亂建國大隊　212—213, 218, 292
강제부담　78—80, 91
강택(康澤)　115, 119, 135, 275
고수훈(高樹勳)　193
곡정강(谷正剛)　141, 237
곡정정(谷正鼎)　134, 148
공산군　～국부군과의 관계 161, 163,
　282; ～의 우월성 195—197, 235, 252
　—253
공산군 첩자　195—197, 240
공상회(孔祥熙)　134—136, 147, 152,
　224, 270
공업생산　202, 223—225, 255, 294
곽말약(郭沫若)　139
곽여괴(郭汝瑰)　196
관료자본주의　146—147
관린징(關麟徵)　192, 287
교장구(較場口)사건　139—140
구청천(邱淸泉)　192
국가사회당(國家社會黨)　113
국공(國共)내전　～과정 143, 187, 222
국민당　～과 공산당과의 관계 161, 163,
　282; ～내부의 세력다툼 148—151,
　157, 168, 191, 243—249; ～전당대회
　105—106, 113—116, 125—126, 131,
　135, 147; ～중앙집행위원회전체회의
　105, 130—135, 148—151, 278

국(민(당)정)부군　32, 154—155, 248,
　282; ～과 민간인과의 관계 109, 167,
　178, 199—200, 286; ～의 공격과 후
　퇴 57, 160—161, 172, 186, 193—
　194, 281, 287; ～의 사정 154—200,
　233—236, 286; ～의 주요 전투 157,
　162—168, 190, 192, 196, 221, 282;
　～의 파벌 46—50, 287—288; 징용과 ～
　71, 91, 101, 172—177, 195, 273, 284
국민정부　135—136, 154, 248, 275,
　289; ～의 강점과 약점 27, 68—69,
　157, 228, 247, 253—254; ～의 적자
　102, 107—108, 250, 252, 256, 272
국민참정회(國民參政會)　60—84, 113,
　135, 138—142, 148
국제연합구제정착기구(UNRRA)　93,
　98
금원권(金元卷)통화개혁　201—206,
　291, 292
기근　89—94, 98

## ㄴ

나융기(羅隆基)　42, 139
노작부(盧作孚)　116, 120
노한(盧漢)　52—67, 263
농민　혁명에서의 ～ 역할 107—
　111
뇌련(賴連)　134, 148

300

ㄷ

담평산(譚平山)　　120
당계요(唐繼堯)　　30
대립(戴笠)　　55, 122
대상해청년봉사총단〔大上海靑年服務總
　　　隊〕　　213, 218
대융광(戴戎光)　　197
대학　　34—35, 42
데이비드 쿵(쿵 링 칸)　　293
도온, 프랭크　　156
도희성(陶希聖)　　238
동시진(董時進)　　106
두월생(杜月笙)　　217
두유병(杜維屏)　　217
두울명(杜聿明)　　51—55, 288
둘리틀, 제임스　　162
드럼라이트, 에버렛　　45
등문의(鄧文儀)　　195
등석후(鄧錫侯)　　28, 47, 49
디다 스콕폴　　250, 274

ㄹ

레빈, 스티븐　　190, 281
루즈벨트　　163

ㅁ

마샬　　133, 138, 141, 187, 190, 291
모택동(毛澤東)　　48, 249
문일다(聞一多)　　56
미국공군　　34, 45—46, 164
민주연맹 ⇨ 민주정단동맹
민주정단동맹(民主政團同盟)　　42—48,

56, 139
밀스, 밀튼　　174

ㅂ

바, 데이비드　　180
바네트, 도크　　273
백숭희(白崇禧)　　31, 47
벅, 존 러싱　　88
번공전(藩公展)　　134
번광단(藩光旦)　　42
번대규(藩大逵)　　42
번문화(藩文華)　　28, 47, 49
범한걸(范漢傑)　　288
보갑장(保甲長)　　86—87, 101—103, 173
부사년(傅斯年)　　135, 148
부흥회(復興會) ⇨ 靑셔츠團
불리트, 윌리엄　　291
비밀결사　　49, 90, 173
비밀경찰기관　　42—45, 49, 54, 122
匪賊　　90, 103

ㅅ

살공료(薩空了)　　44
삼민주의청년단 ⇨ 청년단
서감(徐堪)　　79, 84, 97, 223
서안사변　　31, 50
설악(薛岳)　　45, 164, 169
소길산(蕭吉珊)　　138, 149
소력자(邵力子)　　140, 151
소련의 만주 진공　　254—256
소쟁(蕭錚)　　134—140, 149
소찬육(蕭贊育)　　135
손과(孫科)　　87, 123
손과계(孫科系)　　135

손울여(孫蔚如)　47

송자문(宋子文)　36, 55, 136, 138, 147
　　—152, 206—210, 224, 279

송희렴(宋希濂)　192

스튜아트, 존 레이튼　209

스틸웰, 조십　168, 172

시릴 로저스　205, 295

CC계(系)　44, 52, 105, 116, 119, 125—
　　127, 134—141, 149

신생활운동　32

신정(新政)클럽　150

심운룡(沈雲龍)　201

심홍렬(沈鴻烈)　137


ㅇ


얄타협정　254

양유형(楊幼炯)　143

양한조(梁寒操)　134—135, 140—144

양호성(楊虎城)　50

에드가 스노우　248

여정당(余井塘)　134, 138, 140, 149

여한모(余漢謀)　29, 44, 46

염석산(閻錫山)　28—29, 47—48, 168

엽청(葉靑)⇨임탁선

영홍원(榮鴻元)　217

엔 종찬　88

오국정(吳國楨)　210, 225, 230

오례경(吳禮卿)　238

오정창(吳鼎昌)　77, 89, 91, 137

오철성(吳鐵城)　129, 137, 141, 243

옹문호(翁文灝)　91, 134—136, 274,
　　281; ～와 금원권 개혁 205—208, 221,
　　225, 230

완화국(阮華國)　148, 151

왕병균(王秉鈞)　149

왕승(王昇)　213—215

왕요무(王耀武)　288

왕운오(王雲五)　201, 208, 221, 224

왕육전(王毓銓)　58

왕정위(汪精衛)　37—39, 247

왕찬서(王鑽緒)　41

왕춘철(王春哲)　217

용운(龍雲)　30—34, 37—38, 49—68,
　　169, 253, 262

우흡경(虞洽卿)　206

웅식휘(熊式輝)　137, 140, 149, 151,
　　178, 207, 238, 291

웨드마이어　27, 170—180

유건군(劉健群)　50, 120, 128, 148—
　　151

유기(劉驥)　196

유문휘(劉文輝)　28, 47, 49, 59

유부동(劉不同)　146, 150

유비(劉斐)　196, 289

유상(劉湘)　28

유홍균(兪鴻鈞)　207, 209

이공박(李公樸)　56, 139

이달(李達)　144

이명(李銘)　225

이석증(李石曾)　224

이제심(李濟深)　46—48, 59

이종인(李宗仁)　31, 237

이종황(李宗黃)　52, 263

이품선(李品仙)　79, 169

이한혼(李漢魂)　29

일본의 전략　157—163,

1호작전　45—46, 91, 98, 135, 141, 164
　　—169

임가승(林可勝)　180, 286

임탁선(任卓宣)　120, 147—150

ㅈ

장가오(張嘉璈)　137, 206, 229

장개석(蔣介石)　41, 44, 70, 86, 101, 104, 147, 152, 205 ; ～과 국민당 113—116, 126—127, 129—130, 135, 141—142, 149—151, 235—237, 244 ; ～과 국민정부 27, 44, 58—60, 113, 140—142, 157, 201, 237, 244—249, 253—254 ; ～과 군부 157—158, 163—164, 171, 177, 234—237, 282—286 ; ～과 금원권(金元卷) 개혁 206, 210, 221, 225, 229 ; ～과 청년단 115—129

장개석 부인(宋美齡)　127, 243

장경국(蔣經國)　115, 209—230, 292

장군(張羣)　28, 102, 136, 140, 149, 151 273

장군매(張君勱 : Carsun Chang)　113

장기윤(張其昀)　238

장도번(張道蕃)　238

장려생(張厲生)　209, 212, 221

장발규(張發奎)　37, 46

장몽린(蔣夢麟)　285

장정문(蔣鼎文)　224

장치중(張治中)　115

장학량(張學良)　31—47, 48

전건부(錢建夫)　143—144

정개민(鄭介民)　135

정천방(程天放)　134

정치협상회의(政治協商會議)　133, 138—143, 150

정학계(政學系)　136—138, 148, 152, 244

제삼당(第三黨)　119

조성분(曹聖芬)　238

조세와 강제부담　37, 76—86, 252, 261, 267 ; ～의 부담 65——88, 96—101, 268, 284—291 ; 74, 77—79, 85, 96, 101 ; 토지: (田賦) 71—76, 79—87, 95—9' 266, 269, 272

주가화(朱家驊)　115

주가화파　126

중국공업협동조합(합작사)　51

중국구제정착기구　298

중국원조법　187, 208, 291

중국적(홍)십자의료단　181, 18'

중국청년당(中國靑年黨)　113

중미합동농촌부흥회(中美合同農村會)　106—107

중부하남성의 전투(豫中會戰)　167

중소동맹우호조약(中蘇同盟友好條' 137

증택생(曾澤生)　57

진공박(陳公博)　247

진돈정(陳敦正)　125

진립부(陳立夫)　41, 119, 129, 1' 281

진명인(陳明仁)　192

진성(陳誠)　41, 115—119, 129' 192, 238, 288

진의(陳儀)　137, 149

진포뢰(陳布雷)　243

진효의(秦孝儀)　282

질병　94, 179—180, 286

징병 ⇨ 국부군

ㅊ

1945년까지의 인플레　70—73,

251—252 ; 1945년부터 1949년까지의 ～ 99—100, 103, 202—208, 217—228, 256
1947～1948년의 선거　128—129, 116—137
1935년의 화폐개혁　35—36
첨패림(詹沛霖)　217
청년단　～의 조직과 활동 41, 116—127, 153—154, 242; ～ 파벌과 세력다툼 117—130, 135, 150, 236
靑白社　116
靑셔츠團　116, 120, 125—126, 242
첸노트　45, 164, 243

ㅋ

칼라야긴 알렉산드르　157, 170, 185, 289
콜드웰, 존　91

ㅌ

탕은백(湯恩伯)　165—168, 188
토지개혁의 제의　104—107
토착군벌　28—29, 31, 42—51, 58—61, 168

ㅍ

파니카　217

파마, 로즈　186
파웰, 릴 스티픈슨　175, 185
풍옥상(馮玉祥)　47
피난민　34, 38, 103, 224, 274

ㅎ

하남성 기근　89—90
하렴(何廉)　116, 220, 248
하옥생(賀玉生)　144
하응흠(何應欽)　41, 55, 168, 181, 194, 208
하충한(賀衷寒)　135
항일(抗日)　～의 효과 249—253, 271
해리 애크슈타인　108
허웨생　144
혁신운동　133—152
호궤(胡軌)　212
호문호(胡文虎)　215, 292
호종남(胡宗南)　90, 186, 188, 288
호호(胡好)　215, 292
화이트, 테어도어　179
황계육(黃季陸)　120, 135
황백도(黃百韜)　192
황우인(黃宇人)　148, 150
황이총(黃以總)　217
황포군관학교(黃埔軍官學校) 졸업생　156, 165, 191
황포군관학교파　125, 135, 137